W0288527

VERWALTUNGSRECHT AT 2

mit Staatshaftungsrecht

2015

Horst Wüstenbecker
Rechtsanwalt

ALPMANN UND SCHMIDT Juristische Lehrgänge Verlagsges. mbH & Co. KG
48143 Münster, Alter Fischmarkt 8, 48001 Postfach 1169, Telefon (0251) 98109-0
AS-Online: www.alpmann-schmidt.de

Zitiervorschlag: Wüstenbecker, Verwaltungsrecht AT 2, Rn.

Wüstenbecker, Horst
Verwaltungsrecht AT 2
mit Staatshaftungsrecht
14. neu bearbeitete Auflage 2015
ISBN: 978-3-86752-421-6

Verlag Alpmann und Schmidt Juristische Lehrgänge
Verlagsgesellschaft mbH & Co. KG, Münster

INHALTSVERZEICHNIS

Literaturverzeichnis

Bader/Ronellenfitsch(Hrsg.)	Beck-OK VwVfG Online-Kommentar, Stand: 01.04.2015
Detterbeck	Allgemeines Verwaltungsrecht mit Verwaltungs-prozessrecht 13. Aufl. 2015
Engelhardt/App	Verwaltungs-Vollstreckungsgesetz (VwVG) Verwaltungszustellungsgesetz (VwZG) 10. Aufl. 2014
Erbguth	Allgemeines Verwaltungsrecht mit Verwaltungs-prozessrecht und Staatshaftungsrecht 7. Aufl. 2014
Erichsen/Ehlers (Hrsg.)	Allgemeines Verwaltungsrecht 14. Aufl. 2010
Eyermann	Verwaltungsgerichtsordnung 14. Aufl. 2014
Fehling/Kastner/Störmer	Verwaltungsrecht VwVfG – VwGO 3. Aufl. 2013
Gärditz	VwGO – Verwaltungsgerichtsordnung 1. Aufl. 2012
Huck/Müller	Verwaltungsverfahrensgesetz 1. Aufl. 2011
Hufen	Verwaltungsprozessrecht 9. Aufl. 2013
Ipsen	Allgemeines Verwaltungsrecht 9. Aufl. 2015
Knack/Henneke	Verwaltungsverfahrensgesetz (VwVfG) 10. Aufl. 2014
Kopp/Ramsauer	Verwaltungsverfahrensgesetz 15. Aufl., München 2014
Kopp/Schenke	Verwaltungsgerichtsordnung 20. Aufl. 2014

Mann/Sennekamp/Uechtritz	Verwaltungsverfahrensgesetz 1. Aufl. 2014
Maurer	Allgemeines Verwaltungsrecht 18. Aufl. 2011
Ossenbühl/Cornils	Staatshaftungsrecht 6. Aufl. 2013
Posser/Wolff	Beck-OK VwGO Online-Kommentar, Stand: 01.04.2015
Redeker/v.Oertzen	Verwaltungsgerichtsordnung 16. Aufl. 2014
Sadler	Verwaltungsvollstreckungsgesetz (VwVG) Verwaltungszustellungsgesetz (VwZG) 8. Aufl. 2011
Schenke	Verwaltungsprozessrecht 14. Aufl. 2014
Schoch/Schneider/Bier	Verwaltungsgerichtsordnung Loseblatt Stand: Oktober 2014
Sodan/Ziekow	Verwaltungsgerichtsordnung 4. Aufl. 2014
Stelkens/Bonk/Sachs	Verwaltungsverfahrensgesetz 8. Aufl. 2014
Wolff/Bachof/Stober	Verwaltungsrecht I 12. Aufl. 2007
Wolff/Decker	Verwaltungsgerichtsordnung (VwGO) Verwaltungsverfahrensgesetz (VwVfG) 3. Aufl. 2012
Wysk	Verwaltungsgerichtsordnung 1. Aufl. 2011
Ziekow	Verwaltungsverfahrensgesetz 3. Aufl. 2013

1. Abschnitt: Aufhebung von Verwaltungsakten

A. Einleitung

I. Wirksamkeit eines Verwaltungsaktes

Wirksamkeit eines Verwaltungsaktes

- **Verwaltungsakte** (auch rechtswidrige) werden **wirksam** durch Bekanntgabe (§§ 41, 43 Abs. 1 VwVfG)
- **Ausnahme:** Nichtige Verwaltungsakte sind **unwirksam** (§ 43 Abs. 3 VwVfG)
  - absolute Nichtigkeitsgründe nach § 44 Abs. 2 VwVfG
  - Negativkatalog des § 44 Abs. 3 VwVfG
  - Generalklausel des § 44 Abs. 1 VwVfG: schwerwiegender, offensichtlicher Fehler
- **Ausnahme:** Verwaltungsakt wird unwirksam (§ 43 Abs. 2 VwVfG)
  - Rücknahme, Widerruf, sonstige Aufhebung
  - Zeitablauf
  - anderweitige Erledigung

Ein Verwaltungsakt (VA) wird mit der Bekanntgabe **wirksam** (§§ 41, 43 Abs. 1 VwVfG), 1
d.h. er löst die Rechtsfolge aus, auf deren Herbeiführung er gerichtet ist. Das gilt auch, wenn er **rechtswidrig** ist.

Beispiele: Ein Subventionsbescheid begründet für den begünstigten Adressaten einen Anspruch auf Auszahlung des bewilligten Zuschusses. Die Entziehung der Fahrerlaubnis bringt die Fahrerlaubnis zum Erlöschen und begründet die Pflicht, den Führerschein abzuliefern (§ 47 Abs. 1 FeV). Die Abrissverfügung verpflichtet den Bauherrn, das Bauvorhaben zu beseitigen.

Etwas anderes gilt nur dann, wenn der VA (ausnahmsweise) **nichtig** und damit **unwirksam** ist (§ 43 Abs. 3 VwVfG). Nichtig ist ein VA nur unter den Voraussetzungen des § 44 Abs. 2 und § 44 Abs. 1 VwVfG. 2

- Liegt einer der in § 44 Abs. 2 VwVfG aufgeführten **absoluten Nichtigkeitsgründe** vor, so ist der VA stets unwirksam (z.B. nach Nr. 4 bei tatsächlicher Unmöglichkeit oder nach Nr. 6 bei einem Verstoß gegen die guten Sitten).
- Demgegenüber begründen die in § 44 Abs. 3 VwVfG aufgeführten Fälle **allein nicht** die Nichtigkeit des VA (z.B. nach Nr. 1 ein Verstoß gegen Vorschriften über die örtliche Zuständigkeit).
- Bei allen anderen Fehlern, die nicht in § 44 Abs. 2 oder Abs. 3 VwVfG ausdrücklich erwähnt sind, gilt die **Generalklausel** des § 44 Abs. 1 VwVfG. Der VA ist (nur) nichtig, soweit er an einem **besonders schwerwiegenden Fehler** leidet und dies bei verständiger Würdigung aller in Betracht kommenden Umstände **offensichtlich** ist.[1]

1 Vgl. dazu im Einzelnen AS-Skript Verwaltungsrecht AT 1 (2014), Rn. 572 ff.

3 Die Rechtswidrigkeit eines VA allein führt also nicht automatisch zu seiner Unwirksamkeit. Vielmehr sind auch **rechtswidrige VAe grundsätzlich wirksam** und damit rechtsverbindlich, solange der VA nicht von der Behörde oder durch das Gericht aufgehoben worden ist oder sich durch Zeitablauf oder anderweitig erledigt (§ 43 Abs. 2 VwVfG).

II. Aufhebung von Verwaltungsakten

1. Formen der Aufhebung

4 Ein VA kann aufgehoben werden

- im **gerichtlichen Verfahren** durch **Urteil** (§ 113 Abs. 1 S. 1 VwGO),
- im **Widerspruchsverfahren** durch **Abhilfe- oder Widerspruchsbescheid** (§§ 72, 73 VwGO) und
- im **behördlichen Verfahren** nach §§ 48, 49 VwVfG.

Infolge der Aufhebung wird der VA **unwirksam** (§ 43 Abs. 2 VwVfG), seine Rechtsfolgen entfallen.

Beispiel: Die Behörde hat dem K mit Bescheid vom 12.10.2014 eine Subvention i.H.v. 30.000 EUR bewilligt. Nachdem sie feststellt, dass K die Auflagen des Bewilligungsbescheides nicht erfüllt, hat sie den Bewilligungsbescheid durch Bescheid vom 05.06.2015 aufgehoben (§ 49 Abs. 3 S. 1 Nr. 2 VwVfG). Damit entfallen die Rechtswirkungen der Bewilligung. K ist gemäß § 49 a Abs. 1 VwVfG zur Rückzahlung der Subvention verpflichtet.

5 Eine Aufhebung des VA liegt vor, wenn die Behörde zu erkennen gibt, dass sie die durch den ursprünglichen VA (den aufzuhebenden VA) herbeigeführte **Rechtsfolge nicht mehr gelten lassen will**. Die Aufhebung kann auch **konkludent** erfolgen, z.B. dadurch, dass der ursprüngliche VA ganz oder teilweise durch einen neuen VA ersetzt wird.

Beispiel: In der Rückforderung einer Subvention liegt i.d.R. zugleich konkludent die Rücknahme des Bewilligungsbescheides.[2]

2. Rechtsgrundlagen für die Aufhebung

6 Die Aufhebung richtet sich vor allem nach den §§ 48, 49 VwVfG. Allerdings gibt es teilweise **Spezialvorschriften** im besonderen Verwaltungsrecht, die den §§ 48, 49 VwVfG aufgrund der Subsidiaritätsregelung in § 1 Abs. 1 VwVfG vorgehen.

Beispiel: Die Entziehung des Doktorgrades (z.B. wegen Plagiats) richtet sich nur dann nach § 48 VwVfG, wenn im Landeshochschulgesetz oder in der Promotionsordnung keine abschließende Spezialregelung enthalten ist.[3]

Rechtsgrundlagen für die Aufhebung von Verwaltungsakten
■ **Spezialvorschriften,** z.B. § 14 BBG, § 12 BeamtStG
■ **§ 48 VwVfG:** Rücknahme eines rechtswidrigen VA
■ **§ 49 VwVfG:** Widerruf eines rechtmäßigen VA

2 OVG Greifswald DVBl. 2010, 1186; HessVGH NVwZ 1990, 879, 881; Stelkens/Bonk/Sachs VwVfG § 49 a Rn. 38.
3 Wüstenbecker RÜ 2013, 258 f.

- Teilweise verdrängen Spezialvorschriften die allgemeinen Regelungen in den §§ 48, 49 VwVfG **vollständig**. Die Aufhebung richtet sich dann ausschließlich nach den Spezialvorschriften. 7

  Beispiele: § 14 BBG und § 12 BeamtStG regeln die Aufhebung einer Beamtenernennung abschließend, § 35 StAG die Rücknahme einer rechtswidrigen Einbürgerung. Abschließende Sonderregelungen finden sich auch in der AO und im SGB X, die dem VwVfG nach § 2 Abs. 2 Nr. 1 u. Nr. 4 VwVfG vorgehen (§§ 130–132 sowie §§ 172–177 AO und §§ 44–50 SGB X).

- Zum Teil enthalten die Spezialgesetze vorrangige Regelungen **nur für den Widerruf rechtmäßiger Verwaltungsakte**. 8

  Beispiele: § 21 Abs. 1 BImSchG verdrängt zwar § 49 VwVfG („rechtmäßige Genehmigung"), § 48 VwVfG bleibt damit bei rechtswidrigen Genehmigungen anwendbar. § 52 AufenthG regelt nur den Widerruf eines rechtmäßigen Aufenthaltstitels, § 48 VwVfG bleibt für die Rücknahme eines rechtswidrigen Aufenthaltstitels anwendbar (vgl. auch § 51 Abs. 1 Nr. 3 AufenthG).[4]

- Schließlich gibt es Regelungen, die die §§ 48, 49 VwVfG nicht verdrängen, sondern nur **ergänzen**, z.B. durch Einschränkung des Ermessens (vgl. z.B. § 8 Abs. 2 S. 3 FStrG).

3. Struktur der §§ 48, 49 VwVfG

Bei der Aufhebung eines VA ist streng zu unterscheiden zwischen 9

- dem **aufzuhebenden VA** (Ausgangsbescheid, Erstbescheid) und
- dem **aufhebenden VA**, der als Rücknahme oder Widerruf bezeichnet wird:
  - **Rücknahme** (§ 48 VwVfG) ist die Aufhebung eines **rechtswidrigen** VA;
  - **Widerruf** (§ 49 VwVfG) ist die Aufhebung eines **rechtmäßigen** VA.

Beachte: Die §§ 48, 49 VwVfG gelten auch für die teilweise Aufhebung eines VA. Soll z.B. einer bestandskräftigen Baugenehmigung nachträglich eine Nebenbestimmung beigefügt werden, müssen die Voraussetzungen des § 48 oder des § 49 VwVfG vorliegen.[5]

Beachte: *(Nur) die Rechtmäßigkeit des* ***aufhebenden VA*** *bestimmt sich nach* ***§§ 48, 49 VwVfG****. Für den* ***aufzuhebenden VA*** *gelten dagegen die allgemeinen und besonderen Regeln des jeweils betroffenen* ***Sachgebiets****.* 10

Beispiel: Die **Rechtmäßigkeit einer Ordnungsverfügung** richtet sich nach dem allgemeinen und besonderen Ordnungsrecht. Für die **Aufhebung der Ordnungsverfügung** gelten vorbehaltlich etwaiger Spezialregelungen dagegen die §§ 48, 49 VwVfG.

Hinsichtlich der **Voraussetzungen** für die Aufhebung differenziert das Gesetz 11

- zum einen danach, ob der **aufzuhebende VA**
  - **rechtswidrig** (§ 48 VwVfG) oder
  - **rechtmäßig** (§ 49 VwVfG) war,
- zum anderen danach, ob der **aufzuhebende VA**
  - **belastend** (§ 48 Abs. 1 S. 1, § 49 Abs. 1 VwVfG) oder
  - **begünstigend** (§ 48 Abs. 1 S. 2, Abs. 2–4, § 49 Abs. 2 u. 3 VwVfG) war.

---

4 BVerwG NVwZ 2007, 470; DVBl. 2005, 1452; Huber NVwZ 2005, 1, 4.

5 VGH Mannheim VBlBW 2008, 383 f.

12 Im Grundsatz sind daher **vier Fallgruppen** zu unterscheiden:

- die **Rücknahme** eines **rechtswidrigen belastenden** VA,
- die **Rücknahme** eines **rechtswidrigen begünstigenden** VA,
- der **Widerruf** eines **rechtmäßigen belastenden** VA und
- der **Widerruf** eines **rechtmäßigen begünstigenden** VA.

Aufhebung von Verwaltungsakten

Rücknahme – § 48 VwVfG		**Widerruf – § 49 VwVfG**	
aufzuhebender VA **rechtswidrig**		aufzuhebender VA **rechtmäßig**	
VA **belastend** § 48 I 1 VwVfG	VA **begünstigend** § 48 I 2, II–IV VwVfG	VA **belastend** § 49 I VwVfG	VA **begünstigend** § 49 II, III VwVfG

B. Der Widerruf des Verwaltungsaktes gemäß § 49 VwVfG

I. Der Widerruf eines rechtmäßigen belastenden VA, § 49 Abs. 1 VwVfG

13 Nach § 49 Abs. 1 VwVfG **„kann"** ein rechtmäßiger nicht begünstigender VA, auch nachdem er unanfechtbar geworden ist, ganz oder teilweise mit Wirkung für die Zukunft widerrufen werden. Der Widerruf eines **rechtmäßigen belastenden VA** steht daher im **Ermessen** der Behörde, ohne dass das Gesetz besondere Voraussetzungen aufstellt.

14 Der Widerruf ist allerdings unzulässig, wenn die Behörde nach dem Widerruf einen mit dem widerrufenen VA **inhaltsgleichen VA erneut erlassen** müsste (§ 49 Abs. 1 Hs. 2 Fall 1 VwVfG). Das ist der Fall, wenn sich bei einer gebundenen Entscheidung die für den VA maßgebliche Sach- und Rechtslage **nicht geändert** hat. Ein gebundener VA, dessen Voraussetzungen erfüllt sind, darf daher nicht widerrufen werden.

Beispiel: Hat die Behörde die Gewerbeausübung nach § 35 GewO wegen Unzuverlässigkeit des Gewerbetreibenden rechtmäßigerweise untersagt, so darf die Untersagungsverfügung nach § 49 Abs. 1 VwVfG nicht widerrufen werden. Denn die Behörde müsste sofort eine erneute Untersagungsverfügung erlassen (vgl. § 35 Abs. 1 GewO: „ist ... zu untersagen").

15 Der Widerruf kann außerdem **aus anderen Gründen** unzulässig sein (§ 49 Abs. 1 Hs. 2 Fall 2 VwVfG). Das ist insbesondere bei einem Verstoß gegen den Gleichbehandlungsgrundsatz des Art. 3 Abs. 1 GG anzunehmen.

Beispiel: In einem Baugebiet ist sämtlichen Eigentümern die Beseitigung rechtswidrig errichteter Garagen aufgegeben worden. Hier wäre es unzulässig, ohne sachlichen Grund nur eine der Beseitigungsverfügungen aufzuheben.

II. Der Widerruf eines rechtmäßigen begünstigenden VA

Beim Widerruf eines rechtmäßigen begünstigenden VA unterscheidet das Gesetz danach, ob die Rücknahme 16

- mit Wirkung **für die Zukunft** (§ 49 Abs. 2 VwVfG) oder
- auch mit Wirkung **für die Vergangenheit** (§ 49 Abs. 3 VwVfG) erfolgen soll.

Beispiele: Dem G soll die gewerberechtliche Erlaubnis für Table-Dance-Darbietungen (§ 33 a GewO) entzogen werden. Die Rechtmäßigkeit des Widerrufs für die Zukunft richtet sich nach § 49 Abs. 2 VwVfG. – S hat gegen die Auflagen eines Subventionsbescheides verstoßen. Die Rückforderung der Subvention setzt einen Widerruf für die Vergangenheit voraus (§ 49 a Abs. 1 VwVfG). Die Rechtmäßigkeit des Widerrufs des Bewilligungsbescheides für die Vergangenheit richtet sich nach § 49 Abs. 3 VwVfG.

1. Der Widerruf mit Wirkung für die Zukunft, § 49 Abs. 2 VwVfG

a) Voraussetzungen

Ein rechtmäßiger begünstigender VA kann, auch nachdem er unanfechtbar geworden ist, nur dann mit Wirkung für die Zukunft widerrufen werden, wenn einer der in § 49 Abs. 2 S. 1 VwVfG **abschließend aufgeführten Widerrufsgründe** vorliegt. Ist das der Fall, so hat die Behörde nach **Ermessen** darüber zu entscheiden, ob, in welchem Umfang und zu welchem Zeitpunkt sie den Widerruf erklärt. 17

Widerrufsgründe nach § 49 Abs. 2 S. 1 VwVfG

- **Nr. 1:** Widerruf durch Rechtsvorschrift zugelassen oder im VA vorbehalten
- **Nr. 2:** Auflage im VA nicht oder nicht fristgerecht erfüllt
- **Nr. 3:** Tatsachenänderung
  - nachträglich eingetretene Tatsachen
  - berechtigen Behörde, den VA nicht zu erlassen
  - ohne Widerruf öffentliches Interesse gefährdet
- **Nr. 4:** Rechtsänderung
  - Änderung der Rechtslage
  - berechtigt Behörde, den VA nicht zu erlassen
  - Begünstigter hat nicht Gebrauch gemacht oder keine Leistungen empfangen
  - ohne Widerruf öffentliches Interesse gefährdet
- **Nr. 5:** schwere Nachteile für das Gemeinwohl

- Nach § 49 Abs. 2 S. 1 **Nr. 1** VwVfG ist der Widerruf zulässig, wenn der Widerruf in dem aufzuhebenden VA vorbehalten ist **(Widerrufsvorbehalt)**. 18

  Der weitere in § 49 Abs. 2 S. 1 Nr. 1 VwVfG geregelte Grund, dass der Widerruf durch Rechtsvorschrift zugelassen ist, hat keine selbstständige Bedeutung. Denn sieht ein (Spezial-)Gesetz einen Widerruf vor, so ist § 49 VwVfG schon nicht anwendbar.[6]

---

6 Ehlers/Schröder Jura 2010, 503, 509.

19 ■ Nach § 49 Abs. 2 S. 1 **Nr. 2** VwVfG kann der VA widerrufen werden, wenn mit dem VA eine **Auflage** verbunden ist und der Begünstigte die Auflage **nicht** oder nicht innerhalb einer ihm gesetzten Frist **erfüllt** hat.

Beispiel: G hat für seine Außengastronomie eine Sondernutzungserlaubnis (§ 8 Abs. 1 FStrG) für die Benutzung des Gehwegs mit der Auflage erhalten, Mehrweggeschirr zu verwenden.

Eine solche Auflage ist zwar nach überwiegend vertretener Ansicht **rechtswidrig**, da umweltpolitische Aspekte im Straßenrecht keine Rolle spielen.[7] Ist die Auflage **bestandskräftig**, kann sie nach h.M. aber auch dann Grundlage des Widerrufs sein, wenn sie rechtswidrig ist.[8] Denn der Adressat hat es selbst in der Hand, sich rechtzeitig gegen die belastende Nebenbestimmung zu wehren. Einschränkungen können sich aber im **Ermessen** ergeben. Da der Widerruf nur aus sachlichen Gründen erfolgen darf, muss die Behörde bei Ausübung des Ermessens berücksichtigen, ob die Nebenbestimmung rechtmäßig oder rechtswidrig ist. Die Rechtswidrigkeit der Auflage kann dann dazu führen, dass ihre Ausnutzung ermessensfehlerhaft ist.[9]

Nach dem Grundsatz der **Verhältnismäßigkeit** muss die Behörde in der Regel ohnehin zunächst versuchen, die Auflage durchzusetzen. Im Rahmen ihres Ermessens hat die Behörde außerdem auch die Ursachen für die Nichterfüllung, insbesondere ein fehlendes Verschulden des Betroffenen zu berücksichtigen.[10]

20 ■ Nach § 49 Abs. 2 S. 1 **Nr. 3** VwVfG ist ein Widerruf möglich, wenn aufgrund **nachträglich eingetretener Tatsachen** die Behörde berechtigt wäre, den VA nicht zu erlassen, und wenn ohne den Widerruf das **öffentliche Interesse gefährdet** würde.

- Es müssen **nachträglich Tatsachen** eingetreten sein.

  Beispiele: Heranrücken der Wohnhausbebauung an einen Gewerbebetrieb oder neue wissenschaftliche Erkenntnisse.[11] Auch das Verhalten des Betroffenen ist eine Tatsache (z.B. zweckwidrige Verwendung einer Subvention).[12] Keine Tatsachenänderung ist dagegen die geänderte Beurteilung oder Bewertung von Tatsachen oder sonstigen Umständen durch die Behörde.[13]

- Unter Zugrundelegung der neuen Tatsachen muss die Behörde **berechtigt** sein, **den VA nicht zu erlassen**. Das ist der Fall, wenn
  - entweder die **Voraussetzungen** für den VA weggefallen sind oder
  - bei einer Ermessensentscheidung die neuen Tatsachen eine negative Ausübung des **Ermessens** gerechtfertigt hätten.[14]

- Ohne den Widerruf muss das **öffentliche Interesse gefährdet** sein. Das ist der Fall, wenn der Widerruf zur Abwehr einer konkreten Gefahr für Individualrechte oder Gemeinschaftsgüter geboten ist.[15]

  Beispiel: Widerruf einer Erlaubnis, um zu verhindern, dass bei nachträglich eingetretener Ungeeignetheit eine mit Gefahren für Dritte verbundene Tätigkeit weiterhin ausgeübt wird.

---

7 BayVGH, Beschl. v. 05.12.2011 – 8 ZB 11.1748; näher AS-Skript Besonderes Ordnungsrecht.

8 Kopp/Ramsauer VwVfG § 49 Rn. 38a.

9 BVerwG NVwZ-RR 1994, 580; Kopp/Ramsauer VwVfG § 49 Rn. 37 u. 38 a; Ruffert in Erichsen/Ehlers § 25 Rn. 7; Ebeling/Tellenbröker JuS 2014, 217, 221; enger Ziekow VwVfG § 49 Rn. 12, der auch die Einbeziehung in die Ermessensprüfung ablehnt; a.A. Maurer § 11 Rn. 41: nur eine rechtmäßige Nebenbestimmung kann den Widerruf rechtfertigen.

10 Vgl. Knack/Henneke § 49 Rn. 44 f.; Ruffert in: Erichsen/Ehlers § 25 Rn. 8.

11 Knack/Henneke § 49 Rn. 47.

12 Kopp/Ramsauer VwVfG § 49 Rn. 44.

13 BVerwG NVwZ 1991, 577, 578; OVG NRW NWVBl. 1996, 307, 308; Kühling NWVBl. 2002, 322, 324 m.w.N.

14 BVerwG DVBl. 1995, 358, 359; NVwZ 1991, 577, 579; Knack/Henneke § 49 Rn. 50; Stelkens/Bonk/Sachs § 49 Rn. 66.

15 BVerwG NVwZ 1984, 102, 103; Kopp/Ramsauer VwVfG § 49 Rn. 48; Krausnick JuS 2010, 778, 781.

- Nach § 49 Abs. 2 S. 1 **Nr. 4** VwVfG ist ein Widerruf zulässig, wenn eine Rechtsvorschrift geändert wird **(Änderung der Rechtslage)**, die Behörde danach berechtigt wäre, den VA nicht zu erlassen, der Begünstigte von der Vergünstigung **noch keinen Gebrauch gemacht** oder aufgrund des VA noch keine Leistungen empfangen hat und ohne den Widerruf das **öffentliche Interesse gefährdet** würde. 21

Im Grundsatz gelten für Nr. 4 dieselben Überlegungen wie für Nr. 3. Im Unterschied zu Nr. 3 muss aber neben der hypothetischen Kausalität der Rechtsänderung für den (Nicht-)Erlass des VA hinzukommen, dass der Begünstigte von der Begünstigung **noch keinen Gebrauch gemacht** oder aufgrund des VA **noch keine Leistungen empfangen** hat. Es genügt, dass der Begünstigte die Leistungen erhalten hat, es ist also nicht erforderlich, dass er sie bereits verbraucht hat oder eine Vermögensdisposition getroffen hat[16] (anders in § 48 Abs. 2 S. 2 VwVfG, dazu unten Rn. 79 u. 90).

- Nach § 49 Abs. 2 S. 1 Nr. 5 VwVfG ist ein Widerruf schließlich zulässig, um **schwere Nachteile für das Gemeinwohl** zu verhüten oder zu beseitigen. 22

Für die Beurteilung, wann ein schwerer Nachteil für das Gemeinwohl zu befürchten ist, wird üblicherweise die Rspr. des BVerfG zu den „überragend wichtigen Gemeinschaftsgütern" i.S.d. Art. 12 GG herangezogen (z.B. bei Gefahren für die Volksgesundheit).[17]

Fall 1: Schlechte Arbeit als Widerrufsgrund

A, dessen Vater ein kleines Baugeschäft betrieb, legte zunächst die Gesellenprüfung als Maurer ab. Danach erwarb er die Fachhochschulreife und begann mit dem Ingenieurstudium. Nach einigen Semestern erkrankte sein Vater und A unterbrach das – bis dahin erfolgreich verlaufene und fast abgeschlossene – Studium, um im elterlichen Betrieb mitzuarbeiten. Kurze Zeit später starb der Vater. Unter der Leitung des A entwickelte sich der Betrieb so gut, dass A sich weder zur Fortführung des Studiums noch zur Ablegung der Meisterprüfung in der Lage sah. Er beantragte deshalb eine Ausnahmebewilligung zur Eintragung in die Handwerksrolle, die ihm unter Bezugnahme auf die besonderen Umstände seines Falles erteilt wurde. Nach einigen Jahren häufen sich die Beschwerden über die vom Bauunternehmen A ausgeführten Arbeiten. Daraufhin erklärt die zuständige Behörde den Widerruf der dem A erteilten Ausnahmegenehmigung. Zu Recht?

I. Der Widerruf ist ein belastender VA, der nach dem Grundsatz vom Vorbehalt des Gesetzes einer **Ermächtigungsgrundlage** bedarf.[18] 23

   1. Dafür ist in erster Linie auf **Spezialvorschriften** in dem Rechtsbereich abzustellen, der den Erlass des VA selbst regelt. Nach § 1 HandwO darf ein **zulassungspflichtiges Handwerk** selbstständig nur betreiben, wer in der Handwerksrolle eingetragen ist. Nach § 7 Abs. 1 a) HandwO wird grds. nur eingetragen, wer die Meisterprüfung bestanden hat. In § 8 HandwO ist geregelt, unter welchen Voraussetzungen eine **Ausnahmebewilligung** erteilt wird. Über Widerruf oder Rücknahme der Ausnahmebewilligung ist in der HandwO nichts bestimmt. Andererseits kann aus dem Fehlen einer solchen Regelung auch nicht geschlossen werden, dass die Ausnahmebewilligung in keinem Fall widerruflich ist. Somit ist eine vorrangige Spezialregelung nicht vorhanden.

16 Bader/Ronellenfitsch VwVfG § 49 Rn. 61.

17 Kopp/Ramsauer VwVfG § 49 Rn. 56; für einen strengeren Maßstab Ehlers/Schröder Jura 2010, 824, 826.

18 Zum Vorbehalt des Gesetzes vgl. AS-Skript Verwaltungsrecht AT 1 (2014), Rn. 82 ff.

2. Ermächtigungsgrundlage kann daher nur die allgemeine Regelung des **§ 49 VwVfG** sein, bei einem – wie hier – begünstigenden VA, der mit Wirkung für die Zukunft widerrufen werden soll, also **§ 49 Abs. 2 VwVfG**.

24 II. **Formelle Rechtmäßigkeit**

1. **Zuständigkeit**

a) § 49 Abs. 5 VwVfG (ebenso § 48 Abs. 5 VwVfG) regelt, wie die Bezugnahme auf § 3 VwVfG zeigt, nur die **örtliche Zuständigkeit**. Örtlich zuständig ist danach die Behörde, die (jetzt) zum Erlass des aufzuhebenden VA zuständig wäre. Die Zuständigkeit richtet sich daher nach den Umständen **im Zeitpunkt des Widerrufs**, auch wenn der zu widerrufende VA von einer anderen Behörde erlassen worden ist (z.B. bei Wohnsitzwechsel).

b) Das VwVfG enthält keine Regelung zu der Frage, welche Behörde für die Rücknahme **sachlich zuständig** ist. Dies richtet sich in erster Linie nach dem jeweils anzuwendenden Fachrecht. Im Normalfall ist die Behörde zuständig, die zum Zeitpunkt der Widerrufsentscheidung für den Erlass des aufzuhebenden VA sachlich zuständig wäre.[19]

25 2. **Verfahren** und **Form** richten sich nach den allgemeinen Regeln für belastende VAe, insbes. sind zu beachten die Anhörung gemäß § 28 VwVfG und die Begründung gemäß § 39 VwVfG.[20]

26 III. **Materielle Rechtmäßigkeit**

1. **Voraussetzung** für die in § 49 Abs. 2 VwVfG getroffenen Widerrufsregelungen ist, dass der aufzuhebende VA rechtmäßig und begünstigend ist.

a) Ob die Ausnahmebewilligung **rechtmäßig** ist, richtet sich nach § 8 HandwO.

27 aa) Bei Erlass der Ausnahmebewilligung müssen die **Voraussetzungen** des § 8 HandwO vorgelegen haben.[21] Bei dem Betrieb eines Baugeschäfts handelte es sich um ein zulassungspflichtiges Handwerk (§ 1 Abs. 2 HandwO i.V.m. Anlage A Nr. 1). Dass A die notwendigen Kenntnisse und Fertigkeiten nachgewiesen hat, ergibt sich daraus, dass er die Gesellenprüfung abgelegt hat, ein erfolgreiches (Teil-)Studium absolviert und über längere Zeit den Betrieb gut geführt hat. Weiterhin muss ein Ausnahmefall vorgelegen haben, d.h. die Ablegung der Meisterprüfung muss eine **unzumutbare Belastung** sein, § 8 Abs. 1 S. 2 HandwO. Dies ergab sich hier daraus, dass A nach dem Tod seines Vaters durch die Arbeit im Geschäft vollständig in Anspruch genommen wurde und es angesichts seiner Vorbildung auch überflüssig erschien, von ihm noch die Meisterprüfung zu verlangen. Somit war die Erteilung der Ausnahmebewilligung ursprünglich **rechtmäßig**.

28 bb) Wegen der später erhobenen Beschwerden könnte man erwägen, dass die Ausnahmebewilligung **nachträglich rechtswidrig** geworden ist.

19 BVerwG NJW 2000, 1512, 1514.

20 Vgl. BVerwGE 66, 184, 186; ThürOVG ThürVBl. 2004, 241; Knack/Henneke VwVfG § 49 Rn. 19 u. 20; Hübbenet JuS 2004, 795, 796; Krausnick JuS 2010, 594, 596.

21 Zur Ausnahmebewilligung nach § 8 HandwO vgl. BVerfG DVBl. 2006, 244, 246; BVerwG DVBl. 2002, 201, 202.

(1) Zum Teil wird die Auffassung vertreten, dass der ursprünglich rechtmäßige, aber wegen Änderung der zugrunde liegenden Verhältnisse nachträglich **rechtswidrig gewordene VA** der Rücknahme nach § 48 VwVfG unterliege.[22] 29

(2) Nach h.M. beurteilt sich die Frage, ob der aufzuhebende VA rechtmäßig oder rechtswidrig ist, und damit gleichzeitig die Frage der Anwendbarkeit des § 48 VwVfG oder des § 49 VwVfG dagegen **nach der Sach- und Rechtslage bei Erlass des aufzuhebenden VA.**[23]

Für den ursprünglich rechtmäßigen VA ergibt sich dies bereits aus § 49 Abs. 2 S. 1 Nr. 3 u. Nr. 4 VwVfG. Dort sind die Fälle geregelt, in denen der VA wegen nachträglicher Änderungen mit dem geltenden Recht nicht mehr im Einklang steht. Würde dies zur Rechtswidrigkeit und damit zur Anwendbarkeit des § 48 VwVfG führen, wäre die Regelung des § 49 Abs. 2 VwVfG insoweit überflüssig.

Eine Änderung der Sach- und Rechtslage führt bei einem ursprünglich rechtmäßigen VA daher nicht zur Anwendung des § 48 VwVfG, sondern berechtigt allenfalls zum Widerruf nach § 49 VwVfG.

b) Ferner muss es sich um einen **begünstigenden VA** handeln. Nach der Legaldefinition des § 48 Abs. 1 S. 2 VwVfG – die auch im Rahmen des § 49 VwVfG gilt[24] – ist begünstigend ein VA, **der ein Recht oder einen rechtlich erheblichen Vorteil** begründet oder bestätigt hat. 30

Beispiele: Genehmigungen, Erlaubnisse, Subventionsbescheide. Auch der einen belastenden Bescheid aufhebende VA ist begünstigend und kann seinerseits nur eingeschränkt aufgehoben werden.[25]

Die Ausnahmebewilligung nach § 8 HandwO begründet das Recht, ein zulassungspflichtiges Handwerk (§ 1 Abs. 2 HandwO) ohne Ablegung der Meisterprüfung zu betreiben. Sie ist deshalb begünstigend.

2. **Voraussetzung** für die Rechtmäßigkeit des Widerrufs ist, dass einer der in § 49 Abs. 2 S. 1 VwVfG aufgeführten **Widerrufsgründe** vorliegt.

a) In Betracht kommt der Widerrufsgrund des § 49 Abs. 2 S. 1 **Nr. 3** VwVfG. Danach ist ein Widerruf zulässig, wenn 31

- aufgrund **nachträglich eingetretener Tatsachen**
- die Behörde **berechtigt** wäre, **den VA nicht zu erlassen**, und
- ohne den Widerruf das **öffentliche Interesse gefährdet** würde.

aa) Es müssen **nachträglich Tatsachen** eingetreten sein. Dies ist hier der Fall, weil A möglicherweise nicht mehr die Leistungen erbringt, die für die Leitung eines Baugeschäfts erforderlich sind.

---

22 VGH Mannheim DVBl. 2002, 1062 f.; OVG NRW NVwZ-RR 1988, 1; Schenke DVBl. 1989, 433; Schenke/Baumeister JuS 1991, 547 ff., insbes. für DauerVAe.

23 Maurer § 11 Rn. 11; Kopp/Ramsauer VwVfG § 48 Rn. 34 u. 57; Ehlers/Kallerhoff Jura 2009, 823, 824; Krausnick JuS 2010, 681, 682.

24 Kopp/Ramsauer VwVfG § 49 Rn. 25.

25 OVG Lüneburg NVwZ 1990, 675; VGH Mannheim NVwZ 1992, 184.

32 bb) Unter Zugrundelegung der neuen Tatsachen muss die Behörde **berechtigt** sein, **den VA nicht zu erlassen**. Das ist der Fall, wenn entweder die **Voraussetzungen** für den VA **weggefallen** sind oder bei einer Ermessensentscheidung die neuen Tatsachen eine negative Ausübung des **Ermessens** gerechtfertigt hätten.[26]

33 Geht man vom Gesetzeswortlaut aus, so könnte die von § 8 HandwO geforderte Voraussetzung, dass der Antragsteller die zur selbstständigen Ausübung notwendigen Kenntnisse und Fertigkeiten nachweist, aufgrund des Leistungsabfalls des A entfallen sein. Jedoch muss diese Voraussetzung **einschränkend ausgelegt** werden. Sie greift nicht ein, wenn nach Sinn und Zweck der einschlägigen Regelung die Geltung des VA vom Fortbestand dieser Voraussetzungen unabhängig sein sollte.[27]

Würde man anders entscheiden, käme ein Widerruf des Abiturs oder des Examenszeugnisses mit der Begründung in Betracht, der Betreffende habe in Mathematik oder im BGB nicht mehr die erforderlichen Kenntnisse.

Die Ausnahmebewilligung nach § 8 HandwO tritt an die Stelle der Meisterprüfung. Bei der Meisterprüfung brauchen die erforderlichen Kenntnisse nur **bei Ablegung der Prüfung** vorhanden zu sein. Der Wegfall der Kenntnisse und Fähigkeiten zum Betrieb eines Handwerks berechtigt daher weder zum Widerruf des Meistertitels noch der sie ersetzenden Ausnahmebewilligung. Gegen unzuverlässige Gewerbetreibende wird nicht nach § 49 Abs. 2 S. 1 Nr. 3 VwVfG, sondern z.B. aufgrund des § 35 GewO eingeschritten. Ein Widerruf nach § 49 Abs. 2 S. 1 Nr. 3 VwVfG scheidet damit aus.

34 b) Mangels **Rechtsänderung** scheidet auch eine Rücknahme nach § 49 Abs. 2 S. 1 **Nr. 4** VwVfG aus.

Auch im Rahmen des § 49 Abs. 2 S. 1 Nr. 4 VwVfG reicht es, wie bei der Veränderung der Sachlage, nicht aus, wenn der Fortbestand des VA von einer Änderung der Rechtslage unabhängig ist. So kann z.B. eine Baugenehmigung nicht allein deshalb widerrufen werden, weil der zugrunde liegende Bebauungsplan geändert worden ist. Keine Änderung der Rechtslage ist auch die Änderung von **Verwaltungsvorschriften**, da diese keine Außenrechtsnormen sind.[28]

35 c) Nach § 49 Abs. 2 S. 1 **Nr. 5** VwVfG ist ein Widerruf möglich, um **schwere Nachteile für das Gemeinwohl** zu verhüten oder zu beseitigen. Solche liegen i.d.R. nur vor, wenn ein schwerer Nachteil für ein überragend wichtiges Gemeinschaftsgut oder Leib und Leben Einzelner drohen.[29] Vorliegend reichen die Beschwerden nicht aus, um die strengen Voraussetzungen dieses Widerrufsgrundes als erfüllt anzusehen. Somit rechtfertigt § 49 VwVfG den Widerruf der Ausnahmebewilligung nicht. Weitere Widerrufsgründe für den begünstigenden VA gibt es nicht; § 49 Abs. 2 VwVfG ist **abschließend**[30] (für GeldleistungsVAe vgl. aber ergänzend § 49 Abs. 3 VwVfG, dazu nachfolgend Fall 2). Daher ist der Widerruf der Ausnahmebewilligung **rechtswidrig**.

---

26 BVerwG DVBl. 1995, 358, 359; Knack/Henneke § 49 Rn. 50; Stelkens/Bonk/Sachs § 49 Rn. 66.

27 Kopp/Ramsauer VwVfG § 49 Rn. 42.

28 BVerwG NVwZ 1991, 577, 579.

29 Kopp/Ramsauer VwVfG § 49 Rn. 56; Knack/Henneke § 49 Rn. 61; Kühling NWVBl. 2002, 322, 325 m.w.N.

30 Kopp/Ramsauer VwVfG § 49 Rn. 26.

Aufbauschema: Widerruf für die Zukunft gemäß § 49 Abs. 2 VwVfG
I. Ermächtigungsgrundlage: § 49 Abs. 2 S. 1 VwVfG (–) bei Spezialgesetz (z.B. § 3 Abs. 1 StVG, § 15 Abs. 2 u. 3 GaststG)
II. Formelle Rechtmäßigkeit
1. Zuständigkeit
2. Verfahren, Form (insbes. §§ 28, 37, 39 VwVfG)
III. Materielle Rechtmäßigkeit
1. Voraussetzungen der Ermächtigungsgrundlage
a) aufzuhebender VA **rechtmäßig** (analog bei rechtswidrigem VA, str., s.u. Rn. 45)
b) aufzuhebender VA **begünstigend**
c) Widerrufsgrund gemäß § 49 Abs. 2 S. 1 Nr. 1–5 VwVfG
d) Widerrufsfrist: ein Jahr (§§ 49 Abs. 2 S. 2, 48 Abs. 4 S. 1 VwVfG)
2. Rechtsfolge: Ermessen, insbes. Verhältnismäßigkeit

b) Rechtsfolge

Wird ein begünstigender VA nach § 49 Abs. 2 S. 1 Nr. 3–5 VwVfG widerrufen, besteht nach § 49 Abs. 6 VwVfG ein **Entschädigungsanspruch**, wenn der Betroffene auf den Bestand des VA vertraut hat, soweit sein Vertrauen schutzwürdig ist. Für den Umfang des Entschädigungsanspruchs und für das Verfahren gelten gemäß § 49 Abs. 6 S. 2 VwVfG die Regeln in § 48 Abs. 3 S. 3–5 VwVfG entsprechend (s.u. Rn. 149 ff.). Für Streitigkeiten über die Entschädigung ist abweichend von § 40 Abs. 1 S. 1 VwGO der **ordentliche Rechtsweg** gegeben (§ 49 Abs. 6 S. 3 VwVfG). 36

Beachte: *§ 49 Abs. 6 VwVfG gilt nur in den Fällen des § 49 Abs. 2 S. 1 Nr. 3–5 VwVfG, also nicht in den Fällen der Nr. 1 und Nr. 2!*

2. Der Widerruf mit Wirkung für die Vergangenheit, § 49 Abs. 3 VwVfG

Soll ein rechtmäßiger begünstigender VA nicht nur für die Zukunft, sondern auch **für die Vergangenheit** widerrufen werden, muss ein Widerrufsgrund nach § 49 Abs. 3 S. 1 VwVfG vorliegen. 37

Widerrufsgründe nach § 49 Abs. 3 S. 1 VwVfG
■ **nur bei bestimmten Verwaltungsakten** – einmalige oder laufende Geldleistung oder teilbare Sachleistung – zur Erfüllung eines bestimmten Zwecks
■ **Nr. 1:** Leistung nicht, nicht alsbald oder zweckwidrig verwendet
■ **Nr. 2:** Auflage nicht oder nicht fristgerecht erfüllt

Fall 2: Rückwirkender Widerruf

Nach einer Richtlinie des Bundesverkehrsministeriums wird auf der Grundlage des Haushaltsplanes die Anschaffung von Omnibussen durch verlorene Zuschüsse des Bundes subventioniert, wenn die Busse zur Beförderung von Schülern eingesetzt werden. In den Bewilligungsrichtlinien heißt es u.a.: „Die Bewilligungsbehörde hat die Bewilligung zu widerrufen und die Zuwendung zurückzufordern, wenn der Zuwendungsempfänger die Zuwendungen zweckwidrig verwendet."

Busunternehmer U erhielt aufgrund Bewilligungsbescheides vom 21.01.2015 eine Subvention in Höhe von 20.000 € unter schriftlicher Anerkennung der Subventionsbedingungen. Kurze Zeit später erfährt die zuständige Behörde, dass U das Geld für die Anschaffung eines Reisebusses eingesetzt hat, mit dem er Wochenendreisen nach Paris veranstaltet. Daraufhin fordert die Behörde durch Bescheid vom 16.05. 2015 den Zuschuss unter gleichzeitiger Aufhebung des Bewilligungsbescheides zurück. Sie begründet den Widerruf damit, dass sie aufgrund des Verstoßes gegen die Subventionsbedingungen zur Aufhebung verpflichtet sei. U hält den Bescheid für rechtswidrig. Zu Recht?

38 ***Vorüberlegung:*** *Vorliegend geht es um die Rechtmäßigkeit von zwei Maßnahmen, nämlich*

- *des* ***Widerrufs des Subventionsbescheides*** *und*
- *der* ***Rückforderung des gezahlten Zuschusses****.*

Dabei handelt es sich um ***zwei selbstständige Verwaltungsakte****, deren* ***Prüfung streng zu trennen*** *ist, da hierfür jeweils unterschiedliche Voraussetzungen zu beachten sind. Da die Rückforderung von dem Bestand des den Bewilligungsbescheid aufhebenden VA abhängt, ist in diesen Fällen stets mit der Rechtmäßigkeit der Rücknahme bzw. des Widerrufs zu beginnen.*

A. Widerruf des Subventionsbescheides

39 I. Die Rechtmäßigkeit des Widerrufs hängt von der **Rechtsnatur** der Maßnahme ab, da hiervon die anzuwendenden Rechtsvorschriften abhängig sind. Der Widerruf des Subventionsbescheides teilt als actus contrarius die Rechtsnatur der Subventionsgewährung. Diese erfolgte hier in Form eines **verlorenen Zuschusses** und damit auf der Grundlage des öffentlichen Rechts.[31] Dementsprechend handelt es sich hier um den **öffentlich-rechtlichen Widerruf eines begünstigenden VA**.

Wird die Subvention dagegen öffentlich-rechtlich bewilligt und privatrechtlich (z.B. in Form eines zinsgünstigen Darlehens) gewährt (zweistufige Gewährung), so kann die Behörde die Rückforderung grds. auf zwei Wegen erreichen: entweder durch (öffentlich-rechtliche) Aufhebung der Bewilligung oder durch (privatrechtliche) Kündigung des Darlehensvertrages (vgl. noch unten Rn. 63).

40 II. Da die **Subventionsrichtlinien** als Verwaltungsvorschriften lediglich verwaltungsinterne Bedeutung haben, kommt ihnen keine Rechtsnormqualität zu.[32] Damit können sie auch **nicht Ermächtigungsgrundlage** für eine externe Maßnahme – hier den Widerruf eines VA – sein.

31 Vgl. dazu AS-Skript VwGO (2013), Rn. 64.

32 Vgl. AS-Skript Verwaltungsrecht AT 1 (2014), Rn. 112 ff.

III. Als Ermächtigungsgrundlage könnte **§ 49 Abs. 2 VwVfG** eingreifen. Diese Vorschrift lässt jedoch nur einen Widerruf mit Wirkung **für die Zukunft** zu. Hier will die Behörde den Rechtsgrund für die Subvention jedoch rückwirkend beseitigen, um so eine Rückforderung des in der Vergangenheit gezahlten Zuschusses zu ermöglichen (vgl. § 49 a Abs. 1 VwVfG). Ein Widerruf **für die Vergangenheit** kommt nur nach **§ 49 Abs. 3 VwVfG** in Betracht. 41

In der Vergangenheit erhaltene Beträge müssen grds. nur zurückgezahlt werden, wenn sich der Widerruf auf die **Vergangenheit** erstreckt und damit durch die Aufhebung der Bewilligung der Rechtsgrund für die Zahlung entfällt. Die Rspr. hat die Rückforderung früher teilweise auch auf der Grundlage des § 49 Abs. 2 VwVfG zugelassen: Der Subventionsbescheid sei nur Rechtsgrund für die **Gewährung** der Subvention. Deren endgültiges **Behalten** setze zusätzlich voraus, dass der Bescheid auch künftig wirksam bleibe. Auch ein Widerruf für die Zukunft löse daher einen Rückforderungsanspruch aus.[33] Diese in der Lit. bereits früher kritisierte Hilfskonstruktion ist durch § 49 Abs. 3 VwVfG überflüssig geworden.[34] 42

1. § 49 Abs. 3 VwVfG ist eine **Spezialregelung**, die **zusätzlich** Widerrufsmöglichkeiten für die Vergangenheit eröffnet. Deshalb schließt die Regelung die Anwendung des § 49 Abs. 2 VwVfG nicht aus. § 49 Abs. 2 VwVfG bleibt daher (bei einem Widerruf für die Zukunft) neben § 49 Abs. 3 VwVfG anwendbar.[35] 43

   Beispiel: Bei Nichterfüllung einer Auflage kann der Widerruf ex tunc nur auf § 49 Abs. 3 S. 1 Nr. 2 VwVfG, der Widerruf ex nunc dagegen wahlweise auf § 49 Abs. 2 S. 1 Nr. 2 oder § 49 Abs. 3 S. 1 Nr. 2 VwVfG (vgl. „auch") gestützt werden.[36]

2. Der aufzuhebende Bewilligungsbescheid müsste **rechtmäßig** sein.

   a) Da der Subventionierung keine gesetzliche Vorschrift zugrunde lag, wäre sie dann rechtswidrig, wenn der Grundsatz vom **Vorbehalt des Gesetzes** eingreift. Das Rechtsstaats- und Demokratieprinzip zwingt aber nicht dazu, jede Tätigkeit der Exekutive durch Gesetze zu regeln. Bei einer im Übrigen nicht grundrechtsrelevanten Subventionierung wird daher eine gesetzliche Regelung nur bzgl. der Bereitstellung der Mittel (das „Ob" der Gewährung) gefordert, wobei die haushaltsrechtliche Absicherung im Haushaltsplan bzw. in der Haushaltssatzung als gesetzliche Grundlage genügt. Die Voraussetzungen im Einzelnen (das „Wie") können dann in verwaltungsinternen Richtlinien geregelt werden.[37] Da die Vergabe der Subvention im Haushaltsplan ausdrücklich vorgesehen war, bestehen insoweit keine Bedenken gegen die Rechtmäßigkeit des Bewilligungsbescheides. 44

   b) Der Bewilligungsbescheid müsste auch im Übrigen **rechtmäßig** sein.

      aa) Fraglich ist hier, ob die **Voraussetzungen** für die Gewährung der Subvention überhaupt vorgelegen haben. Hätte U von Anfang an nicht vorgehabt, den Bus zweckentsprechend zu verwenden, hätte die Subven- 45

---

33 BVerwGE 95, 213, 225; BVerwG DVBl. 1983, 810, 812; OVG NRW, Urt. v. 04.11.1993 – 4 A 3488/92.

34 Vgl. Stelkens/Bonk/Sachs VwVfG § 49 Rn. 107; Gusy JA 1991, 327, 330 m.w.N.

35 Stelkens/Bonk/Sachs VwVfG § 49 Rn. 107; Kopp/Ramsauer VwVfG § 49 Rn. 62; Baumeister NVwZ 1997, 19, 21; Suerbaum VerwArch 1999, 361, 375; Erichsen/Brügge Jura 1999, 496, 500.

36 Stelkens/Bonk/Sachs VwVfG § 49 Rn. 107; Oldiges NVwZ 2001, 626, 628.

37 BVerwG DVBl. 2003, 149, 150; OVG NRW NWVBl. 2002, 239, 240; Bleckmann DVBl. 2004, 333, 338; näher AS-Skript VerwaltungsR AT 1 (2014), Rn. 138 ff. (anders z.B. bei Pressesubventionen, bei denen wegen Art. 5 Abs. 1 S. 2 GG stets eine gesetzliche Grundlage erforderlich ist).

tion gar nicht bewilligt werden dürfen, da das Vorhaben des U nicht förderungswürdig gewesen wäre. Der Bewilligungsbescheid wäre dann rechtswidrig.[38]

Beachte: *Allein der Verstoß gegen Subventionsrichtlinien macht einen Bewilligungsbescheid nicht rechtswidrig i.S.d. § 48 VwVfG, da es sich bei Richtlinien lediglich um interne Verwaltungsvorschriften handelt, aber nicht um (Außen-)Rechtsnormen. Allerdings ist die Subventionsgewährung wegen Verstoßes gegen Art. 3 Abs. 1 GG rechtswidrig, wenn die Behörde im Einzelfall zugunsten eines Subventionsbewerbers von einer ansonsten geübten Vergabepraxis abweicht, ohne ihre Praxis insgesamt zu ändern.*[39]

46 bb) Dem Wortlaut nach ist der Anwendungsbereich des § 49 Abs. 2 und des § 49 Abs. 3 VwVfG auf **rechtmäßige** begünstigende VAe beschränkt. Von der h.M. wird indes die entsprechende Anwendung dieser Regelungen **auch auf den rechtswidrigen VA** bejaht. Denn ein rechtswidriger VA könne in seinem Bestand nicht weitergehend geschützt sein als ein rechtmäßiger.[40] Nach der Gegenansicht besteht für eine Analogie im Hinblick auf § 48 VwVfG **keine Regelungslücke** und außerdem sei die Interessenlage verschieden, da für das Ermessen bei der Aufhebung eines rechtmäßigen VA andere Erwägungen maßgebend seien als bei einem rechtswidrigen VA.[41]

Für die h.M. spricht das praktische Bedürfnis, dass die Behörde keine Nachforschungen anstellen muss, wenn zweifelhaft ist, ob der VA rechtmäßig oder rechtswidrig ist, oder wenn die Behörde sich auf die Rechtswidrigkeit des VA nicht berufen will (z.B. weil sie – allerdings unzutreffend – den VA für rechtmäßig hält), aber einer der Widerrufsgründe des § 49 Abs. 2 oder Abs. 3 VwVfG eindeutig vorliegt.

Beispiel: A hat aufgrund eines Bescheides eine Subvention erhalten, die mit einer Auflage verbunden war. Ob die Subvention rechtmäßig gewährt wurde, ist zweifelhaft. Hat A der Auflage hartnäckig zuwidergehandelt, kann die Subvention nach § 49 Abs. 3 S. 1 Nr. 2 VwVfG widerrufen werden, ohne dass die Frage der Rechtmäßigkeit der Subventionsbewilligung entschieden werden müsste.

Die Frage der Rechtmäßigkeit des Subventionsbescheides kann daher dahinstehen, da § 49 Abs. 3 VwVfG bei Rechtswidrigkeit erst recht gilt.

Deshalb kann eine Aufhebung nach § 48 VwVfG nachträglich auf § 49 VwVfG gestützt werden und umgekehrt, soweit die jeweiligen Voraussetzungen erfüllt sind und die Behörde die erforderlichen Ermessenserwägungen angestellt hat.[42]

47 3. § 49 Abs. 3 VwVfG erlaubt nur den Widerruf bestimmter VAe, nämlich solcher, die eine einmalige oder laufende **Geldleistung** oder **teilbare Sachleistung** gewähren oder hierfür Voraussetzung sind. Das ist bei der Subventionsbewilligung der Fall.

---

38 Vgl. BVerwG DVBl. 2004, 126, 128.

39 BVerwG DVBl. 2004, 126, 127; VGH Mannheim RÜ 2009, 453, 455, OVG Magdeburg NVwZ-RR 2012, 497.

40 BVerwG N'VwZ 2001, 335, 336; OVG NRW NVwZ-RR 2012, 541, 542; Kopp/Ramsauer VwVfG § 49 Rn. 5; Stelkens/Bonk/Sachs VwVfG § 49 Rn. 7; Manssen/Greim JuS 2010, 429, 432; einschränkend Kiefer NVwZ 2013, 1257 ff.

41 OVG NRW NVwZ 1988, 942, 943; Ruffert in: Erichsen/Ehlers § 25 Rn. 1; Ehlers/Schröder Jura 2010, 503, 506.

42 Bader/Ronellenfitsch VwVfG § 49 Rn. 2.

Auf welcher Rechtsgrundlage die Leistungen gewährt wurden, ist für § 49 Abs. 3 VwVfG ebenso unerheblich wie die Frage, ob auf die Gewährung ein Rechtsanspruch bestand oder ob sie nach Ermessen der Behörde erfolgte.[43]

Des Weiteren muss die Gewährung **zur Erfüllung eines bestimmten Zwecks** erfolgen oder der VA muss **Voraussetzung** für die Gewährung einer zweckbestimmten Leistung sein. Die Zweckbindung ergab sich hier unmittelbar aus den Subventionsbedingungen. 48

4. § 49 Abs. 3 S. 1 VwVfG verlangt darüber hinaus das Vorliegen einen **speziellen Widerrufsgrundes**. Der VA kann nur dann ganz oder teilweise auch mit Wirkung **für die Vergangenheit** widerrufen werden, 49

- wenn die Leistung nicht, nicht alsbald nach der Erbringung oder nicht mehr für den in dem VA bestimmten **Zweck** verwendet wird,[44]
- oder wenn der Begünstigte eine mit dem VA verbundene **Auflage** nicht oder nicht innerhalb einer ihm gesetzten Frist erfüllt hat.[45]

Hier liegt eine **zweckwidrige Verwendung** vor, da U den Bus nicht zum Zweck der Schülerbeförderung einsetzt, sondern für Wochenendreisen.

„Alsbald" i.S.d. § 49 Abs. 3 S. 1 Nr. 1 VwVfG ist allein in zeitlicher Hinsicht zu verstehen („kurz danach"). Ob ein Verschulden des Leistungsempfängers vorliegt, ist hier, anders als bei „unverzüglich" i.S.d. § 121 BGB („ohne schuldhaftes Zögern"), ohne Bedeutung.[46]

Eine **Zweckverfehlung** liegt nach § 49 Abs. 3 S. 1 Nr. 1 VwVfG auch vor, wenn die Mittel „nicht mehr" zweckgerecht eingesetzt werden, selbst wenn sie ursprünglich zweckgerecht verwendet worden sind. Das kann z.B. auch der Fall sein bei einer Betriebsstilllegung.[47]

5. Nach §§ 49 Abs. 3 S. 2, 48 Abs. 4 VwVfG gilt eine **Widerrufsfrist** von einem Jahr, die vorliegend eingehalten wurde.[48] 50

6. **Rechtsfolge:** Im Rahmen des § 49 Abs. 3 VwVfG **kann** die Behörde den Bewilligungsbescheid widerrufen, und zwar für die Vergangenheit und/oder für die Zukunft (vgl. „auch"), d.h. ihr steht Ermessen sowohl hinsichtlich des „Ob" als auch des Umfangs des Widerrufs zu.[49] 51

Der Grundsatz der Verhältnismäßigkeit kann einem Widerruf insbesondere bei nur geringfügigen Verstößen entgegenstehen. Auch muss die Behörde unter Beachtung des Grundsatzes der Verhältnismäßigkeit entscheiden, ob der Widerruf umfassend oder nur teilweise ausgesprochen wird. In zeitlicher Hinsicht muss die Behörde ermessensfehlerfrei von der Widerrufsmöglichkeit für die Vergangenheit oder nur für die Zukunft Gebrauch machen.[50]

Die Behörde hat hier den Widerruf allein damit begründet, dass der Verstoß gegen die schriftlich anerkannten Subventionsbedingungen sie zum Widerruf 52

---

43 Kopp/Ramsauer VwVfG § 49 Rn. 63.

44 Zur zweckwidrigen Verwendung vgl. OVG Lüneburg, Beschl. v. 16.10.2014 – 8 LA 52/14, NVwZ-RR 2015, 11; Ebeling/Tellenbröker JuS 2014, 217, 221.

45 Vgl. BVerwG NVwZ-RR 2004, 413; OVG NRW NWVBl. 2010, 242, 243; Manssen/Greim JuS 2010, 429, 432.

46 BVerwG NVwZ 2005, 1085, 1086.

47 OVG Koblenz NJW 1981, 882, 884; Hübbenet JuS 2004, 795, 797 m.w.N.; einschränkend VG Köln, Urt. v. 10.06.2010 – 16 K 5313/08 (Schließung des Nokia-Werkes in Bochum).

48 Zur Fristberechnung vgl. unten Rn. 96 ff.

49 Stelkens/Bonk/Sachs VwVfG § 49 Rn. 96 f.; Kopp/Ramsauer VwVfG § 49 Rn. 62a; Manssen/Greim JuS 2010, 429, 433.

50 Vgl. beispielhaft Manssen/Greim JuS 2010, 429, 433.

„verpflichtet" habe. Sie hat ihr Ermessen damit nicht ausgeübt, was grds. zur Rechtswidrigkeit der Entscheidung führt **(Ermessensnichtgebrauch)**.[51] Da das Verhalten der Behörde hierbei aber in Einklang mit den **Richtlinien** stand, ist fraglich, ob diese die behördliche Entscheidung trotzdem rechtfertigen können.

53 a) Grundsätzlich können Richtlinien als Verwaltungsvorschriften die Ermessensentscheidung in einer **antezipierten Selbstbindung** der Verwaltung vorwegnehmen. Dabei führt das Gleichbehandlungsgebot des Art. 3 Abs. 1 GG dazu, dass die Richtlinien, wenn sie in ständiger Übung von der Verwaltung praktiziert werden, im Ergebnis, ähnlich wie Außenrechtssätze, die Rechtsbeziehungen zum Bürger prägen.[52]

54 b) Diese Bindung geht jedoch nicht so weit, dass die Pflicht zur Ermessensausübung und damit zur Berücksichtigung der besonderen Umstände des Einzelfalls ganz beseitigt wird. Zwar sollen ermessensbindende Verwaltungsvorschriften die einheitliche Handhabung des vom Gesetz eingeräumten Ermessens gewährleisten. Jedoch verlangt gerade Art. 3 Abs. 1 GG zugleich auch die Berücksichtigung etwaiger **Ausnahmefälle**. Die Behörde hat daher – unabhängig von den Richtlinien – stets zu prüfen, ob ein solcher Ausnahmefall vorliegt, der ein Abweichen von der Richtlinie nach Art. 3 Abs. 1 GG gebieten würde.[53] Daran fehlt es im vorliegenden Fall.

55 c) Bei Subventionen kommt aber den **haushaltsrechtlichen Grundsätzen** der Wirtschaftlichkeit und Sparsamkeit (vgl. z.B. § 7 Abs. 1 BHO) eine ermessenslenkende Bedeutung dergestalt zu, dass im Regelfall nur die Entscheidung für den Widerruf ermessensfehlerfrei ist. Im Rahmen des § 49 Abs. 2 u. Abs. 3 VwVfG hat der Gesetzgeber den Vertrauensschutz bereits in die Widerrufstatbestände eingearbeitet. Das der Behörde eingeräumte Ermessen ist deshalb in Richtung auf einen Widerruf **„intendiert"**. Aus diesem Grund können sich Vertrauensschutzgesichtspunkte im Rahmen des Widerrufsermessens nur dann zugunsten des Betroffenen auswirken, wenn der ihm ohnehin bereits kraft Gesetzes zustehende Vertrauensschutz **aus besonderen Gründen** nicht ausreichend erscheint.[54]

Die Lit. kritisiert hieran, dass die Annahme eines intendierten Ermessens dem Grundsatz der Normenklarheit zuwiderlaufe. Dem Gesetz sei die Unterscheidung zwischen typischen und atypischen Fällen nicht zu entnehmen.[55]

Die Behörde muss aber erkennen, dass ihr ein – wenn auch gelenkter – Ermessensspielraum zusteht. Hält sie sich für zwingend gebunden, ohne die Umstände des Einzelfalls zu berücksichtigen, ist der Widerruf ermessensfehlerhaft.[56]

51 Vgl. näher AS-Skript Verwaltungsrecht AT 1 (2014), Rn. 463.

52 Speziell zum Subventionsrecht VGH Mannheim, Urt. v. 19.03.2009 – 10 S 1578/08, RÜ 2009, 453, 455; OVG NRW NVwZ 1996, 610, 613; allgemein AS-Skript Verwaltungsrecht AT 1 (2014), Rn. 136 ff.

53 Vgl. BVerwG NVwZ 1987, 498, 499; OVG NRW NWVBl. 2009, 231, 232; BayVGH NJOZ 2012, 1374, 1376.

54 BVerwG NVwZ-RR 2004, 413, 415; VGH Mannheim, Urt. v. 19.03.2009 – 10 S 1578/08, RÜ 2009, 453, 456; VGH Mannhiem, Urt. v. 07.04.2014 – 10 S 870/13, NuR 2015, 48; OVG NRW NWVBl. 2003, 216, 218; Ebeling/Tellenbröker JuS 2014, 217, 221.

55 Maurer § 7 Rn. 12; Erbguth JuS 2002, 333, 334; Krausnick JuS 2010, 778, 782; Ehlers Jura 2010, 824, 829.

56 SächsOVG, Urt. v. 13.11.2003 – 1 B 576/02; vgl. auch OVG NRW NWVBl. 2010, 242, 244 für atypische Fälle.

Hat die Behörde dagegen ihren (eingeengten) Ermessensspielraum erkannt und liegen keine Anhaltspunkte für einen Ausnahmefall vor, so braucht sie nach Auffassung des BVerwG dies auch nicht näher zu begründen.[57]

Die Behörde hat hier die Umstände des Einzelfalls überhaupt nicht berücksichtigt, so dass sich die Entscheidung auch unter dem Gesichtspunkt des **intendierten Ermessens** als fehlerhaft erweist.

d) Der Ermessensnichtgebrauch könnte jedoch dadurch gerechtfertigt sein, dass U sich mit den Richtlinien uneingeschränkt **einverstanden** erklärt hat (sog. **VA auf Unterwerfung**). Wegen des Prinzips der Gesetzmäßigkeit der Verwaltung (Art. 20 Abs. 3 GG) und des Vorrangs des Gesetzes stehen die Vorschriften über die Aufhebung von VAen aber grds. nicht zur Disposition der Beteiligten.[58] **56**

Der **Widerruf des Subventionsbescheides** ist daher **rechtswidrig**, weil die Behörde ihr Widerrufsermessen überhaupt nicht ausgeübt hat.

B. Rechtmäßigkeit des Rückforderungsbescheides

Ermächtigungsgrundlage für die Rückforderung ist § 49 a Abs. 1 VwVfG.

I. § 49 a Abs. 1 VwVfG setzt voraus, dass der **Subventionsbescheid aufgehoben** worden ist. Hier ist der Bewilligungsbescheid zwar widerrufen worden, der Widerruf ist aber rechtswidrig und aufzuheben. Der Rückforderungsbescheid verliert damit rückwirkend seine Rechtfertigung. **57**

II. Der Widerrufsbescheid entfaltet jedoch, solange er tatsächlich noch nicht aufgehoben ist, **Tatbestandswirkung** und könnte daher die Rückforderung (vorläufig) rechtfertigen.[59] U kann den Widerrufsbescheid aber erfolgreich anfechten. Seine Rechtsbehelfe entfalten nach § 80 Abs. 1 VwGO aufschiebende Wirkung, d.h. die Behörde darf den Widerruf nicht verwirklichen (sog. Verwirklichungshemmung).[60] Die Voraussetzungen für die Rückforderung liegen daher schon während des Rechtsbehelfsverfahrens nicht (mehr) vor, auch wenn der Widerrufsbescheid erst später aufgehoben wird.[61] Der Rückforderungsbescheid ist deshalb ebenfalls rechtswidrig und aufzuheben. **58**

Die Aufhebung des Widerrufsbescheids entfaltet ihre Wirkung zwar erst mit Rechtskraft des Urteils. Aus § 113 Abs. 1 S. 2 und Abs. 4 VwGO ergibt sich jedoch, dass dann, wenn die Aufhebung eines VA weitere Ansprüche auslöst (hier die Rückforderung), das Verwaltungsgericht im Interesse der Prozessökonomie sowohl über die Aufhebung als auch über den gestuften Folgeanspruch entscheiden kann.[62] Das Verwaltungsgericht kann daher bei einer Anfechtungsklage gegen einen Bescheid, der die Gewährung einer Geldleistung widerruft und sie zurückfordert, zugleich den Widerruf und die Rückforderung aufheben.

---

57 BVerwG NJW 1998, 2233, 2234.

58 OVG NRW NWVBl. 1992, 279, 281; Erichsen/Brügge Jura 1999, 496, 501; abweichend OVG Lüneburg NVwZ 1985, 500, 501, wenn die Unterwerfung dem Subventionszweck dient.

59 In diesem Sinne Hübbenet JuS 2004, 795, 798; Pauly/Pudelka DVBl. 1999, 1609, 1610.

60 Vgl. Martini JuS 2003, 266, 270; Pauly/Pudelka DVBl. 1999, 1609, 1611; Stelkens/Bonk/Sachs VwVfG § 49 a Rn. 17.

61 OVG NRW NWVBl. 2010, 242, 245; Kopp/Ramsauer VwVfG § 49 a Rn. 7a.

62 OVG NRW NWVBl. 2007, 310; ebenso Kopp/Ramsauer VwVfG § 49 a Rn. 7a; a.A. Pauly/Pudelka DVBl. 1999, 1609, 1613 f.

Aufbauschema: Widerruf für die Vergangenheit gemäß § 49 Abs. 3 VwVfG

I. Ermächtigungsgrundlage: § 49 Abs. 3 S. 1 VwVfG

II. Formelle Rechtmäßigkeit

1. **Zuständigkeit**
2. **Verfahren, Form** (insbes. §§ 28, 37, 39 VwVfG)

III. Materielle Rechtmäßigkeit

1. **Voraussetzungen der Ermächtigungsgrundlage**
   a) **aufzuhebender VA rechtmäßig** (analog bei rechtswidrigem VA, str.)
   b) **aufzuhebender VA** gewährt **Geldleistung** oder **teilbare Sachleistung** zu **bestimmten Zweck** oder ist hierfür **Voraussetzung**
   c) **Widerrufsgrund** gemäß § 49 Abs. 3 S. 1 Nr. 1 oder Nr. 2 VwVfG
   d) **Widerrufsfrist:** ein Jahr (§§ 49 Abs. 3 S. 2, 48 Abs. 4 S. 1 VwVfG)
2. **Rechtsfolge: Ermessen, insbes. Verhältnismäßigkeit**

C. Die Rückforderung gemäß § 49 a VwVfG

59 Soweit ein Verwaltungsakt mit Wirkung für die Vergangenheit zurückgenommen oder widerrufen worden ist, sind bereits erbrachte Leistungen nach § 49 a Abs. 1 S. 1 VwVfG zu erstatten.

Beispiel: Dem G ist eine Subvention in Höhe von 20.000 € bewilligt worden, die dieser zweckwidrig verwendet hat. Die Behörde hat den Bewilligungsbescheid ermessensfehlerfrei nach § 49 Abs. 3 S. 1 Nr. 1 VwVfG mit Wirkung für die Vergangenheit widerrufen. G ist gemäß § 49 a Abs. 1 S. 1 VwVfG zur Rückzahlung der erhaltenen 20.000 € verpflichtet.

I. Voraussetzungen

1. Unwirksamwerden des VA

60 § 49 a VwVfG gilt nur bei Rücknahme und Widerruf mit Wirkung **für die Vergangenheit**, außerdem bei nachträglicher Rechtsgrundlosigkeit durch **Eintritt einer auflösenden Bedingung** und **analog beim sog. VA mit vorläufiger Regelung.**[63] In diesen Fällen verdrängt § 49 a VwVfG den allgemeinen öffentlich-rechtlichen Erstattungsanspruch (dazu unten Rn. 564 ff.).

Beachte: *Der allgemeine Erstattungsanspruch bleibt dagegen anwendbar bei Aufhebung im verwaltungsgerichtlichen Verfahren (§ 113 Abs. 1 S. 1 VwGO), bei Aufhebung im Vorverfahren durch Abhilfe- oder Widerspruchsbescheid (§§ 72, 73 VwGO) sowie bei ursprünglicher Nichtigkeit des Bewilligungsbescheides nach § 44 VwVfG.*[64]

63 BVerwG, Urt. v. 19.11.2009 – BVerwG 3 C 7.09, RÜ 2010, 188, 190 f.; dazu Selmer JuS 2010, 941; a.A. OVG Berlin-Brandenburg, Beschl. v. 06.10.2008 – 2 N 129.07, RÜ 2009, 390, 391; Stelkens/Bonk/Sachs VwVfG § 49 a Rn. 8; zum vorläufigen VA allgemein AS-Skript Verwaltungsrecht AT 1 (2014), Rn. 212 ff.

64 Stelkens/Bonk/Sachs VwVfG § 49 a Rn. 7; Gurlit in: Erichsen/Ehlers § 35 Rn. 18.

§ 49 a VwVfG erfasst nicht den **Widerruf nur für die Zukunft**. Geht man mit der früheren Rspr. davon aus, dass auch bei einem Widerruf ex nunc die Rechtsgrundlage für das Behaltendürfen der Leistung entfällt (s.o. Rn. 42), so ist der allgemeine öffentlich- rechtliche Erstattungsanspruch eröffnet.[65] 61

2. Leistung aufgrund eines VA

§ 49 a VwVfG setzt voraus, dass die zu erstattenden Leistungen **auf der Grundlage eines VA** erbracht worden sind. Das bedeutet, dass Leistungen, die auf einem anderen Rechtsgrund beruhen, z.B. einem öffentlich-rechtlichen oder einem privatrechtlichen Vertrag, **nicht** nach § 49 a Abs. 1 VwVfG zurückgefordert werden können.[66] 62

Beispiel: Hat die Behörde eine Subvention in Anwendung der **Zwei-Stufen-Theorie** durch VA bewilligt und sodann auf der Grundlage eines privatrechtlichen Darlehensvertrages ausgezahlt, so kann die Rückforderung nicht nach § 49 a VwVfG durch VA geltend gemacht, sondern muss im Wege der Leistungsklage vor den ordentlichen Gerichten durchgesetzt werden.[67] 63

Umstritten ist, ob dies auch dann gilt, wenn eine durch **privatrechtlichen Vertrag** gewährte **europarechtswidrige Subvention** zurückgefordert werden soll. Hier wird teilweise geltend gemacht, nur eine Rückforderung durch sofort vollziehbaren VA könne die vom Unionsrecht vorgeschriebene unverzügliche Durchsetzung gewährleisten (s.u. Rn. 126 ff.). Die an die Bundesrepublik gerichtete Kommissionsentscheidung, eine unionsrechtswidrige Beihilfe zurückzufordern, sei öffentlich-rechtlicher Natur und führe dazu, dass auch das Rückforderungsverhältnis zu dem Beihilfeempfänger öffentlich-rechtlich ausgestaltet sei, selbst wenn die Beihilfe privatrechtlich gewährt worden sei.[68]

Die Gegenansicht verweist auf das Fehlen einer Ermächtigungsgrundlage für einen entsprechenden Rückforderungsbescheid. Das Unionsrecht überlasse die rechtliche Umsetzung der Subventionsrückforderung gerade dem nationalen Recht, sofern die effektive Durchsetzung des Unionsrechts nicht praktisch unmöglich gemacht werde.[69] Die Kommissionsentscheidung könne eine privatrechtlich ausgestaltete Subvention nicht in ein öffentlich-rechtliches Rechtsverhältnis umgestalten.[70] Die Behörde sei vielmehr gehalten, zur zeitnahen Durchsetzung des privatrechtlichen Rückforderungsanspruchs den Weg des vorläufigen Rechtsschutzes nach der ZPO zu beschreiten.[71]

II. Rechtsfolgen

1. Gebundener VA

Anders als beim Erlass des Widerrufs- oder des Rücknahme-VA gemäß §§ 48, 49 VwVfG hat die Behörde bei der Rückforderung nach § 49 a Abs. 1 VwVfG **kein Ermessen** (vgl. „sind ... zu erstatten").[72] § 49 a Abs. 1 S. 2 VwVfG sieht die Festsetzung der zu erstattenden Leistung **durch VA** vor[73] und schließt damit – anders als sonst – die Rückforderung durch Leistungsklage aus.[74] 64

---

65 Kopp/Ramsauer VwVfG § 49 a Rn. 8, Manssen/Greim JuS 2010, 429, 433; für eine analoge Anwendung des § 49 a VwVfG Stelkens/Bonk/Sachs VwVfG § 49 a Rn. 16 u. 19; Bader/Ronellenfitsch VwVfG § 49 a Rn. 12.

66 BVerwG NJW 2006, 536 ff.

67 BVerwG NJW 2006, 536, 537 f.; dazu Dorf NVwZ 2008, 375 ff.; Ebeling/Tellenbröker JuS 2014, 217, 222.

68 OVG Berlin-Brandenburg, Urt. v. 29.12.2006 – OVG 8 S 42.06; VG Trier, Beschl. v. 08.03.2013 – 1 K 1053/12.TR; dazu allgemein Förtsch KommJur 2014, 167, 172.

69 Hildebrandt/Castillon NVwZ 2006, 298, 299 f.; Vögler NVwZ 2007, 294, 297; Gundel JA 2007, 668, 669; Goldmann Jura 2008, 275, 279 f.; Haas/Hoffmann JA 2009, 119, 121.

70 Ludwigs Jura 2007, 612, 615; vgl. im Ergebnis auch BGH NVwZ 2007, 973, 974.

71 Ehlers JK 7/06 EGV 87 I/2; Ludwigs Jura 2007, 612, 613; Goldmann Jura 2008, 275, 281.

72 Vgl. BVerwG, Beschl. v. 28.10.2002 – BVerwG 3 B 152.02; SächsOVG, Urt. v. 13.11.2003 – 1 B 576/02; Stelkens/Bonk/Sachs VwVfG § 49 a Rn., 37; zweifelnd BVerwG , Urt. v. 03.03.2011– BVerwG 3 C 19.10, RÜ 2011, 390, 393.

73 Vgl. OVG NRW NWVBl. 2004, 314, 315 (VA-Befugnis auch gegenüber anderen Hoheitsträgern).

Beispiel: Durch Leistungsbescheid nach § 49 a VwVfG kann nach neuerer Rspr. des BVerwG auch die Rückforderung von einem Dritten erfolgen, der hierfür aufgrund eines Schuldbeitritts haftet. Umstritten ist allerdings, ob der Dritte gegenüber der Rückforderung die Rechtswidrigkeit der Aufhebung des Bewilligungsbescheides geltend machen kann, wenn diese unanfechtbar geworden ist.[75]

2. Umfang des Anspruchs

65 § 49 a Abs. 2 VwVfG regelt den **Umfang des Erstattungsanspruchs** durch (Rechtsfolgen-) Verweis auf die Vorschriften über die ungerechtfertigte Bereicherung (§§ 812 ff. BGB). Entsprechend § 818 Abs. 2 BGB ist der Begünstigte zum Wertersatz verpflichtet, wenn ihm die Herausgabe unmöglich ist. Auf den Wegfall der Bereicherung (§ 818 Abs. 3 BGB) kann er sich nicht berufen, soweit er die Umstände, die zur Aufhebung des VA geführt haben, kannte oder – abweichend von § 819 Abs. 1 BGB – infolge grober Fahrlässigkeit nicht kannte (§ 49 a Abs. 2 S. 2 VwVfG).

§ 49 a Abs. 3 VwVfG schreibt außerdem die **Verzinsung** des zu erstattenden Betrages ab Eintritt der Unwirksamkeit des Bewilligungsbescheides vor. Von der Zinspflicht kann bei mangelndem Verschulden abgesehen werden. Nach § 49 a Abs. 4 S. 1 VwVfG können auch Zwischenzinsen bis zur zweckentsprechenden Verwendung verlangt werden, nach § 49 a Abs. 4 S. 2 VwVfG Zinsen bei verfrühter Inanspruchnahme.[76]

Aufbauschema: Rückforderung gemäß § 49 a VwVfG

I. Ermächtigungsgrundlage: § 49 a VwVfG

II. Formelle Rechtmäßigkeit

1. **Zuständigkeit**
2. **Verfahren, Form** (insbes. §§ 28, 37, 39 VwVfG)

III. Materielle Rechtmäßigkeit

1. **Voraussetzungen der Ermächtigungsgrundlage**

   a) Rücknahme oder Widerruf für die Vergangenheit oder Eintritt einer auflösenden Bedingung

   - analog, wenn VA mit vorläufiger Regelung gegenstandslos wird
   - nicht bei Aufhebung im Rechtsbehelfsverfahren oder bei Nichtigkeit

   b) Leistung aufgrund des unwirksam gewordenen VA

2. **Rechtsfolgen**

   - gebundene Entscheidung, kein Ermessen (§ 49 a Abs. 1 S. 1 VwVfG)
   - Rückforderung durch VA (§ 49 a Abs. 1 S. 2 VwVfG)
   - Umfang nach § 49 a Abs. 2 VwVfG entsprechend § 818 BGB
   - Verzinsung, § 49 a Abs. 3 u. Abs. 4 VwVfG

74 Gurlit in: Erichsen/Ehlers § 35 Rn. 22; vgl. allgemein AS-Skript VerwaltungsR AT 1 (2014), Rn. 302.

75 BVerwG, Urt. v. 03.03.2011 – BVerwG 3 C 19.10, RÜ 2011, 390, 391; Waldhoff JuS 2012, 381, 382; kritisch Breder LKV 2011, 444, 448 ff.

76 Zur Zinspflicht vgl. BVerwG DVBl. 2003, 270; NVwZ 2005, 964; OVG NRW, Urt. v. 20.04.2012 – 4 A 2005/10.

D. Die Rücknahme des Verwaltungsaktes gemäß § 48 VwVfG

I. Die Rücknahme eines rechtswidrigen belastenden VA

1. Voraussetzungen des § 48 Abs. 1 VwVfG

Nach § 48 Abs. 1 S. 1 VwVfG kann ein rechtswidriger VA, auch nachdem er unanfechtbar **66** geworden ist, ganz oder teilweise mit Wirkung **für die Zukunft** oder **für die Vergangenheit** zurückgenommen werden. Dabei ist die Rücknahme **rechtswidriger belastender VAe** nach § 48 Abs. 1 S. 1 VwVfG **ohne weitere Voraussetzungen** zulässig.

Beispiele: Rücknahme einer Ordnungsverfügung, Rücknahme der Ausweisung eines Ausländers, Rücknahme eines Abgabenbescheides.

2. Rechtsfolge

Die Rücknahme steht bei rechtswidrigen belastenden VAen im **Ermessen** der Behörde **67** („kann"). Im Rahmen des Ermessens hat die Behörde alle für und gegen die Rücknahme sprechenden Gesichtspunkte abzuwägen. Hierbei stehen sich

- einerseits die **Bindung der Verwaltung an Gesetz und Recht** (Art. 20 Abs. 3 GG) und
- das **Gebot der materiellen Gerechtigkeit** sowie der **Gesichtspunkt der Rechtssicherheit** andererseits gleichwertig gegenüber.

Deshalb stellt es grds. keinen Ermessensfehler dar, wenn die Behörde die Rücknahme **68** des VA unter Hinweis auf dessen Bestandskraft ablehnt. Selbstverständlich sind aber die **allgemeinen Beschränkungen** des Ermessens zu beachten.

Beispielsweise darf eine Rücknahme nicht aus sachwidrigen Gründen oder unter Verstoß gegen Art. 3 Abs. 1 GG erfolgen oder abgelehnt werden. Nur ausnahmsweise kann im Fall der **Ermessensreduzierung** ein gebundener Anspruch auf Rücknahme eines rechtswidrigen VA bestehen (s.u. Rn. 169).

Einschränkungen bzgl. des Ermessens können sich überdies ergeben, wenn der aufzu- **69** hebende VA zuvor vom Verwaltungsgericht **rechtskräftig** bestätigt worden ist.

Beispiel: Die Klage des Ausländers A gegen seine Ausweisung (§ 55 Abs. 1 AufenthG) ist vom Verwaltungsgericht rechtskräftig abgewiesen worden. Nach einem Sachbearbeiterwechsel im Ausländeramt gelangt die zuständige Behörde zu der Erkenntnis, dass seinerzeit bei der Ermessensentscheidung gewichtige Gesichtspunkte zugunsten des A nicht berücksichtigt worden sind (§ 55 Abs. 3 AufenthG). Darf die Behörde die Ausweisung nach § 48 Abs. 1 S. 1 VwVfG zurücknehmen?

Nach § 48 Abs. 1 S. 1 VwVfG können nur **rechtswidrige** Verwaltungsakte aufgehoben werden. Nachdem das Verwaltungsgericht die Klage des A rechtskräftig abgewiesen hat, steht zwischen den Beteiligten aufgrund der Bindungswirkung des § 121 Nr. 1 VwGO fest, dass die Ausweisung im für die damalige Überprüfung maßgeblichen Zeitpunkt rechtmäßig war. Die Rechtskraftwirkung des § 121 VwGO kann nur auf gesetzlicher Grundlage überwunden werden. Dies ist der Fall, wenn der Betroffene nach § 51 Abs. 1 VwVfG einen Anspruch auf Wiederaufgreifen des Verfahrens hat oder die Behörde das Verfahren im Ermessenswege wieder aufgreift (§ 51 Abs. 5 VwVfG).[77] Solange diese Voraussetzungen nicht vorliegen, steht § 121 VwGO einer Rücknahme der Ausweisung (§ 48 Abs. 1 S. 1 VwVfG) entgegen.[78]

---

77 Zum Wiederaufgreifen des Verfahrens vgl. unten Rn. 153 ff..

78 BVerwG, Urt. v. 22.10.2009 – BVerwG 1 C 26.08, RÜ 2010, 253, 254; VGH BW VBlBW 2009, 32, 34; VBlBW 2009, 73, 74; OVG Hamburg NordÖR 2009, 450, 451.

II. Die Rücknahme eines rechtswidrigen begünstigenden VA

1. Begriff des begünstigenden VA

70 Anders als belastende rechtswidrige VAe können rechtswidrige **begünstigende** VAe nach § 48 Abs. 1 S. 2 VwVfG nur unter **eingeschränkten Voraussetzungen** zurückgenommen werden. Begünstigend ist nach der **Legaldefinition** des § 48 Abs. 1 S. 2 VwVfG ein VA, der ein Recht oder einen rechtlich erheblichen Vorteil begründet oder bestätigt.

Beispiele: Subventionsbescheid, Sondernutzungserlaubnis, Gewerbeerlaubnis. Dasselbe gilt beim VA mit Doppelwirkung. Bei einer Baugenehmigung handelt es sich für den Bauherrn um einen begünstigenden VA, auch wenn sie zugleich den Nachbarn belastet.[79]

71 Nicht begünstigend sind **belastende Verwaltungsakte**.

Beispiel: Ein Kostenbescheid (z.B. zur Zahlung von 1.000 €) ist begrifflich ein belastender VA. Soll der geschuldete Betrag auf 2.000 € angehoben werden, sind daher nicht die Vorschriften über begünstigende VAe, sondern nur die Vorschriften über die Aufhebung eines nicht begünstigenden VA anzuwenden.[80] Nach der Gegenansicht enthält der ursprüngliche VA zugleich die begünstigende Regelung, dass nur der festgesetzte Betrag und keine weitergehende Belastung auferlegt wird. Die Erhöhung des ursprünglich festgesetzten Betrages hat dann zugleich die Wirkung der Aufhebung dieser Begünstigung.[81] Dagegen spricht jedoch, dass eine begünstigende Regelung nur ausnahmsweise anzunehmen ist, wenn in der ursprünglichen Belastung erkennbar zum Ausdruck gebracht wird, dass von der Möglichkeit, eine noch weitergehende Belastung aufzuerlegen, kein Gebrauch gemacht wird, wenn sich also ein (zumindest konkludenter) Verzicht auf weitergehende Ansprüche feststellen lässt.[82]

72 Auch **neutrale Verwaltungsakte** fallen nicht unter § 48 Abs. 1 S. 2 VwVfG.[83]

Die Zuteilung einer Hausnummer begründet für den Anlieger weder Rechte noch rechtlich erhebliche Vorteile. Daher ist die Gemeinde bei Änderung der Nummerierung nicht an die Vorschriften über die Aufhebung begünstigender VAe gebunden.[84] Die Zuordnung des Grundstücks zu einer bestimmten Straße sowie seine Nummerierung beruht vielmehr auf landesrechtlichen Spezialvorschriften (vgl. z.B. Art. 52 Abs. 2 BayStrWG, § 20 Abs. 2 HWG), ansonsten auf der ordnungsrechtlichen Generalklausel.[85]

2. Rücknahmevoraussetzungen für begünstigende Verwaltungsakte

Begünstigende Verwaltungsakte dürfen gemäß § 48 Abs. 1 S. 2 VwVfG nur unter den Voraussetzungen des § 48 Abs. 2–4 VwVfG zurückgenommen werden. Dabei unterscheidet das Gesetz zwischen **Geld- und Sachleistungs-VAen** einerseits und **sonstigen begünstigenden VAen** andererseits.

73 ■ Ein rechtswidriger VA, der eine **einmalige oder laufende Geldleistung** oder **teilbare Sachleistung** gewährt oder hierfür Voraussetzung ist, darf nicht zurückgenommen werden, soweit der Begünstigte auf den Bestand des VA vertraut hat und sein Vertrauen unter Abwägung mit dem öffentlichen Interesse an einer Rücknahme schutzwürdig ist (§ 48 Abs. 2 S. 1 VwVfG).

---

79 Ehlers/Schröder Jura 2010, 503, 507.

80 BVerwG DVBl. 2000, 490, 491; OVG NRW NWVBl. 2009, 101, 102; VG Gießen DÖV 2010, 903; Kopp/Ramsauer VwVfG § 48 Rn. 69; Stelkens/Bonk/Sachs § 48 Rn. 123 u. 132.

81 Maurer § 11 Rn. 15; Ruffert in: Erichsen/Ehlers § 21 Rn. 53; Ehlers/Kallerhoff Jura 2009, 823, 827.

82 OVG NRW NWVBl. 2009, 101, 102; Kopp/Ramsauer VwVfG § 48 Rn. 69; Krausnick JuS 2010, 681, 683.

83 Ehlers/Schröder Jura 2010, 503, 507.

84 OVG NRW NVwZ-RR 2012, 541 f.; BayVGH, Urt. v. 06.12.2011 – 8 ZB 11.1676, RÜ 2012, 252, 255; Waldhoff JuS 2012, 958 f.

85 BayVGH, Urt. v. 06.12.2011 – 8 ZB 11.1676, RÜ 2012, 252; OVG Hamburg DÖV 2012, 611; SächsOVG NVwZ-RR 2012, 694 (zu § 5 Abs. 4 SächsGO); OVG NRW NVwZ-RR 2012, 541, 542.

Geldleistungen sind z.B. Subventionen, beamtenrechtliche Beihilfeleistungen, Mittel der Parteienfinanzierung u.Ä. Es reicht aus, wenn der Bescheid Voraussetzung für die Geldleistung ist, z.B. ein Subventionsbescheid, der einen Anspruch auf ein zinsgünstiges Darlehen begründet. **Sachleistungen** können sich auf vertretbare oder unvertretbare Sachen beziehen, entscheidend ist nur, dass sie aus einer Vielzahl gleichartiger Sachen bestehen und damit teilbar sind. Ist die Sachleistung nicht teilbar, gilt für die Rücknahme § 48 Abs. 1 S. 1 u. Abs. 3 VwVfG).

- Ein rechtswidriger begünstigender VA, der nicht unter Absatz 2 fällt, kann nach § 48 Abs. 1 S. 1 VwVfG nach Ermessen zurückgenommen werden, jedoch hat die Behörde dem Betroffenen nach § 48 Abs. 3 VwVfG auf Antrag den **Vermögensnachteil auszugleichen**, den dieser dadurch erleidet, dass er auf den Bestand des VA vertraut hat, soweit sein Vertrauen unter Abwägung mit dem öffentlichen Interesse schutzwürdig ist. 74

Beispiel: Bei Rücknahme einer Baugenehmigung Ersatz des Vertrauensschadens, den der Bauherr dadurch erlitten hat, dass er das Bauvorhaben bereits verwirklicht hat.

- Die Rücknahme ist in beiden vorgenannten Fällen grds. nur **innerhalb eines Jahres** seit dem Zeitpunkt zulässig, in dem die Behörde Kenntnis von den Tatsachen erlangt hat, welche die Rücknahme rechtfertigen (§ 48 Abs. 4 S. 1 VwVfG). 75

Die **rechtliche Bedeutung** der Einschränkungen in § 48 Abs. 2–4 VwVfG ist nicht eindeutig. Teilweise wird darin eine Beschränkung der **Rechtsfolge** gesehen, d.h. dass das Rücknahmeermessen gemäß § 48 Abs. 1 S. 1 VwVfG beim begünstigenden VA nur unter Beachtung der in Abs. 2 bis 4 gezogenen Grenzen ausgeübt werden darf.[86] Bei Nichteinhaltung der Schranken ist die Rücknahme wegen Ermessensüberschreitung rechtswidrig. Dagegen spricht jedoch bereits der Wortlaut des § 48 Abs. 1 S. 2 VwVfG. Die Einschränkungen sind danach Ausschlussgründe auf der **Tatbestandsseite**.[87] Bei Nichtbeachtung liegt nicht nur ein Ermessensfehler, sondern ein Rechtsfehler vor. 76

Beachte: *Während § 49 Abs. 1–3 VwVfG drei verschiedene Ermächtigungsgrundlagen beinhaltet, enthält § 48 VwVfG in Abs. 1 lediglich* ***eine Ermächtigungsgrundlage****, die in den folgenden Absätzen nur unterschiedlich beschränkt wird.*

Die Rücknahmebeschränkungen des § 48 Abs. 1 S. 2 VwVfG für rechtswidrige begünstigende VAe (§ 48 Abs. 2–4 VwVfG) gelten **nicht** für die Aufhebung im **Widerspruchsverfahren** oder im **gerichtlichen Verfahren**, wenn dadurch dem Widerspruch oder der Klage eines Dritten abgeholfen wird (§ 50 VwVfG). Das Vertrauen des Begünstigten ist in diesen Fällen nicht schutzwürdig, weil er mit der Aufhebung rechnen muss, wenn ein Dritter den den Adressaten begünstigenden VA anficht.[88] 77

Beispiel: Nachbar N hat gegen die dem B erteilte Baugenehmigung Klage erhoben. Die zuständige Baubehörde kommt zu dem Ergebnis, dass die Baugenehmigung rechtswidrig ist. Die Behörde kann die Genehmigung zurücknehmen und dem Rechtsbehelf abhelfen, ohne die Einschränkungen des § 48 Abs. 1 S. 2, Abs. 3 u. 4 VwVfG beachten zu müssen (§ 50 VwVfG).[89]

Unstreitig berechtigt nur ein zulässiger Rechtsbehelf zur Abhilfe i.S.d. § 50 VwVfG. Ob der Rechtsbehelf darüber hinaus auch begründet sein muss ist, umstritten.[90] Soweit dies verneint wird, ist § 50 VwVfG auch einschlägig, wenn die Baugenehmigung wegen Verstoßes gegen nicht nachbarschützende Vorschriften aufgehoben wird. Nach der Gegenansicht scheidet § 50 VwVfG in diesem Fall aus, da der Rechtsbehelf des Nachbarn mangels Rechtsverletzung unbegründet ist. Es gelten dann die allgemeinen Regeln des § 48 Abs. 2–4 VwVfG.

---

86 Stelkens/Bonk/Sachs VwVfG § 48 Rn. 110.

87 In diesem Sinne VGH Mannheim NVwZ 1998, 87, 90; Martini JuS 2003, 266, 268; Pünder JA 2004, 467, 470 ff.

88 BVerwG NVwZ 1994, 896, 897; Bader/Ronellenfitsch VwVfG § 50 Rn. 7.

89 Vgl. BVerwG NVwZ 2002, 730, 732.

90 Maurer § 11 Rn.7O: Begründetheit stets erforderlich; Krausnick JuS 2010, 594, 598: Begründetheit irrelevant; Ehlers/Kallerhoff Jura 2009, 823, 828: jedenfalls nicht offensichtlich unbegründet.

3. Die Rücknahme eines Geld- oder Sachleistungs-VA

78 Nach § 48 Abs. 2 S. 1 VwVfG darf ein rechtswidriger VA, der eine einmalige oder laufende Geldleistung oder teilbare Sachleistung gewährt oder hierfür Voraussetzung ist, nicht zurückgenommen werden, soweit der Begünstigte auf den Bestand des VA vertraut hat und sein **Vertrauen unter Abwägung mit dem öffentlichen Interesse an einer Rücknahme schutzwürdig** ist.

79 ■ **Schutzwürdig** ist das Vertrauen in der Regel, wenn der Begünstigte gewährte Leistungen verbraucht oder eine Vermögensdisposition getroffen hat, die er nicht mehr oder nur unter unzumutbaren Nachteilen rückgängig machen kann (§ 48 Abs. 2 S. 2 VwVfG).

80 ■ **Nicht schutzwürdig** ist das Vertrauen, wenn der Betroffene den VA durch arglistige Täuschung, Drohung, Bestechung oder durch in wesentlicher Beziehung unrichtige oder unvollständige Angaben erwirkt hat oder die Rechtswidrigkeit des VA kannte oder infolge grober Fahrlässigkeit nicht kannte (§ 48 Abs. 2 S. 3 VwVfG).

81 ■ Liegt weder ein Fall des § 48 Abs. 2 S. 2 noch des § 48 Abs. 2 S. 3 VwVfG vor, ist die Schutzwürdigkeit des Vertrauens nach § 48 Abs. 2 S. 1 VwVfG anhand einer **Abwägung** des privaten Bestandsinteresses mit dem öffentlichen Interesse an der Rücknahme zu bestimmen.

a) Die Rücknahmevoraussetzungen des § 48 Abs. 2 VwVfG

Fall 3: Berichtigung der Witwenpension

Bundesbeamter B ist verstorben. Seine Ehefrau F erhielt aufgrund Bescheides vom 29.01.2013 Witwengeld nach § 19 BeamtVG. Am 25.11.2013 wurde ihr mitgeteilt, dass bei der Berechnung des Witwengeldes irrtümlich eine nichtruhegehaltsfähige Zulage mit berücksichtigt worden sei, sodass es zu einer monatlichen Überzahlung von 100 € gekommen sei. Der überzahlte Betrag müsse für die Zukunft abgezogen und für die Vergangenheit zurückgefordert werden. F möge sich hierzu äußern. Trotz dieser Ankündigung wurde das Witwengeld in den Folgemonaten unverändert überwiesen. Mit Schreiben vom 25.01.2014 hat F darauf hingewiesen, dass sie bis zu der Mitteilung der Behörde von der Richtigkeit des Bescheides vom 29.01.2013 ausgegangen sei. Das Geld habe sie ihrer Enkelin geschenkt, die in den USA studiere und deren Stipendium nicht verlängert worden sei. Aufgrund Erkrankung des zuständigen Sachbearbeiters wurde die Angelegenheit behördlicherseits zunächst nicht weiterbearbeitet. Erst am 19.12.2014 erhielt F einen Bescheid, in dem der Bescheid vom 29.01.2013 rückwirkend „berichtigt" und das Witwengeld um 100 € monatlich niedriger festgesetzt wurde. Außerdem wurde F aufgefordert, die von Februar 2013 bis Dezember 2014 zuviel gezahlten 2.300 € zu erstatten. Zur Begründung wurde darauf verwiesen, dass zu Unrecht empfangene Versorgungsbezüge aus haushaltsrechtlichen Gründen grundsätzlich zu erstatten seien. F fragt, ob der Bescheid rechtmäßig ist, wenn davon auszugehen ist, dass die Festsetzung vom 29.01.2013 tatsächlich um 100 € monatlich zu hoch erfolgt ist.

A. Der Bescheid vom 19.12.2014 ist ein belastender VA, der nach dem Grundsatz vom Vorbehalt des Gesetzes einer **Ermächtigungsgrundlage** bedarf.

I. Als Ermächtigungsgrundlage kommt die **Spezialregelung** des § 52 Abs. 2 Beamtenversorgungsgesetz (BeamtVG) in Betracht. Diese Vorschrift regelt bei Bundesbeamten die Rückforderung zuviel gezahlter Versorgungsbezüge und verweist dafür auf die §§ 812 ff. BGB. Geregelt ist in dieser Bestimmung also allein die **Erstattung** zu Unrecht gezahlter Bezüge, nicht hingegen, unter welchen Voraussetzungen die Festsetzung dieser Bezüge widerrufen oder zurückgenommen werden kann; diese Aufhebung wird vielmehr vorausgesetzt. § 52 Abs. 2 BeamtVG scheidet daher als Rechtsgrundlage für die „Berichtigung" aus. **82**

Das BeamtVG und das BBesG, die ursprünglich bundeseinheitlich für alle Beamten (auch für Landesbeamte) galten, gelten heute nur noch für Bundesbeamte, da die Gesetzgebungskompetenz für die übrigen Beamten in diesen Bereichen nunmehr ausschließlich den Ländern zusteht (Art. 74 Abs. 1 Nr. 27 Hs. 2 GG). Soweit die Länder noch keine eigenen Regelungen geschaffen haben, gilt das BBesG a.F. und das BeamtVG a.F. als Bundesrecht fort, kann jedoch durch Landesrecht ersetzt werden (vgl. Art. 125 a Abs. 1 GG und § 86 BBesG, § 108 BeamtVG).

II. Ermächtigungsgrundlage für die Rücknahme kann nur **§ 48 VwVfG** sein. **83**

Für die Anwendung des § 48 VwVfG ist (ebenso wie bei § 49 VwVfG) erforderlich, dass es um die **Aufhebung** eines VA geht. Das wäre nicht der Fall, wenn durch den Bescheid vom 19.12.2014 seinem Wortlaut entsprechend nur eine „Berichtigung" nach § 42 VwVfG erfolgen sollte. Die irrtümliche Berücksichtigung der Stellenzulage stellt aber keinen **Rechenfehler** oder eine ähnliche offenbare Unrichtigkeit dar, sondern eine falsche Beurteilung der Voraussetzungen des VA, also einen von § 42 VwVfG nicht erfassten **Irrtum in der Willensbildung**.[91] Unerheblich ist, dass der Fehler möglicherweise leicht zu erkennen war. Auch offensichtliche **Rechtsfehler** können nicht nach § 42 VwVfG berichtigt werden. Damit handelt es sich um eine **Rücknahme nach § 48 VwVfG**.

B. Formelle Rechtmäßigkeit

I. **Sachlich zuständig** für die Rücknahme ist die Behörde, die zum Zeitpunkt der Rücknahmeentscheidung für den Erlass des aufzuhebenden VA zuständig wäre. Für die **örtliche** Zuständigkeit gilt § 48 Abs. 5 VwVfG. **84**

Besondere Bedeutung hat die Zuständigkeitsfrage, wenn es um die Rücknahme eines von einer unzuständigen Behörde erlassenen VA geht. Zuständig für die Rücknahme ist dann nicht etwa die (unzuständige) Erlassbehörde, sondern nur die wirklich zuständige Behörde. Eine Perpetuierung der Unzuständigkeit widerspräche dem Sinn der gesetzlichen Bestimmungen über die sachliche Zuständigkeit.[92]

II. Die **Anhörung** gemäß § 28 Abs. 1 VwVfG ist erfolgt. **85**

Da die Rücknahme in einem selbstständigen Verwaltungsverfahren erfolgt, gelten die allgemeinen Regeln der §§ 9 ff. VwVfG. Auch im Fall einer konkludenten Rücknahme müssen die allgemeinen Verfahrensvorschriften, z.B. §§ 28, 39 VwVfG, beachtet werden[93] und die Behörde muss ihr Ermessen ordnungsgemäß ausüben.[94]

---

91 Stelkens/Bonk/Sachs VwVfG § 42 Rn. 8.

92 BVerwG NJW 2000, 1512, 1514; VGH Mannheim VBlBW 2009, 150, 151; Kopp/Ramsauer VwVfG § 48 Rn. 162.

93 Stelkens/Bonk/Sachs VwVfG § 48 Rn. 253.

94 HessVGH NVwZ 1990, 879, 881.

C. Materielle Rechtmäßigkeit

86 In **materieller Hinsicht** ist zu unterscheiden zwischen

- der Rücknahme des Bescheides vom 29.01.2013 und
- der Rückzahlungsaufforderung.

I. Rechtmäßigkeit der Rücknahme nach § 48 VwVfG

87 1. In Abgrenzung zu § 49 VwVfG muss bei der Rücknahme nach § 48 VwVfG der **aufzuhebende VA rechtswidrig** sein. Das ist hier der Fall, weil die betroffene Zulage nicht ruhegehaltsfähig war und daher beim Witwengeld nicht hätte berücksichtigt werden dürfen. Daraus folgt zwar nur eine Teilrechtswidrigkeit. Diese genügt jedoch für die Anwendbarkeit des § 48 VwVfG, da die ursprüngliche Witwengeldfestsetzung nur im Umfang dieser Teilrechtswidrigkeit aufgehoben werden soll und eine solche Teilaufhebung in § 48 Abs. 1 VwVfG ausdrücklich zugelassen ist („ganz oder teilweise").

88 2. Während die Rücknahme **rechtswidriger belastender VAe** keinen weiteren Voraussetzungen unterliegt, sondern nach § 48 Abs. 1 S. 1 VwVfG in das **Ermessen** der Behörde gestellt ist, dürfen **begünstigende VAe** nur unter den **einschränkenden Voraussetzungen** des § 48 Abs. 2–4 VwVfG zurückgenommen werden (§ 48 Abs. 1 S. 2 VwVfG).

a) Der Bescheid vom 29.01.2013 begründete das Recht auf die Zahlung des Witwengeldes nach § 19 BeamtVG, sodass nach der Legaldefinition des § 48 Abs. 1 S. 2 VwVfG ein **begünstigender VA** vorliegt, der nur unter den Einschränkungen des § 48 Abs. 2–4 VwVfG zurückgenommen werden darf.

b) Nach § 48 Abs. 2 S. 1 VwVfG ist bei einem VA, der, wie im vorliegenden Fall, eine **Geldleistung** gewährt, die Rücknahme ausgeschlossen, soweit der Begünstigte auf den Bestand des VA vertraut hat und sein Vertrauen unter Abwägung mit dem öffentlichen Interesse an einer Rücknahme schutzwürdig ist.

89 aa) Der Begünstigte muss zunächst **tatsächlich** auf den Bestand des VA **vertraut** haben, wovon i.d.R. auszugehen ist.

bb) Entscheidend ist vor allem die **Schutzwürdigkeit** des Vertrauens. Hierzu finden sich Konkretisierungen in § 48 Abs. 2 S. 2 u. S. 3 VwVfG:

90
- **Schutzwürdig** ist das Vertrauen nach § 48 Abs. 2 S. 2 VwVfG in der Regel, soweit der Begünstigte die gewährten Leistungen verbraucht oder eine Vermögensdisposition getroffen hat, die er nicht mehr oder nur unter unzumutbaren Nachteilen rückgängig machen kann.

91
- **Nicht schutzwürdig** ist das Vertrauen nach § 48 Abs. 2 S. 3 VwVfG bei Kenntnis der Rechtswidrigkeit des VA bzw. grob fahrlässiger Unkenntnis oder wenn der VA durch Arglist, Drohung, Bestechung oder durch in wesentlicher Hinsicht unrichtige oder unvollständige Angaben erwirkt wurde.

- Liegt weder ein Fall des § 48 Abs. 2 S. 2 noch ein Fall des § 48 Abs. 2 S. 3 VwVfG vor, ist die Schutzwürdigkeit des Vertrauens nach § 48 Abs. 2 S. 1 VwVfG anhand einer **umfassenden Abwägung** des privaten Bestandsinteresses mit dem öffentlichen Interesse an einer Rücknahme zu bestimmen.[95] 92

Beispiel: Das Vertrauen eines Hoheitsträgers (z.B. einer Gemeinde) auf den Bestand einer gewährten Finanzzuweisung ist i.d.R. nicht schutzwürdig, da § 48 Abs. 2 VwVfG auf den Vertrauensschutz des Bürgers zugeschnitten ist.[96]

Vertrauensschutz bei rechtswidrigem Geldleistungs-VA

- Begünstigter hat auf Bestand des VA **tatsächlich vertraut**
- **Schutzwürdigkeit** des Vertrauens
  - **i.d.R. schutzwürdig** bei Verbrauch der gewährten Leistung oder praktisch irreversiblen Vermögensdispositionen (§ 48 Abs. 2 S. 2 VwVfG)
  - **nicht schutzwürdig** bei Arglist, Drohung, falschen Angaben oder Kenntnis bzw. grob fahrlässiger Unkenntnis der Rechtswidrigkeit (§ 48 Abs. 2 S. 3 VwVfG)
  - **im Übrigen: Abwägung** zwischen privatem Vertrauensinteresse und öffentlichem Interesse an der Rücknahme (§ 48 Abs. 2 S. 1 VwVfG)

cc) F hat das ihr gewährte Geld ihrer Enkelin geschenkt, sodass ihr Vertrauen nach § 48 Abs. 2 S. 2 VwVfG schutzwürdig sein könnte. Früher wurde hierbei ausschließlich auf den **tatsächlichen Verbrauch** der Mittel abgestellt, ohne die sonstige Vermögenslage des Leistungsempfängers zu berücksichtigen. Nach heute h.M. gelten für den „Verbrauch" jedoch die **bereicherungsrechtlichen Grundsätze** entsprechend. Auch wenn der Begünstigte das Geld ausgegeben, aber gleichzeitig **Aufwendungen erspart** hat, greift § 48 Abs. 2 S. 2 VwVfG nicht ein, da die Leistung dann **wertmäßig** noch im Vermögen des Begünstigten vorhanden ist.[97] 93

dd) Da F ihrer Enkelin das Geld geschenkt hat, ohne gleichzeitig Aufwendungen erspart zu haben, ist ihr Vertrauen nach § 48 Abs. 2 S. 2 VwVfG **grds. schutzwürdig**. Zu berücksichtigen ist jedoch, dass F aufgrund der Mitteilung vom 25.11.2013 in den folgenden Monaten nach eigener Darstellung nicht mehr von der Richtigkeit der Festsetzung ausgegangen ist. Ob deshalb der Vertrauensschutz für die Zukunft ab dem Zeitpunkt der Mitteilung zwingend nach § 48 Abs. 2 S. 3 Nr. 3 VwVfG wegen Kenntnis der Rechtswidrigkeit zu versagen ist, erscheint bedenklich. Denn sonst könnte die Behörde durch eine eigene Mitteilung selbst die Voraussetzungen des § 48 Abs. 2 S. 3 Nr. 3 VwVfG schaffen. Jedenfalls ist aber die Stellungnahme der F dahin zu verstehen, dass sie nach der Mit- 94

95 Kopp/Ramsauer VwVfG § 48 Rn. 98; Stelkens/Bonk/Sachs VwVfG § 48 Rn. 135 ff.

96 OVG Lüneburg NVwZ-RR 2013, 584; OVG NRW, Urt. v. 20.04.2012 – 4 A 2005/10; Waldhoff JuS 2014, 93 f.; abweichend Erichsen/Kallerhoff Jura 2009, 823, 829.

97 BVerwG DVBl. 1993, 947, 948.

teilung vom 25.11. **tatsächlich nicht mehr** auf den Bestand der Festsetzung vom 29.01. **vertraut** hat. Fehlt es aber schon am Vertrauen überhaupt, stellt sich die Frage der Schutzwürdigkeit gar nicht mehr.

Daher kann sich F auf ein schutzwürdiges Vertrauen nur bis zur Mitteilung im November 2013 berufen. Für den Zeitraum von Dezember 2013 bis Dezember 2014 fehlt es dagegen an einem Vertrauenstatbestand.

95 ee) **Für die Zukunft**, also die Zeit nach Erlass des Rücknahmebescheides vom 19.12.2014, ergibt sich aus § 48 Abs. 2 S. 2 VwVfG kein Vertrauensschutz, da nicht ersichtlich ist, dass F mit Rücksicht auf die Höhe des Witwengeldes Vermögensdispositionen getroffen hat, die sie auch zukünftig noch verpflichten und deren Rückgängigmachung unzumutbar ist. Bei der dann im Rahmen des § 48 Abs. 2 S. 1 VwVfG vorzunehmenden Abwägung überwiegt i.d.R. das mit der Aufhebung für die Zukunft verfolgte öffentliche Interesse, den fortlaufenden ungerechtfertigten Bezug öffentlicher Mittel zu vermeiden.[98]

Damit ergibt sich, dass die **Voraussetzungen** der Rücknahme für die Zukunft uneingeschränkt erfüllt sind, für die Vergangenheit hingegen nur ab dem Zeitpunkt der Mitteilung vom 25.11.2013. Soweit die Behörde die Rücknahme auch auf den davor liegenden Zeitraum erstreckt hat, ist die Rücknahme deshalb **rechtswidrig**.

96 c) Soweit die Voraussetzungen für eine Rücknahme erfüllt sind, kann die Rücknahme nach § 48 Abs. 4 S. 1 VwVfG nur **innerhalb eines Jahres** seit Kenntnis von den die Rücknahme rechtfertigenden Tatsachen erfolgen, es sei denn, der VA ist durch Arglist, Drohung oder Bestechung erwirkt worden (§ 48 Abs. 4 S. 2 i.V.m. Abs. 2 S. 3 Nr. 1 VwVfG).

97 aa) Die zuständige Behörde muss die maßgeblichen tatsächlichen Umstände **positiv kennen**, grob fahrlässige Unkenntnis genügt nicht.[99] Kenntnis muss nach h.M die für die Rücknahme **zuständige Stelle** haben, die Kenntnis irgendeines Beamten der Behörde reicht nicht aus, ebenso wenig die Tatsache, dass die Umstände aktenkundig sind.[100] Nach der Gegenansicht ist abstrakt auf die Kenntnis irgendeiner Stelle der **Behörde** abzustellen. Auch im Rahmen des § 48 Abs. 4 VwVfG gelte die Legaldefinition des § 1 Abs. 4 VwVfG, die nicht auf den einzelnen Amtswalter abstelle. Überdies stehe dem Bürger die Behörde als Einheit gegenüber und müsse sich auch so behandeln lassen.[101]

98 Dagegen spricht jedoch, dass eine „Behörde" als solche keiner Kenntnis fähig ist, sondern diese nur durch menschliche Kenntnis vermittelt werden kann. Kenntnis setzt nach dem Zweck der Norm voraus, dass aufgrund des bei der Behörde vorhandenen Wissens ein rechtmäßiger

98 BVerwG NVwZ 1983, 157, 158; Knack/Henneke § 48 Rn. 93; Stelkens/Bonk/Sachs VwVfG § 48 Rn. 140.

99 BVerwG DVBl. 2001, 1221, 1223; Kopp/Ramsauer VwVfG § 48 Rn. 153; Stelkens/Bonk/Sachs § 48 Rn. 211.

100 BVerwG DVBl. 2001, 1221, 1223; BayVGH NVwZ 2001, 931, 932; Stelkens/Bonk/Sachs § 48 Rn. 212 ff.

101 OVG Berlin DVBl. 1983, 354, 355; Pieroth NVwZ 1984, 681, 684; Schoch NVwZ 1985, 880, 884 f.; Maurer § 11 Rn. 35a; Kahl/Müller Ad Legendum 2015, 127, 134.

Rücknahmebescheid erlassen werden kann. Diese Möglichkeit besteht nur, wenn der **zuständige Sachbearbeiter** hinreichend sichere Informationen hat.[102]

Beispiel: Die Gemeinde G hat vom Land Zuschüsse für die Anschaffung bestimmter Verwaltungsmittel erhalten. Bei der überörtlichen Rechnungsprüfung stellen Beamte der Bezirksregierung fest, dass die Mittel zweckwidrig verwendet wurden. Für den Lauf der Frist kommt es hier nicht auf die Kenntnis der Prüfbeamten an, sondern des bei der Bezirksregierung in der inneren Verwaltung zuständigen Sachbearbeiters für die gewährten Zuschüsse. Die bloße Aktenkundigkeit der Tatsachen reicht nicht aus, da dies sonst auf ein Kennenmüssen hinauslaufen würde.

bb) Unproblematisch ist die Bestimmung der Frist, wenn es um die Kenntnis von **Tatsachen** geht, also tatsächlichen Umständen, deren Vorliegen die Rechtswidrigkeit des VA begründen.[103] Die Frist beginnt zu laufen, sobald alle entscheidungserheblichen Tatsachen positiv bekannt sind (s.u. Rn. 105). 99

cc) Problematisch ist die Anwendung bei **Rechtsirrtümern**, wenn die Behörde den entscheidungserheblichen Sachverhalt bereits bei Erlass des VA vollständig ermittelt, aber die Tatsachen falsch gewertet hat (z.B. falsche Subsumtion, Rechtsanwendungsfehler, fehlerhafte Ermessensausübung). Ein solcher Fall liegt hier insoweit vor, als die Behörde die nichtruhegehaltsfähige Zulage rechtsfehlerhaft bei der Berechnung des Witwengeldes berücksichtigt hat. 100

Nach h.M. erfasst § 48 Abs. 4 VwVfG auch die **Erkenntnis der Rechtswidrigkeit.** Die bei voller Tatsachenkenntnis falsch entschiedenen Fälle seien genauso zu behandeln wie Tatsachenirrtümer.[104] Nach der Gegenansicht ist § 48 Abs. 4 VwVfG eine streng auf ihren Wortlaut hin zu begrenzende **Ausnahmevorschrift**, die nur die Fälle erfasst, in denen die Behörde nachträglich durch **Tatsachen** auf die Rechtswidrigkeit des VA hingewiesen wird. Bei einem bloßen Rechtsirrtum sei § 48 Abs. 4 VwVfG nicht anwendbar, in diesem Fall laufe keine Frist für die Ausübung des Rücknahmeermessens.[105] 101

Diese Auffassung würde der Behörde eine zeitlich unbeschränkte Rücknahmemöglichkeit eröffnen, obwohl der Fehler (z.B. falsche Subsumtion) allein in ihrer Risikosphäre liegt. Für die h.M. spricht überdies, dass das Gesetz gerade nicht zwischen der tatsächlichen Rechtswidrigkeit (Zugrundelegung eines unrichtigen Sachverhalts) und der rechtlichen Rechtswidrigkeit (unrichtige Rechtsanwendung) unterscheidet. Tatsachen- wie Rechtsfehler führen zur Rechtswidrigkeit des VA und ermöglichen die Rücknahme. Daher spricht das Gesetz nicht nur von der Kenntnis der „Tatsachen", sondern der Tatsachen, welche die Rücknahme **„rechtfer-** 102

102 Stelkens/Bonk/Sachs § 48 Rn. 214; kritisch Ehlers/Kallerhoff Jura 2009, 823, 833 f.

103 Stelkens/Bonk/Sachs VwVfG § 48 Rn. 221; Kopp/Ramsauer VwVfG § 48 Rn. 153.

104 Grundlegend BVerwGE 70, 356, 362; VGH Mannheim, Urt. v. 22.05.2014 – 10 S 1719/13, NVwZ-RR 2014, 806; OVG NRW, Beschl. v. 23.04.2010 – 6 A 1135/08 NVwZ-RR 2010, 630; Knack/Henneke § 48 Rn. 77; Krausnick JuS 2010, 778, 779.

105 So früher ein Teil der Rspr. vgl. OVG Koblenz NVwZ 1988, 448, 449; OVG NRW DVBl. 1984, 1084, 1086; VGH Mannheim DÖV 1984, 216, 218; zustimmend Meyer/Borgs VwVfG § 48 Rn. 71; Pieroth NVwZ 1984, 681, 686 m.w.N.

tigen". Zur Rechtfertigung der Rücknahme gehört aber vor allem die Rechtswidrigkeit des aufzuhebenden VA. Das Gesetz behandelt die **Rechtswidrigkeit des aufzuhebenden VA** also wie eine Tatsache. § 48 Abs. 4 VwVfG ist daher sowohl in Fällen des Sachverhaltsirrtums als auch des hier vorliegenden Rechtsirrtums anwendbar.

dd) Umstritten ist jedoch, wann die **Jahresfrist** zu laufen beginnt.

103 (1) Früher wurde teilweise darauf abgestellt, dass die Rücknahmefrist in diesem Fall bereits **mit Erlass des VA** beginnt, da der Behörde bereits in diesem Zeitpunkt alle Tatsachen bekannt seien.[106] Dies würde dazu führen, dass die Widerrufsfrist am 29.01.2014, ein Jahr nach Erlass des rechtswidrigen Bewilligungsbescheides vom 29.01.2013 abgelaufen wäre. Dagegen spricht jedoch, dass die Rücknahme ausgeschlossen wäre, wenn die Behörde den Rechtsfehler erst nach Ablauf eines Jahres bemerkt. Die Rücknahme wäre damit bei Rechtsfehlern i.d.R. nicht möglich.

104 (2) Ein Teil der Lit. sieht in § 48 Abs. 4 S. 1 VwVfG eine **Bearbeitungsfrist**, die mit der Kenntnis von der Rechtswidrigkeit zu laufen beginne.[107] Dies war spätestens im November 2013 der Fall (vgl. das Schreiben vom 25.11.2013), sodass der Rücknahmebescheid vom 19.12.2014 nicht mehr innerhalb der Jahresfrist erfolgt wäre.

105 (3) Die heute h.Rspr geht dagegen von einer **Entscheidungsfrist** aus, die erst mit dem Zeitpunkt der Entscheidungsreife beginnt.[108] Die Kenntnis der Rechtswidrigkeit setze für sich allein die Rücknahmefrist noch nicht in Lauf. Für diese Auffassung spricht, dass § 48 Abs. 4 S. 1 VwVfG an die Tatsachen anknüpft, „welche die Rücknahme ... rechtfertigen." Dass setzt voraus, dass der Behörde **sämtliche für die Rücknahmeentscheidung erheblichen Tatsachen bekannt** sind. Die Frist beginnt danach erst, wenn die Behörde die Rechtswidrigkeit des VA erkannt hat und ihr außerdem alle Umstände bekannt sind, die zur sachgemäßen Ermessensausübung erforderlich sind. Insbesondere müssen der Behörde alle Tatsachen bekannt sein, die im Rahmen der Abwägung nach § 48 Abs. 2 VwVfG zu berücksichtigen sind.[109] Da die für die Abwägung relevanten Umstände aber in jedem Fall im Rahmen einer Anhörung gemäß § 28 Abs. 1 VwVfG ermittelt werden müssen, beginnt die Frist des § 48 Abs. 4 S. 1 VwVfG daher **frühestens mit Eingang der Stellungnahme** des Betroffenen.[110]

---

106 So noch BVerwG NVwZ 1983, 91, 92; OVG Berlin DVBl. 1983, 354, 355; VGH Kassel NVwZ 1984, 382, 383; Weides DÖV 1985, 91, 94 m.w.N.

107 Maurer § 11 Rn. 35a; Knack/Henneke § 48 Rn. 79; Kopp DVBl. 1985, 525, 526; Schoch NVwZ 1985, 880, 884; Erbguth JuS 2002, 333, 334 m.w.N.

108 Grundlegend BVerwGE 70, 356, 362; BVerwG NVwZ-RR 2005, 341, 342; DVBl. 2001, 1221, 1222; BayVGH NVwZ 2001, 931, 932; OVG NRW NVwZ-RR 2010, 630; dazu Waldhoff JuS 2011, 95 f.

109 BVerwGE 70, 356, 362; BVerwG NVwZ-RR 2005, 341, 342; OVG Bremen NVwZ-RR 2013, 30, 33; OVG NRW NvwZ-RR 2010, 630; Manssen/Greim JuS 2010, 429, 432; Krausnick JuS 2010, 778, 778 f.; kritisch Ehlers/Kallerhoff Jura 2009, 823, 833 f.

110 BVerwG NVwZ 2002, 485; OVG NRW NWVBl. 2000, 105, 106; OVG NRW, Urt. v. 20.04.2012 – 4 A 2005/10; einschränkend VG Düsseldorf NVwZ-RR 2012, 132 bei Verzögerung der Anhörung durch die Behörde.

F hatte erst mit Schreiben vom 25.01.2014 Stellung genommen. Erst mit Zugang dieses Schreibens waren dem zuständigen Sachbearbeiter alle für die Entscheidung nach § 48 Abs. 2 VwVfG erforderlichen Fakten bekannt. Der Rücknahmebescheid vom 19.12.2014 erfolgte damit noch innerhalb der Jahresfrist des § 48 Abs. 4 S. 1 VwVfG.

Ebenso beginnt die Jahresfrist erneut zu laufen, wenn ein Rücknahmebescheid vom Verwaltungsgericht aufgrund einer Anfechtungsklage aufgehoben wird. Denn die Urteilsgründe sind für die Behörde neue Tatsachen i.S.v. § 48 Abs. 4 S. 1 VwVfG.[111] Der Fristlauf kann sich daher über Jahre erstrecken, da § 48 VwVfG keine absolute Ausschlussfrist enthält. Der Zeitablauf ist aber im Rahmen der Ermessensentscheidung zu berücksichtigen.[112] 106

Rücknahmefrist gemäß § 48 Abs. 4 S. 1 VwVfG

- Die für die Rücknahme zuständige Behörde muss die die Rücknahme rechtfertigenden Umstände **positiv kennen**.
- Kenntnis muss der nach der innerbehördlichen Geschäftsverteilung für die Rücknahme **zuständige Amtswalter** haben.
- § 48 Abs. 4 S. 1 VwVfG erfasst auch die **Erkenntnis der Rechtswidrigkeit**.
- § 48 Abs. 4 S. 1 VwVfG ist eine **Entscheidungsfrist**, die erst mit dem Zeitpunkt der Entscheidungsreife beginnt (a.A. Bearbeitungsfrist ab Kenntnis).
- Die Frist beginnt erst zu laufen, wenn der Behörde **alle Umstände bekannt** sind, die zur sachgemäßen Ermessensausübung erforderlich sind.

3. **Ungeschriebene Tatbestandsvoraussetzung** für die Aufhebung von VAen ist, dass die Aufhebung gegenüber dem **richtigen Adressaten** erfolgt. Im Regelfall ist dies – wie hier – der Adressat des ursprünglichen VA.[113] 107

Ein begünstigender VA kann ausnahmsweise auch gegenüber einem **Dritten** zurückgenommen werden, wenn dieser als „Begünstigter" anzusehen ist. Dies ist z.B. dann der Fall, wenn der unmittelbare Zuwendungsempfänger durch den Bescheid verpflichtet wird, die Zuwendung an einen Dritten weiterzugeben.[114]

4. **Rechtsfolge:** Liegen die Voraussetzungen für eine Rücknahme nach § 48 Abs. 2 VwVfG vor, so steht es grundsätzlich im **Ermessen** der Behörde, ob, in welchem Umfang und mit welcher zeitlichen Wirkung der VA zurückgenommen wird.[115] 108

Beachte: *In den Fällen des § 48 Abs. 2 S. 3 VwVfG wird der VA* ***in der Regel*** *mit Wirkung* ***für die Vergangenheit*** *zurückgenommen (§ 48 Abs. 2 S. 4 VwVfG).*

111 BVerwG DVBl. 1996, 867; OVG Bremen DÖV 2011, 416; a.A. Kopp DVBl. 1990, 963.

112 OVG NRW, Urt. v. 08.11.2012 – 11 A 1548/11, NVwZ-RR 2013, 250 (Rücknahme nach 52 Jahre); dazu Hebeler JA 2013, 557.

113 BVerwG DVBl. 2000, 907, 909; OVG Magdeburg NVwZ 2001, 214; Stelkens/Bonk/Sachs VwVfG § 48 Rn. 243; Erichsen/Brügge Jura 1999, 155, 157; Krausnick JuS 2010, 594, 596.

114 BVerwG DVBl. 2000, 907, 909; VGH Mannheim NVwZ 1998, 87, 88; Oldiges NVwZ 2001, 626, 627; vgl. auch EuGH ZIP 2004, 1013 (zur Rückforderung von europarechtswidrigen Subventionen von Drittunternehmen).

115 Bader/Ronellenfitsch VwVfG § 48 Rn. 38 f.; Kopp/Ramsauer VwVfG § 48 Rn. 77.

109 Da bei der Frage des Vertrauensschutzes für die Zeit nach dem 25.11.2013 bereits auf der **Voraussetzungsseite** ein überwiegendes öffentliches Interesse an der Rücknahme festgestellt wurde, ist es nicht ermessensfehlerhaft, wenn die Behörde sich unter Berücksichtigung dieses Abwägungskriteriums zur Rücknahme entschließt, um den weiteren ungerechtfertigten Bezug öffentlicher Mittel zu verhindern.

Gegenbeispiel: Nachbar N hat gegen die dem B erteilte immissionsschutzrechtliche Genehmigung Widerspruch erhoben. Die Bezirksregierung als zuständige Widerspruchsbehörde wies die Genehmigungsbehörde an, die Genehmigung nach § 48 VwVfG aufzuheben, da sie gegen nachbarschützende Vorschriften verstößt.

Hier ist das behördliche Ermessen auf Null reduziert, da der Widerspruch des Dritten zulässig und begründet ist. Der Dritte hat in diesem Fall einen ermessensunabhängigen Anspruch auf Aufhebung des VA, weil er durch ihn in seinen Rechten verletzt ist. Dieser Anspruch kann nicht dadurch unerfüllt bleiben, dass statt der positiven Entscheidung über den Widerspruch (§§ 72, 73 VwGO) ein Rücknahmeverfahren nach § 48 VwVfG durchgeführt wird.[116]

110 Somit ist die Rücknahmeentscheidung in dem Bescheid vom 19.12.2014 insoweit rechtmäßig, als die Festsetzung des Witwengeldes i.H.v. monatlich 100 € mit Wirkung ab dem 25.11.2013 zurückgenommen worden ist. Soweit die Rücknahme auch auf den **Zeitraum von Februar bis November 2013** erstreckt wurde, ist sie dagegen wegen Verstoßes gegen § 48 Abs. 2 S. 2 VwVfG **rechtswidrig** und kann mit Erfolg angefochten werden.

II. Rechtmäßigkeit der Rückzahlungsaufforderung

111 1. Als **Rechtsgrundlage** für die Rückforderung kommen § 52 Abs. 2 BeamtVG und § 49 a Abs. 1 VwVfG in Betracht.

Diese Vorschriften gleichen sich insoweit, als sie für die Bestimmung von Umfang und Höhe des Erstattungsanspruchs auf die §§ 812 ff. BGB verweisen. Sie unterscheiden sich vor allem dadurch, dass nach § 49 a VwVfG die Geltendmachung des Erstattungsanspruchs nicht im Ermessen der Behörde steht (vgl. „sind ... zu erstatten“), während nach § 52 Abs. 2 S. 3 BeamtVG aus Billigkeitsgründen von der Rückforderung ganz oder teilweise abgesehen werden kann (ebenso § 12 Abs. 2 S. 3 BBesG). Die Billigkeitsentscheidung ist dabei notwendiger und untrennbarer Bestandteil der Rückforderungsentscheidung.[117]

Da es insoweit nicht um die Aufhebung der Festsetzung der Versorgungsbezüge geht, sondern um die **Erstattung** zu Unrecht empfangener Versorgungsbezüge, ist in diesem Zusammenhang aufgrund der Subsidiaritätsklausel des § 1 VwVfG die **speziellere Regelung** des § 52 Abs. 2 BeamtVG anzuwenden, weil sie gerade diese Erstattung zum Gegenstand hat.[118]

112 2. Anders als § 49 a Abs. 1 S. 2 VwVfG enthält § 52 Abs. 2 BeamtVG keine Regelung über die Durchsetzung des Anspruchs durch VA (sog. **VA-Befugnis**). Es gehört jedoch zu den hergebrachten Grundsätzen des Berufsbeamtentums (Art. 33 Abs. 5 GG), dass beamtenrechtliche Ansprüche auch durch VA geltend gemacht werden können. Insbesondere wenn eine Leistung, wie hier, durch VA gewährt worden ist, kann sie auch durch VA zurückgefordert werden **(Kehrseitentheorie)**.[119]

---

116 BVerwG NVwZ 2002, 730, 733.

117 BVerwG, Urt. v. 26.04.2012 – BVerwG 2 C 15.10, NVwZ-RR 2012, 930, 931.

118 Vgl. BVerwG NVwZ 1990, 672, 673 zu der Parallelvorschrift des § 87 Abs. 2 BBG a.F.

3. Es müssen die **Voraussetzungen** des § 52 Abs. 2 BeamtVG erfüllt sein. 113

a) Zuviel gezahlt und damit **rechtsgrundlos** sind von den zurückgeforderten Beträgen nur die Zahlungen von Dezember 2013 bis Dezember 2014 (also in Höhe von 13 x 100 € = 1.300 €), weil nur insoweit der Bewilligungsbescheid vom 29.01.2013 rechtmäßig zurückgenommen worden ist. Im Übrigen ist der Rückforderungsbescheid rechtswidrig und aufzuheben, weil es für die Monate Februar bis November 2013 an einer rechtmäßigen Rücknahme fehlt (s.o.).

b) Soweit sich F hinsichtlich der Zahlungen ab Dezember 2013 wegen etwaiger Schenkungen an ihre Enkelin auf einen **Wegfall der Bereicherung** berufen sollte, ist dieser Einwand nach § 52 Abs. 2 BeamtVG i.V.m. §§ 818 Abs. 4, 819 Abs. 1 BGB ausgeschlossen, da sie in diesem Zeitpunkt die fehlerhafte Berechnung des Witwengeldes kannte. 114

Abweichend von § 819 Abs. 1 BGB schadet nach den öffentlich-rechtlichen Rückforderungsregeln nicht nur Kenntnis von der Rechtsgrundlosigkeit, sondern bereits grob fahrlässige Unkenntnis (§ 52 Abs. 2 S. 2 BeamtVG, § 12 Abs. 2 S. 2 BBesG, § 49 a Abs. 2 S. 2 VwVfG).

Somit sind die Voraussetzungen für eine Rückforderung i.H.v. 1.300 € nach § 52 Abs. 2 BeamtVG erfüllt, mangels Rechtsgrundlosigkeit hingegen nicht für den darüber hinausgehenden Betrag. Insoweit ist die Rückforderung rechtswidrig.

4. Soweit die Voraussetzungen der Rückforderung vorliegen (für Dezember 2013 bis Dezember 2014), kann nach § 52 Abs. 2 S. 3 BeamtVG von der Rückforderung aus **Billigkeitsgründen** (ganz oder teilweise) abgesehen werden. Die Behörde hat insoweit **Ermessen**, wobei alle Umstände des Einzelfalls zu berücksichtigen sind, um eine für die Beteiligten zumutbare Lösung zu finden.[120] Dieses Ermessen hat die Behörde hier gar nicht ausgeübt, weil sie von einer generellen Rückzahlungspflicht ausgegangen ist. Auch soweit die Voraussetzungen für die Rückforderung i.H.v. 1.300 € erfüllt sind, ist diese wegen **Ermessensnichtgebrauchs** ebenfalls rechtswidrig. 115

Ergebnis: 116

- Die **Rücknahmeentscheidung** ist rechtmäßig, soweit die Festsetzung des Witwengeldes mit Wirkung ab dem 25.11.2013 aufgehoben wurde. Soweit die Rücknahme auf den davor liegenden Zeitraum erstreckt worden ist, ist sie rechtswidrig.
- Die **Rückforderung** ist insgesamt rechtswidrig (in Höhe von 1.000 €, weil die Voraussetzungen des § 52 Abs. 2 BeamtVG nicht vorliegen, in Höhe von 1.300 €, weil die Behörde ihr Ermessen nicht ausgeübt hat).

---

119 Vgl. im Einzelnen AS-Skript Verwaltungsrecht AT 1 (2014), Rn. 289 ff.

120 Vgl. BVerwG, Urt. v. 26.04.2012 – BVerwG 2 C 15.10, NVwZ-RR 2012, 930, 931 zur entsprechenden Regelung in § 12 Abs. 2 S. 3 BBesG; VG Münster, Urt. v. 12.03.2015 – 5 K 3198/13.

Aufbauschema: Rücknahme eines rechtswidrigen begünstigenden VA
I. Ermächtigungsgrundlage: § 48 Abs. 1 S. 1 VwVfG (–) bei spezialgesetzlicher Regelung
II. Formelle Rechtmäßigkeit **1. Zuständigkeit** **2. Verfahren, Form** (insbes. §§ 28, 37, 39 VwVfG)
III. Materielle Rechtmäßigkeit **1. Voraussetzungen der Ermächtigungsgrundlage** **a) aufzuhebender VA rechtswidrig** **b) Rücknahmesperre** gemäß § 48 Abs. 1 S. 2, Abs. 2 VwVfG **c) Widerrufsfrist:** ein Jahr (§ 48 Abs. 4 S. 1 VwVfG) **Beachte:** b) und c) gelten nicht in den Fällen des § 50 VwVfG! **2. Rechtsfolge: Ermessen, insbes. Verhältnismäßigkeit**

b) Verhältnis des § 48 VwVfG zum Europarecht

Besondere Probleme ergeben sich bei der Anwendung des § 48 VwVfG, wenn es um **Aufhebung von Subventionsbescheiden** geht, die gegen Unionsrecht, insbes. Art. 107, 108 AEUV verstoßen.

117 ■ **Beihilfen** i.S.d. Art. 107, 108 AEUV sind alle Maßnahmen gleich welcher Art, „die unmittelbar oder mittelbar Unternehmen begünstigen oder die als ein wirtschaftlicher Vorteil anzusehen sind, den das begünstigte Unternehmen unter normalen Marktbedingungen nicht erhalten hätte."[121] Erfasst werden also nicht nur Subventionen im eigentlichen Sinne, sondern alle Maßnahmen, die diesen nach Art und Wirkung gleichstehen (z.B. Steuervergünstigungen).

Unerheblich ist, ob die Beihilfe unmittelbar vom Staat oder von öffentlichen oder privaten Einrichtungen gewährt wird. Allerdings müssen Beihilfen dem Staat zurechenbar sein. Das ist der Fall, wenn sie unmittelbar oder mittelbar aus staatlichen Mitteln gewährt werden, also den staatlichen Haushalt belasten.[122] Keine Beihilfen sind nach Auffassung des EuGH öffentliche Zuschüsse zum Ausgleich von Defiziten, die durch die Erfüllung einer sog. gemeinwirtschaftlichen Verpflichtung (d.h. einer öffentlichen Pflichtaufgabe) entstehen.[123]

118 ■ Nach Art. 107 Abs. 1 AEUV sind **Beihilfen unzulässig**, sofern sie den Wettbewerb verfälschen oder zu verfälschen drohen und den Handel zwischen den Mitgliedstaaten beeinträchtigen.

121 EuGH NJW 2003, 2515, 2518; DVBl. 2002, 1034, 1035; DVBl. 2001, 633, 635; vgl. auch den Überblick von Soltész EuZW 2014, 89 ff. und EuZW 2015, 127 ff.

122 EuG, Urt. v. 21.05.2010 – T-425/04 u.a.; EuGH NVwZ 2003, 461, 462; DVBl. 2002, 1034, 1035; DVBl. 2001, 633, 635; Ludwigs Jura 2006, 41, 41 f.; Gundel Jura 2007, 239 f.; Kassow EuZW 2010, 856 f.

123 EuGH NJW 2003, 2515, 2518 (Altmark Trans) für den öffentlichen Personennahverkehr; BVerwG NVwZ 2011, 1016, 1018; Urt. v. 16.12.2010 – BVerwG 3 C 44.09, RÜ 2011, 656, 659; Brenner/Huber DVBl. 2004, 863, 870.

Mit dem Binnenmarkt vereinbar sind die in Art. 107 Abs. 2 AEUV aufgezählten Beihilfen (z.B. Beihilfen zur Beseitigung von Schäden, die durch Naturkatastrophen oder sonstige außergewöhnliche Ereignisse entstanden sind). Als mit dem Binnenmarkt vereinbar können (Ermessen) außerdem die in Art. 107 Abs. 3 AEUV aufgezählten Beihilfen angesehen werden (z.B. Beihilfen zur Förderung wichtiger Vorhaben von gemeinsamem europäischen Interesse oder zur Behebung einer beträchtlichen Störung im Wirtschaftsleben eines Mitgliedstaats). Bestimmte Beihilfen sind durch EU-Verordnung allgemein für mit dem Gemeinsamen Markt vereinbar erklärt worden.[124]

- Damit die EU-Kommission ihre Kontrollfunktion wahrnehmen kann, müssen die Mitgliedstaaten sie über jede neue Beihilfe unterrichten (Art. 108 Abs. 3 S. 1 AEUV). Im Rahmen dieses **Notifizierungsverfahrens** prüft die Kommission, ob ein Ausnahmetatbestand i.S.d. Art. 107 Abs. 2 AEUV vorliegt oder ob eine Befreiung nach Art. 107 Abs. 3 AEUV in Betracht kommt. Der betreffende Mitgliedstaat darf die beabsichtigte Maßnahme vor der abschließenden Entscheidung der Kommission nicht durchführen (Art. 108 Abs. 3 S. 3 AEUV).[125] 119

Nähere Einzelheiten regelt die VO (EG) Nr. 659/1999 (Beihilfeverfahrensverordnung – BVVO) mit Ergänzung durch VO (EU) Nr. 734/2013, insbesondere Art. 11 und 14 BVVO.[126]

Da das **Durchführungsverbot** nach Art. 108 Abs. 3 S. 3 AEUV in den Mitgliedstaaten unmittelbar geltendes Recht ist, macht allein der formelle Verstoß gegen die Anzeigepflicht die Beihilfe innerstaatlich rechtswidrig.[127] Die nationalen Gerichte müssen diese (formelle) Rechtswidrigkeit unabhängig von Aufsichtsmaßnahmen der Kommission berücksichtigen. Konkurrenten des Beihilfeempfängers können sich auf den Verstoß berufen und ggf. die Einstellung bzw. Rückabwicklung der staatlichen Förderung verlangen.[128] Der (formelle) Verstoß gegen Art. 108 Abs. 3 S. 3 AEUV wird auch nicht dadurch geheilt, dass die Kommission die Beihilfe im Nachhinein (materiell) als mit dem Gemeinsamen Markt vereinbar erklärt.[129] 120

Art. 108 Abs. 3 S. 3 AEUV ist außerdem Verbotsgesetz i.S.d. § 134 BGB, dessen Verletzung zur Nichtigkeit eines zur Gewährung der Beihilfe abgeschlossenen Vertrages führt.[130]

Unionsrechtliche Vorgaben für Beihilfen

- **Beihilfe** i.S.d. Art. 107 Abs. 1 AEUV
  - **grds. unzulässig** bei (drohender) Verfälschung des Wettbewerbs, soweit sie den Handel zwischen Mitgliedstaaten beeinträchtigen,
  - **generell zulässig** gemäß Art. 107 Abs. 2 AEUV
  - **im Einzelfall zulässig** gemäß Art. 107 Abs. 3 AEUV
- **Beihilfeaufsicht** nach Art. 108, 109 AEUV, insbes. Durchführungsverbot nach Art. 108 Abs. 3 S. 3 AEUV

124 Vgl. dazu z.B. die Allgemeine GruppenfreistellungsVO (AGVO); dazu Soltész EuZW 2015, 277, 278.

125 Vgl. beispielhaft EuGH DVBl. 2000, 337; NVwZ 2001, 661; NVwZ 2007, 64.

126 Vgl. dazu EuGH, Urt. v. 21.11.2013 – C-284/12, RÜ 2014, 445, 447; OVG Koblenz, Beschl. v. 10.06.2013 – 6 B 10351/13, RÜ 2014, 38, 40.; zur Neuregleung Plappert EuZW 2014, 26 ff.

127 Oldiges NVwZ 2001, 626, 633; Goldmann Jura 2008, 275, 275; Finck/Gurlit Jura 2011, 87, 91.

128 BVerwG RÜ 2011, 656, 657; Heinrich/Arnold DVBl. 2011, 557, 558; vgl. auch BGH JZ 2011, 580, 581 ff.

129 EuGH NVwZ 2007, 64, 65; Goldmann Jura 2008, 275, 275.

130 BGH NVwZ 2004, 636, 637; EuZW 2013, 753 (Teilnichtigkeit); Förtsch KommJur 2014, 167, 172; Ebeling/Tellenbröker JuS 2014, 217, 223; abweichend Finck/Gurlit Jura 2011, 87, 90; Ehlers/Scholz JZ 2011, 585, 587: schwebende Unwirksamkeit.

Fall 4: Europarechtswidrige Subventionen

Mit Bescheid vom 21.05.2012 wurde dem K von der zuständigen Behörde B aus Landesmitteln eine Subvention für eine geplante Betriebserweiterung gewährt und ausgezahlt. Obwohl es sich um eine Beihilfe i.S.d. Art. 107, 108 AEUV handelte, unterblieb eine Anzeige bei der EU-Kommission. Als die Kommission von der Förderung Kenntnis erlangte, leitete sie Ende 2013 ein Beihilfekontrollverfahren ein und stellte im Februar 2014 fest, dass die Gewährung der Subvention geeignet ist, den Handel zwischen den Mitgliedstaaten zu beeinträchtigen. Gleichzeitig forderte die Kommission die Bundesrepublik Deutschland auf, die Subvention binnen sechs Monaten zurückzufordern. Die zuständige Behörde übersandte K eine Kopie der Entscheidung und wies ihn darauf hin, dass er gegen die Entscheidung vor dem EuG klagen könne. Klage wurde jedoch nicht erhoben. Daraufhin nahm die Behörde den Bewilligungsbescheid vom 21.05.2012 mit Rücknahmebescheid vom 20.03.2015 formell ordnungsgemäß zurück. K hat (nach erfolglosem Vorverfahren) gegen den Rücknahmebescheid form- und fristgerecht Klage vor dem Verwaltungsgericht erhoben. Er macht geltend, dass er im Vertrauen auf die Bestandskraft des Bescheides die gewährten Leistungen bereits im Jahre 2010 vollständig verbraucht habe. Außerdem sei die Rücknahme verspätet erfolgt und die B habe das ihr zustehende Ermessen nicht ausgeübt. Wie ist über die zulässige Anfechtungsklage des K zu entscheiden?

Die **zulässige Anfechtungsklage** des K ist begründet, soweit der Rücknahmebescheid rechtswidrig und K dadurch in seinen Rechten verletzt ist (§ 113 Abs. 1 S. 1 VwGO).

121 I. **Rechtsgrundlage** für den Rücknahmebescheid könnte § 48 VwVfG sein. Vorrangige Rücknahmevorschriften nach dem EU-Recht bestehen nicht.

Für den Agrarbereich gibt es Spezialregelungen in § 10 MOG (Gesetz zur Durchführung der Gemeinsamen Marktorganisation).[131] Diese gelten jedoch nur für bestimmte landwirtschaftliche Erzeugnisse und Produkte i.S.d. § 2 MOG (sog. Marktordnungswaren).

Daher ist anerkannt, dass § 48 VwVfG sogar dann anwendbar ist, wenn es um Gewährung von nationalen Beihilfen auf EU-rechtlicher Grundlage geht.[132] Erst recht gilt dies für Beihilfen, die nach Maßgabe deutschen Rechts und aus nationalen Mitteln gewährt werden.[133] § 48 VwVfG ist daher Rechtsgrundlage für die Rücknahme europarechtswidriger Beihilfebescheide.

Subventionen, die von der Kommission selbst unter Verstoß gegen das Unionsrecht gewährt worden sind, können von der Kommission dagegen nach allgemeinen unionsrechtlichen Grundsätzen zurückgefordert werden.[134]

122 II. Da formelle Bedenken nicht bestehen, kommt es allein auf die **materielle Rechtmäßigkeit** des Rücknahmebescheides an.

1. **Voraussetzung** des § 48 VwVfG ist zunächst, dass der aufzuhebende Bescheid (hier der Bewilligungsbescheid vom 21.05.2012) **rechtswidrig** ist.

---

131 Vgl. dazu VGH Mannheim, Urt. v. 19.03.2009 – 10 S 1578/08, RÜ 2009, 453, 454.

132 VGH Mannheim, Urt. v. 19.03.2009 – 10 S 1578/08, RÜ 2009, 453, 454.

133 EuGH DVBl. 2003, 319, 320; BVerwG NJW 1998, 3728, 3729; Ehlers/Kallerhoff Jura 2009, 823, 831.

134 EuG, Urt. v. 15.04.2011 – T 297/05, Rn. 117 f.

a) Die Subvention hätte wegen Verstoßes gegen die (vorrangigen) Vorschriften des **Europarechts** (hier Art. 107, 108 AEUV) nicht gewährt werden dürfen.[135] Insoweit ist die Feststellung der Europarechtswidrigkeit durch die Kommission gemäß Art. 288 Abs. 4 AEUV für die Beteiligten bindend.[136] **123**

b) Dies gilt auch für den **Subventionsempfänger**, da er nach Art. 263 Abs. 4 AEUV gegen den Beschluss der Kommission Nichtigkeitsklage erheben kann. Nach Ablauf der Klagefrist (Art. 263 Abs. 6 AEUV: zwei Monate) kann auch er die Richtigkeit der Kommissionsentscheidung nicht mehr infrage stellen. Der Beschluss der Kommission entfaltet daher dieselben Rechtswirkungen wie ein VA nach Eintritt der Bestandskraft[137] und bindet auch die nationalen Gerichte.[138] Der Bewilligungsbescheid war damit rechtswidrig. **124**

Die nationalen Gerichte dürfen nur prüfen, ob die Beihilfe formell rechtmäßig gewährt wurde. Die innerstaatlichen Gerichte sind nicht befugt, über die (materielle) Vereinbarkeit einer staatliche Beihilfe mit dem Gemeinsamen Markt zu befinden. Denn hierfür ist gemäß Art. 108 Abs. 2 AEUV ausschließlich die Kommission zuständig, die hierbei allein der Kontrolle des EuG und des EuGH unterliegt. Zwar können die nationalen Gerichte die Gültigkeit von Rechtsakten der Union prüfen, sie sind aber nicht befugt, selbst die Ungültigkeit von Rechtsakten der Unionsorgane festzustellen.[139] **125**

2. Ein begünstigender VA, der – wie der vorliegende Subventionsbescheid – eine Geldleistung gewährt, kann nach **§ 48 Abs. 2 S. 1 VwVfG** insoweit **nicht zurückgenommen** werden, als der Begünstigte auf den Bestand des VA vertraut hat und sein Vertrauen unter Abwägung mit dem öffentlichen Interesse an einer Rücknahme schutzwürdig ist. Letzteres ist nach § 48 Abs. 2 S. 2 VwVfG **in der Regel** der Fall, wenn der Begünstigte – wie hier – die gewährten Leistungen verbraucht hat.

a) Allerdings wird § 48 VwVfG **durch das EU-Recht überlagert**. Auch wenn sich die Rückforderung europarechtswidriger VAe nach nationalem Recht richtet, darf die Anwendung des nationalen Rechts die Tragweite und die Wirksamkeit des Unionsrechts nicht beeinträchtigen. § 48 VwVfG ist daher so anzuwenden, „dass die nach Unionsrecht verlangte Rückforderung nicht praktisch unmöglich und das Unionsinteresse voll berücksichtigt wird." Dies folgt aus dem Grundsatz des **„effet utile"** (praktische Wirksamkeit), der verbunden mit dem Grundsatz des Vorrangs des Europarechts bewirkt, dass entgegenstehendes nationales Recht zurückzutreten hat bzw. entsprechend zu modifizieren ist.[140] **126**

b) Es wird daher vertreten, dass die Regelwertung des § 48 Abs. 2 S. 2 VwVfG durch Unionsrecht jedenfalls in den Fällen ausgeschlossen werde, in denen die **Rückforderungsentscheidung der Kommission bestandskräftig** geworden ist. Der Beihilfeempfänger könne Schutz seines Vertrauens unmittelbar durch Nichtigkeitsklage gemäß Art. 263 Abs. 4 AEUV gegenüber der Kommissionsentscheidung geltend machen. Werde diese bestandskräftig, sei für § 48 Abs. 2 S. 2 VwVfG praktisch kein Raum.[141] **127**

---

135 Zum Anwendungsvorrang des Unionsrechts ausführlich AS-Skript Europarecht (2013), Rn. 427 ff.

136 EuGH NVwZ 2008, 985, 986.

137 EuGH DVBl. 2007, 1167, 1168; BVerwG NJW 1998, 3728, 3730; v.Welser JA 2002, 240, 245.

138 EuGH DVBl. 2007, 1167, 1168; NJW 2001, 1265, 1266; BFH NVwZ 2001, 715, 717.

139 EuGH DVBl. 2007, 1167, 1168; Gundel JA 2008, 158, 159; Goldmann Jura 2008, 275, 275 m.w.N.

140 Vgl. EuGH NJW 1998, 45, 46; Sydow JuS 2005, 97, 101; Ludwigs Jura 2007, 612, 613.

128 c) Die Rspr. hält dagegen § 48 Abs. 2 S. 2 VwVfG auch bei europarechtswidriger Förderung grds. für **anwendbar**. Die Geltung nationaler Vertrauensschutzregelungen werde vom EuGH ausdrücklich anerkannt. § 48 Abs. 2 S. 2 VwVfG sei daher grds. anwendbar, etwaigen europarechtlichen Besonderheiten könne durch eine großzügige Auslegung der Ausschlusstatbestände des § 48 Abs. 2 S. 3 VwVfG Rechnung getragen werden.[142] Danach stünde das Vertrauen des K nach § 48 Abs. 2 S. 2 VwVfG „in der Regel" einer Rücknahme entgegen.

3. Der Begünstigte kann sich jedoch auch nach dieser Auffassung **nicht auf Vertrauen berufen**, wenn einer der Fälle des § 48 Abs. 2 S. 3 VwVfG vorliegt. Nach Nr. 3 ist Vertrauensschutz insbes. ausgeschlossen, wenn der Adressat die Rechtswidrigkeit des VA kannte oder infolge **grober Fahrlässigkeit** nicht kannte.

129 a) Dieser Ausschlusstatbestand wird im Hinblick auf das EU-Recht zum Teil **extensiv interpretiert.** Grobe Fahrlässigkeit wird bereits bejaht, wenn der Begünstigte sich nicht vergewissert hat, ob die Beihilfe unter Beachtung des nach Art. 108 Abs. 3 AEUV vorgeschriebenen Verfahrens gewährt wurde. Jedem Wirtschaftsunternehmen, das Förderungsmaßnahmen erfahre, bei denen die Anwendbarkeit der Art. 107, 108 AEUV nicht offensichtlich ausgeschlossen ist, sei es zumutbar und auch möglich, in Erfahrung zu bringen, ob das Verfahren nach Art. 108 Abs. 3 AEUV eingehalten wurde.[143]

130 b) Nach Auffassung des BVerwG reicht dieser Umstand allein jedoch nicht aus, um einen besonders schweren Sorgfaltspflichtverstoß im Sinne einer groben Fahrlässigkeit anzunehmen. Vielmehr habe eine **Abwägung im Einzelfall** nach § 48 Abs. 2 S. 1 VwVfG zu erfolgen.[144] Dabei trete das Vertrauensschutzinteresse des Begünstigten i.d.R. jedoch schon dann zurück, wenn die staatliche Beihilfe ohne Beachtung des in Art. 108 Abs. 3 AEUV zwingend vorgeschriebenen Verfahrens, also ohne Kontrolle der Kommission, gewährt wurde. Einem sorgfältigen Wirtschaftsunternehmen sei es regelmäßig möglich, sich zu vergewissern, ob diese Voraussetzung erfüllt ist. Ist das Überwachungsverfahren nicht durchgeführt worden, sei das Vertrauen des Beihilfeempfängers **nur ausnahmsweise schutzwürdig.**[145]

131 § 48 Abs. 2 S. 2 VwVfG erfährt daher eine deutliche Einschränkung im Wege einer **europarechtskonformen Auslegung**. Bei der Abwägung sind neben dem fiskalischen Interesse und der Gesetzmäßigkeit der Verwaltung die Verpflichtung der Mitgliedstaaten zur Wahrung des Unionsrechts und das Interesse an der Einhaltung der unionsrechtlichen Wettbewerbsordnung zu berücksichtigen. Angesichts der Gewichtigkeit der Unionsinteressen ist das Vertrauen des Bürgers **nur ausnahmsweise schutzwürdig**, wenn dafür **außergewöhnliche Umstände** sprechen. Folge der europarechtskonformen Auslegung des § 48 Abs. 2 S. 2 VwVfG ist damit eine Umkehrung des Regelfalls, d.h. in aller Regel besteht kein Vertrauensschutz.[146]

141 Sydow JuS 2005, 97, 101; Ehlers Jura 2011, 187, 193.

142 Grundlegend BVerwG DVBl. 1993, 727, 728; NJW 1998, 3728, 3730.

143 OVG NRW NVwZ 1993, 79, 80; Oldiges NVwZ 2001, 626, 631; Ehlers/Kallerhoff Jura 2009, 823, 831.

144 BVerwG NJW 1998, 3728, 3730; Bader/Ronellenfitsch VwVfG § 48 Rn. 138 f.; Rennert DVBl. 2007, 400, 403 m.w.N.

145 BVerwG NJW 1998, 3728, 3730; DVBl. 1993, 727, 728; Voßkuhle/Kaufhold JuS 2011, 794, 796.

Beide Auffassungen gelangen hier zum selben Ergebnis: Entweder ist das Vertrauen des K zwingend nach § 48 Abs. 2 S. 3 Nr. 3 VwVfG (Meinung a) oder aufgrund Abwägung nach § 48 Abs. 2 S. 1 VwVfG (Meinung b) nicht schutzwürdig und steht daher einer Rücknahme nicht entgegen.

Etwas anderes gilt für die Rückforderung von Beihilfen, die aus **EU-Mitteln** gewährt wurden. Hier ist anders als im Rahmen des Art. 108 Abs. 3 AEUV dem nationalen Verwaltungsverfahren kein unionsrechtliches Verfahren vorgeschaltet. Daher kann sich der Subventionsempfänger grds. auf § 48 Abs. 2 S. 2 VwVfG berufen.[147] Allerdings bestehen hier zunehmend Spezialregelungen im Unionsrecht, die die Regelungen in § 48 Abs. 2 VwVfG verdrängen.[148] **132**

4. Die Rücknahme muss grds. innerhalb der **Jahresfrist** des § 48 Abs. 4 S. 1 VwVfG erfolgen. Dabei ist anerkannt, dass diese Frist auch bei Rechtsanwendungsfehlern gilt (vgl. oben Rn. 99 ff.).

   a) Die frühere Rspr. hat deshalb § 48 Abs. 4 VwVfG **generell** auch bei der Rücknahme eines europarechtswidrigen VA angewendet. Da zu den die Rücknahme rechtfertigenden Tatsachen auch der Feststellung der EU-Kommission über die Europarechtswidrigkeit der Beihilfe zählt, beginne die Frist frühestens mit der Bestandskraft dieser Entscheidung zu laufen.[149] **133**

   b) Richtig ist zwar, dass nationale Fristregelungen das unionsrechtliche Effizienzgebot nicht per se infrage stellen.[150] Deshalb ist **§ 48 Abs. 4 VwVfG grundsätzlich** auch auf die Rücknahme eines gegen Unionsrecht verstoßenden VA **anwendbar.**[151] Etwas anderes gilt jedoch dann, wenn die Rechtswidrigkeit des nationalen Beihilfebescheides aufgrund eines **bestandskräftigen Beschlusses der Kommission** festgestellt worden ist. Diese muss der Beihilfeempfänger gegen sich gelten lassen, wenn er den Beschluss nicht im Wege der Nichtigkeitsklage nach Art. 263 Abs. 4 AEUV angefochten hat. Ein Ausschluss der Rücknehmbarkeit nach Fristablauf würde die unionsrechtliche Entscheidung nachhaltig relativieren und ihr damit „jede praktische Wirksamkeit" nehmen.[152] Da § 48 Abs. 4 VwVfG bei der Durchsetzung einer Kommissionsentscheidung **nicht anwendbar** ist, ist die Rücknahme vorliegend auch noch nach Ablauf der Jahrsfrist zulässig. **134**

5. Die Entscheidung über die Rücknahme steht nach § 48 Abs. 1 S. 1 VwVfG grds. im **Ermessen** der Behörde. Nach ganz h.M. wird dieses Rücknahmeermessen jedoch **auf Null reduziert**, wenn die Bundesrepublik durch einen bestandskräftigen Beschluss der Kommission zur Rückforderung einer europarechtswidrigen Beihilfe verpflichtet ist. In diesen Fällen **muss** die Rücknahme zwingend erfolgen.[153] Etwas anderes gilt nur, wenn nach dem Unionsrecht ein Ermessensspielraum besteht. **135**

---

146 Vgl. BVerwG NJW 1998, 3728, 3730; DVBl. 1993, 727, 728; BGH EuZW 2009, 28, 31; NVwZ 2004, 636, 637.

147 Ehlers/Kallerhoff Jura 2009, 823, 831.

148 Vgl. VGH Mannheim, Urt. v. 19.03.2009 – 10 S 1578/08, RÜ 2009, 453, 456; VGH Mannheim, Urt. v. 22.05.2014 – 10 S 1719/13, NVwZ-RR 2014, 806; VGH Mannheim, Urt. v. 07.04.2014 – 10 S 870/13, NuR 2015, 48.

149 Vgl. z.B. VGH Mannheim NVwZ 1998, 87, 89; OVG Koblenz JZ 1992, 1084, 1086.

150 Vgl. EuGH NJW 1999, 169; EuZW 1995, 92; Epiney NVwZ 2001, 524, 527 m.w.N.

151 Ruffert in: Erichsen/Ehlers § 24 Rn. 24.

152 EuGH NJW 1998, 45, 47; ebenso BVerwG NJW 1998, 3728, 3729; bestätigt durch BVerfG NJW 2000, 2015; Ruffert in: Erichsen/Ehlers § 24 Rn. 24; Frenz DVBl. 2004, 375, 376; Sydow JuS 2005, 97, 102.

153 EuGH NVwZ 2002, 195; NJW 1998, 45, 47; BVerwG DVBl. 1993, 727, 729; Erichsen/Brügge Jura 1999, 155, 162; Sydow JuS 2005, 97, 102; Rennert DVBl. 2007, 400, 403; Ehlers/Kallerhoff Jura 2009, 823, 831.

Dementsprechend stand der Behörde bei der Entscheidung über die Rücknahme **kein Ermessen** zu, sodass die von K geltend gemachte Ermessensunterschreitung nicht vorliegt. Der **Rücknahmebescheid** ist damit **rechtmäßig** und die Klage des K unbegründet.

---

136 Bei Bewilligungsbescheiden, die aufgrund eines **bestandskräftigen Beschlusses der Kommission** wegen Verstoßes gegen Art. 107, 108 AEUV aufzuheben sind, bleibt von den Regelungen des § 48 VwVfG daher wenig übrig (grds. kein Vertrauensschutz, keine Rücknahmefrist, kein Ermessen). Die Voraussetzungen für Rücknahme und Rückforderung werden weitestgehend durch das EU-Recht vorgegeben. Das nationale Recht dient praktisch nur noch **als Ermächtigung zur Durchsetzung des Unionsrechts**. Die §§ 48 ff. VwVfG sind nur die „formelle Hülse", um das europarechtlich Gebotene umzusetzen.[154]

Nach neuerer Rspr. kann eine Rückforderung auch aufgrund einer noch nicht bestandskräftigen Negativentscheidung der Kommission gerechtfertigt sein, wenn dies erforderlich ist, um die volle Wirksamkeit der Kommissionsentscheidung zu gewährleisten.[155] Nach der Rspr. des EuGH ist die nationale Behörde sogar an die Eröffnungsentscheidung der EU-Kommission nach Art. 108 Abs. 2 AEUV gebunden, sodass allein dies schon eine (vorläufige) Rückforderung rechtfertigen kann.[156] Da der Bewilligungsbescheid in diesen Fällen noch nicht endgültig aufgehoben ist, ist Rechtsgrundlage für die (vorläufige) Rückforderung nicht § 49 a VwVfG, sondern der allgemeine ör Erstattungsanspruch.

4. Die Rücknahme nach § 48 Abs. 3 VwVfG

137 Handelt es sich **nicht** um einen VA, der eine **Geldleistung** oder **teilbare Sachleistung** i.S.d. § 48 Abs. 2 VwVfG zum Gegenstand hat, gilt für die Rücknahme § 48 Abs. 1 und Abs. 3 VwVfG. In diesem Fall gilt **nicht das Rücknahmeverbot** nach § 48 Abs. 2 S. 1 u. S. 2 VwVfG, die Rücknahme steht vielmehr grds. im Ermessen der Behörde (§ 48 Abs. 1 S. 1 VwVfG). Unter den Voraussetzungen des § 48 Abs. 3 VwVfG hat der Betroffene im Fall der Rücknahme eines sonstigen begünstigenden VA aber einen **Ausgleichsanspruch**.

Beispiele: Rücknahme einer Baugenehmigung oder einer Gewerbeerlaubnis, soweit keine spezialgesetzlichen Regelungen vorhanden sind (z.B. § 33 d Abs. 4 GewO). Bei der Fahrerlaubnis wird die Ermessensrücknahme nach § 48 VwVfG durch die gebundene Entscheidung nach § 3 StVG („hat") verdrängt, soweit es um die Entziehung der Fahrerlaubnis wegen fehlender Eignung oder Befähigung geht.[157] § 48 VwVfG bleibt aber anwendbar bei Fehlern der Fahrerlaubniserteilung, die nicht die Ungeeignetheit oder Unfähigkeit des Betroffenen begründen.[158]

138 Früher richtete sich auch die Rücknahme einer rechtswidrigen, insbesondere durch Täuschung erwirkten **Einbürgerung** (§§ 8, 9 StAG) nach § 48 Abs. 1 u. 3 VwVfG.[159] Seit 2009 besteht hierfür in § 17 Abs. 1 Nr. 7 i.V.m. § 35 StAG eine **abschließende Spezialregelung**, die **§ 48 VwVfG verdrängt**. Nach § 35 Abs. 1 StAG kann eine rechtswidrige Ein-

---

154 Ehlers/Kallerhoff Jura 2009, 823, 831.

155 OVG Koblenz, Beschl. v. 10.06.2013 – 6 B 10351/13, RÜ 2014, 38; VG Trier Urt. v. 19.11.2013 – 1 K 1053/12 TR.

156 EuGH, Urt. v. 21.11.2013 – C-284/12, RÜ 2014, 445; kritisch Rennert DVBl. 2014, 669 ff.; Palme NVwZ 2014, 559 ff.

157 VGH Mannheim VBlBW 2003, 237, 238; OVG Hamburg NJW 2002, 2123, 2124.

158 OVG Hamburg NJW 2009, 103, 105; VGH Mannheim, Beschl. v. 24.11.2014 – 10 S 1996/14, NJW 2015, 1037.

159 BVerfG DVBl. 2006, 910, 914; BVerwGNVwZ 2008, 1249; VGH Mannheim VBlBW 2008, 226; Engst JuS 2007, 225, 226 f.

bürgerung nur zurückgenommen werden, wenn sie durch arglistige Täuschung, Drohung oder Bestechung oder durch vorsätzlich unrichtige oder unvollständige Angaben, die wesentlich für ihren Erlass gewesen sind, erwirkt worden ist. Die Rücknahme darf (unabhängig von einer etwaigen Kenntnis der Behörde) nur **bis zum Ablauf von fünf Jahren** nach der Bekanntgabe der Einbürgerung erfolgen (§ 35 Abs. 3 StAG). Die Rücknahme erfolgt mit Wirkung für die Vergangenheit (§ 35 Abs. 4 StAG).[160]

Art. 16 Abs. 1 S. 1 GG schützt nur die „wohlerworbene" deutsche Staatsangehörigkeit und schließt die Rücknahme einer erschlichenen Einbürgerung nicht aus.[161] Der Rücknahme der Einbürgerung steht i.d.R. auch nicht entgegen, dass der Betroffene staatenlos wird (§ 35 Abs. 2 StAG). Auch dies ist mit Art. 16 Abs. 1 GG vereinbart, da der Schutzbereich des Art. 16 Abs. 1 S. 2 GG nicht weiter reicht als derjenige des Art. 16 Abs. 1 S. 1 GG.[162] Ebenso ist die Rücknahme mit Art. 20 AEUV vereinbar, auch wenn sie zum Verlust der Unionsbürgerschaft führt, aber im Übrigen verhältnismäßig ist.[163]

Auch die **Aberkennung einer rechtswidrig erlangten Doktorwürde** (z.B. wegen Plagiats) richtet sich nach § 48 Abs. 1 u. Abs. 3 VwVfG, soweit keine landesrechtlichen Spezialregelungen, insbes. im Hochschulgesetz oder darauf beruhenden Promotionsordnungen (Satzungen der jeweilige Hochschule) bestehen.[164] **139**

Umstritten ist hierbei vor allem die Geltung der Jahresfrist des § 48 Abs. 4 S. 1 VwVfG, wenn der Doktorgrad erst nach Jahren entzogen wird. In der Regel greift in diesen Fällen ohnehin § 48 Abs. 4 S. 2 i.V.m. § 48 Abs. 2 S. 3 Nr. 1 VwVfG ein, wenn der Verwaltungsakt durch arglistige Täuschung erwirkt wurde.[165]

Fall 5: Rücknahme einer Baugenehmigung

B erhielt auf seinen Antrag Ende 2014 von der zuständigen Baubehörde die Genehmigung zum Bau eines Mehrfamilienhauses. Das Baugrundstück befindet sich im Bereich einer Splittersiedlung im Außenbereich der Stadt S, aber im Geltungsbereich einer sog. Außenbereichssatzung (§ 35 Abs. 6 BauGB). Im Frühjahr 2015 stellt sich heraus, dass die Satzung wegen eines Ausfertigungsfehlers unwirksam ist. Die Stadt beabsichtigt nicht, den Fehler zu heilen, da sie den Außenbereich künftig von Wohnbauvorhaben freihalten möchte. Die Baubehörde will deswegen die dem B erteilte Baugenehmigung zurücknehmen. B verweist demgegenüber darauf, dass er im Vertrauen auf den Bestand der Baugenehmigung bereits den Architekten A mit der Planung beauftragt habe. Hierfür seien ihm bereits Kosten i.H.v. 5.000 € entstanden. Wie ist die Rechtslage, wenn in der Landesbauordnung (LBauO) keine Regelung über die Rücknahme einer Baugenehmigung existiert?

A. Rücknahme der Baugenehmigung

Als belastender VA bedarf die Rücknahme einer **Ermächtigungsgrundlage**. Mangels Spezialregelung in der LBauO kommt hierfür § 48 Abs. 1 S. 1 VwVfG in Betracht.

---

160 Zu den Rechtsfolgen der rückwirkenden Rücknahme BVerwG NVwZ 2012, 56 u. 58

161 BVerfG DVBl. 2006, 910, 913; Maunz/Dürig GG Art. 16 Abs. 1 Rn. 53; a.A. abweichendes Votum BVerfG DVBl. 2006, 910, 917 ff.; Lübbe-Wolff Jura 1996, 57, 62.

162 BVerfG DVBl. 2006, 910, 913; BVerwG NVwZ 2004, 489, 490; kritisch Kämmerer NVwZ 2006, 1015 f.

163 EuGH NVwZ 2010, 509, 512; BVerwG NVwZ 2011, 760, 762.

164 Vgl. OVG NRW, Beschl. v. 24.03.2015 – 19 A 1111/12; VGH Mannheim, Beschl. v. 03.02.2014 – 9 S 885/13, VBlBW 2014, 341; VG Düsseldorf, Urt. v. 20.03.2014 – 15 K 2271/13, ZUM 2014, 602 und die Übersicht in RÜ 2013, 258 f.; zur Entziehung des Doktorgrades wegen „Unwürdigkeit" bei wissenschaftlichen Verfehlungen vgl. BVerfG, Beschl. v. 03.09.2014 – 1 BvR 3353/13, NVwZ 2014, 1571; BVerwG, Urt. v. 31.07.2013 – BVerwG 6 C 9.12, NVwZ 2013, 1614; Rixen NJW 2014, 1058 ff.

165 VG Köln, Urt. v. 06.12.2012 – 6 K 2684/12; vgl. auch den Klausurfall von Kempny/Tenostendarp JuS 2015, 441.

140 I. **Voraussetzung** für die Rücknahme nach § 48 VwVfG ist, dass die aufzuhebende Baugenehmigung **rechtswidrig** gewesen ist. Nach den Vorschriften der LBauO ist die Baugenehmigung zu erteilen, wenn dem Bauvorhaben keine öffentlich-rechtlichen (Bau-)Vorschriften entgegenstehen.[166]

Bedenken bestehen lediglich in **bauplanungsrechtlicher Hinsicht**. Als sonstiges Vorhaben im Außenbereich ist das Mehrfamilienhaus gemäß § 35 Abs. 2, Abs. 3 S. 1 Nr. 7 BauGB grds. unzulässig, wenn es – wie hier – die Entstehung, Verfestigung oder Erweiterung einer Splittersiedlung befürchten lässt. Dies ist gemäß § 35 Abs. 6 BauGB nur dann nicht der Fall, wenn die Gemeinde für bebaute Bereiche im Außenbereich durch Satzung bestimmt, dass Wohnzwecken dienende Vorhaben im Geltungsbereich der Satzung grds. zulässig sind (sog. Außenbereichssatzung). Die hier vorliegende Satzung ist jedoch wegen eines Ausfertigungsfehlers unwirksam und entfaltet deshalb keine Rechtswirkungen. Das Vorhaben des B beeinträchtigt damit öffentliche Belange i.S.d. § 35 Abs. 3 S. 1 Nr. 7 BauGB. Es ist nach § 35 Abs. 2 BauGB unzulässig. Die erteilte **Baugenehmigung** ist somit **rechtswidrig**.

141 II. Da es sich bei der Baugenehmigung um einen **begünstigenden VA** handelt, ist die Rücknahme nur unter den Einschränkungen des § 48 Abs. 2–4 VwVfG zulässig.

1. **Vertrauensschutz** nach § 48 Abs. 2 VwVfG steht der Rücknahme nicht entgegen, da die Baugenehmigung keine Geld- oder teilbare Sachleistung zum Gegenstand hat oder dafür Voraussetzung ist.

142 2. Einschlägig ist vielmehr § 48 Abs. 3 VwVfG, weil es sich um einen **sonstigen begünstigenden VA** handelt. Bezüglich der Rücknehmbarkeit bzgl. sonstiger VAe enthält § 48 Abs. 3 VwVfG auf der Voraussetzungsseite keine Einschränkungen. Die Rücknahme kann deshalb gemäß § 48 Abs. 1 S. 1 VwVfG **nach Ermessen** erfolgen. § 48 Abs. 3 VwVfG begründet für den Fall der Rücknahme lediglich einen **Entschädigungsanspruch**. Der Betroffene hat einen Anspruch auf Ausgleich der durch die Rücknahme bedingten **Vermögensnachteile**, soweit sein Vertrauen auf den Bestand des VA unter Abwägung mit dem öffentlichen Interesse schutzwürdig ist.

143 3. **Voraussetzung** für die Rücknahme ist danach lediglich die Rechtswidrigkeit des zurückzunehmenden VA. Die Rücknahme der Baugenehmigung steht im pflichtgemäßen **Ermessen** der Behörde (§ 48 Abs. 1 S. 1 VwVfG).[167]

Ermächtigungsgrundlage für die Rücknahme ist in diesen Fällen allein § 48 Abs. 1 S. 1 VwVfG, nicht § 48 Abs. 3 VwVfG, da dieser lediglich die Rechtsfolge der Rücknahme regelt.[168]

a) Umstritten ist allerdings, ob im Rahmen des Ermessens das **Vertrauen auf den Bestand** des VA zu berücksichtigen ist.

---

166 Zum Landesrecht vgl. Art. 68 Abs. 1 BayBO, § 58 Abs. 1 LBO BW, § 71 Abs. 1 BauO Bln, § 67 Abs. 1 BbgBO, § 72 Abs. 1 Brem LBO, § 72 Abs. 1 HBauO, § 64 Abs. 1 HBO, § 72 Abs. 1 LBauO M-V, § 70 Abs. 1 NBauO, § 75 Abs. 1 BauO NRW, § 70 Abs. 1 LBauO RP, § 73 Abs. 1 LBO SL, § 72 Abs. 1 SächsBO, § 71 Abs. 1 BauO LSA, § 73 Abs. 1 LBO SH, § 71 Abs. 1 ThürBO.

167 OVG Berlin LKV 2000, 458.

168 Vgl. nur Stelkens/Bonk/Sachs VwVfG § 48 Rn. 175; Schroeder NWVBl. 2010, 176, 178.

aa) Teilweise wird aus der unterschiedlichen Regelung in § 48 Abs. 2 und § 48 Abs. 3 VwVfG geschlossen, im Falle des Abs. 3 dürfe sich der Vertrauensschutz des Betroffenen **nicht als Bestandsschutz** auswirken, sondern begründe allenfalls einen Ausgleichsanspruch. Das Ermessen beziehe sich auf andere Gesichtspunkte, z.B. die Vermeidung unverhältnismäßigen Verwaltungsaufwandes.[169] Danach braucht die Behörde bei ihren Ermessenserwägungen Vertrauensschutz zugunsten des B nicht zu berücksichtigen, sodass die Rücknahme, da von einer im Übrigen ermessensfehlerfreien Entscheidung auszugehen ist, rechtmäßig wäre. 144

bb) Die Gegenansicht verweist darauf, dass im Rahmen des Ermessens sämtliche Interessen des Betroffenen, **auch der Vertrauensschutz**, zu berücksichtigen seien. Gerade der Schutz der im Vertrauen auf den Bestand eines VA getroffenen Dispositionen sei regelmäßig der gewichtigste Gesichtspunkt, der gegen eine Rücknahme sprechen könne. Zudem sei nicht selten das Interesse des Betroffenen vorrangig auf die Erhaltung des Bestandes und nicht nur auf Geldersatz gerichtet. Insbesondere dann, wenn die Geldentschädigung keinen oder keinen ausreichenden Ausgleich gewähre, müssten auch Vertrauensschutzgesichtspunkte bei der Abwägung Berücksichtigung finden. Das bedeute zwar nicht, dass Vertrauensinteressen, wie im Fall des § 48 Abs. 2 VwVfG, eine Rücknahme generell hindern können. Sie seien aber als **schutzwürdige Belange** des Betroffenen in die Abwägung mit den öffentlichen Interessen einzubeziehen, können aber einer Rücknahme nur entgegenstehen, wenn sie das Rücknahmeinteresse überwiegen.[170] 145

cc) Für die letztgenannte Auffassung spricht die **rechtsstaatliche Bedeutung des Vertrauensschutzes**. Im Rahmen des Ermessens sind deshalb **alle** Gesichtspunkte zu berücksichtigen, die für und gegen die Rücknahme sprechen. Ein öffentliches Interesse an der Rücknahme besteht aus Gründen der Gesetzesbindung der Verwaltung (Art. 20 Abs. 3 GG) praktisch immer, im Gegenzug sind Vertrauensschutzgesichtspunkte des Bürgers nicht nur für den Ausgleichsanspruch (§ 48 Abs. 3 S. 1 VwVfG), sondern auch für die Rücknahmeentscheidung als solche von Bedeutung. 146

Bei der Abwägung gelten die in § 48 Abs. 2 S. 2 u. S. 3 VwVfG genannten Gesichtspunkte entsprechend. Zwar gilt der Verweis in § 48 Abs. 3 S. 2 VwVfG nur für die Entscheidung über den Ausgleichsanspruch des Bürgers, die Wertungen des § 48 Abs. 2 VwVfG sind jedoch grds. auch auf das Rücknahmeermessen übertragbar.[171] Anders als im Rahmen des § 48 Abs. 2 S. 2 VwVfG stehen die dort genannten Kriterien einer Rücknahme aber nicht generell entgegen.

Hier ist nicht ersichtlich, dass der Vertrauensschutz des B bereits einer Rücknahme der Baugenehmigung entgegenstünde. Aufgrund der geänderten pla- 147

---

169 VGH Mannheim NJW 1980, 2597, 2598; OVG NRW DVBl. 1980, 885, 887; Ruffert in: Erichsen/Ehlers § 24 Rn. 33; Erichsen/Brügge Jura 1999, 155, 162.

170 BVerwG NVwZ-RR 2001, 198; OVG NRW NWVBl. 2005, 71; OVG Hamburg NVwZ 2002, 885, 888; Kopp/Ramsauer VwVfG § 48 Rn. 137 f.; Knack/Henneke VwVfG § 48 Rn. 112 ff.; Maurer § 11 Rn. 34; Ehlers/Kallerhoff Jura 2009, 823, 832.

171 Bader/Ronellenfitsch VwVfG § 48 Rn. 88; Kopp/Ramsauer VwVfG § 48 Rn. 137.

nerischen Absichten der Stadt besteht ein erhebliches öffentliches Interesse an der Rücknahme der Baugenehmigung. Das Vertrauensschutzinteresse des B kann hinreichend über den Ausgleichsanspruch nach § 48 Abs. 3 S. 1 VwVfG ausgeglichen werden und steht einer Rücknahme daher nicht entgegen.

b) Die **Jahresfrist** des § 48 Abs. 4 S. 1 VwVfG ist gewahrt.

c) Die Rücknahme der Baugenehmigung erweist sich auch im Übrigen als **verhältnismäßig** und kann deshalb rechtmäßigerweise erfolgen.

Rücknahme rechtswidriger begünstigender VAe	
Geld- oder teilbare Sachleistung	**sonstige begünstigende VAe**
Rücknahme **unzulässig,** ■ soweit Begünstigter auf Bestand des VA **vertraut** hat und ■ Vertrauen **schutzwürdig** ▪ **in der Regel (+)** Leistungen verbraucht oder Vermögensdispositionen getroffen ▪ **(–)** bei Kenntnis, grob fahrlässiger Unkenntnis, falschen Angaben, Arglist, Drohung oder Bestechung ▪ **im Übrigen:** umfassende Interessenabwägung	■ Vertrauensschutz steht Rücknahme nicht generell entgegen, nur **Ersatzanspruch** nach § 48 Abs. 3 VwVfG ■ Rücknahme nach **Ermessen** ■ umstritten, ob **Vertrauen** auf Bestand des VA im Ermessen zu berücksichtigen ▪ teilw. (–): Vertrauensschutz bewirkt nur Ersatzanspruch nach § 48 Abs. 3 VwVfG –> grds. **kein Bestandsschutz** ▪ a.A.: umfassende Interessenabwägung zwischen öffentlichen und privaten Interessen

B. Anspruch auf Ersatz der Architektenkosten

Dem B könnte ein Anspruch auf Ersatz der Architektenkosten gemäß **§ 48 Abs. 3 S. 1 VwVfG** zustehen.

I. Formelle Voraussetzungen

148 Verfahrensmäßig ist ein **Antrag** des Betroffenen (§ 48 Abs. 3 S. 1 VwVfG) erforderlich auf Festsetzung des auszugleichenden Betrages **durch VA** (§ 48 Abs. 3 S. 4 VwVfG). Der Antrag muss innerhalb eines Jahres gestellt werden, worauf der Betroffene von der Behörde hinzuweisen ist (§ 48 Abs. 3 S. 5 VwVfG).

Weigert sich die Behörde den Festsetzungs-VA zu erlassen, muss der Betroffene Verpflichtungsklage erheben (§ 42 Abs. 1 Fall 2 VwGO). Eine Leistungsklage unmittelbar auf Geldleistung wäre dagegen unzulässig.[172]

172 Kopp/Ramsauer VwVfG § 48 Rn. 144.

II. Materielle Voraussetzungen

1. Der Ausgleichsanspruch nach § 48 Abs. 3 VwVfG setzt voraus, dass eine **Rücknahme durch die Behörde** bereits erfolgt ist. Dass der Rücknahmebescheid bestandskräftig ist, ist nicht erforderlich.[173] **149**

Beachte: *§ 48 Abs. 3 VwVfG ist nicht anwendbar, wenn die Rücknahme anlässlich eines Rechtsbehelfsverfahrens erfolgt, soweit dadurch dem Rechtsbehelf abgeholfen wird (§ 50 VwVfG), s.o. Rn. 77.*

a) Es muss eine **wirksame Rücknahme** eines **rechtswidrigen VA** durch die Behörde erfolgt sein.

Ein Anspruch aus § 48 Abs. 3 VwVfG scheidet aus, wenn der **Rücknahmebescheid nichtig** ist (§ 44 VwVfG). Denn nur eine wirksame Rücknahme kann den Ausgleichsanspruch begründen.[174] Ebenso besteht kein Ausgleichsanspruch nach § 48 Abs. 3 VwVfG bei **nichtigem Erstbescheid**, auch wenn dieser deklaratorisch aufgehoben wird. Denn bei einem nichtigen VA kann kein schutzwürdiges Vertrauen bestehen.[175]

b) Die Rücknahme muss sich auf einen **begünstigenden VA** i.S.d. § 48 Abs. 1 S. 2 VwVfG beziehen, der **keine Geld- oder teilbare Sachleistung** i.S.d. § 48 Abs. 2 VwVfG gewährt. Bei der Baugenehmigung handelt es sich – wie festgestellt – um einen rechtswidrigen sonstigen begünstigenden VA, der unter § 48 Abs. 3 VwVfG fällt und den die Behörde wirksam aufheben kann.

2. Der Betroffene muss einen **Vermögensnachteil** erlitten haben. Dieser besteht i.d.R. in Aufwendungen, die durch die Rücknahme des VA sinnlos geworden sind, hier also in den vergeblichen Aufwendungen des B für den Architekten. **150**

3. Weiter setzt § 48 Abs. 3 VwVfG voraus, dass der Betroffene auf den Bestand des VA **vertraut** hat und sein Vertrauen unter Abwägung mit dem öffentlichen Interesse **schutzwürdig** ist. **151**

a) Insoweit verweist § 48 Abs. 3 S. 2 VwVfG zwar lediglich auf die Ausschlusstatbestände in § 48 Abs. 2 S. 3 VwVfG, nicht dagegen auf die Regelvermutung der Schutzwürdigkeit in § 48 Abs. 2 S. 2 VwVfG. Gleichwohl ist anerkannt, dass die dort niedergelegten Grundsätze für die Prüfung der Schutzwürdigkeit des Vertrauens nach § 48 Abs. 3 S. 1 VwVfG entsprechend gelten.[176]

Vorliegend hat B mit der Beauftragung des Architekten im Vertrauen auf den Bestand der Baugenehmigung **Vermögensdispositionen** getroffen, die er nicht mehr rückgängig machen kann. Damit greift zugunsten des B Vertrauensschutz entsprechend § 48 Abs. 2 S. 2 Alt. 2 VwVfG ein.

b) Das Vertrauen des B muss schließlich nach § 48 Abs. 3 S. 1 VwVfG auch **„unter Berücksichtigung des öffentlichen Interesses"** schutzwürdig sein. Dabei unterscheidet sich das öffentliche Interesse i.S.d. § 48 Abs. 3 S. 1 VwVfG grundlegend von dem Rücknahmeinteresse i.S.d. § 48 Abs. 1 S. 1 VwVfG. Es bezieht sich nicht auf die Beseitigung des rechtswidrigen VA als solchen, sondern nur

---

173 Bader/Ronellenfitsch VwVfG § 48 Rn. 91.

174 OVG NRW NWVBl. 2013, 59.

175 Bader/Ronellenfitsch VwVfG § 48 Rn. 93.

176 BVerwG RÜ 2010, 455, 458; Stelkens/Bonk/Sachs VwVfG § 48 Rn. 193 f.; Bader/Ronellenfitsch VwVfG § 48 Rn. 94; Kopp/Ramsauer VwVfG § 48 Rn. 141.

noch auf eine Vermeidung der Pflicht zum Nachteilsausgleich.[177] Das damit allein maßgebende **fiskalische Interesse** vermag das schutzwürdige Vertrauen des B hier nicht zu überwiegen. Da die Verantwortung für die Rechtswidrigkeit der Baugenehmigung aufgrund des Ausfertigungsfehlers der Satzung in der Sphäre der Behörde liegt und B sich auf die Schutzwürdigkeit seines Vertrauens berufen kann, ist kein Grund ersichtlicht, warum er die Rücknahme der Baugenehmigung ohne Kompensation hinnehmen müsste.

152 III. **Rechtsfolge** des § 48 Abs. 3 S. 1 VwVfG ist der Ersatz des **Vertrauensschadens** (sog. negatives Interesse). Der Betroffene ist finanziell so zu stellen, wie er stünde, wenn der rechtswidrige VA **nicht erlassen worden wäre.**[178] Ohne Baugenehmigung hätte B den A nicht beauftragt. Daher hat B einen Anspruch auf Ersatz der vergeblich aufgewandten Architektenkosten i.H.v. 5.000 EUR.

Gegenbeispiel: Nicht ersatzfähig wäre dagegen der Schaden, der dem B dadurch entsteht, dass er das zu errichtende Gebäude nicht vermieten kann. Denn dadurch würde B nicht so gestellt, wie er stünde, wenn der rechtswidrige VA nicht erlassen worden wäre, sondern wie er stünde, wenn die Baugenehmigung erlassen worden wäre und weiterhin Bestand hätte. Der Vermögensnachteil, der dadurch eintritt, dass der VA entgegen der Erwartung des Betroffenen keinen Bestand hat, ist nicht auszugleichen.[179]

Obergrenze des Anspruchs ist gemäß § 48 Abs. 3 S. 3 VwVfG das positive Interesse. Der Betroffene darf daher durch den Ausgleichsanspruch nicht besser gestellt werden, als er stünde, wenn die Rücknahme nicht erfolgt wäre. Unberührt bleiben allerdings Amtshaftungsansprüche (Art. 34 GG, § 839 BGB), wenn der Erlass des VA eine schuldhafte Amtspflichtverletzung darstellt.[180]

Aufbauschema: Ausgleichsanspruch nach § 48 Abs. 3 VwVfG

I. Formelle Voraussetzungen

Antrag auf Festsetzungs VA bei der Behörde innerhalb eines Jahres

II. Materielle Voraussetzungen

1. **Rücknahme durch die Behörde** nach § 48 Abs. 1 VwVfG, kein § 50 VwVfG
   a) **rechtswidriger AusgangsVA**
   b) **begünstigend** i.S.d. § 48 Abs. 1 S. 2 VwVfG
   c) **kein Fall des § 48 Abs. 2 VwVfG**
2. **Vermögensnachteil erlitten**
3. **im schutzwürdigen Vertrauen auf Bestand des VA**

III. Rechtsfolge: Ersatz des **Vertrauensschadens**

177 BVerwG RÜ 2010, 455, 459.
178 OVG NRW NWBl. 2013, 59, 60.
179 OVG NRW NWVBl. 2013, 59, 60; Ziekow VwVfG § 48 Rn. 43; Kopp/Ramsauer VwVfG § 48 Rn. 143.
180 Kopp/Ramsauer VwVfG § 48 Rn. 140 und unten Rn. 673 ff.

E. Das Wiederaufgreifen des Verwaltungsverfahrens, § 51 VwVfG

Wird ein (belastender) VA nicht mit den dagegen möglichen Rechtsbehelfen (Widerspruch und/oder Anfechtungsklage) innerhalb der Monatsfrist der §§ 70 Abs. 1, 74 Abs. 1 VwGO angefochten, so wird der VA **unanfechtbar**. Der Eintritt der Unanfechtbarkeit hat grundsätzlich zur Folge, dass das Verwaltungsverfahren abgeschlossen ist. Der VA ist **bestandskräftig**. 153

Das gilt grds. auch in den Fällen, in denen ein **begünstigender VA abgelehnt** worden ist. Wird die Ablehnungsentscheidung unanfechtbar, sind Rechtsbehelfe dagegen unzulässig. Die Bestandskraft hat aber auch Auswirkungen auf künftige Anträge. Denn sonst könnte der Betroffene die Bestandskraft einfach durch Stellung eines neuen Antrags unterlaufen (vgl. auch die Spezialregelung in § 71 AsylVfG).

Beispiel: Der Antrag des G auf Erteilung einer Gaststättenerlaubnis ist bestandskräftig abgelehnt worden, da G unzuverlässig ist. Ein neuer Antrag ist nur zulässig, wenn neue entscheidungserhebliche Umstände geltend gemacht werden.[181] Einen unzulässigen Wiederholungsantrag kann die Behörde mit einer sog. wiederholenden Verfügung ablehnen. Dabei handelt es sich mangels Regelung nicht um einen neuen VA, sondern um einen bloßen Hinweis auf die bereits getroffene Entscheidung.[182]

Etwas anderes gilt nach der Rspr. allerdings bei **Ablehnung einer Baugenehmigung**. Mit Rücksicht auf die von Art. 14 GG geschützte Baufreiheit müsse über jeden neuen Antrag sachlich neu entschieden werden, die Bestandskraft des Ablehnungsbescheides stehe dem nicht entgegen.[183]

Die **Bestandskraft** des VA ist jedoch **nicht unabänderlich**, da einem VA keine höhere Bestandskraft zukommen kann als gerichtlichen Urteilen, deren Rechtskraft im Wege des Wiederaufnahmeverfahrens nach § 153 VwGO i.V.m. §§ 578 ff. ZPO beseitigt werden kann. Dem entspricht bei VAen das **Wiederaufgreifen des Verwaltungsverfahrens** nach § 51 VwVfG. 154

Das Wiederaufgreifen des Verwaltungsverfahrens dient der **Überwindung der Bestandskraft** des VA. 155

- Ein **Anspruch auf Wiederaufgreifen** besteht nur ausnahmsweise unter den engen Voraussetzungen des § 51 Abs. 1 VwVfG **(Wiederaufgreifen im engeren Sinne)**.
- Im Übrigen steht das Wiederaufgreifen im **Ermessen** der Behörde. Das folgt aus § 51 Abs. 5 VwVfG, wonach die §§ 48 Abs. 1 S. 1, 49 Abs. 1 VwVfG unberührt bleiben **(Wiederaufgreifen im weiteren Sinne)**.[184]

Der **Grund der Unanfechtbarkeit** ist für das Wiederaufgreifen **irrelevant**. Der VA kann unanfechtbar werden durch Nichtgebrauch von Rechtsbehelfen; ein Wiederaufgreifen ist aber auch nach rechtskräftiger Klageabweisung im Vorprozess möglich.[185] So kann die Rechtskraftwirkung gemäß § 121 VwGO nach § 51 VwVfG überwunden werden, wenn der Betroffene einen Anspruch auf ein Wiederaufgreifen des Verfahrens hat (§ 51 Abs. 1 VwVfG) oder die Behörde das Verfahren im Ermessenswege wieder aufgreift (§ 51 Abs. 5 VwVfG).[186] Das Verfahren nach § 51 VwVfG kann zwar die Rechtskraft des Urteils nicht beseitigen. Das Urteil wird jedoch gegenstandslos, wenn die Behörde eine neue Sachentscheidung trifft (sog. **Zweitbescheid**).

---

181 BVerwG NVwZ 1991, 272, 273; NVwZ 1989, 161, 162; BGH NJW-RR 2009, 138, 139; abweichend Kopp/Ramsauer VwVfG § 51 Rn. 7 a; Bader/Ronellenfitsch VwVfG § 51 Rn. 7, die auf die konkrete Regelungswirkung der Antragsablehnung abstellen.

182 Kopp/Ramsauer VwVfG § 51 Rn. 7 d, § 35 Rn. 97; vgl. auch AS-Skript Verwaltungsrecht AT 1 (2014), Rn. 189 f.

183 BVerwG NJW 1976, 340, 341; VGH Mannheim NVwZ-RR 2002, 6; Kopp/Ramsauer VwVfG § 51 Rn. 7 a.

184 BVerwG RÜ 2010, 253, 255; Maurer § 11 Rn. 62 f.; kritisch zur Begrifflichkeit Ruffert in: Erichsen/Ehlers § 26 Rn. 12.

185 BVerwG RÜ 2010, 253, 254; Kopp/Ramsauer VwVfG § 51 Rn. 15; Sanden DVBl. 2007, 665, 666; Sasse Jura 2009, 493, 494.

186 BVerwG BayVBl. 2012, 478, 479; RÜ 2010, 253, 254; VGH Mannheim RÜ 2008, 732, 737.

I. Wiederaufgreifen im engeren Sinne

156 Nach § 51 Abs. 1 VwVfG besteht ein Anspruch auf Wiederaufgreifen, wenn einer der dort aufgeführten **Wiederaufgreifensgründe** vorliegt (z.B. nachträgliche Änderung der Sach- und Rechtslage zugunsten des Betroffenen oder Vorliegen neuer Beweismittel). Verfahrensmäßig sind hierbei **zwei Entscheidungen** und damit **zwei selbstständige VAe** zu unterscheiden:[187]

- das **Wiederaufgreifen des Verfahrens** zur Überwindung der Bestandskraft und
- die erneute **Entscheidung in der Sache** selbst.

Beachte: *§ 51 Abs. 1 VwVfG regelt nur die erste Stufe (das Wiederaufgreifen). Erst auf der zweiten Stufe trifft die Behörde eine erneute Entscheidung in der Sache, ob sie den unanfechtbaren VA ändert, aufhebt oder bestätigt.*

Aufbauschema: Wiederaufgreifen des Verfahrens nach § 51 Abs. 1 VwVfG

1. Zulässigkeit des Antrags auf Wiederaufgreifen

a) Antrag statthaft, wenn Erstbescheid unanfechtbar

b) Antragsbefugnis: Beschwer durch Erstbescheid

c) schlüssige Darlegung eines Wiederaufgreifensgrundes

d) unverschuldetes Hindernis

e) Antragsfrist: drei Monate

2. Begründetheit des Antrags auf Wiederaufgreifen:
Vorliegen eines Wiederaufgreifensgrundes nach § 51 Abs. 1 VwVfG

1. Entscheidung über das Wiederaufgreifen (1. Stufe)

Ein **Anspruch auf Wiederaufgreifen des Verfahrens** nach § 51 Abs. 1 VwVfG besteht, wenn ein Antrag des Bürgers auf Wiederaufgreifen zulässig und begründet ist.

a) Zulässigkeit des Antrags auf Wiederaufgreifen

157 Die Zulässigkeit des Antrags richtet sich nach § 51 Abs. 1–3 VwVfG.

aa) Der Antrag auf Wiederaufgreifen ist **statthaft**, wenn der VA, dessen Aufhebung oder Änderung begehrt wird, unanfechtbar ist.

Ist der VA noch anfechtbar, kann der Antrag in einen Widerspruch umgedeutet werden.[188]

bb) Der Antragsteller muss **antragsbefugt** sein, d.h. er muss durch den VA, dessen Aufhebung oder Änderung er begehrt, beschwert sein (vergleichbar der Klagebefugnis, § 42 Abs. 2 VwGO).[189]

Das kann der Adressat des VA, aber auch ein Dritter sein, z.B. der Nachbar bei der dem Bauherrn erteilten Baugenehmigung.

---

187 Maurer § 11 Rn. 56; Kopp/Ramsauer VwVfG § 51 Rn. 53; Sasse Jura 2009, 493, 494.

188 OVG NRW NVwZ 1984, 655.

189 Stelkens/Bonk/Sachs VwVfG § 51 Rn. 17; Kopp/Ramsauer VwVfG § 51 Rn. 10.

cc) Der Antragsteller muss das Vorliegen eines **Wiederaufgreifensgrundes schlüssig darlegen**, also z.B. geltend machen, dass sich die Sach- oder Rechtslage nachträglich zu seinen Gunsten geändert hat oder dass neue Beweismittel vorliegen, die eine ihm günstigere Entscheidung herbeigeführt haben würden (vgl. § 51 Abs. 1 VwVfG).[190]

Ob der Wideraufnahmegrund **tatsächlich** vorliegt, ist dagegen eine Frage der **Begründetheit** des Antrags.[191]

dd) Der Antrag ist nur zulässig, wenn der Betroffene **ohne grobes Verschulden** außerstande war, den Grund für das Wiederaufgreifen in dem früheren Verfahren, insbes. durch Rechtsbehelfe, geltend zu machen (§ 51 Abs. 2 VwVfG).[192]

ee) Schließlich besteht eine **Antragsfrist** von drei Monaten nach Kenntnis vom Grund für das Wiederaufgreifen (§ 51 Abs. 3 VwVfG).

b) Begründetheit des Antrags auf Wiederaufgreifen

Der Antrag auf Wiederaufgreifen ist **begründet**, wenn einer der in § 51 Abs. 1 VwVfG genannten Gründe tatsächlich vorliegt. **158**

Wiederaufgreifensgründe gemäß § 51 Abs. 1 VwVfG
■ **Nr. 1: Nachträgliche Änderung der Sach- oder Rechtslage zugunsten** des Betroffenen
■ **Nr. 2: Neue Beweismittel** führen zu **günstigerer Entscheidung**
■ **Nr. 3: Wiederaufnahmegründe entsprechend § 580 ZPO**

2. Erneute Entscheidung in der Sache (2. Stufe)

Ist der Antrag auf Wiederaufgreifen zulässig und begründet, so ist die Behörde **verpflichtet,** eine **neue Entscheidung in der Sache** zu treffen (sog. **Zweitbescheid**). Diese kann darin liegen, dass der ursprüngliche VA **aufgehoben**, **geändert** oder **bestätigt** wird. Nach **welchen Vorschriften** sich die Rechtmäßigkeit des Zweitbescheides richtet, ist indes umstritten. **159**

a) Teilweise wird angenommen, die Entscheidung der Behörde über die Aufhebung oder Bestätigung des VA stehe mit Rücksicht darauf, dass § 51 Abs. 5 VwVfG auf die Ermessensnormen der §§ 48, 49 VwVfG verweise, im **Ermessen** der Behörde.[193] **160**

In den Fällen des § 51 Abs. 1 Nr. 1 VwVfG wäre demzufolge § 49 VwVfG, in den Fällen des § 51 Abs. 1 Nr. 2 u. Nr. 3 VwVfG wäre § 48 VwVfG Rechtsgrundlage für den Zweitbescheid. Danach könnte die Behörde, selbst wenn sich der ursprüngliche VA als rechtswidrig erweist, aus überwiegenden öffentlichen Gründen von einer Rücknahme absehen. Ein Aufhebungsanspruch bestünde nur bei einer **Ermessensreduzierung auf Null**, die allerdings zumeist angenommen wird.[194]

---

190 BVerwG DVBl. 1985, 527, 528; Erichsen/Ebber Jura 1997, 424, 425; Sasse Jura 2009, 493, 494.

191 Vgl. z.B. BVerwG, Beschl. v. 26.01.2015 – BVerwG 3 B 3.14, NVwZ-RR 2015, 357.

192 Dazu Felix NVwZ 2003, 385, 389.

193 Maurer § 11 Rn. 61; Meyer/Borgs § 51 Rn. 21; Wendt JA 1980, 85, 87; Richter JuS 1990, 719, 723.

194 Vgl. Maurer § 11 Rn. 61.

161 **b)** Nach überwiegend vertretener Auffassung richtet sich die Rechtmäßigkeit des Zweitbescheides ausschließlich nach dem einschlägigen **materiellen Recht**, nach welchem sich die Rechtmäßigkeit des Erstbescheides bestimmt. Durch das Wiederaufgreifen wird das Verfahren nicht in den Zustand nach Erlass des Erstbescheides, sondern in den Zustand **vor Erlass des Erstbescheides** zurückversetzt. Ermessen steht der Behörde daher – anders als nach §§ 48, 49 VwVfG – nicht generell zu, sondern nur wenn das jeweils einschlägige materielle Recht Ermessen einräumt; ansonsten ist die Behörde gebunden.[195]

Beispiel: Dem B ist die Beseitigung seines Hauses aufgegeben worden. Nach Ablauf der Rechtsbehelfsfristen findet B eine alte Baugenehmigung aus der sich ergibt, dass sein Haus Bestandsschutz genießt. Nach den bauordnungsrechtlichen Vorschriften setzt die Beseitigungsverfügung formelle und materielle Illegalität voraus.[196] Aufgrund des neuen Beweismittels (§ 51 Abs. 1 Nr. 2 VwVfG) muss das Verwaltungsverfahren wiederaufgegriffen und die Beseitigungsverfügung aufgehoben werden.

162 Für diese Auffassung spricht § 51 Abs. 5 VwVfG, der klarstellt, dass §§ 48, 49 VwVfG „unberührt" bleibt, d.h. § 51 Abs. 1 und §§ 48, 49 VwVfG stehen selbstständig nebeneinander. Es wäre sinnwidrig, dem Bürger einerseits einen Anspruch auf Wiederaufgreifen einzuräumen, andererseits aber nach §§ 48 Abs. 1 S. 1, 49 Abs. 1 S. 1 VwVfG nach Ermessen von der Aufhebung des Erstbescheides abzusehen. Die Aufhebung oder Änderung des VA nach Wiederaufgreifen des Verfahrens nach **§ 51 Abs. 1 VwVfG** richtet sich daher nicht nach §§ 48, 49 VwVfG, sondern nach dem für den Erlass des VA geltenden materiellen Recht. Wenn der VA danach nicht mehr erlassen werden dürfte, **muss** der Erstbescheid aufgehoben werden.

II. Wiederaufgreifen im weiteren Sinne

163 Die §§ 48, 49 VwVfG ermöglichen es der Behörde, auch nachdem der VA unanfechtbar geworden ist, von Amts wegen oder auf Antrag **jederzeit** erneut in der Sache zu entscheiden und den Erstbescheid aufzuheben. § 51 Abs. 5 VwVfG stellt klar, dass die Vorschriften in §§ 48, 49 VwVfG durch § 51 Abs. 1 VwVfG unberührt bleiben **(Wiederaufgreifen im weiteren Sinne)**.[197]

Beachte: *Obwohl § 51 Abs. 5 VwVfG unmittelbar nur auf § 48 Abs. 1 S. 1 und § 49 Abs. 1 VwVfG verweist, wird allgemein angenommen, dass der Verweis auch die übrigen Absätze dieser Vorschriften erfasst.*[198]

164 Soweit das Wiederaufgreifen im Ermessen der Behörde steht, hat der Bürger einen **Anspruch auf ermessensfehlerfreie Entscheidung.**[199] Dabei steht der Behörde **Ermessen** in **zweifacher Hinsicht** zu,

- ob sie sich überhaupt erneut mit der Sache beschäftigen will (das **Wiederaufgreifen**)
- und ob sie den ursprünglichen VA nach §§ 48, 49 VwVfG zurücknimmt oder widerruft (die **Aufhebung**).

---

195 BVerwG DVBl. 1982, 998, 1000; Stelkens/Bonk/Sachs § 51 Rn. 32; Kopp/Ramsauer VwVfG § 51 Rn. 9 u. 18; Knack/Henneke § 51 Rn. 20; Erichsen/Ebber Jura 1997, 424, 429; Ludwigs DVBl. 2008, 1164, 1167; Sasse Jura 2009, 493, 496.

196 Vgl. AS-Skript Öffentliches Baurecht (2015), Rn. 152.

197 BVerwG, Urt. v. 22.10.2009 – BVerwG 1 C 15.08, Rn. 24; Urt. v. 22.10.2009 – BVerwG 1 C 18.08 , Rn. 20; Urt. v. 22.10.2009 – BVerwG 1 C 26.08, Rn. 19; BVerwG RÜ 2010, 253, 255.

198 Kopp/Ramsauer VwVfG § 51 Rn. 50 m.w.N.

199 BVerwG BayVBl. 2012, 478, 479; NVwZ 2011, 888, 889; RÜ 2010, 253, 255; Kopp/Ramsauer VwVfG § 51 Rn. 6.

Umstritten ist, ob es sich hierbei – wie im Rahmen des § 51 Abs. 1 VwVfG (s.o. Rn. 156) – bei beiden Entscheidungen um **selbstständige VAe** handelt. Früher wurde überwiegend angenommen, dass die Entscheidung über das „Wiederaufgreifen" im weiteren Sinne **keinen eigenen materiellen Regelungsgehalt** hat. Die Behörde greife im Anwendungsbereich des § 51 Abs. 5 VwVfG **nicht das frühere Verfahren** auf, sondern treffe in einem **neuen Verfahren** eine einheitliche Ermessensentscheidung über die Aufhebung des VA nach §§ 48, 49 VwVfG.[200] Nach der heute herrschenden Gegenansicht stellt dagegen auch die **Entscheidung über das Wiederaufgreifen** im weiteren Sinne einen VA dar.[201] Dafür spricht, dass auch beim Wiederaufgreifen im weiteren Sinne eine regelnde Entscheidung über den Anspruch des Bürgers auf ermessensfehlerfreie Entscheidung getroffen wird. 165

1. Entscheidung über das Wiederaufgreifen (1. Stufe) 166

Ob die Behörde das Verfahren nach Ermessen wiederaufgreift, richtet sich im Rahmen des § 51 Abs. 5 VwVfG nach einer **Abwägung** der beteiligten Interessen. Dabei stehen sich das Prinzip der materiellen Gerechtigkeit (Gesetzmäßigkeit der Verwaltung, Art. 20 Abs. 3 GG) und das Prinzip der Rechtssicherheit grds. gleichwertig gegenüber.

a) Entsprechend dem Sinn und Zweck der Unanfechtbarkeit ist die Behörde grds. berechtigt, auf die **Bestandskraft** des VA zu verweisen und ein Wiederaufgreifen abzulehnen, selbst wenn der Betroffene die Rechtswidrigkeit des VA geltend macht.[202] 167

Das gilt vor allem dann, wenn der VA einen vor langer Zeit abgeschlossenen Sachverhalt betrifft, wenn es um zahlreiche gleichgelagerte Fälle geht und die Behörde keinen der Fälle wiederaufgegriffen hat oder wenn der Betroffene den VA in Kenntnis von dessen Rechtswidrigkeit hat bestandskräftig werden lassen.[203]

b) Ein **Anspruch auf Wiederaufgreifen** besteht in den Fällen des § 51 Abs. 5 VwVfG nur im Fall der **Ermessensreduzierung auf Null**.[204] 168

In Rspr. und Lit. wird hierbei nicht immer deutlich zwischen den beiden Ermessensebenen unterschieden. Teilweise wird auf einen aus einer Ermessensreduzierung resultierenden „Anspruch auf Wiederaufgreifen" abgestellt (also auf die 1. Stufe), teilweise auf einen „Anspruch auf Rücknahme" (also auf die 2. Stufe). Unproblematisch ist dies für diejenigen, die ohnehin von einer einheitlichen Ermessensentscheidung ausgehen (s.o. Rn. 165).[205] Geht man dagegen von einer zweistufigen Entscheidung aus, muss zunächst die Bestandskraft überwunden werden, um zur erneuten Sachentscheidung zu gelangen. Das spricht dafür, die nachfolgenden Gesichtspunkte bereits im Rahmen der Ermessensreduzierung für das Wiederaufgreifen (auf der 1. Stufe) zu prüfen und nicht erst beim Anspruch auf Rücknahme (auf der 2. Stufe).[206] Allerdings wird bei einer Pflicht zur Überprüfung der Verwaltungsentscheidung auf der 1. Stufe i.d.R. auch das Rücknahmeermessen auf der 2. Stufe reduziert sein. Unterschiede dürften sich zwischen den beiden Auffassungen kaum ergeben, denn ein Anspruch auf Aufhebung des VA (2. Stufe) setzt denknotwendig auch eine Ermessensreduzierung auf der 1. Stufe voraus.

---

200 VGH Mannheim NVwZ-RR 2009, 357; Stelkens/Bonk/Sachs VwVfG § 51 Rn. 16; Ludwigs DVBl. 2008, 1164, 1166.

201 BVerwG RÜ 2010, 253, 255; NVwZ 2002, 482, 483; Schwabe JZ 1985, 545, 549; Baumeister Verw Arch 83 (1992), 374, 377; Seiler JuS 2001, 263, 267; Britz/Richter JuS 2005, 198, 200; Traulsen VerwArch 103 (2012), 337, 351.

202 BVerwG BayVBl. 2012, 478, 479; NVwZ 2007, 709, 710; VGH Mannheim VBlBW 2001, 23, 24; Kopp/Ramsauer VwVfG § 51 Rn. 6; Stelkens/Bonk/Sachs § 51 Rn. 18; Knack/Henneke § 51 Rn. 17; Seiler JuS 2001, 263, 268.

203 OVG NRW, Beschl. v. 25.03.2011 – 13 A 1552/10.

204 BVerwGE 44, 333, 336; BVerwG NVwZ 2007, 709, 710; OVG Lüneburg NVwZ 2007, 846; Stelkens/Bonk/Sachs VwVfG § 51 Rn. 19; Kopp/Ramsauer VwVfG § 51 Rn. 7; Maurer § 11 Rn. 65.

205 Vgl. Ludwigs DVBl. 2008, 1164, 1166.

206 In diesem Sinne auch BVerwG, Urt. v. 22.10.2009 – BVerwG 1 C 15.08, Rn. 30: „Das Wiederaufgreifensermessen nach § 51 Abs. 5 VwVfG verdichtet sich zu einem Anspruch des Betroffenen, wenn ..."; ebenso BVerwG, Urt. v. 22.10.2009 – BVerwG 1 C 26.08, Rn. 23.

169 Eine **Ermessensreduzierung auf Null** wird von der Rspr. angenommen, wenn die Aufrechterhaltung des Erstbescheides **schlechthin unerträglich** wäre.[207] Dies ist insbes. der Fall, wenn

- die **Rechtswidrigkeit** des Erstbescheides bei Würdigung aller Umstände **offensichtlich** ist,[208]
- die Berufung auf die Unanfechtbarkeit als Verstoß gegen die **guten Sitten** oder gegen **Treu und Glauben** zu werten wäre,[209]
- die Behörde in vergleichbaren Fällen das Verfahren wiederaufgegriffen hat und daher wegen **Art. 3 Abs. 1 GG** eine Gleichbehandlung geboten ist[210] oder
- der VA **offensichtlich europarechtswidrig** ist.[211]

170 **aa)** Das EU-Recht begründet im Hinblick auf den Grundsatz der Rechtssicherheit **keine generelle Verpflichtung**, eine bestandskräftige Verwaltungsentscheidung aufzuheben, nur weil diese unionsrechtswidrig ist.[212] Dies gilt vor allem, wenn von der Möglichkeit, einen belastenden VA fristgemäß anzufechten, kein Gebrauch gemacht wurde. Die Frage der Aufhebbarkeit einer Verwaltungsentscheidung ist grds. Sache der nationalen Rechtsordnungen.

Die für die Rücknahme europarechtswidriger VAe geltenden Regelungen dürfen allerdings nicht ungünstiger sein als bei innerstaatlichen Sachverhalten (Äquivalenzprinzip) und die Ausübung der durch die Unionsrechtsordnung verliehenen Rechte dürfen nicht praktisch unmöglich gemacht oder unverhältnismäßig erschwert werden (Effektivitätsprinzip).[213]

Beispiel: Da ein bestandskräftiger Bescheid zurückzunehmen ist, wenn er offensichtlich mit nationalem Recht unvereinbar ist, muss im Fall offensichtlicher Unvereinbarkeit des VA mit EU-Recht die gleiche Verpflichtung bestehen.[214] Allerdings präjudiziert der Unionsrechtsverstoß nicht zwangsläufig dessen Offensichtlichkeit im Sinne des nationalen Rechts.[215]

171 Eine **Verpflichtung zum Wiederaufgreifen** besteht nach der Rspr. des EuGH im Hinblick auf den unionsrechtlichen Effektivitätsgrundsatz allerdings dann, wenn

- der VA infolge eines **letztinstanzlichen Urteils** bestandskräftig geworden ist,
- das auf einer – wie eine später ergangene Entscheidung des EuGH zeigt – **unrichtigen Auslegung des Unionsrechts** beruht und
- das unter **Verstoß gegen die Vorlagepflicht** nach Art. 267 Abs. 3 AEUV zustandegekommen ist.[216]

---

207 BVerwG BayVBl. 2012, 478, 480; NVwZ 2011, 888, 889; Ludwigs DVBl. 2008, 1164, 1167 ff.

208 BVerwG BayVBl. 2012, 478, 480; RÜ 2010, 253, 256; NVwZ 2007, 709, 710; Ludwigs DVBl. 2008, 1164, 1168.

209 BVerwG BayVBl. 2012, 478, 480; NVwZ 2007, 709, 710; OVG Lüneburg NVwZ 2007, 846; OVG LSA LKV 2011, 182.

210 BVerwG NVwZ 2007, 709, 710; Ludwigs DVBl. 2008, 1164, 1167.

211 Grundlegend EuGH DVBl. 2004, 373 ff. (Kühne & Heitz); DVBl. 2006, 1441 (Arcor); NVwZ 2008, 870 (Kempter); vgl. Gärditz NWVBl. 2006, 441, 447; Rennert DVBl. 2007, 400, 406; Weiß DÖV 2008, 477, 478; Ludwigs DVBl. 2008, 1164, 1169.

212 EuGH JZ 2008, 464, 465; NVwZ 2006, 1277, 1279; BVerfG NVwZ 2008, 550, 551; BVerwG NVwZ 2007, 709, 711; BFH NVwZ-RR 2012, 585, 587; NVwZ 2011, 253, 255; Ludwigs NVwZ 2007, 549, 551; a.A. Frenz DVBl. 2004, 375, 376; Berg JZ 2005, 1039, 1046; Lenze VerwArch 97 (2006), 49, 56.

213 EuGH NVwZ 2006, 1277, 1279; dazu auch Wüstenbecker RÜ 2008, 538, 539.

214 EuGH NVwZ 2006, 1277, 1280; BVerwG NVwZ 2007, 709, 711.

215 BVerwG NVwZ 2007, 709, 711 bestätigt durch BVerfG NVwZ 2008, 550, 551; ebenso Ludwigs NVwZ 2007, 549, 551; Rennert DVBl. 2007, 400, 402; für eine europarechtlich begründete Rücknahmepflicht dagegen Nolte MMR 2007, 30, 31; Ruffert JZ 2007, 407, 409.

Wie die offensichtliche Europarechtswidrigkeit dogmatisch im Rahmen des § 51 VwVfG einzuordnen ist, ist umstritten. Ein Teil der Lit. plädiert für eine europarechtskonforme Auslegung des § 51 VwVfG mit der Folge, dass die nachträgliche Entscheidung des EuGH analog § 51 Abs. 1 Nr. 1 VwVfG als Änderung der Rechtslage einzuordnen sei.[217] Überwiegend wird dagegen an § 51 Abs. 5 VwVfG angeknüpft und eine Reduzierung des Ermessens bei der Entscheidung über das Wiederaufgreifen angenommen.[218]

bb) Nach **nationalem Recht** verdichtet sich das Wiederaufgreifensermessen insbesondere dann, wenn die **Rechtswidrigkeit** des bestandskräftigen VA bei Würdigung aller Umstände **offensichtlich** ist. Dass ist der Fall, wenn an der Rechtswidrigkeit des VA **vernünftigerweise kein Zweifel** besteht und sich deshalb der Behörde die Rechtswidrigkeit aufdrängen musste.[219] Dabei reicht allein eine **nachträgliche Änderung** der Rspr. für eine Ermessensreduzierung grds. nicht aus.[220] **172**

Fazit: Abgesehen von Fällen der offensichtlichen Rechtswidrigkeit hat der Betroffene nur einen Anspruch auf ermessensfehlerfreie Entscheidung.

2. Erneute Entscheidung in der Sache (2. Stufe)

Besteht ausnahmsweise ein **Anspruch auf Wiederaufgreifen** im weiteren Sinne nach § 51 Abs. 5 VwVfG oder hat sich die Behörde ermessensfehlerfrei für ein Wiederaufgreifen entschieden, so ist die Behörde nach Auffassung des BVerwG nicht an die in §§ 48, 49 VwVfG normierten Möglichkeiten der Aufhebung gebunden, sondern hat auch hier (wie im Rahmen des § 51 Abs. 1 VwVfG, dazu oben Rn. 160 ff.) eine neue Sachentscheidung zu treffen.[221] Diese Ansicht ist in der Lit. wegen des eindeutigen Wortlauts des § 51 Abs. 5 VwVfG zu Recht auf Ablehnung gestoßen.[222] Wenn danach §§ 48, 49 VwVfG „unberührt" bleiben, spricht dies dafür, dass sich die Zweitentscheidung auch nach diesen Vorschriften richtet. **173**

Die Rspr. geht allerdings zum Teil davon aus, dass die Aufhebung nach §§ 48, 49 VwVfG vom Wiederaufgreifen im weiteren Sinne zu unterscheiden sei. Begehre der Betroffene die Aufhebung eines bestandskräftigen VA, so komme sowohl ein Anspruch auf Rücknahme bzw. Widerruf nach §§ 48, 49 VwVfG in Betracht als auch ein Anspruch auf Wiederaufgreifen des Verfahrens im weiteren Sinne nach § 51 Abs. 5 VwVfG.[223] Bedeutung hat diese Unterscheidung in der Praxis allerdings bislang nur in den Fällen erlangt, in denen das Verwaltungsgericht in einem früheren Verfahren die Rechtmäßigkeit des VA rechtskräftig bestätigt hat. Hier muss die Rechtskraft des Urteils (§ 121 VwGO) erst durch ein Wiederaufgreifen des Verfahrens überwunden werden. Ob die Unterscheidung auch ansonsten Bedeutung hat, ist ungeklärt.

---

216 EuGH JZ 2008, 464, 465; NVwZ 2006, 1277, 1279; dazu Gärditz NWVBl. 2006, 441, 447; Rennert DVBl. 2007, 400, 406; Weiß DÖV 2008, 477, 478; Ludwigs DVBl. 2008, 1164, 1169; Sasse Jura 2009, 493, 497.

217 Leuze VerwArch 97 (2006), 49, 56; Sasse Jura 2009, 493, 497 f.

218 So z.B. BVerwG RÜ 2010, 253, 256; Kanitz/Wendel JuS 2008, 58, 61; Ludwigs DVBl. 2008, 1164, 1172.

219 BVerwG NVwZ 2007, 709, 710.

220 BVerwG NVwZ 2007, 709, 710; OVG Lüneburg NVwZ 2006, 1302, 1303; a.A. Ruffert in Erichsen/Ehlers § 26 Rn. 13.

221 BVerwG NVwZ 2010, 656, 659.

222 Traulsen VerwArch 103 (2012), 337, 352.

223 BVerwG, Urt. v. 22.10.2009 – BVerwG 1 C 15.08, RÜ 2010, 253, 255; BVerwG, Urt. v. 13.12.2011 – BVerwG 5 C 9.11, BayVBl. 2012, 478, 479; VGH Mannheim, Urt. v. 30.04.2008 – 11 S 759/06, VBlBW 2009, 32, 33 u. 36; Schübel/Pfister JuS 2010, 976, 978; Krönke JuS 2012, 347, 348.

Aufhebung des VA durch die Behörde

- (falls zweifelhaft): Liegt überhaupt eine (vollständige, teilweise) Aufhebung eines VA vor?
  Abgrenzung:
  - Berichtigung gemäß § 42 VwVfG
  - Neuregelung bzgl. geänderten, vom ergangenen VA noch nicht erfassten Sachverhalt
- **Rechtsgrundlagen**
  - Spezialvorschriften, z.B. § 3 StVG, § 15 Abs. 2 GaststG, § 14 BBG
  - §§ 48, 49 VwVfG

Aufhebung nach §§ 48, 49 VwVfG

RÜCKNAHME gemäß § 48 VwVfG

aufzuhebender VA rechtswidrig

VA belastend § 48 I 1 VwVfG

- Ermessen

VA begünstigend § 48 I 2, II-IV VwVfG

- Geld-/Sachleistungs-VA nicht rücknehmbar bei schutzwürdigem Vertrauen, § 48 II
- bei sonstigen VAen Bestandsvertrauen nur im Ermessen (str.); auf Antrag Entschädigung
- Frist, § 48 IV
- Ermessen

WIDERRUF gemäß § 49 VwVfG

aufzuhebender VA rechtmäßig

VA belastend § 49 I VwVfG

- Ermessen
- Grenzen
  - gebundener VA
  - Art. 3 GG

VA begünstigend § 49 II, III VwVfG

- Widerruf **ex nunc** aus den in § 49 II abschl. genannten Gründen
- Widerruf **ex tunc** aus den in § 49 III genannten Gründen
- Frist, §§ 49 II 2, 49 III 2 i.V.m. § 48 IV
- Ermessen

Wiederaufgreifen des Verfahrens gemäß § 51 VwVfG

Pflicht zum Wiederaufgreifen § 51 I–III VwVfG

Entscheidung über das Wiederaufgreifen

- **Zulässigkeit** des Antrags
  - Grund schlüssig dargelegt
  - kein grob schuldhaftes Versäumnis
  - Antragsfrist, § 51 III: drei Monate
- **Begründetheit** des Antrags, wenn Grund i.S.d. § 51 I tatsächlich vorliegt

(neue) Entscheidung in der Sache

- Sachentscheidung richtet sich nach materiellem Recht (str., a.A. §§ 48, 49 VwVfG)

Ermessen gemäß §§ 51 V, 48, 49 VwVfG

Entscheidung über das Wiederaufgreifen

- Anspruch auf ermessensfehlerfreie Entscheidung (Wiederaufgreifen i.w.S.)
- gebundener Anspruch nur bei Ermessensreduzierung

(neue) Entscheidung in der Sache

- Aufhebung nach §§ 48, 49 VwVfG
- Änderung nach materiellem Recht
- Bestätigung durch Zweitbescheid

2. Abschnitt: Durchsetzung von Verwaltungsakten

A. Begriff und Arten der Verwaltungsvollstreckung

Werden (öffentlich-rechtliche) Pflichten nicht erfüllt, so müssen sie **zwangsweise** durchgesetzt, also vollstreckt werden. 174

Vollstreckung öffentlich-rechtlicher Titel

verwaltungsgerichtliche Titel		aus **Verwaltungsakten**		
gegen den **Staat**	gegen den **Bürger**	**Bundesbehörden**	Finanzbehörden -> AO	**Landesbehörden**
■ §§ 170 ff. VwGO	■ § 169 VwGO	■ spez. Bundesrecht (z.B. UZwGBw) ■ VwVG ■ UZwG		■ spezielles Bundesrecht (z.B. §§ 58 ff. AufenthG) ■ spezielles Landesrecht (z.B. PolG) ■ allg. Landesvollstreckungsrecht (LVwVG, VwZVG)

- Weigert sich die **Behörde**, dem Bürger einen begünstigenden VA (Baugenehmigung, Gewerbeerlaubnis o.Ä.) zu erteilen, so muss der Betroffene vor dem Verwaltungsgericht **Verpflichtungsklage** (§ 42 Abs. 1 Fall 2 VwGO) erheben. Ist die Klage begründet, wird die Behörde durch Urteil verpflichtet, den begehrten VA zu erlassen (§ 113 Abs. 5 S. 1 VwGO). Kommt die Behörde dem **Verpflichtungsurteil** nicht nach, kann der Bürger die Vollstreckung nach **§ 172 VwGO** betreiben. 175

  - Verwaltungsgerichtliche Urteile gegen den Staat werden grds. nach **§ 170 VwGO** vollstreckt (z.B. Leistungsurteil auf Zahlung von Geld). Das Verwaltungsgericht bestimmt auf Antrag des Bürgers die Vollstreckungsmaßnahme und ersucht die zuständige Stelle um deren Vornahme. Für die Vollstreckung gelten nach § 167 Abs. 1 S. 1 VwGO die Vorschriften des 8. Buches der ZPO.
  - Für die Vollstreckung von **Verpflichtungsurteilen** (§ 113 Abs. 5 VwGO), Annexanträgen (§ 113 Abs. 1 S. 2 VwGO) und einstweiligen Anordnungen (§ 123 VwGO) gilt die **Spezialregelung des § 172 VwGO**. Das Verwaltungsgericht kann auf Antrag unter Fristsetzung ein Zwangsgeld bis 10.000 € durch Beschluss androhen und nach fruchtlosem Fristablauf festsetzen und von Amts wegen (zugunsten der Staatskasse) vollstrecken.

- Erfüllt der **Bürger** seine **öffentlich-rechtlichen Pflichten** nicht, hat der Staat die Möglichkeit, sich ohne Einschaltung der Gerichte durch Erlass eines Verwaltungsakts selbst einen Vollstreckungstitel zu schaffen **(Selbsttitulierung)** und diesen auch selbst zu vollstrecken **(Selbstvollstreckung)**.[224] 176

  Vollstreckungsfähig sind alle Verwaltungsakte, die auf die Vornahme einer Handlung, auf Duldung oder Unterlassung gerichtet sind. Feststellende VAe haben demgegenüber keinen vollstreckbaren Inhalt (z.B. die Anerkennung als Asylberechtigter). Entsprechendes gilt für rechtsgestaltende VAe (z.B. Rücknahme einer Beamtenernennung). Sie bedürfen keiner Vollstreckung, da ihre Rechtswirkungen **unmittelbar kraft Gesetzes** (ipso iure) eintreten.

224 Vgl. aber BVerfG, Beschl. v. 18.12.2012 – 1 BvL 8/11 zur Verfassungswidrigkeit von Selbsttitulierungsrechten öffentlich-rechtlicher Kreditinstitute, wenn Privatbanken eine solche Befugnis nicht zusteht (Verstoß gegen Art. 3 Abs. 1 GG).

177 Der Bürger muss einen Verwaltungsakt auch dann befolgen, wenn er rechtswidrig (aber nicht nichtig) und (noch) nicht aufgehoben ist (§ 43 Abs. 2 VwVfG). Kommt der Bürger dieser Verpflichtung nicht freiwillig nach, bedarf es der **Verwaltungsvollstreckung**. Die zwangsweise Durchsetzung erfolgt hier – anders als bei verwaltungsgerichtlichen Urteilen – grds. durch die Behörde selbst ohne Einschaltung des Gerichts.

Verwaltungsvollstreckung
■ **zwangsweise Durchsetzung**
■ eines **öffentlich-rechtlichen Gebotes** oder **Verbotes**,
■ das in einem **Verwaltungsakt** konkretisiert ist.

Nach dem **Regelungsgehalt des zu vollstreckenden VA** sind im Rahmen der Verwaltungsvollstreckung zu unterscheiden:

178 ■ die Vollstreckung wegen einer **Geldforderung** (sog. Beitreibung);

Das VwVG enthält hierfür in §§ 1 ff. nur einige wenige Vorschriften und verweist im Übrigen in § 5 auf die Abgabenordnung (AO). Im Landesrecht ist die Vollstreckung wegen Geldforderungen teilweise umfassend geregelt (vgl. z.B. §§ 15–67 HessVwVG, §§ 2–67 b NVwVG, §§ 1–54 VwVG NRW), zum Teil verweisen die LVwVfGe wiederum auf die AO (z.B. Art. 25 Abs. 2 BayVwZVG, § 15 Abs. 1 LVwVG BW, § 22 VwVGBbg, § 35 HmbVwVG, § 111 Abs. 1 VwVfG M-V).

Verwaltungsakte, durch die der Bürger verpflichtet wird, eine Geldleistung zu erbringen, werden üblicherweise als **Leistungsbescheide** bezeichnet. Nach Landesrecht dürfen zum Teil auch privatrechtliche Geldforderungen der öffentlichen Hand im Wege der Verwaltungsvollstreckung durchgesetzt werden (vgl. z.B. § 5 b VwVfG Bln, § 25 VwVGBbg, § 3 Abs. 2 Nr. 2 HmbVwVG, § 66 HessVwVG, § 1 Abs. 2 VwVG NRW i.V.m. § 1 VO VwVG NRW, § 74 SVwVG, § 42 ThürVwZVG).

179 ■ die Durchsetzung einer **Handlung, Duldung oder Unterlassung** (sog. Verwaltungszwang).

Der Verwaltungszwang erfasst alle Verwaltungsakte, die nicht auf eine Geldleistung gerichtet sind, z.B. Abriss eines baurechtswidrig errichteten Gebäudes, Abschiebung eines ausgewiesenen Ausländers, Schließung eines illegal ausgeübten Gewerbebetriebs.

In der Examensklausur geht es i.d.R. um die **Rechtmäßigkeit einer Vollstreckungsmaßnahme im Verwaltungszwang.**

Beispiele: Androhung der Ersatzvornahme einer Beseitigungsverfügung, Androhung und Festsetzung eines Zwangsgeldes bei einem Handlungsgebot oder einer Unterlassungsverfügung, Kostenerstattung nach Durchführung einer Abschleppmaßnahme.

B. Der Verwaltungszwang

180 Eine Vollstreckungsmaßnahme ist rechtmäßig, wenn

- die Maßnahme auf einer wirksamen **Ermächtigungsgrundlage** beruht,
- die Zuständigkeits-, Verfahrens- und Formvorschriften eingehalten sind **(formelle Rechtmäßigkeit)** und
- die Maßnahme sachlich mit dem geltenden Recht in Einklang steht **(materielle Rechtmäßigkeit)**.

Aufbauschema: Rechtmäßigkeit einer Vollstreckungsmaßnahme

- **Ermächtigungsgrundlage**
  - spezielles Bundesrecht (z.B. §§ 58 ff. AufenthG, UZwGBw)
  - allgemeines Bundesrecht (VwVG, UZwG)
  - spezielles Landesrecht (z.B. PolG)
  - allgemeines Landesrecht (z.B. LVwVG)
- **Formelle Rechtmäßigkeit**
  - Zuständigkeit
  - Verfahren
  - Form
- **Materielle Rechtmäßigkeit**
  - Vollstreckungsvoraussetzungen
  - ordnungsgemäßes Vollstreckungsverfahren
  - keine Vollstreckungshindernisse
  - Rechtsfolge: i.d.R. Ermessen

I. Ermächtigungsgrundlage für den Verwaltungszwang

Abgesehen von **Spezialregelungen** (z.B. §§ 58 ff. AufenthG für die Abschiebung eines Ausländers) richtet sich die Verwaltungsvollstreckung nach dem allgemeinen Verwaltungsvollstreckungsrecht des Bundes bzw. des Landes.

- Wird die Vollstreckung von einer **Bundesbehörde** durchgeführt (z.B. durch die Bundespolizei), gilt das **VwVG des Bundes** (Sartorius 112), ergänzt durch das Gesetz über den unmittelbaren Zwang (UZwG, Sartorius 115). **181**

  Für Soldaten der Bundeswehr sowie zivile Wachpersonen gilt das UZwGBw (Sartorius 117). Für Finanzbehörden des Bundes und der Länder gelten die Sonderregeln in §§ 249 ff. AO.

- Bei der Vollstreckung durch **Landesbehörden** gilt das jeweilige **Landes-VwVG**, ggf. ergänzt durch Landesgesetze zum unmittelbaren Zwang. **182**

  Bayern: BayVwZVG; **Baden-Württemberg:** LVwVG; **Berlin:** § 5 a S. 1 VwVfG Bln i.V.m. VwVG; **Brandenburg:** VwVGBbg; **Bremen:** BremVwVG; BremGVG; **Hamburg:** HmbVwVG; **Hessen:** HessVwVG; **Mecklenburg-Vorpommern:** § 110 VwVfG M-V i.V.m. §§ 79 ff. SOG MV; **Niedersachsen:** § 70 Abs. 1 NVwVG i.V.m. §§ 64 ff. Nds SOG; **Nordrhein-Westfalen:** VwVG NRW; **Rheinland-Pfalz:** LVwVG; **Saarland:** SVwVG; **Sachsen:** SächsVwVG; **Sachsen-Anhalt:** § 71 Abs. 1 VwVG LSA i.V.m. §§ 53 ff. SOG LSA; **Schleswig-Holstein:** §§ 228 ff. LVwG SH; **Thüringen:** ThürVwZVG.

  Teilweise enthalten die **Polizeigesetze** bzw. das allgemeine Ordnungsrecht eigenständige vollstreckungsrechtliche Regelungen, die in ihrem Anwendungsbereich dem allgemeinen Landes-VwVG vorgehen. **183**

Bayern: Art. 53 ff. BayPAG; **Baden-Württemberg:** §§ 49 ff. PolG BW; **Brandenburg:** §§ 53 ff. Bbg PolG; **Bremen:** §§ 40 ff. Brem PolG; **Hamburg:** §§ 17 ff. Hmb SOG; **Hessen:** §§ 47 ff. HSOG; **Mecklenburg-Vorpommern:** §§ 79 ff. SOG M-V; **Niedersachsen:** §§ 64 ff. Nds SOG; **Nordrhein-Westfalen:** §§ 50 ff. PolG NRW; **Rheinland-Pfalz:** §§ 57 ff. POG RP; **Saarland:** §§ 44 ff. SPolG; **Sachsen:** §§ 30 ff. SächsPolG; **Sachsen-Anhalt:** §§ 53 ff. SOG LSA; **Thüringen:** §§ 51 ff. Thür PAG.

Beispiel: Für die Vollstreckung durch die Polizei gilt in Brandenburg und Nordrhein-Westfalen das jeweilige PolG, für die Vollstreckung durch allgemeine Verwaltungsbehörden das jeweilige LVwVG (in Bayern und Thüringen entsprechend für das Verhältnis PAG – VwZVG). In den übrigen Ländern gilt für die Vollstreckung zur Gefahrenabwehr das PolG, SOG etc. und für die allgemeine Verwaltungsvollstreckung das jeweilige LVwVG, das allerdings teilweise wiederum auf das Polizeirecht verweist (vgl. z.B. § 70 Abs. 1 NVwVG, § 71 Abs. 1 VwVG LSA).

Da die Regelungen in Bund und Ländern in den Grundzügen sowie in vielen Einzelfragen übereinstimmen,[225] *werden im Folgenden die **allgemeinen vollstreckungsrechtlichen Grundlagen** nach dem VwVG des Bundes dargestellt. Soweit erforderlich, wird auf etwaige Abweichungen in den Ländern hingewiesen.*

184 Die **Ermächtigungsgrundlage** für Maßnahmen des Verwaltungszwangs (Durchsetzung einer Verfügung auf Handlung, Duldung oder Unterlassung, sog. HDU-Verfügung) findet sich in den §§ 6 ff. VwVG und in einigen Spezialvorschriften. **Vollstreckungsmaßnahmen** sind hierbei

- die **Androhung** (§ 13 VwVG),
- die **Festsetzung** (§ 14 VwVG) und
- die **Anwendung** (§ 15 VwVG)

jeweils in Verbindung mit dem jeweiligen Zwangsmittel

- **Ersatzvornahme** (§ 10 VwVG),
- **Zwangsgeld** (§ 11 VwVG) und
- **unmittelbarer Zwang** (§ 12 VwVG, UZwG, UZwGBw)

Beispiele: Ermächtigungsgrundlage für die Androhung einer Ersatzvornahme sind die §§ 10, 13 VwVG, für die Festsetzung eines Zwangsgeldes §§ 11, 14 VwVG.

II. Formelle Rechtmäßigkeit des Verwaltungszwangs

1. Zuständigkeit

185 Zuständig für Maßnahmen des Verwaltungszwangs ist die **Vollzugsbehörde** (§ 7 Abs. 1 VwVG). Das ist die Behörde, die den zu vollstreckenden VA erlassen hat.

Landesrechtlich ergibt sich die Zuständigkeit entweder aus Spezialvorschriften oder aus allgemeinen Zuständigkeitsvorschriften. Die Anwendung unmittelbaren Zwangs ist teilweise besonderen Vollzugsbeamten vorbehalten (vgl. die dem § 6 UZwG vergleichbaren landesrechtlichen Regelungen).

186 Verfügt die zuständige Behörde nicht über ausreichende Sach- und Personalmittel für den Verwaltungszwang, kann sie die **Vollzugshilfe** anderer Behörden in Anspruch nehmen. Vollzugshilfe (auch Vollstreckungshilfe genannt) ist ein **Unterfall der Amtshilfe**

225 Vgl. dazu App JuS 2004, 786, 787.

(§§ 4 ff. VwVfG), die allerdings zumeist spezialgesetzlich geregelt ist.[226] **Vollzugshilfe** ist das Ersuchen einer Behörde an eine andere Behörde, bestimmte Maßnahmen zwangsweise durchzusetzen. Häufigster Fall ist die Anwendung von unmittelbarem Zwang durch Polizeivollzugsbeamte.

Beispiel: Zwangsweise Durchsetzung eines behördlichen Hausverbots unter Einschaltung der Vollzugspolizei.[227]

Abgesehen vom Fall der Vollzugshilfe, ist nur die Behörde für den Verwaltungszwang zuständig, die den VA erlassen hat **(Identität von Vollzugs- und Erlassbehörde)**, vgl. die dem § 7 VwVG entsprechenden landesrechtlichen Vorschriften. **187**

Beispiel: Die Polizei lässt ein Fahrzeug abschleppen, das unter Verstoß gegen das von der Straßenverkehrsbehörde aufgestellte Halteverbotsschild (Zeichen 283 der Anlage 2 zu § 41 Abs. 1 StVO) abgestellt worden ist. Für die Durchsetzung des aus dem Verkehrszeichen resultierenden Wegfahrgebots[228] im gestreckten Verfahren fehlt es nach h.M. an der Vollstreckungszuständigkeit der Polizei. Das Abschleppen durch die Polizei kann dann nur als Sofortmaßnahme rechtmäßig sein.[229]

Nach der Gegenansicht darf die (Vollzugs-)Polizei auch dann, wenn sie das Verkehrszeichen nicht selbst aufgestellt hat, die Ziele der StVO verwirklichen (vgl. §§ 36, 44 Abs. 2 S. 1 StVO). Bei funktionaler Betrachtungsweise lasse sich das in dem Verkehrszeichen enthaltene Wegfahrgebot auch der Vollzugspolizei zurechnen, was über die fehlende Identität von Erlass- und Vollzugsbehörde hinweg helfe.[230] Dasselbe gelte auch für die allgemeine Ordnungsbehörde, wenn diese bei Gefahr im Verzug anstelle der zuständigen Straßenverkehrsbehörde handeln dürfe (vgl. z.B. § 6 OBG NRW, § 4 Abs. 2 Thür OBG).

Dagegen spricht jedoch, dass § 44 Abs. 2 StVO schon seinem Wortlaut nach nicht zur Durchsetzung eines Verkehrszeichens im Wege der Ersatzvornahme ermächtigt. Auch stellt das Abschleppen eines Fahrzeugs keine bloß „vorläufige" Maßnahme i.S.d. § 44 Abs. 2 S. 2 StVO dar.

2. Verfahren und Form

Handelt es sich bei der Vollstreckungsmaßnahme um einen Verwaltungsakt (also insbes. bei der Androhung und der Festsetzung),[231] so sind grds. die Verfahrensvorschriften des VwVfG zu beachten. Von der nach § 28 Abs. 1 VwVfG grds. erforderlichen **Anhörung** kann aber nach § 28 Abs. 2 Nr. 5 VwVfG abgesehen werden. **188**

Formvorschriften bestehen insbes. bei der Androhung, die grds. schriftlich zu erfolgen hat (vgl. § 13 Abs. 1 VwVG). **189**

Sonstige Anforderungen werden üblicherweise im Zusammenhang mit der jeweiligen Vollstreckungsmaßnahme im Rahmen der materiellen Rechtmäßigkeit (ordnungsgemäßes Vollstreckungsverfahren) angesprochen. Bei der Androhung werden die Voraussetzungen des § 13 VwVG teilweise allerdings bereits im Rahmen der formellen Rechtmäßigkeit erörtert.[232]

---

226 Vgl. §§ 9 ff. BPolG, Art. 50 ff. BayPAG, § 60 Abs. 5 PolG BW, §§ 52 ff. ASOG,§ 4 VwVGBbG, § 5 Hmb VwVG, §§ 44 ff. HSOG, §§ 82 a ff. SOG M-V, §§ 51 ff. NdsSOG, §§ 47 ff. PolG NRW, §§ 96 ff. POG RP, §§ 41 ff. SPolG, §§ 61 ff. SächsPolG, §§ 50 ff. SOG LSA, §§ 48 ff. Thür PAG.

227 VG Aachen, Beschl. v. 25.02.2010 – 6 L 33/10; Lisken/Denninger, Rn. E 23.

228 Vgl. BVerwG NJW 1997, 1021, 1022; SächsOVG NJW 2009, 2551, 2552; VGH Mannheim NJW 2010, 1888, 1889.

229 VGH Mannheim VBlBW 2004, 213; VGH Kassel NVwZ-RR 1999, 23; Becker JA 2000, 677, 680; Remmert VBlBW 2005, 41, 42; Klein JA 2004, 544, 545 Fn 34; Ruder KommJur 2004, 7, 13; Koehl SVR 2014, 98, 99.

230 OVG Greifswald LKV 2006, 225, 226; Gornig/Jahn, Fälle, S. 231; vgl. auch Waldhoff JuS 2006, 1042, 1043.

231 Vgl. unten Rn. 237 und 246.

232 Vgl. z.B. Brühl JuS 1997, 926, 927; Pieroth/Schlink/Kniesel, POR, § 24 Rn. 23 ff. und unten Rn. 294.

III. Materielle Rechtmäßigkeit des Verwaltungszwangs

190 Damit eine Vollstreckungsmaßnahme materiell rechtmäßig ist, müssen

- die **Vollstreckungsvoraussetzungen** vorliegen,
- das **Vollstreckungsverfahren** ordnungsgemäß durchgeführt werden und
- es dürfen **keine Vollstreckungshindernisse** bestehen.

Aufbauschema: Materielle Rechtmäßigkeit des Verwaltungszwangs

- **Vollstreckungsvoraussetzungen**
  - gestrecktes Verfahren (§ 6 Abs. 1 VwVG)
  - Sofortvollzug (§ 6 Abs. 2 VwVG)
- **Ordnungsgemäßes Vollstreckungsverfahren**
  - richtiges Zwangsmittel (§§ 9 ff. VwVG)
  - Androhung (§ 13 VwVG)
  - ggf. Festsetzung (§ 14 VwVG)
  - ordnungsgemäße Anwendung (§ 15 VwVG), insb. Verhältnismäßigkeit
- **Keine Vollstreckungshindernisse**
  - rechtliche Unmöglichkeit (z.B. entgegenstehende Rechte Dritter)
  - nachträgliche materielle Einwendungen

1. Vollstreckungsvoraussetzungen

191 Die Vollstreckungsvoraussetzungen sind unterschiedlich, je nachdem, ob ein sog. gestrecktes (mehraktiges) Verfahren (§ 6 Abs. 1 VwVG) oder ein Sofortvollzug (§ 6 Abs. 2 VwVG) vorliegt.

a) Gestrecktes Verfahren gemäß § 6 Abs. 1 VwVG

192 Von einem gestreckten Verfahren spricht man, wenn Verwaltungszwang auf der Grundlage eines VA in einem **mehraktigen Verfahren** (insbesondere aufgrund einer Androhung) angewendet wird.

Vollstreckungsvoraussetzungen im gestreckten Verfahren

- **GrundVA**
  - auf Handlung, Duldung oder Unterlassung
  - nicht auf Geldleistung (sog. Leistungsbescheid)
- **Vollstreckbarkeit**
  - VA unanfechtbar
  - Rechtsmittel haben keine aufschiebende Wirkung
- **Rechtmäßigkeit des GrundVA irrelevant**

Zum weitgehend identischen Landesrecht vgl. **Bayern:** Art. 19, 29 BayVwZVG; **Baden-Württemberg:** §§ 2, 18 LVwVG; **Berlin:** § 5 a S. 1 VwVfG Bln i.V.m. § 6 Abs. 1 VwVG; **Brandenburg:** § 27 Abs. 1 S. 1 i.V.m. § 3 VwVGBbg; **Bremen:** § 11 Abs. 1 BremVwVG; **Hamburg:** §§ 3 Abs. 3, 11 Abs. 1 HmbVwVG; **Hessen:** §§ 2, 69 Abs. 1 HessVwVG; **Mecklenburg-Vorpommern:** § 110 VwVfG M-V i.V.m. §§ 79, 80 SOG MV; **Niedersachsen:** § 70 Abs. 1 NVwVG i.V.m. § 64 Abs. 1 Nds SOG; **Nordrhein-Westfalen:** § 55 Abs. 1 VwVG NRW; **Rheinland-Pfalz:** §§ 2, 61 Abs. 1 LVwVG; **Saarland:** § 18 Abs. 1 SVwVG; **Sachsen:** §§ 2, 19 Abs. 1 Sächs VwVG; **Sachsen- Anhalt:** § 71 Abs. 1 VwVG LSA i.V.m. § 53 Abs. 1 SOG LSA; **Schleswig-Holstein:** § 229 Abs. 1 LVwG SH; **Thüringen:** §§ 19, 44 Abs. 1 ThürVwZVG. 193

- **Vollstreckungsvoraussetzung** im gestreckten Verfahren ist das Vorliegen eines **Grund-VA**, der auf die Vornahme einer Handlung, auf Duldung oder auf Unterlassung gerichtet ist (§ 6 Abs. 1 VwVG), sog. HDU-Verfügung. 194

  Beispiele: Gebot zur Beseitigung eines Gebäudes im Baurecht, Schließungsanordnung im Gewerberecht (z.B. nach § 15 Abs. 2 GewO), Gebots- und Verbotszeichen i.S.d. § 41 Abs. 1 StVO als Allgemeinverfügungen (§ 35 S. 2, 3. Fall VwVfG), Duldung des Betretens eines Grundstücks (z.B. nach § 17 Abs. 2 HandwO), nicht dagegen Leistungsbescheide, deren Vollstreckung (Beitreibung) sich nach §§ 1 ff. VwVG bzw. entsprechendem Landesrecht richtet (s.o. Rn. 178).

- Damit der GrundVA zwangsweise durchgesetzt werden darf, muss er **vollstreckbar** sein. Vollstreckbar ist der GrundVA, wenn er unanfechtbar ist oder Rechtsmittel keine aufschiebende Wirkung entfalten (§ 6 Abs. 1 VwVG). 195

  - **Unanfechtbar** ist der VA nach Ablauf der Widerspruchs- oder Klagefrist (§§ 70, 74 VwGO) oder mit Rechtskraft der letztinstanzlichen gerichtlichen Entscheidung.

  - Rechtsmittel haben **keine aufschiebende Wirkung** in den Fällen des § 80 Abs. 2 VwGO, also z.B. bei der Anforderung öffentlicher Abgaben und Kosten (Nr. 1), unaufschiebbaren Anordnungen von Polizeivollzugsbeamten (Nr. 2), in anderen gesetzlich geregelten Fällen (Nr. 3) oder bei behördlicher Anordnung der sofortigen Vollziehung (Nr. 4).

    In diesen Fällen kann die Behörde den VA daher schon vor Bestandskraft vollstrecken. Allerdings kann die Behörde (§ 80 Abs. 4 VwGO) oder das Verwaltungsgericht (§ 80 Abs. 5 VwGO) die Vollziehung aussetzen. Ist dies geschehen, muss die Vollstreckung eingestellt werden.[233] Dies gilt solange, bis die aufschiebende Wirkung nach § 80 b VwGO endet.

- Abweichungen gelten für die **Androhung**, die nach § 13 Abs. 2 VwVG mit dem GrundVA verbunden werden darf. Nach § 13 Abs. 2 S. 2 VwVG „soll" die Androhung mit dem GrundVA verbunden werden, wenn die sofortige Vollziehung angeordnet ist oder Rechtsmittel keine aufschiebende Wirkung haben. Daraus folgt, dass die Androhung auch in den übrigen Fällen nach § 13 Abs. 2 S. 1 VwVG mit dem GrundVA verbunden werden „kann".[234] Mit anderen Worten: Wird die Androhung mit dem GrundVA verbunden, muss der GrundVA bei Erlass der Androhung **noch nicht vollstreckbar** sein.[235] Die Vollstreckbarkeit muss aber zumindest in dem Zeitpunkt vorliegen, für den die Vollstreckung angedroht ist. Ist dies nicht der Fall, so wird die Androhung rechtswidrig.[236] 196

---

233 Horn Jura 2004, 447, 449; Bausch NVwZ 2006, 158, 159.

234 Engelhardt/App VwVG § 13 Rn. 10; Sadler VwVG § 13 Rn. 68.

235 OVG Berlin-Brandenburg NVwZ-RR 2010, 748, 749; ThürOVG NVwZ-RR 2001, 507, 511; Engelhardt/App VwVG § 13 Rn. 2.

236 OVG NRW OVGE 38, 90, 93; OVG Bln-Bbg NVwZ-RR 2010, 748, 749; Horn Jura 2004, 597, 597; ebenso OVG NRW NVwZ-RR 2013, 172, 173 für die Festsetzung; einschränkend BayVGH NVwZ 2002, 608, 609: Die Vollstreckungsvoraussetzungen müssen bereits während der zumutbaren Erfüllungsfrist vorliegen; ebenso Weber DVBl. 2012, 1130, 1131.

Beispiel: Die Baubehörde B gibt dem E auf, ein baurechtswidrig errichtetes Gebäude zu beseitigen und droht die Ersatzvornahme für den Fall an, dass E der Verfügung nicht innerhalb eines Monats nachkommt. Erhebt E innerhalb des Monats Widerspruch bzw. (im Fall des § 68 Abs. 1 S. 2 VwGO) Klage gegen die Beseitigungsverfügung, so haben die Rechtsbehelfe grds. aufschiebende Wirkung (§ 80 Abs. 1 VwGO), es sei denn die Behörde ordnet die sofortige Vollziehung an (§ 80 Abs. 2 S. 1 Nr. 4 VwGO). Geschieht dies nicht, ist die Beseitigungsverfügung nach Ablauf der in der Androhung gesetzten Frist nicht vollziehbar. Die Vollstreckung ist dann rechtswidrig.

197 Nach der Gegenansicht soll es bei der Androhung auf die Vollstreckbarkeit des GrundVA generell nicht ankommen, da die Androhung noch nicht Bestandteil der Durchsetzung sei.[237] Dagegen spricht jedoch, dass die Behörde nach Fristablauf berechtigt ist, weitere Vollstreckungsakte (Festsetzung, Anwendung) vorzunehmen, sodass jedenfalls in diesem Zeitpunkt die Vollstreckbarkeit des GrundVA vorliegen muss.

Damit erledigt sich auch die Streitfrage, ob die in der Androhung gesetzte Frist **kürzer als die Rechtsbehelfsfrist** von einem Monat sein darf.[238] Ist der GrundVA bei Fristablauf weder unanfechtbar noch sofort vollziehbar, darf er jedenfalls nicht vollstreckt werden.

198 ■ Fraglich ist, ob die **Grundverfügung rechtmäßig** sein muss, um vollstreckt werden zu dürfen.

- Unstreitig kommt es auf die Rechtmäßigkeit des GrundVA nicht an, wenn dieser **unanfechtbar** ist. Dann interessiert nur seine Wirksamkeit, d.h. der VA darf nicht nichtig i.S.d. § 44 VwVfG sein.[239]

  Beispiel: B ist durch Ordnungsverfügung aufgefordert worden, einen umsturzgefährdeten Baum zu fällen. Nachdem die Ordnungsverfügung bestandskräftig geworden und B der Verfügung gleichwohl nicht nachgekommen ist, lässt die Behörde den Baum beseitigen. Die Rechtmäßigkeit der Vollstreckung hängt hier unstreitig nicht von der Rechtmäßigkeit der Ordnungsverfügung ab. Vgl. auch § 18 Abs. 1 S. 3 VwVG, der ausdrücklich bestimmt, dass die Androhung nach Unanfechtbarkeit des GrundVA nur insoweit angefochten werden kann, als eine Rechtsverletzung durch die Androhung selbst behauptet wird.

199 - Umstritten ist die Frage des sog. **Rechtswidrigkeitszusammenhangs** in den Fällen, in denen ein noch **anfechtbarer VA** von der Behörde vollstreckt wird.

  Beispiel: Die Behörde hat die Ordnungsverfügung wegen akuter Gefährdung für sofort vollziehbar erklärt (§ 80 Abs. 2 S. 1 Nr. 4 VwGO). Deshalb wird der Baum nach erfolgloser Androhung schon vor Ablauf der Widerspruchs- bzw. Klagefrist (§§ 70, 74 VwGO) auf Veranlassung der Behörde beseitigt.

  Teilweise wird darauf verwiesen, dass die Behörde in diesem Fall den GrundVA auf eigenes Risiko durchsetze. Ein rechtswidriger, noch anfechtbarer VA könne nicht rechtmäßigerweise vollzogen werden. Der Regelung des § 18 Abs. 1 S. 3 VwVG, der bei Unanfechtbarkeit des GrundVA nur Einwendungen gegen die Androhung zulässt, sei im Umkehrschluss zu entnehmen, dass die Anfechtung von Vollstreckungsakten vor **Bestandskraft** des zu vollstreckenden VA offenbar auch auf dessen Rechtswidrigkeit gestützt werden könne.[240]

---

237 Dünchheim Jura 2004, 202, 205 FN 28; in einem Spezialfall auch VGH Mannheim VBlBW 2003, 476 (zur Abschiebungsandrohung nach § 50 AuslG, jetzt § 59 AufenthG).

238 Dazu OVG NRW OVGE 38, 90, 93; Horn Jura 2004, 597, 598; vgl. ausdrücklich § 63 Abs. 1 S. 3 VwVG NRW: „Ist der Verwaltungsakt nicht bestandskräftig und nicht sofort vollziehbar, darf die Frist ... die Rechtsbehelfsfrist nicht unterschreiten."

239 Vgl. z.B. OVG NRW, Beschl. v. 20.01.2012 – 4 B 1425/11; OVG Lüneburg, Beschl. v. 28.02.2012 – 1 PA 143/11.

240 Vgl. Schoch, BesVerwR, 2. Kap. Rn. 391; Würtenberger in Achterberg/Püttner Rn. 328.

Nach der Gegenansicht ist die Rechtmäßigkeit des GrundVA für die Rechtmäßigkeit der nachfolgenden Vollstreckungsakte dagegen **stets irrelevant**, auch wenn der GrundVA noch anfechtbar ist. Einwände gegen den VA berührten nicht das Vollstreckungsverfahren, sondern müssen gegen den VA selbst geltend gemacht werden. Tragender Grundsatz des Verwaltungsvollstreckungsrechts sei nur die **Wirksamkeit** und **nicht die Rechtsmäßigkeit** vorausgegangener VAe.[241]

Für die strikte Trennung zwischen GrundVA und den nachfolgenden Vollstreckungsakten spricht dessen **Tatbestandswirkung**. Solange der VA nicht nichtig oder aufgehoben worden ist, ist er wirksam (§ 43 Abs. 2 u. Abs. 3 VwVfG) und muss von dem Adressaten befolgt werden. Da sich die Frage der Rechtmäßigkeit erst im Nachhinein verbindlich feststellen lässt, könnten VAe nicht durchgesetzt werden, sobald der Betroffene deren Rechtswidrigkeit geltend macht. Dem Bürger bleibt lediglich die Möglichkeit, die Rechtswidrigkeit des GrundVA eigenständig geltend zu machen (z.B. im Rahmen der Anfechtungsklage gegen den GrundVA oder im Eilverfahren nach § 80 Abs. 5 VwGO). 200

Die Rechtmäßigkeit des GrundVA ist daher generell nicht Voraussetzung für die Rechtmäßigkeit der Vollstreckung im gestreckten Verfahren.

b) Sofortvollzug gemäß § 6 Abs. 2 VwVG

Nach § 6 Abs. 2 VwVG kann Verwaltungszwang **ohne vorausgehenden VA** angewendet werden, wenn der sofortige Vollzug zur Verhinderung einer rechtswidrigen Tat, die einen Straf- oder Bußgeldtatbestand verwirklicht, oder zur Abwendung einer drohenden Gefahr notwendig ist und die Behörde hierbei innerhalb ihrer gesetzlichen Befugnisse handelt. 201

Weitgehend identisch die landesrechtlichen Regelungen in **Berlin:** § 5 a S. 1 VwVfG Bln i.V.m. § 6 Abs. 2 VwVG; **Brandenburg:** § 27 Abs. 1 S. 2 VwVGBbg; **Bremen:** § 11 Abs. 2 BremVwVG; **Hessen:** § 72 Abs. 2 HessVwVG; **Mecklenburg-Vorpommern:** § 110 VwVfG MV i.V.m. § 81 SOG M-V; **Niedersachsen:** § 70 Abs. 1 NVwVG i.V.m. § 64 Abs. 2 Nds SOG; **Nordrhein-Westfalen:** § 55 Abs. 2 VwVG NRW; **Rheinland-Pfalz:** § 61 Abs. 2 LVwVG; **Saarland:** § 18 Abs. 2 SVwVG; **Sachsen-Anhalt:** § 71 Abs. 1 VwVG LSA i.V.m. § 53 Abs. 2 SOG LSA; **Schleswig-Holstein:** § 230 LVwG; **Thüringen:** § 54 VwZVG. 202

In **Baden-Württemberg, Bayern**, **Hamburg** und **Sachsen** ist der sofortige Vollzug nicht normiert (anders im Polizeirecht Art. 53 Abs. 2 BayPAG). Hier finden sich nur Regelungen zum sog. **vereinfachten Verfahren**, bei dem unter Beibehaltung der Notwendigkeit eines GrundVA vor allem auf die Androhung des Zwangsmittels verzichtet wird (vgl. Art. 35 BayVwZVG, § 21 LVwVG BW, § 27 HmbVwVG, § 21 SächsVwVG).

Im **Polizeirecht** gibt es in einigen Ländern außerdem die sog. **unmittelbare Ausführung** (vgl. auch § 19 BPolG).[242] **Unmittelbare Ausführung** erfasst die Fälle, in denen die Polizei eine Maßnahme selbst oder durch einen Beauftragten ausführt, weil der Zweck der Maßnahme durch Inanspruchnahme des Pflichtigen nicht oder nicht rechtzeitig erreicht werden kann. Der Unterschied zum Verwaltungszwang besteht nach h.M. darin, dass bei der unmittelbaren Ausführung ein entgegenstehender Wille des Pflichtigen 203

241 BVerfG NVwZ 1999, 290, 292; BVerwG, Urt. v. 25.09.2008 – BVerwG 7 C 5.09, RÜ 2009, 47, 48; OVG Lüneburg, Beschl. v. 02.02.2015 – 4 LA 245/13, OVG Saarlouis, Beschl. v. 02.05.2014 – 2 B 225/14, NVwZ-RR 2014, 630; OVG NRW, Beschl. v. 10.01.2012 – 15 A 2149/11; Beschl. v. 20.01.2012 – 4 B 1425/11; Labrenz NVwZ 2010, 22, 23; Muckel JA 2012, 272, 277.

242 Vgl. Art. 9 BayPAG, § 8 BW PolG, § 15 Berl ASOG, § 7 Hmb SOG, § 8 HSOG, § 70 a SOG MV, § 6 POG RP, § 6 Sächs PolG, § 9 SOG LSA, § 9 Thür PAG, § 12 Thür OBG.

nicht gebeugt wird, weil der Adressat noch gar nicht in die Pflicht genommen wurde.[243] Bei der unmittelbaren Ausführung ergeht daher **kein vorheriger GrundVA**. Deshalb handelt es sich bei der unmittelbaren Ausführung auch nicht um eine Vollstreckungsmaßnahme, sondern um eine Gefahrenabwehrmaßnahme.

204 Besondere Bedeutung hat die Abgrenzung der unmittelbaren Ausführung gegenüber dem Sofortvollzug bei den sog. **Abschleppfällen**.[244] Die Abgrenzung erweist sich hier als schwierig, weil in beiden Fällen kein VA vorausgeht und das äußere Erscheinungsbild identisch ist. In den Ländern, in denen beide Institute geregelt sind (Bayern im PAG, Berlin, Hessen, Mecklenburg-Vorpommern, Sachsen-Anhalt, Rheinland-Pfalz und Thüringen) hat die unmittelbare Ausführung im Polizeirecht Vorrang. Der Sofortvollzug ist hier nur einschlägig, wenn eine unmittelbare Ausführung nicht möglich ist.[245] In Baden-Württemberg, Hamburg und Sachsen ist nur die unmittelbare Ausführung normiert, in Brandenburg, Bremen, Niedersachsen, Nordrhein-Westfalen, im Saarland und in Schleswig-Holstein nur der Sofortvollzug. In diesen Ländern findet die jeweilige Sofortmaßnahme in beiden Fallgestaltungen Anwendung.

Vollstreckungsvoraussetzungen im Sofortvollzug

- Vorliegen einer **drohenden/gegenwärtigen Gefahr**
- Behörde handelt **„innerhalb ihrer gesetzlichen Befugnisse"**
- **Notwendigkeit** des Sofortvollzugs

205 ■ Der Sofortvollzug setzt das Vorliegen einer **drohenden** (= gegenwärtigen) **Gefahr** voraus, also einer solchen, die sich bereits verwirklicht hat oder bei der mit dem Schadenseintritt unmittelbar, d.h. sofort bzw. in allernächster Zukunft **mit an Sicherheit grenzender Wahrscheinlichkeit** zu rechnen ist.[246]

206 ■ Weitere Voraussetzung ist, dass die Behörde **innerhalb ihrer gesetzlichen Befugnisse** handelt. Dass ist der Fall, wenn die Behörde berechtigt gewesen wäre, einen GrundVA zu erlassen, mit dem der Betroffene zu der Handlung, Duldung oder Unterlassung hätte verpflichtet werden können, den durch den Sofortvollzug erstrebten Erfolg herbeizuführen **(Rechtmäßigkeit einer hypothetischen Grundverfügung)**.[247]

*Anders als im Rahmen des gestreckten Verfahrens ist der Sofortvollzug daher nur rechtmäßig, wenn ein **(fiktiver) GrundVA rechtmäßig** gewesen wäre. Dies bestätigt im Übrigen die Richtigkeit der h.M. (s.o. Rn. 199 f.): Wäre bei Vollstreckungsakten (auch im gestreckten Verfahren) generell die Rechtmäßigkeit des GrundVA erforderlich, hätte es der Klarstellung beim Sofortvollzug in § 6 Abs. 2 VwVG („innerhalb ihrer Befugnisse") nicht bedurft.*

243 Zu den unterschiedlichen Auffassungen zur Abgrenzung des Sofortvollzugs von der unmittelbaren Ausführung vgl. Ruffert in: Erichsen/Ehlers § 27 Rn. 18; Schoch, BesVerwR, 2. Kap. Rn. 393 ff.; Schenke in: Steiner II Rn. 304; Horn Jura 2004, 597, 599; Sadler, Die Polizei, 2009, 125, 127; Meister JA 2011, 359, 362.

244 Vgl. OVG Hamburg NJW 2005, 2247; NJW 2001, 168, 169; VGH Kassel NVwZ-RR 1999, 23, 24.

245 HessVGH NVwZ-RR 1999, 23, 25; Lisken/Denninger E Rn. 818 ff.; Schoch BesVerwR, 2. Kap. Rn. 394; Erichsen/Rauschenberg Jura 1998, 31, 42 m.w.N.

246 OVG NRW NWVBl. 2008, 416, 417; Durner JA 2009, 476, 477.

247 Vgl. OVG NRW NWVBl. 2008, 398; OVG Lüneburg, Beschl. v. 08.06.2012 – 13 LB 20/12; Horn Jura 2004, 597, 599; Durner JA 2009, 476, 477; Muckel/Ogorek JuS 2010, 57, 61.

- Schließlich muss der Sofortvollzug **„notwendig"** sein, d.h. der Sofortvollzug ist nur rechtmäßig, wenn die Gefahr nicht auch durch andere, schonendere Maßnahmen beseitigt werden kann. Insbesondere muss aufgrund der Eilbedürftigkeit **gerade die Durchsetzung im Wege des Sofortvollzuges** erforderlich sein. Das ist zu verneinen, wenn der Erfolg ebenso gut durch ein gestrecktes Verfahren hätte erreicht werden können.[248] **207**

Fall 6: Friedenscamp

Im Rahmen einer Aktion von sog. Friedensaktivisten campierten seit mehreren Monaten verschiedene Personen auf einem Grundstück, das im Eigentum der Bundesrepublik Deutschland steht, um dort gegen erwartete Transporte von Kernbrennelementen (sog. Castor-Transporte) zu demonstrieren. Auf dem Grundstück wird von der Bahn AG ein Bahnhof betrieben. Das „Friedenscamp" befindet sich im Eingangsbereich in der Bahnhofshalle und behindert den Zugang zu verschiedenen Versorgungseinrichtungen. Die zuständige Bundespolizeibehörde verfügte am 09.09., dass das „Friedenscamp" von den dort befindlichen Personen zu räumen sei, und drohte die Räumung im Wege des unmittelbaren Zwangs an, wenn das Grundstück nicht bis zum 15.09. freiwillig geräumt werde. Nachdem diese Frist fruchtlos verstrichen war, wurden die auf dem Grundstück verbliebenen Personen, darunter K, von Beamten der Bundespolizei weggetragen. K hält die Maßnahme für unverhältnismäßig und bittet um gutachtliche Prüfung.

Rechtmäßigkeit der polizeilichen Maßnahme

I. Die **Rechtsgrundlage** für das Wegtragen hängt von der Rechtsnatur der Maßnahme ab. Die Aufforderung, das Bahngrundstück zu verlassen, stellt einen **Platzverweis** als Standardmaßnahme gemäß § 38 BPolG dar. Bei Standardmaßnahmen ist zu differenzieren:

1. Einerseits gibt es Standardmaßnahmen, die neben einem Verbot oder Gebot eine gewisse **Zwangshandlung** der Behörde mitumfassen (z.B. bei einer Ingewahrsamnahme der unmittelbare Zwang in Form der damit zwangsläufig verbundenen Freiheitsentziehung). In diesen Fällen beruht der reale Teil als die (zwangsweise) Durchsetzung allein auf der **Standardmaßnahme**, die diese Zwangsanwendung begriffsnotwendig enthält. Ein Rückgriff auf das Vollstreckungsrecht scheidet in diesen Fällen grds. aus.[249] **208**

   Als **Standardmaßnahmen mit derartigen Vollzugselementen** sind z.B. anerkannt das Festhalten zwecks Identitätsfeststellung, die Ingewahrsamnahme sowie die Durchsuchung von Personen, Sachen und Wohnungen.

   Etwas anderes gilt hier nur dann, wenn ein über die Standardmaßnahme **hinausgehender Zwang** ausgeübt wird.

   Beispiel: Bei der Durchsuchung einer Wohnung ist das gewaltsame Öffnen der Tür nach h.M. nicht mehr von der Standardmaßnahme gedeckt, sondern als eigenständige Zwangsmaßnahme nach dem Verwaltungsvollstreckungsrecht zu werten.[250]

---

248 OVG NRW NWVBl. 2008, 416, 417; Sadler VwVG § 6 Rn. 324; Puttler JA 2001, 669, 675.

249 Pieroth/Schlink/Kniesel POR § 12 Rn. 10 ff.; Drüen/Krumm NWVBl. 2004, 359, 362 u. 365; Muckel JA 2012, 272, 274.

250 Vgl. Drüen/Krumm NWVBl. 2004, 359, 362; Muckel/Ogorek JuS 2010, 57, 60; Seidl/Bartsch Jura 2011, 297, 300.

209 2. Andererseits gibt es Standardmaßnahmen, z.B. die Vorladung und den Platzverweis, die nur ein Gebot, aber **keinerlei Vollzugselemente** aufweisen. Wird im Zusammenhang mit diesen Standardmaßnahmen der entgegenstehende Wille des Betroffenen überwunden, so ist die Zulässigkeit des Zwangseinsatzes stets anhand des Verwaltungsvollstreckungsrechts zu untersuchen.[251] Das Wegtragen der Demonstrationsteilnehmer ist daher nicht nur unselbstständiger Teil des Platzverweises, sondern als selbstständige Maßnahme des Verwaltungszwangs anzusehen. **Rechtsgrundlage** ist damit die Vorschrift über die **Anwendung unmittelbaren Zwangs**. Hier erfolgte die Vollstreckung durch die Bundespolizei als Bundesbehörde (§ 1 BPolG), sodass auf § 12 VwVG i.V.m. den Vorschriften des UZwG abzustellen ist.

210 II. **Formelle Rechtmäßigkeit**

1. **Zuständig** als **Vollzugsbehörde** ist gemäß § 7 Abs. 1 VwVG die Behörde, die den zu vollstreckenden VA erlassen hat. Dies ist hier die handelnde Bundespolizeibehörde (§ 57 BPolG). Die spezielle Zuständigkeit für die Anwendung unmittelbaren Zwangs ergibt sich aus § 6 Nr. 1 UZwG i.V.m. § 1 BPolBG (Sartorius 200).
2. Von der **Anhörung** kann bei Vollstreckungsmaßnahmen nach § 28 Abs. 2 Nr. 5 VwVfG abgesehen werden.

III. **Materielle Rechtmäßigkeit**

211 1. Im **gestreckten Verfahren** nach § 6 Abs. 1 VwVG ist der Verwaltungszwang nur rechtmäßig zur Durchsetzung eines vollstreckbaren GrundVA.

a) Ein **GrundVA** liegt in Form des Platzverweises nach § 38 BPolG vor. Dieser enthält das Gebot, sich zu entfernen, ist also ein VA auf Vornahme einer Handlung.

212 b) Der GrundVA darf nur dann zwangsweise durchgesetzt werden, wenn er **vollstreckbar** ist. Vollstreckbar ist der Platzverweis nach § 6 Abs. 1 VwVG nur, wenn er unanfechtbar ist oder Rechtsmittel gemäß § 80 Abs. 2 VwGO keine aufschiebende Wirkung entfalten.

aa) Da hier die Monatsfrist für die Erhebung des Widerspruchs (§ 70 Abs. 1 VwGO) noch nicht abgelaufen war, war der Platzverweis im Zeitpunkt der Vollziehung noch **nicht unanfechtbar**. Die Vollstreckbarkeit könnte sich jedoch daraus ergeben, dass die aufschiebende Wirkung nach § 80 Abs. 2 S. 1 Nr. 2 VwGO ausgeschlossen ist. Zwar handelt es sich bei den Beamten der Bundespolizei um „Polizeivollzugsbeamte". Der Ausschluss der aufschiebenden Wirkung gilt jedoch nur für **unaufschiebbare Maßnahmen**, insbes. für eilbedürftige Gefahrenabwehrmaßnahmen.[252] Das sofortige Einschreiten muss in jedem Fall erforderlich sein. Davon kann angesichts der zuvor verstrichenen Zeitdauer von mehreren Monaten seit der „Besetzung" nicht ausgegangen werden. Auch eine Anordnung der sofortigen Vollziehung (§ 80 Abs. 2 S. 1 Nr. 4 VwGO) ist nicht erfolgt.

---

251 Puttler JA 2001, 669, 672; Seidl/Bartsch Jura 2011, 297, 300; Muckel JA 2012, 272, 274.

252 VG Frankfurt NVwZ 1990, 1100, 1101; Schoch VwGO § 80 Rn. 148; Finkelnburg/Dombert/Külpmann Rn. 700; Pietzner/Ronellenfitsch § 54 Rn. 14.

bb) Allerdings hatte K im Zeitpunkt der Räumung noch gar **keinen Rechtsbehelf** erhoben, der aufschiebende Wirkung entfalten konnte. Deshalb wird zum Teil angenommen, dass es in diesen Fällen für die Vollstreckbarkeit ausreicht, wenn ein **wirksamer GrundVA** vorliegt.[253] Begründet wird dies mit Hilfe eines Umkehrschlusses aus § 80 Abs. 1 VwGO: Wenn erst die Einlegung eines Rechtsbehelfs die aufschiebende Wirkung herbeiführt und Vollstreckungsmaßnahmen ausschließt, so müssten vor Einlegung des Rechtsbehelfs Vollstreckungsmaßnahmen zulässig sein. Der VA werde mit seinem Erlass wirksam (§ 43 Abs. 1 VwVfG), müsse vom Adressaten beachtet werden und dürfe deshalb von der Behörde auch zwangsweise durchgesetzt werden. **213**

Die Behörde vollstrecke in diesen Fällen auf **eigenes Risiko**. Wird innerhalb der Rechtsbehelfsfrist Widerspruch bzw. Klage erhoben, so wirkt die aufschiebende Wirkung zurück und entzieht bereits getroffenen Vollstreckungsmaßnahmen die Grundlage.[254]

Bei einer solchen Betrachtungsweise wird jedoch zu einseitig von den Rechtsbehelfen der VwGO ausgegangen, ohne die vollstreckungsrechtlichen **Spezialregelungen** zu beachten. § 6 Abs. 1 VwVG knüpft hinsichtlich der Vollstreckbarkeit ausdrücklich an außerhalb des § 80 VwGO liegende Voraussetzungen an und verlangt für die Vollstreckbarkeit die Unanfechtbarkeit oder die sofortige Vollziehbarkeit. Dies beinhaltet auch keinen Widerspruch zu § 80 Abs. 1 VwGO, der nur regelt, wann nicht vollstreckt werden darf, während § 6 Abs. 1 VwGO positiv regelt, wann vollstreckt werden darf. Solange Rechtsbehelfe mit aufschiebender Wirkung möglich sind, muss mit ihrer Einlegung gerechnet werden. Die Vollstreckung ist dann rechtswidrig, unabhängig davon, ob ein Rechtsbehelf bereits eingelegt worden ist.[255] **214**

Somit bleibt es dabei, dass der Platzverweis mangels Anordnung der sofortigen Vollziehung vor Ablauf der Widerspruchsfrist noch nicht vollziehbar war. Im gestreckten Verfahren nach § 6 Abs. 1 VwVG ist die Vollstreckungsmaßnahme daher nicht rechtmäßig.

2. Die Maßnahme könnte als **Sofortvollzug** nach § 6 Abs. 2 VwVG zulässig sein.

a) Die Vorschrift regelt unmittelbar nur den Fall, dass überhaupt **keine Grundverfügung** vorliegt („ohne vorausgehenden Verwaltungsakt"). Die Vorschrift greift jedoch nach herrschendem Verständnis auch ein, wenn ein GrundVA vorhanden ist, das gestreckte Vollstreckungsverfahren aber aus einem anderen Grunde scheitert. Denn wenn die Behörde sogar ohne VA vollstrecken darf, darf sie einen vorhandenen VA erst recht vollstrecken.[256] **215**

---

253 OVG NRW VerwRspr 25, 277, 279 f.; Redeker/vOertzen VwGO § 80 Rn. 7; Schoch VwGO § 80 Rn. 118; wohl auch Kopp/Schenke VwGO § 80 Rn. 53.

254 Vgl. Schoch VwGO § 80 Rn. 118; VGH Mannheim VBlBW 1983, 21, 22: Widerspruch gegen eine Abrissverfügung nach Androhung des Zwangsgeldes; VG Münster GewArch 1982, 373: Anfechtung einer Ordnungsverfügung nach erfolgtem Einsatz von Zwangsmitteln.

255 Engelhardt/App VwVG § 6 Rn. 3; Sadler VwVG § 6 Rn. 115; im Ergebnis auch OVG NRW NVwZ-RR 1990, 446.

256 OVG NRW NJW 1982, 2277; Sadler VwVG § 6 Rn. 287 ff.; Maurer § 20 Rn. 27; Horn Jura 2004, 597, 599; Dietlein/Burgi/Hellermann Rn. 256.

216 Der Sofort-Vollzug greift daher ein,

- wenn ein **GrundVA völlig fehlt**,

  Anders in den Ländern, in denen der Sofort-Vollzug (wie in Baden-Württemberg, Hamburg und Sachsen) nicht geregelt ist und im Rahmen der sog. vereinfachten Vollstreckung lediglich auf die Vollziehbarkeit des VA bzw. die Androhung verzichtet wird. Fehlt der GrundVA, kann dann allerdings eine unmittelbare Ausführung vorliegen (vgl. dazu Rn. 203).

- ein VA zwar vorhanden, aber (noch) **nicht vollstreckbar** ist[257]
- oder wenn im gestreckten Verfahren die erforderliche **Androhung** oder ggf. die **Festsetzung fehlt**.

  In den Ländern, in denen der Sofort-Vollzug nicht geregelt ist (s.o.), wird im Rahmen der sog. vereinfachten Vollstreckung auf die Androhung verzichtet. Die Festsetzung ist landesrechtlich zumeist ohnehin nicht erforderlich (s.u. Rn. 243).

217 b) **Voraussetzung** für den Sofort-Vollzug ist nach § 6 Abs. 2 VwVG, dass er zur Abwendung einer **drohenden Gefahr** notwendig ist und die Behörde hierbei **innerhalb ihrer gesetzlichen Befugnisse** handelt.

aa) Eine **drohende** (= gegenwärtige) **Gefahr** ergibt sich aufgrund der andauernden Straftat des Hausfriedensbruchs (§ 123 StGB).

218 bb) **Innerhalb ihrer gesetzlichen Befugnisse** handelt die Behörde, wenn sie berechtigt gewesen wäre, einen GrundVA zu erlassen, mit dem der Betroffene zu der Handlung, Duldung oder Unterlassung hätte verpflichtet werden können, den durch den Sofortvollzug erstrebten Erfolg herbeizuführen.[258] Beim Tatbestandsmerkmal „innerhalb ihrer Befugnisse" ist daher inzident die **Rechtmäßigkeit einer fiktiven Grundverfügung** zu prüfen (auch hypothetischer GrundVA).

Beispiel: Wird ein Fahrzeug ohne Vorliegen eines Verstoßes gegen ein Verkehrszeichen abgeschleppt, handelt die Behörde innerhalb ihrer gesetzlichen Befugnisse, wenn sie ein (fiktives) Wegfahrgebot rechtmäßigerweise hätte erlassen können (z.B. wegen Gefährdung anderer Verkehrsteilnehmer).[259]

219 Soweit der Sofortvollzug wie hier auch bei **Vorliegen eines GrundVA** eingreift, ist umstritten, ob dann auf diesen vorhandenen VA oder auf die gesetzliche Rechtslage abzustellen ist.

220 (1) Teilweise wird die Ansicht vertreten, eine **bereits erlassene Grundverfügung** mache die im Rahmen des Sofortvollzugs notwendige Prüfung, ob die Behörde innerhalb ihrer Befugnisse gehandelt hat, überflüssig.[260] Dies würde bedeuten, dass der Betroffene, solange die Grundverfügung Bestand hat, nicht geltend machen könnte, die Behörde habe nicht im Rahmen ihrer Befugnisse gehandelt.

---

257 Vgl. hierzu auch § 72 Abs. 1 Hess VwVG, § 80 Abs. 2 SOG MV, § 229 Abs. 2 LVwG SH, § 54 ThürVwZVG.

258 Vgl. OVG NRW NWVBl. 2008, 398; Beljin/Micker JuS 2003, 556, 561; Horn Jura 2004, 597, 599; Durner JA 2009, 476, 477.

259 Vgl. VGH Mannheim, Urt. v. 16.12.2009 – 1 S 3263/08, RÜ 2010, 258, 261 f.

260 Dietlein/Burgi/Hellermann § 3 Rn. 256.

Nach dieser Auffassung ist der Sofortvollzug allein aufgrund des erlassenen, wirksamen Platzverweises rechtmäßig.

(2) Die h.M. geht demgegenüber davon aus, dass sich im Falle des **Übergangs vom gestreckten Verfahren zum Sofortvollzug** der Umfang der behördlichen Befugnisse nicht mehr nach dem vorangegangenen GrundVA, sondern **allein nach dem Gesetz** beurteilt.[261] Danach ist inzident zu prüfen, ob die Behörde einen Platzverweis anordnen durfte. **221**

(a) Nach § 3 Abs. 1 BPolG hat die Bundespolizei die **Aufgabe**, auf dem Gebiet der Bahnanlagen der Eisenbahnen des Bundes Gefahren für die öffentliche Sicherheit oder Ordnung abzuwehren, die den Benutzern, den Anlagen oder dem Betrieb der Bahn drohen oder beim Betrieb der Bahn entstehen oder von de Bahnanlagen ausgehen. Voraussetzung für die **Zuständigkeit der Bundespolizei** ist demnach, dass sich der Einsatzort auf dem Gebiet der Bahnanlagen der Eisenbahnen des Bundes befindet. **222**

Bahnanlagen sind alle Grundstücke, Bauwerke und Einrichtungen der Bahn, die unter Berücksichtigung der örtlichen Verhältnisse zur Abwicklung oder Sicherung des Reise- oder Güterverkehrs auf der Schiene erforderlich sind.

Das „Friedenscamp" befand sich unmittelbar im Eingangsbereich in der Bahnhofshalle, die dem Zugang zu den Bahnanlagen dient.[262] Die Bundespolizei war daher nach § 3 Abs. 1 BPolG zuständig.

Gegenbeispiel: Keine Zuständigkeit der Bahnpolizei für Maßnahmen auf dem Bahnhofsvorplatz, der nicht nur dem Bahnverkehr, sondern auch dem Allgemeinverkehr dient.[263]

(b) Nach **§ 38 BPolG** kann die Bundespolizei zur Abwehr einer Gefahr eine Person vorübergehend von einem Ort verweisen (Platzverweis). Nach § 14 Abs. 2 S. 1 BPolG ist Gefahr eine im Einzelfall bestehende Gefahr für die öffentliche Sicherheit oder Ordnung. Hier wurde durch das „Friedenscamp" der Zugang zu verschiedenen Versorgungseinrichtungen behindert, sodass eine **Gefahr für die öffentliche Sicherheit** (Funktionsfähigkeit der Bahnanlagen) vorlag. **223**

(c) Sonstige Bedenken (insbes. Ermessen, Verhältnismäßigkeit) gegen die Rechtmäßigkeit des Platzverweises bestehen nicht, sodass die Polizei auch nach dieser Auffassung **innerhalb ihrer Befugnisse** gehandelt hat. Einer Streitentscheidung bedarf es daher nicht. **224**

Zu unterschiedlichen Ergebnissen kommen die o.g. Auffassungen nur, wenn der erlassene GrundVA rechtswidrig ist. Während der VA nach der ersten Ansicht gleichwohl Grundlage für den Sofortvollzug sein kann, solange er nicht aufgehoben ist, ist der Sofortvollzug nach der Gegenansicht rechtswidrig, wenn der Be-

261 Pieroth/Schlink/Kniesel POR § 24 Rn. 38; Frings/Spahlholz, Gefahrenabwehr, Rn. 577; Wolffgang/Hendricks/Merz, Gefahrenabwehr, Rn. 536.

262 Vgl. OVG Koblenz, Urt. v. 27.03.2014 – 7 A 10993/13.OVG, LKRZ 2014, 363

263 BVerwG, Urt. v. 28.05.2014 – BVerwG 6 C 4.13, NVwZ 2015, 91 gegen OVG Koblenz, Urt. v. 24.01.2013 – 7 A 10816/12.OVG mit Anm. Waldhoff JuS 2014, 191; vgl. auch VG Koblenz, Urt. v. 23.10.2014 – 1 K 294/14 mit Anm. Wagner DVBl. 2015, 453.

hörde keine gesetzliche Befugnis zusteht. Dafür spricht, dass der Sofortvollzug nur rechtmäßig sein kann, wenn die Behörde innerhalb ihrer „gesetzlichen" Befugnisse handelt. Etwas anderes gilt nur dann, wenn der GrundVA im Zeitpunkt des Übergangs zum Sofortvollzug bereits unanfechtbar war. Denn dann steht fest, dass sich ein mit der unanfechtbaren Grundverfügung deckungsgleicher Sofortvollzug im Rahmen der behördlichen Befugnisse hält.

225 cc) Schließlich muss der Sofortvollzug **notwendig** sein, d.h. er ist nur rechtmäßig, wenn die Gefahr nicht durch eine andere, weniger belastende Maßnahme hätte beseitigt werden können. An der Notwendigkeit des Sofortvollzugs fehlt es insbes., wenn zur Durchsetzung ein gestrecktes Verfahren ausgereicht hätte.[264]

Die Prüfung der Notwendigkeit des Sofortvollzugs wird im Fallaufbau unterschiedlich gehandhabt. Teilweise wird sie – wie hier – bereits bei den Voraussetzungen des Sofortvollzugs erörtert, teilweise erst im Rahmen der Verhältnismäßigkeit der Zwangsanwendung (dazu unten Rn. 247 ff.).

Diese Notwendigkeit ist hier nicht feststellbar. Nachdem die Behörde mehrere Monate abgewartet hatte, bis sie eingeschritten ist, war es nicht erforderlich, den Platzverweis umgehend zu vollstrecken, zumal die Behörde auf eine Anordnung der sofortigen Vollziehung (§ 80 Abs. 2 S. 1 Nr. 4 VwGO) verzichtet hat. Die zwangsweise Durchsetzung des Platzverweises war daher **rechtswidrig**.

---

2. Das Vollstreckungsverfahren

Liegen die Vollstreckungsvoraussetzungen vor, ist der Verwaltungszwang nur rechtmäßig, wenn auch das Vollstreckungsverfahren ordnungsgemäß durchgeführt worden ist.

Aufbauschema: Ordnungsgemäßes Vollstreckungsverfahren
■ **richtiges Zwangsmittel** (§§ 9 ff. VwVG)
■ **Androhung** (§ 13 VwVG)
■ ggf. **Festsetzung** (§ 14 VwVG)
■ **ordnungsgemäße Anwendung** (§ 15 VwVG), insb. Verhältnismäßigkeit

a) Richtiges Zwangsmittel

226 Grundlegende materielle Voraussetzung ist, dass die Behörde das **richtige Zwangsmittel** gewählt hat. Als Zwangsmittel kommen nach § 9 Abs. 1 VwVG in Betracht:

- die **Ersatzvornahme**,
- das **Zwangsgeld** und
- (als ultima ratio) der **unmittelbare Zwang**.

---

264 OVG NRW, Beschl. v. 09.04.2008 – 11 A 1386/05, RÜ 2008, 660, 661; OVG Lüneburg, Beschl. v. 08.06.2012 – 13 LB 20/12: Sofortvollzug auch möglich, wenn Vorgehen im gestreckten Verfahren aussichtslos gewesen wäre.

Andere Formen der Zwangsausübung sind unzulässig; es gilt der „numerus clausus" der Zwangsmittel.[265] Die landesrechtlichen Regelungen sind weitgehend identisch, führen die Ersatzzwangshaft (vgl. § 16 VwVG) jedoch zum Teil als selbstständiges Zwangsmittel auf (z.B. Art. 29 Abs. 2 Nr. 3 BayVwZVG; vgl. auch die sog. Erzwingungshaft nach § 16 Hmb VwVG, § 28 SVwVG). Teilweise sind besondere Formen des unmittelbaren Zwangs ausdrücklich geregelt (z.B. ärztliche Zwangsmaßnahmen, § 18 a HmbSOG; Zwangsräumung, vgl. z.B. § 18 HmbVwVG, § 62 a VwVG NRW, § 24 SVwVG, § 53 ThürVwZVG).

aa) Ersatzvornahme

Die **Ersatzvornahme** ist das Zwangsmittel zur Durchsetzung einer **vertretbaren Handlung**. Sie kann durch einen Dritten (sog. Fremdvornahme, § 10 VwVG), nach den meisten Landesgesetzen aber auch durch die Behörde selbst durchgeführt werden (sog. Selbstvornahme). Nach dem Bundesrecht ist die Selbstvornahme dagegen ein Unterfall des unmittelbaren Zwangs (§ 12 VwVG). 227

Beispiele: Beseitigung eines baurechtswidrigen Gebäudes durch einen Abbruchunternehmer, behördliche Veranlassung einer Notbestattung durch einen Bestattungsunternehmer.[266]

Da die Ersatzvornahme ggf. eine Zwangseinwirkung auf Sachen beinhaltet, kann die **Abgrenzung zum unmittelbaren Zwang** problematisch sein. Nach h.M. liegt eine Ersatzvornahme nur vor, wenn die behördliche Maßnahme mit der Handlung übereinstimmt, die der Pflichtige vorgenommen hätte, d.h. es muss nicht nur der Erfolg, sondern auch die Art und Weise der Zwangsanwendung mit der dem Pflichtigen obliegenden Handlung identisch sein **(Identitätstheorie)**.[267] 228

Beispiel: Das Aufbrechen einer Tür ist keine Ersatzvornahme, sondern unmittelbarer Zwang, da hierdurch ein Schaden eintritt, der bei der Öffnung durch den Pflichtigen nicht eingetreten wäre.[268] Die Gegenansicht stellt nicht auf die Handlung, sondern den herbeizuführenden Erfolg ab und differenziert danach, ob die Gewaltanwendung den Erfolg unmittelbar herbeiführt (dann Ersatzvornahme) oder ob die Gewaltanwendung nur die Voraussetzung für ein weiteres Handeln schafft, durch das der Zweck erst erreicht wird (dann unmittelbarer Zwang).[269]

bb) Zwangsgeld

Durch das **Zwangsgeld** soll psychischer Druck auf den Pflichtigen ausgeübt und dieser zu dem geschuldeten Verhalten veranlasst werden.[270] Es kommt i.d.R. bei **unvertretbaren Handlungen** in Betracht, also solchen, die nur von dem Betroffenen persönlich vorgenommen werden können. Duldungen und Unterlassungen sind stets unvertretbar und können daher nur mittels Zwangsgeld durchgesetzt werden (§ 11 Abs. 2 VwVG). Bei vertretbaren Handlungen kann das Zwangsgeld verhängt werden, wenn die Ersatzvornahme untunlich ist (§ 11 Abs. 1 S. 2 VwVG). 229

---

265 App JuS 2004, 786, 787; Erichsen/Ruffert § 26 Rn. 9.

266 OVG SH, Urt. v. 27.04.2015 – 2 LB 27/14; OVG NRW, Urt. v. 30.07.2009 – 19 A 448/07, NWVBl. 2010, 186, 187; VG Magdeburg, Urt. v. 26.08.2014 – 9 A 317/13; VG Weimar, Urt. v. 27.11.2013 – 3 K 463/12, LKV 2014, 189; abweichend OVG Lüneburg NordÖR 2012, 146, 147; anders HessVGH LKRZ 2012, 56 (unmittelbare Ausführung); allgemein Stelkens/Seifert DVBl. 2008, 1537 ff.

267 BayVGH, Urt. v. 17.04.2008– 10 B 07.219 mit Anm. Durner JA 2009, 911, 912; Horn Jura 2004, 447, 451; Linke NWVBl. 2007, 451, 453; Ruffert in: Erichsen/Ehlers § 27 Rn. 12; Rachor in Lisken/Denninger, Polizeirecht, E Rn. 827.

268 BayVGH, Urt. v. 17.04.2008– 10 B 07.219; Pieroth/Schlink/Kniesel § 24 Rn. 14; Seidl/Bartsch Jura 2011, 297, 299.

269 Würtenberger/Heckmann, Polizeirecht BW, Rn. 781 f.; Ehlers/Fehling/Pünder, Besonderes Verwaltungsrecht 3, Rn. 403; noch anders Muckel JA 2012, 272, 278, der darauf abstellt, ob eine selbstständige Zwangseinwirkung auf den Willen des Betroffenen erfolgt.

270 Vgl. OVG NRW, Beschl. v. 15.08.2013 – 2 A 740/13, NVwZ-RR 2014, 372.

Dies gilt insbes. dann, wenn der Pflichtige außerstande ist, die Kosten der Ersatzvornahme zu tragen. Das Landesrecht kennt diese Einschränkung zumeist nicht. Hier kann nach Ermessen auch bei vertretbaren Handlungen anstelle der Ersatzvornahme ein Zwangsgeld angedroht werden.[271]

230 Einen Sonderfall der unvertretbaren Handlung bildet die **Abgabe einer Erklärung**. Einige Länder haben eine dem § 894 ZPO vergleichbare Regelung getroffen, wonach eine vom Pflichtigen abzugebende Willenserklärung mit Unanfechtbarkeit der Grundverfügung als abgegeben gilt (vgl. § 20 HmbVwVG, § 26 SVwVG, § 24 a SächsVwVG). Fehlt eine solche Spezialregelung, lässt sich ein VA, der auf die Abgabe einer Erklärung gerichtet ist (z.B. Erteilung einer Auskunft), nur durch **Zwangsgeld** durchsetzen.[272]

cc) Unmittelbarer Zwang

231 **Unmittelbarer Zwang** (§ 12 VwVG) ist die Einwirkung auf Personen oder Sachen durch körperliche Gewalt, Hilfsmittel und durch Waffen (§ 2 Abs. 1 UZwG).

Beispiele: Wegtragen von Demonstrationsteilnehmern, Eintreten einer Wohnungstür, Zwangsräumung (besonders geregelt z.B. in § 62 a VwVG NRW), ärztliche Zwangsmaßnahmen (besonders geregelt z.B. in § 18 a Hmb SOG), Einsatz von Wasserwerfern, Fesseln und Waffen (vgl. i.E. § 2 Abs. 2–4 UZwG).

232 Unmittelbarer Zwang darf als **ultima ratio** nur angewendet werden, wenn die anderen Zwangsmittel nicht in Betracht kommen, keinen Erfolg versprechen oder unzweckmäßig sind (§ 12 VwVG). Besondere Voraussetzungen bestehen für die Fesselung von Personen, den Gebrauch von Schusswaffen oder Sprengstoff (§§ 8 ff. UZwG).

b) Vollstreckungsakte

233 Das **gestreckte Vollstreckungsverfahren** (§ 6 Abs. 1 VwVG) gliedert sich grds. in drei Abschnitte:

- **Androhung** (§ 13 VwVG),
- **Festsetzung** (§ 14 VwVG) und
- **Anwendung** des Zwangsmittels (§ 15 VwVG).

aa) Androhung

Androhung (§ 13 VwVG)

- grds. **schriftlich**
  - verbunden mit dem GrundVA (§ 13 Abs. 2 VwVG) oder
  - als selbstständiger Bescheid
- **bestimmtes Zwangsmittel**
  - bei Ersatzvornahme: Kostenvoranschlag, § 13 Abs. 4 VwVG
  - bei Zwangsgeld: bestimmte Höhe, § 13 Abs. 5 VwVG
- **angemessene Frist**, § 13 Abs. 1 S. 2 VwVG

271 Erichsen/Rauschenberg Jura 1998, 31, 35 m.w.N.

272 Engelhardt/App VwVG Vorb § 6 Rn. 6; Sadler VwVG § 11 Rn. 3; ausführlich Linke NVwZ 2005, 535 ff.

Nach § 13 Abs. 1 S. 1 VwVG müssen Zwangsmittel **schriftlich** angedroht werden (Ausn. § 13 Abs. 1 UZwG: beim Schusswaffengebrauch genügt als Androhung die Abgabe eines Warnschusses). Die Androhung ist das **Kernstück des Verwaltungszwangs**. Durch sie soll auf den Betroffenen eingewirkt und dessen Widerstand überwunden werden, damit dieser z.B. die gebotene Handlung doch noch selbst vornimmt. **Keine Androhung** ist erforderlich beim **Sofortvollzug** (§ 6 Abs. 2 VwVG), nach dem Landesrecht zumeist auch dann, wenn die Umstände eine Androhung nicht zulassen. **234**

Im Landesrecht existieren weitgehend identische Vorschriften (vgl. z.B. Art. 36 BayVwZVG, § 20 LVwVG BW, § 69 HessVwVG, § 63 VwVG NRW, § 66 LVwVG RP, § 20 SächsVwVG). In Hamburg ist nach § 8 Abs. 1 HmbVwVG anstelle einer Androhung neben der Fristsetzung der „Hinweis" erforderlich, dass die zulässigen Zwangsmittel angewendet werden können. Fristsetzung und Hinweis können mit dem VA verbunden werden (§ 8 Abs. 2 HmbVwVG). **235**

Die Androhung muss **gegenüber dem Pflichtigen** ergehen. **236**

Beispiel: Gegenüber E ist eine bauordnungsrechtliche Beseitigungsverfügung mit Zwangsgeldandrohung erlassen worden. Nach dem Tod des E will die Behörde das Zwangsgeld gegen den Erben B festsetzen. – Zwar ist anerkannt, dass die Verpflichtung aus dem GrundVA jedenfalls bei der Zustandshaftung auf den Rechtsnachfolger übergeht.[273] Dies gilt jedoch nicht für die Zwangsmittelandrohung. Aufgrund des Beugecharakters handelt es sich bei der Androhung um einen höchstpersönlichen VA, der nicht nachfolgefähig ist. Die Behörde darf erst vollstrecken, wenn sie gegenüber dem Rechtsnachfolger eine (erneute) Zwangsgeldandrohung erlassen hat.[274]

Die Androhung ist ein **selbstständiger VA**, da sie regelnd über die Art des Zwangsmittels und den Zwangsmitteleinsatz entscheidet.[275] Rechtsbehelfe haben gemäß § 80 Abs. 2 S. 1 Nr. 3 VwGO i.V.m. Landesrecht i.d.R. **keine aufschiebende Wirkung**.[276] **237**

Die Androhung muss sich auf ein **bestimmtes Zwangsmittel** beziehen (§ 13 Abs. 3 VwVG). Bundesrechtlich unzulässig ist daher z.B. die gleichzeitige Androhung mehrerer Zwangsmittel oder eine Androhung, mit der sich die Behörde die Wahl zwischen mehreren Zwangsmitteln vorbehält (§ 13 Abs. 3 S. 2 VwVG). Landesrechtlich ist zum Teil die Androhung mehrerer Zwangsmittel zulässig, wenn angegeben wird, in welcher Reihenfolge sie angewendet werden sollen.[277] **238**

Umstritten ist, ob (insb. bei Unterlassungsgeboten) eine Androhung **„für jeden Fall der Zuwiderhandlung"** zulässig ist.[278] Nach Bundesrecht ist dies unzulässig, da nach 13 Abs. 6 S. 2 VwVG eine neue Androhung erst zulässig ist, wenn das zunächst angedrohte Zwangsmittel erfolglos bleibt. Hierdurch soll eine für den Pflichtigen unabsehbare Kummulation von Zwangsmitteln verhindert werden.[279] Landesrechtlich ist eine solche Form der Androhung bei Duldungs- und Unterlassungsverpflichtungen dagegen teilweise ausdrücklich vorgesehen.[280] **239**

---

273 Vgl. BVerwG, Urt. v. 10.01.2012 – BVerwG 7 C 6.11, RÜ 2013, 249, 252; HessVGH, Beschl. v. 01.12.2014 – 3 B 1633/14, NVwZ-RR 2015, 270.

274 BVerwG, Urt. v. 10.01.2012 – BVerwG 7 C 6.11, RÜ 2013, 249, 252; OLG Düsseldorf RdE 2010, 32, 35; Dünchheim NWVBl. 2004, 2002, 208; abweichend Horn Jura 2004, 447, 452; vgl. auch die Spezialregelung in § 8 Abs. 3 HmbVwVG.

275 BVerwGE 82, 243, 246; OVG Lüneburg, Beschl. v. 02.02.2015 – 4 LA 245/13, RÜ 2015, 457, 460; Dünchheim NWVBl. 2004, 202, 203; Horn Jura 2004, 597, 600 m.w.N.

276 Vgl. z.B. Art. 21a S. 1 BayVwZVG, § 12 S. 1 LVwVG BW, § 4 Abs. 1 S. 1 AGVwGO Bln, § 29 Abs. 1 Hmb VwVG, § 16 S. 1 Hess AGVwGO, § 64 Abs. 4 S. 1 Nds SOG, § 112 S. 1 JustG NRW; § 11 S. 1 SächsVwVG, § 20 S. 1 Saarl AGVwGO,§ 248 Abs. 1 S. 2 LVwG SH.

277 Vgl. z.B. § 20 Abs. 3 S. 2 LVwVG BW, § 28 Abs. 3 S. 2 VwVG Bbg, § 87 Abs. 4 S. 2 SOG M-V, § 70 Abs. 3 S. 2 Nds SOG, § 63 Abs. 3 S. 2 VwVG NRW, § 20 Abs. 3 S. 2 SächsVwVG, § 59 Abs. 3 S. 2 SOG LSA, § 236 Abs. 4 S. 2 LVwG SH.

278 Vgl. Dünchheim NWVBl. 2004, 202, 206; Weber DVBl. 2012, 1130, 1131.

279 BVerwG DVBl. 1998, 230, 231; Brühl JuS 1997, 926, 931 m.w.N.; ebenso VGH Mannheim NVwZ-RR 2003, 238, 244 zu §§ 19, 20 LVwVG BW; App JuS 2004, 786, 790; Ruffert in Erichsen/Ehlers § 27 Rn. 20.

280 § 17 Abs. 6 S. 2 Brem VwVG; § 62 Abs. 3 S. 2 VwVG RP; §§ 65 Abs. 3, 70 Abs. 3 S. 2 Nds SOG; ebenso § 57 Abs. 3 S. 2 VwVG NRW, § 51 Abs. 3 S. 2 PolG NRW für die Festsetzung; dazu OVG NRW, Beschl. v. 20.01.2012 – 4 B 1425/11.

240 ■ Bei Androhung einer **Ersatzvornahme** sind nach § 13 Abs. 4 VwVG die anfallenden Kosten vorläufig zu veranschlagen.[281]

241 ■ Ein **Zwangsgeld** ist in bestimmter Höhe anzudrohen (§ 13 Abs. 5 VwVG); die Angabe eines Höchstbetrags genügt nicht.[282] Die Höhe des Zwangsgeldes richtet sich nach den Umständen des Einzelfalls, insbes. der Dringlichkeit und Bedeutung der Angelegenheit und des bisherigen Verhaltens des Pflichtigen.[283]

242 In der Androhung ist dem Pflichtigen für die Erfüllung der Verpflichtung eine **angemessene Frist** zu bestimmen (§ 13 Abs. 1 S. 2 VwVG). Eine Frist braucht nicht bestimmt zu werden, wenn eine Duldung oder Unterlassung erzwungen werden soll, denn hierfür benötigt der Betroffene keine Frist.[284]

Die Angemessenheit der Frist richtet sich nach den Umständen des Einzelfalls. Die Frist ist so zu bemessen, dass es dem Adressaten möglich und zumutbar ist, seine Verpflichtung bis zu ihrem Ablauf zu erfüllen.[285] Eine Fristsetzung auf „sofort" ist nur angemessen, wenn die sofortige Durchsetzung der Grundverfügung zur Gefahrenabwehr unabweisbar notwendig ist, z.B. Anordnung, einen gefährlichen Hund ab sofort in der Öffentlichkeit an der Leine zu führen.[286]

bb) Festsetzung

243 Die **Festsetzung** ist die Anordnung der Vollzugsbehörde, dass das angedrohte Zwangsmittel nunmehr angewendet werden soll.[287] Eine generelle Festsetzung ist nur im **Bundesrecht** (§ 14 VwVG) sowie in **Berlin** und **NRW** vorgesehen. Die anderen Länder kennen eine Festsetzung nur beim Zwangsgeld.[288]

Berlin: § 5 a S. 1 VwVfG Bln i.V.m. § 14 VwVG; **Nordrhein-Westfalen:** § 64 VwVG NRW. In **Bayern** bedarf es nach Art. 31 Abs. 3 S. 2 BayVwZVG nicht einmal beim Zwangsgeld einer Festsetzung, da bereits die Androhung einen – durch fruchtlosen Fristablauf bedingter – Leistungsbescheid darstellt[289] (ähnlich § 14 Abs. 2 S. 2 HmbVwVG, § 20 Abs. 2 S. 1 SVwVG).

244 Ist die Festsetzung – wie in den meisten Ländern – gesetzlich nicht vorgesehen, kann die Behörde eine solche gleichwohl **(fakultativ)** vornehmen. **Ermächtigungsgrundlage** für die Festsetzung ist dann die die Anwendung des Zwangsmittels regelnde Vorschrift. Die Festsetzung stellt ein Minus gegenüber der möglichen Anwendung dar und wird somit von der Ermächtigung zur Anwendung des Zwangsmittels mitumfasst.[290]

245 Die **Festsetzung entfällt** im Fall des Sofortvollzuges (§ 14 S. 2 VwVG, § 64 S. 2 VwVG NRW). Außerdem kann die Festsetzung ausnahmsweise **entbehrlich** sein, wenn sie eine bloße Förmelei wäre, weil der Adressat den GrundVA erkennbar nicht befolgen will.[291]

---

281 Vgl. dazu BVerwG NJW 1984, 2591, 2593; VGH Kassel NVwZ-RR 2004, 524.

282 OLG Düsseldorf RdE 2010, 32, 34.

283 Sadler VwVG § 11 Rn. 34; Weber DVBl. 2012, 1130, 1132.

284 App JuS 2004, 786, 790; Horn Jura 2004, 597, 597 und ausdrücklich z.B. § 63 Abs. 1 S. 2 Hs. 2 VwVG NRW; anders OVG Bln-Bbg, Beschl. v. 11.08.2014 – OVG 10 S 8.13, NVwZ-RR 2015, 90.

285 Engelhardt/App VwVG § 13 Rn. 3.

286 VGH Mannheim DVBl. 2009, 853.

287 Engelhardt/App VwVG § 14 Rn. 1; Horn Jura 2004, 597, 598.

288 So jetzt auch § 30 Abs. 3 VwVGBbg.

289 Dazu BayVGH NVwZ-RR 2002, 608, 609; NJW 2000, 3297, 3297 f.; App JuS 2004, 786, 790; Weber DVBl. 2012, 1130, 1130.

290 OVG Koblenz DÖV 1986, 1030.

291 BVerwG NVwZ 1997, 381, 382; Horn Jura 2004, 597, 598; kritisch Dünchheim NVwZ 1997, 350, 351.

Bei der Festsetzung handelt es sich nicht nur um einen verwaltungsinternen Akt, sondern um einen **selbstständigen VA**. Die Regelung i.S.d. § 35 S. 1 VwVfG liegt in der Ankündigung, dass das Zwangsmittel nunmehr angewendet werden kann und vom Pflichtigen geduldet werden muss.[292] **246**

Folge: Ohne Bekanntgabe an den Adressaten liegt keine wirksame Festsetzung vor, sodass das gestreckte Verfahren ausscheidet und nur eine Sofortmaßnahme in Betracht kommt.[293]

Die Gegenansicht verweist darauf, dass bei der Ersatzvornahme die Entscheidung über die Beauftragung des Dritten **rein verwaltungsintern** erfolge. Mangels Außenwirkung liege daher kein VA vor, sodass auch keine gesonderte Bekanntgabe erforderlich sei.[294] Dagegen spricht jedoch, dass auch die Festsetzung Beugecharakter hat und deshalb auf die Rechtsstellung des Betroffenen einwirkt.

cc) Anwendung

Das Vollstreckungsverfahren endet mit der ordnungsgemäßen **Anwendung**, die insbes. verhältnismäßig sein muss (vgl. § 9 Abs. 2 VwVG). Das Zwangsmittel muss der Festsetzung gemäß angewendet werden (§ 15 Abs. 1 VwVG), darf also die Festsetzung (bzw. Androhung) **nicht überschreiten.**[295] **247**

- Bei der **Ersatzvornahme** wird der Dritte beauftragt und dieser führt den Auftrag aus. **248**

  Beispiel: Auf Anordnung der Behörde wird das verkehrswidrig abgestellte Fahrzeug vom Abschleppunternehmer entfernt. Die Bauaufsichtsbehörde beauftragt einen Abbruchunternehmer mit der Beseitigung des baurechtswidrig errichteten Gebäudes.

- Beim **Zwangsgeld** wird der festgesetzte Betrag beim Pflichtigen beigetrieben. **249**

  Ist das Zwangsgeld uneinbringlich, so kann das Verwaltungsgericht auf Antrag der Vollzugsbehörde nach Anhörung des Pflichtigen durch Beschluss **Ersatzzwangshaft** anordnen, wenn bei Androhung des Zwangsgeldes hierauf hingewiesen worden ist (§ 16 Abs. 1 S. 1 VwVG).

- **Unmittelbarer Zwang** wird nach dem UZwG bzw. den Vorschriften des LVwVG ausgeübt. Besondere Vorschriften bestehen vor allem für den Gebrauch von Schusswaffen (vgl. §§ 9 ff. UZwG, §§ 15 ff. UZwGBw). **250**

  Eine besondere Form des unmittelbaren Zwangs ist die **Wegnahme von Sachen**, z.B. um deren Herausgabe durchzusetzen. Teilweise finden sich hier Sonderregelungen im Landesrecht (z.B. **BW:** § 28 LVwVG; **Hamburg:** § 17 HmbVwVG; **Hessen:** § 77 HessVwVG; **Saarland:** § 23 SVwVG; **Thüringen:** § 52 VwZVG). Fehlt eine besondere Regelung, kommt für die Herausgabe als unvertretbare Handlung vorrangig das Zwangsgeld und äußerstenfalls unmittelbarer Zwang in Betracht.[296]

Die Anwendung muss vor allem **verhältnismäßig** sein. Das heißt, der Verwaltungszwang muss nach Art und Ausmaß **geeignet** sein, den Pflichtigen zu dem zu erzwingenden Verhalten zu bewegen. Er muss des Weiteren **erforderlich** sein, es darf also kein milderes Mittel bestehen, das den beabsichtigten Erfolg ebenso gut erreichen könnte (§ 9 Abs. 2 S. 2 VwVG). Vor allem muss der Zwangsmitteleinsatz in einem **angemessenen** Verhältnis zu seinem Zweck stehen (§ 9 Abs. 2 S. 1 VwVG). **251**

---

292 BVerwG NVwZ 1997, 381, 382; OVG Koblenz NVwZ 1994, 715; Pietzner VerwArch 1993, 261, 270; Schoch JuS 1995, 307, 311; Brühl JuS 1997, 926, 927; Horn Jura 2004, 597, 600; Schenke in: Steiner II Rn. 294.

293 BVerwG NVwZ 1997, 381, 382; OVG NRW NVwZ-RR 1998, 155, 156; vgl. auch Engelhardt/App VwVG § 14 Rn. 1.

294 VGH Mannheim VBlBW 1996, 214, 125; VG Dresden DÖV 1994, 184; Rasch DVBl. 1980, 1017, 1022.

295 Engelhardt/App VwVG § 15 Rn. 2; Sadler VwVG § 15 Rn. 14.

296 Erichsen/Rautenberg Jura 1998, 31, 37; Engelhardt/App VwVG § 12 Rn. 3.

Beispiele: Das Abschleppen eines Pkw ist i.d.R. allein aufgrund des verbotswidrigen Verhaltens zulässig, auch wenn eine konkrete Gefährdung des Straßenverkehrs nicht vorliegt.[297] Unverhältnismäßig kann ein Abschleppen aber z.B. bei zeitlich nur geringfügigen Verstößen sein.[298] – Da die Höhe des Zwangsgelds in einem vertretbaren Verhältnis zur Bedeutung der Sache stehen muss, ist es unverhältnismäßig, wenn die Behörde ohne sachlichen Grund ein unangemessen hohes Zwangsgeld verhängt.[299] – Die fehlende Durchsetzbarkeit eines Erstattungsanspruchs macht eine Ersatzvornahme dagegen allein nicht unverhältnismäßig.[300]

252 Umstritten ist, ob die Anwendung des Zwangsmittels (insbes. beim unmittelbaren Zwang) einen eigenen Regelungsgehalt und damit **VA-Qualität** hat.

Bedeutung hat die Frage für den Rechtsschutz. Nur soweit es sich um einen VA handelt, ist eine Anfechtungs- bzw. nach Erledigung Fortsetzungsfeststellungsklage (§ 113 Abs. 1 S. 4 VwGO) statthaft. Handelt es sich lediglich um einen Realakt, kommt nur die allgemeine Feststellungsklage (§ 43 Abs. 1 Alt. 1 VwGO) in Betracht. Für die Frage der Anhörung ist die Einordnung dagegen irrelevant. Selbst wenn ein VA bejaht wird, ist eine Anhörung vor der Zwangsanwendung nach § 28 Abs. 2 Nr. 5 VwVG entbehrlich.

Überwiegend wird davon ausgegangen, dass es sich bei der Anwendung lediglich um einen **Realakt** ohne Regelungswirkung handelt.[301] Die Gegenauffassung sieht in der Zwangsanwendung eine eigenständige Konkretisierung der Belastung, welche sich aus der Pflicht zur Duldung des konkret zur Anwendung gelangenden Zwangs ergibt.[302] Diese Auffassung ist vor allem historisch begründet. Vor Inkrafttreten der VwGO wurde Verwaltungsrechtsschutz nur bei VAen gewährt. Deswegen hat die Rspr. in ein schlichtes Verwaltungshandeln einen VA hinein interpretiert, um den Rechtsweg zu eröffnen. Für eine solche extensive Handhabung des VA-Begriffs besteht seit Inkrafttreten der VwGO, die Rechtsschutz auch gegen Realakte gewährt, kein Bedürfnis mehr.[303] Die **Anwendung** des Verwaltungszwang ist daher – anders als Androhung und Festsetzung – **kein VA,** sondern schlicht hoheitliches Verwaltungshandeln.

253 Klageart ist daher nicht die Anfechtungsklage, sondern die Feststellungsklage (§ 43 Abs. 1 Alt. 1 VwGO). Etwas anderes gilt auf Bundesebene für den **Sofortvollzug** (§ 6 Abs. 2 VwVG), da hiergegen nach § 18 Abs. 2 VwVG die Rechtsmittel zulässig sind, die gegen VAe allgemein gegeben sind (Widerspruch, Anfechtungsklage), der Sofortvollzug also zumindest wie ein VA behandelt wird (ebenso § 46 Abs. 7 S. 4 ThürVwZVG, ähnlich Art. 38 Abs. 2 BayVwZVG für das abgekürzte Verfahren nach Art. 35 BayVwZVG).[304]

Fall 7: Umstürzende Bäume

Auf dem Grundstück des E stand unmittelbar an der Grundstücksgrenze zur öffentlichen Straße eine alte Eiche, die stark ausgehöhlt war. Nachdem ein großer abgestorbener Ast auf die Straße gefallen war, ordnete die zuständige Behörde B mit Verfügung vom 17.08. gegenüber E die Beseitigung des Baumes an. Die Verfügung wurde für sofort vollziehbar erklärt, was mit der erheblichen Gefahr für Leib und Leben der Passanten begründet wurde. Gleichzeitig wurde E die Ersatzvornahme für den Fall angedroht, dass der Baum nicht innerhalb einer Woche beseitigt werde. Die Kosten

---

297 VGH Mannheim NJW 2010, 1898; OVG Hamburg NVwZ-RR 2009, 995, 997 (zur Sicherstellung nach § 14 Abs. 1 S. 2 HmbSOG); Koehl SVR 2014, 98, 102; abweichend BVerwG NJW 2002, 2122 beim Gehwegparken ohne Behinderung.

298 OVG Hamburg NordÖR 2012, 96, 97 f.; VGH Kassel NVwZ-RR 1999, 23, 26; Klüver DVBl. 2011, 1247 ff.

299 Engelhardt/App VwVG § 9 Rn. 3; Sadler VwVG § 9 Rn. 69.

300 OVG Lüneburg NVwZ-RR 2012, 347.

301 Maurer § 20 Rn. 26; Werner JA 2000, 902, 907; Muckel/Ogorek JuS 2010, 57; Seidl/Bartsch Jura 2011, 297, 305.

302 BVerwGE 26, 161, 164; OVG NRW NVwZ-RR 1994, 549, 550; Götz JuS 1985, 869, 870; Rasch DVBl. 1992, 207, 210.

303 Stelkens/Bonk/Sachs VwVfG § 35 Rn. 93 ff.; Sodan/Ziekow VwGO § 42 Rn. 100; Fehling JA 1997, 482, 483.

304 OVG NRW NVwZ-RR 1994, 549, 550; Horn Jura 2004, 597, 600; Engelhardt/App VwVG § 18 Rn. 7; Sadler VwVG § 18 Rn. 10 u. 12: kein VA, aber nachträglich wie ein VA zu behandeln; a.A.Stelkens/Bonk/Sachs VwVfG § 35 Rn. 93 u. 365: § 18 Abs. 2 VwVG und die entsprechenden landesrechtlichen Vorschriften sind durch § 195 Abs. 2 VwGO aufgehoben.

der Maßnahme wurden auf 1.500 € veranschlagt. E sieht sich außerstande, die Kosten zu tragen. Daraufhin beauftragt die Behörde nach Fristablauf die Gartenbaufirma G mit dem Fällen und dem Abtransport des Baumes, was dem E mit Bescheid vom 25.08. mitgeteilt wird. G muss feststellen, dass für das Fällen des Baumes nicht genügend Seitenraum zur Verfügung steht, ohne andere Gebäude zu beschädigen. Daher muss der Baum Stück für Stück mit Hilfe eines Kranwagens abgetragen werden. Hierdurch entstehen Kosten in Höhe von 2.500 €. Mit Bescheid vom 21.09. verlangt die Behörde nunmehr von E Erstattung des an G gezahlten Betrages. Zu Recht?

Hinweis: Das LVwVG entspricht den Regelungen im VwVG des Bundes.

Der Leistungsbescheid findet seine **Rechtsgrundlage** in der den §§ 10, 19 VwVG entsprechenden Regelung des LVwVG (i.V.m der jeweiligen KostO). Danach kann die Behörde die Ersatzvornahme **auf Kosten des Pflichtigen** vornehmen.

A. **Formelle Rechtmäßigkeit** des Leistungsbescheides

I. **Zuständig** für den Erlass des Leistungsbescheides ist die Vollzugsbehörde. Das ist hier die Behörde B, die den GrundVA erlassen hat (§ 7 VwVG). **254**

II. Vor Erlass des Leistungsbescheides als belastenden VA muss grds. gemäß § 28 Abs. 1 VwVfG eine **Anhörung** stattfinden. Die Ausnahme des § 28 Abs. 2 Nr. 5 VwVfG gilt aber nur für Maßnahmen „in" der Verwaltungsvollstreckung (z.B. Androhung und Festsetzung), nicht dagegen beim Leistungsbescheid nach abgeschlossener Vollstreckung.[305] Sinn der Ausnahme ist die Verhinderung einer Vollstreckungsvereitelung. Diese Gefahr besteht bei Erlass des Kostenbescheides nicht mehr. **255**

Ebenso haben Rechtsbehelfe gegen den Kostenbescheid grds. aufschiebende Wirkung. Die landesrechtlichen Ausnahmen (s.o. Rn. 237) gelten ebenfalls nur für Maßnahmen „in" der Verwaltungsvollstreckung, also nicht für den Kostenbescheid (anders § 32 Abs. 3 S. 2 VwVGBbg).[306]

Ein etwaiger Anhörungsmangel kann jedoch gemäß § 45 Abs. 1 Nr. 3 VwVfG im Widerspruchsverfahren und gemäß § 45 Abs. 2 VwVfG auch noch während des gerichtlichen Verfahrens geheilt werden.

III. Eine **Form** ist für den Leistungsbescheid nicht vorgeschrieben.[307] Damit die im Leistungsbescheid geltend gemachte Forderung aber ihrerseits beigetrieben werden kann (§ 3 Abs. 2 lit. a VwVG), muss der Leistungsbescheid **schriftlich** ergehen und muss in diesem Fall gemäß § 39 Abs. 1 VwVfG begründet werden. **256**

B. **Materiell** ist der Betroffene zur Kostenerstattung nur verpflichtet, wenn die **Ersatzvornahme** ihrerseits (formell und materiell) **rechtmäßig** war.[308] **257**

Die Rechtmäßigkeit der Vollstreckungsmaßnahme ist daher inzident im Rahmen der materiellen Rechtmäßigkeit des Leistungsbescheids zu prüfen! Für rechtswidrige Vollstreckungsmaßnahmen dürfen keine Kosten erhoben werden.

---

305 Müller-Franken NWVBl. 2008, 197, 200 Fn 25; Seidl/Bartsch Jura 2011, 297, 299; Muckel JA 2012, 355, 360.

306 BayVGH NVwZ-RR 2009, 787; ThürOVG RÜ 2008, 534, 537; OVG Koblenz DVBl. 1999, 116; OVG NRW NJW 1983, 1441

307 Seidl/Bartsch Jura 2011, 297, 299.

308 BVerwG NVwZ 1997, 381, 382; VGH Mannheim RÜ 2010, 258, 259; OVG NRW NWVBl. 2010, 186, 187; BayVGH BayVBl. 2009, 21 f.; Engelhardt/App VwVG § 10 Rn. 12; Finger DVBl. 2007, 798, 799; Muckel JA 2012, 355, 359.

258 I. **Rechtsgrundlage** für die Ersatzvornahme sind die §§ 6, 10 VwVG.

II. **Formelle** Bedenken gegen die Ersatzvornahme bestehen nicht, insbes. hat die nach § 7 VwVG zuständige Behörde gehandelt. Von der Anhörung konnte – anders als beim Leistungsbescheid (s.o.) – bei den Vollstreckungsmaßnahmen gemäß § 28 Abs. 2 Nr. 5 VwVfG abgesehen werden.

III. **Materiell** rechtmäßig ist der Verwaltungszwang, wenn die **Vollstreckungsvoraussetzungen** vorliegen, das **Vollstreckungsverfahren ordnungsgemäß** durchgeführt wird und **keine Vollstreckungshindernisse** bestehen.

Aufbauschema: Die Vollstreckung von HDU-Verfügungen	
gestrecktes Verfahren	**abgekürztes Verfahren („Sofort-Vollzug")**
1. Vollstreckungsvoraussetzungen ■ **GrundVA** auf Handlung, Duldung oder Unterlassung ■ **Vollstreckbarkeit** ▪ unanfechtbar ▪ sofort vollziehbar (§ 80 Abs. 2 VwGO)	**1. Vollstreckungsvoraussetzungen** ■ **kein GrundVA** erforderlich ■ **gegenwärtige Gefahr** ■ „Handeln innerhalb der Befugnisse" = **Rechtmäßigkeit** eines (fiktiven) **GrundVA**
2. Vollstreckungsverfahren ■ richtiges Zwangsmittel ■ Androhung ■ (ggf.) Festsetzung ■ ordnungsgemäße Anwendung	**2. Vollstreckungsverfahren** ■ richtiges Zwangsmittel ■ Androhung entbehrlich ■ Festsetzung entfällt ■ ordnungsgemäße Anwendung
3. keine Vollstreckungshindernisse	**3. keine Vollstreckungshindernisse**
4. Rechtsfolge: Ermessen	**4. Rechtsfolge: Ermessen**

259 1. Die **Vollstreckungsvoraussetzungen** für das hier durchgeführte (gestreckte) Vollstreckungsverfahren richten sich nach der dem § 6 Abs. 1 VwVG entsprechenden Vorschrift im LVwVG (s.o. Rn. 193).

a) Die **Verfügung** vom 17.08. enthielt das **Handlungsgebot**, den Baum zu beseitigen.

b) Die Verfügung war vor Unanfechtbarkeit **vollstreckbar**, da die Behörde die sofortige Vollziehung (§ 80 Abs. 2 S. 1 Nr. 4 VwGO) angeordnet hatte.

260 c) Während es für die **Vollstreckung** im gestreckten Verfahren auf die Rechtmäßigkeit des GrundVA nicht ankommt (s.o. Rn. 198 ff.), wird dies für die **Kostenerstattung** unterschiedlich beurteilt.

261 aa) Teilweise wird die Ansicht vertreten, im Rahmen der Kostenerstattung, also auf der **Sekundärebene**, sei neben der Wirksamkeit auch die Rechtmäßigkeit des GrundVA erforderlich. Da im Zeitpunkt der Vollstreckung

die Rechtmäßigkeit des GrundVA noch nicht abschließend geklärt ist, sei die Vollstreckung zwar zunächst erlaubt. Im öffentlichen Interesse sei aber nur ein **vorübergehender Einwendungsausschluss** erforderlich. Sei der Zweck der Gefahrenabwehr erreicht, rechtfertige er nicht länger die Ausnahme vom rechtsstaatlichen Grundsatz der materiellen Gerechtigkeit. Auf der Kostenebene müssten GrundVA und Vollstreckung rechtlich als Einheit beurteilt werden. Zum Kostenersatz sei der Pflichtige nur bei – durchgehend – rechtmäßigem Handeln verpflichtet.[309]

Das gilt allerdings nur, wenn der GrundVA im Zeitpunkt der Vollstreckung **noch nicht bestandskräftig** war. War der VA bereits unanfechtbar, kommt es auch nach dieser Auffassung für den Kostenerstattungsanspruch nur auf die Wirksamkeit des GrundVA und nicht auf seine Rechtmäßigkeit an.

bb) Nach der Gegenansicht setzt der Kostenerstattungsanspruch nur voraus, dass die **Ersatzvornahme rechtmäßig** ist. Irrelevant sei dagegen, ob der vorausgegangene GrundVA seinerseits rechtmäßig ist, solange er nur wirksam ist. Grundlage einer rechtmäßigen Verwaltungsvollstreckung sei allein die Wirksamkeit, **nicht aber die Rechtmäßigkeit der Grundverfügung**. Dies gelte auch für die Kostenerstattung.[310] **262**

Etwas anderes gilt nur dann, wenn die Grundverfügung ex tunc ihre Wirksamkeit verliert, z.B. durch rückwirkende Aufhebung (§ 43 Abs. 2 VwVfG). Damit entfallen zugleich, und zwar rückwirkend, die Voraussetzungen für die Vollstreckung.[311]

cc) Für diese Auffassung spricht, das eine **Ausnahme für die Sekundärebene** im Gesetz keine Grundlage findet. Sie ist auch nicht erforderlich. Dem Vollstreckungsschuldner bleibt es unbenommen, durch Anfechtung des rechtswidrigen GrundVA dessen Aufhebung zu bewirken. Hat er Erfolg, entfallen rückwirkend die Vollstreckungsvoraussetzungen und der Kostenbescheid wird rechtswidrig. Solange der GrundVA aber (noch) nicht aufgehoben ist, bleibt er wirksam (§ 43 Abs. 2 VwVfG) und bildet daher nicht nur die Rechtsgrundlage für die Vollstreckung, sondern auch für die Kostenerstattung. **263**

Deshalb bleibt auch nach Abschluss der Vollstreckung die Anfechtungsklage gegen den GrundVA statthaft (§ 42 Abs. 1 Fall 1 VwGO). Zwar hat sich das Handlungsgebot aus dem GrundVA (z.B. die Beseitigung eines baurechtswidrig errichteten Gebäudes) aufgrund der zwangsweisen Durchsetzung erledigt. Hierdurch wird der GrundVA indes nicht völlig gegenstandslos, weil er Grundlage für den Kostenerstattungsanspruch bleibt.[312] Die Gegenansicht nimmt Erledigung an, weil sich die Kostentragungspflicht nicht aus dem VA, sondern kraft Gesetzes aus den kostenrechtlichen Vorschriften ergebe.[313] Dagegen spricht jedoch, dass die nachträgliche Aufhebung des GrundVA den Vollstreckungsakten und damit auch dem Kostenerstattungsanspruch die Grundlage entzieht. Solange der GrundVA als Titel fortbesteht, kann daher keine Erledigung angenommen werden. **264**

309 VGH Mannheim VBlBW 1986, 299, 303; Enders NVwZ 2009, 958, 960; Seidl/Bartsch Jura 2011, 297, 301 f.

310 BVerwG, Urt. v. 25.09.2008 – BVerwG 7 C 5.08, RÜ 2009, 47, 48; OVG Koblenz, Urt. v. 18.02.2010 – 1 A 10973/09; OVG Lüneburg NdsVBl. 2009, 345, 346; OVG Schleswig NordÖR 2006, 204, 205 f.; Waldhoff JuS 2009, 368 f.; Labrenz NVwZ 2010, 22, 23.

311 OVG NRW NWVBl. 2007, 26, 27 f.; NWVBl. 2003, 386, 387.

312 BVerwG, Urt. v. 25.09.2008 – BVerwG 7 C 5.08, RÜ 2009, 47, 48; SächsOVG SächsVBl. 2009, 165; VGH Mannheim VBlBW 2008, 305; OVG Schleswig NordÖR 2006, 204, 205 f.; OVG NRW NWVBl. 2007, 26, 27 f.; Labrenz NVwZ 2010, 22, 23.

313 BayVGH NVwZ-RR 1994, 548; VGH Mannheim NVwZ 1994, 1130, 1131; OVG Schleswig NJW 1993, 2004; Gerhardt in: Schoch VwGO § 113 Rn. 82; Enders NVwZ 2000, 1232, 1235; NVwZ 2009, 958, 961; Bausch NVwZ 2006, 158, 159.

265 Die **Rechtmäßigkeit des GrundVA**, hier der Beseitigungsverfügung, ist daher **für den Kostenbescheid ebenfalls irrelevant**.

Weiteres Beispiel: Für die Erstattung der Kosten des Abschleppens eines verkehrswidrig geparkten Kraftfahrzeuges ist allein die Wirksamkeit des Verkehrszeichens maßgebend; auf dessen Rechtmäßigkeit kommt es nicht an.[314]

Damit lagen die Vollstreckungsvoraussetzungen vor.

2. **Ordnungsgemäßes Vollstreckungsverfahren**

266 a) Grundlegende Voraussetzung für das Vollstreckungsverfahren ist, dass die Behörde das **richtige Zwangsmittel** gewählt hat.[315] Hier ging es um die Durchsetzung des vertretbaren Gebotes, den Baum zu beseitigen. Die Ersatzvornahme war damit gemäß § 10 VwVG das **richtige Zwangsmittel**.

267 b) Die nach § 13 Abs. 1 VwVG erforderliche **Androhung** ist erfolgt, insbesondere sind die anfallenden Kosten nach § 13 Abs. 4 VwVfG vorläufig veranschlagt worden. Zwar hat sich der Kostenvoranschlag aufgrund des nachträglichen Aufwandes als unrichtig erwiesen, im Rahmen der Androhung ist jedoch nur erforderlich, dass die Kosten überhaupt veranschlagt werden (vgl. auch § 13 Abs. 4 S. 2 VwVG, wonach das Recht auf Nachforderung unberührt bleibt). Eine andere Frage ist es, ob die Kostenforderung der Höhe nach gerechtfertigt ist (dazu unten Rn. 274).

Beachte: Für die Rechtmäßigkeit des Verwaltungszwangs kommt es nur auf die Wirksamkeit, nicht auf die Rechtmäßigkeit der Androhung an. **Gegenbeispiel:** Fehlt in der Androhung die erforderliche Fristsetzung, ist sie nicht nur rechtswidrig, sondern gemäß § 44 Abs. 1 VwVfG nichtig, weil sie als Grundlage für die nachfolgenden Vollstreckungsakte ungeeignet ist.[316]

268 c) Die nach § 14 S. 1 VwVG erforderliche **Festsetzung** ist mit Bescheid vom 25.08. ordnungsgemäß getroffen worden. Landesrechtlich ist die Festsetzung ohnehin zumeist nicht erforderlich (s.o. Rn. 243).

269 d) Die **Anwendung** ist entsprechend der Festsetzung erfolgt (§ 15 Abs. 1 VwVG). Aufgrund der drohenden erheblichen Gefahr für Leib und Leben der Passanten war der Zwangseinsatz auch **verhältnismäßig**.

270 3. **Vollstreckungshindernisse** sind nicht ersichtlich.

4. **Rechtsfolge:** Liegen die Voraussetzungen für die Vollstreckung vor, steht die Durchsetzung mit Zwangsmitteln grds. im **Ermessen** der Behörde.[317]

Das Ermessen der Behörde besteht hierbei in mehrfacher Hinsicht: ob sie überhaupt zwangsweise tätig wird (Entschließungsermessen), wenn ja, gegen welchen von mehreren Pflichtigen sie vorgeht (Auswahlermessen bzgl. des Adressaten), welches von mehreren zulässigen Zwangsmitteln sie auswählt (Auswahlermessen bzgl. des Zwangsmittels) und ggf. in welcher Form sie das Zwangsmittel anwendet.

271 Das Ermessen der Behörde darf nur auf **Ermessensfehler** überprüft werden (§ 40 VwVfG, § 114 S. 1 VwGO). Insoweit bestehen vorliegend keine Bedenken.

---

314 OVG Hamburg NordÖR 2009, 156; NordÖR 2002, 469 m.w.N.; anders bei Nichtigkeit vgl. OLG Hamm, Beschl. v. 27.05.2014 – 5 RBs 13/14, RÜ 2015, 192, 194 (verneint für ein gesetzloses Parkverbot).

315 OVG Lüneburg, Beschl. v. 02.02.2015 – 4 LA 245/13, RÜ 2015, 457, 460.

316 VGH Kassel NVwZ 1982, 514.

317 OVG NRW, Beschl. v. 20.12.2012 – 8 B 1249/12, NVwZ-RR 2013, 298.

Beispiel: Auf der Ebene der Vollstreckung ist es z.B. ermessensfehlerhaft, wenn die Behörde bei mehreren bereits erlassenen Verfügungen nur in einzelnen Fällen die Vollstreckung betreibt, in anderen hingegen ohne sachlichen Grund nicht. Ob die Behörde dagegen im Hinblick auf Art. 3 Abs. 1 GG weitere Verfügungen gegen andere Personen hätte erlassen müssen, kann dagegen allenfalls für die Rechtmäßigkeit der Grundverfügung von Bedeutung sein, nicht jedoch auf der Ebene der Vollstreckung.[318]

Die **Vollstreckung** war damit **rechtmäßig**, sodass sie Grundlage für den Kostenerstattungsanspruch ist.

Die Pflicht zur Erstattung der Kosten setzt stets eine rechtmäßige Ersatzvornahme voraus.[319] Ist die Ersatzvornahme **rechtswidrig**, so besteht kein Erstattungsanspruch, auch nicht nach den Grundsätzen der öffentlich-rechtlichen GoA, da sonst die Vorschriften des Vollstreckungsrechts umgangen würden.[320]

IV. **Rechtsfolge** der rechtmäßigen Vollstreckung ist die Kostentragungspflicht des Pflichtigen, also des Verhaltens- oder Zustandsverantwortlichen.[321] **272**

1. Bei **mehreren Pflichtigen** hat die Behörde ein (Auswahl-)Ermessen. Nach h.M. gelten für den Kostenerstattungsanspruch dieselben Grundsätze wie auf der Primärebene, d.h. die Auswahl richtet sich nach den Grundsätzen der Verhältnismäßigkeit und Effektivität der Gefahrenabwehr.

Deshalb kann bei der Bestimmung des Kostenadressaten auch die finanzielle Leistungsfähigkeit berücksichtigt werden.[322] Nach der Gegenansicht sind auf der Sekundärebene andere Maßstäbe anzulegen. Nach Durchführung der Maßnahme gehe es nur noch um eine gerechte Verteilung der Kostenlast.[323]

Unterschiede zwischen Primär- und Sekundärebene ergeben sich bei der Inanspruchnahme eines sog. **Anscheins- oder Verdachtsstörers**. Der nur vermeintliche Störer kann zwar im Interesse einer effektiven Gefahrenabwehr rechtmäßigerweise zur Beseitigung der Gefahr in Anspruch genommen werden.[324] Kostenpflichtig ist er jedoch nur, wenn er den Verdacht oder den Anschein der Gefahr zu verantworten hat.[325]

Als Eigentümer ist E Zustandsstörer und zur Kostentragung verpflichtet.

2. Die Kostenforderung muss hinsichtlich **Art und Höhe** gerechtfertigt sein. Erstattungsfähig im Rahmen einer Ersatzvornahme sind insbes. die an einen Dritten zu zahlenden Beträge (vgl. § 19 VwVG i.V.m. § 344 Abs. 1 Nr. 8 AO bzw. entsprechendes Landesrecht). **273**

a) Der **Kostenvoranschlag** ist insoweit nicht bindend. Die Erstattungspflicht richtet sich vielmehr nach den **tatsächlich entstandenen** Kosten, auch wenn diese die veranschlagten Kosten erheblich überschreiten.[326] Denn hätte der Betroffene die Maßnahme selbst durchgeführt, hätte er, wenn die Arbeiten sich als umfangreicher als von der Behörde geschätzt herausgestellt hätten, die höheren Kosten auch tragen müssen. **274**

318 OVG NRW NVwZ-RR 2013, 298.

319 OVG NRW NVwZ-RR 2008, 437; Durner JA 2009, 476 f.

320 BVerfG NJW 2011, 3217, 3218; OVG NRW, Beschl. v. 09.04.2008 – 11 A 1386/05, RÜ 2008, 660, 663 und unten Rn. 546.

321 Vgl. OVG Saarlouis, Beschl. v. 13.01.2015 – 2 A 397/14; VG Aachen, Urt. v. 15.12.2014 – 6 K 1180/10.

322 OVG Lüneburg NVwZ 1990, 786, 787; Werner JA 2000, 902, 909 m.w.N.

323 VGH Mannheim Urt. v. 24.01.2012 – 10 S 1476/11, RÜ 2012, 462, 464; dazu Waldhoff JuS 2012, 863 f.; vgl. auch BGH, Urt. v. 10.07.2014 – III ZR 441/13, NVwZ-RR 2014, 759 zum Ausgleich zwischen mehreren Störern.

324 Schoch BesVerwR, 2. Kap. Rn. 213; Finger DVBl. 2007, 798, 799 m.w.N.

325 VGH Mannheim, Urt. v. 17.03.2011 – 1 S 2513/10, RÜ 2011, 459, 464; OVG NRW NVwZ 2001, 1314; Puttler JA 2001, 669, 676; Müller-Franken NWVBl. 2008, 197, 203.

326 BVerwG NJW 1984, 2591, 2593; BayVGH, Urt. v. 25.09.2014 – 20 B 14.477, NVwZ-RR 2015, 85..

275 Aus dem Vollstreckungsrechtsverhältnis ergibt sich jedoch eine (Neben-)Pflicht der Behörde, dem Ordnungspflichtigen eine voraussehbare wesentliche Kostenüberschreitung vor Durchführung der Ersatzvornahme mitzuteilen. Die schuldhafte Verletzung dieser Pflicht kann **Amtshaftungsansprüche** (Art. 34 GG, § 839 BGB) begründen.[327]

Weiteres Beispiel: Wird eine baurechtliche Beseitigungsverfügung im Wege der Ersatzvornahme vollstreckt, so gehören zu den erstattenden Kosten nicht nur die Kosten des Abbruchs, sondern auch die Kosten für eine ordnungsgemäße Entsorgung des entstehenden Abbruchmaterials.[328]

276 b) Die Kostenforderung muss im Übrigen **verhältnismäßig** sein. Dies gilt auch dann, wenn es sich – wie im Rahmen des § 19 VwVG – um einen gebundenen Anspruch handelt.[329]

Der Grundsatz der Verhältnismäßigkeit kann – je nach den Umständen des Einzelfalls die Erstattung nur eines Teils der Kosten oder in Ausnahmefällen auch den völligen Verzicht auf die Erstattung gebieten. Zu den in die behördliche Entscheidung einzubeziehenden Umständen gehören neben der individuellen Leistungsfähigkeit des Erstattungspflichtigen auch Art und Umfang des Verursachungsbeitrags des Pflichtigen.

3. **Rechtsfolge**

277 a) Sind die Voraussetzungen des Kostenerstattungsanspruchs erfüllt, so handelt es sich nach h.M. grds. um eine **gebundene Entscheidung** (vgl. § 19 VwVG „werden … erhoben").[330] Die Gegenansicht bejaht Ermessen der Behörde, da ggf. aus Billigkeitsgründen ganz oder teilweise von der Kostenerstattung abgesehen werden müsse.[331] Dagegen spricht jedoch, dass diese Fallgruppen ohnehin im Rahmen der Verhältnismäßigkeit zu prüfen sind (s.o.), sodass kein Grund besteht vom eindeutigen Wortlaut der kostenrechtlichen Vorschriften abzuweichen.

278 b) Umstritten ist allerdings, ob der Erstattungsanspruch **durch VA** oder nur im Wege der Leistungsklage geltend gemacht werden darf. Eine **ausdrückliche Ermächtigungsgrundlage** zum Erlass eines Leistungsbescheides ist selten.[332] Inzident ergibt sich die VA-Befugnis daraus, dass der Kostenerstattungsanspruch zwangsweise **„beigetrieben"** werden kann.[333] Denn die Beitreibung setzt den Erlass eines Leistungsbescheides voraus. Im Übrigen kann der Erstattungsanspruch nach h.M. gewohnheitsrechtlich durch Leistungsbescheid geltend gemacht werden, da der Anspruch aus einem **Über-/Unterordnungsverhältnis** resultiert.[334]

Ergebnis: Der Leistungsbescheid erweist sich damit als rechtmäßig.

---

327 BVerwG NJW 1984, 2591, 2593.

328 SächsOVG SächsVBl. 2008, 298, 299 f.; dazu Preschel NJ (Neue Justiz) 2008, 565.

329 BVerwG NJW 2009, 2905, 2906; OVG Hamburg NordÖR 2009, 156, 157 f.; Muckel JA 2012, 355, 361.

330 SächsOVG NJW 2009, 2551, 2552; OVG Hamburg NordÖR 2009, 156, 157; Muckel JA 2012, 33, 361.

331 VGH Mannheim NJW 2007, 2058, 2059; OVG Hamburg NordÖR 2004, 399, 401; Becker JA 2000, 677, 683; Michaelis Jura 2003, 298, 303; Dietlein, Öffentl. Recht in NRW, Rn. 261.

332 Vgl. z.B. § 32 Abs. 3 S. 1 VwVGBbg, § 24 Abs. 3 S. 1 Sächs VwVG, § 50 Abs. 3 S. 1 ThürVwZVG („durch Leistungsbescheid"); auch § 77 Abs. 4 S. 1 VwVG NRW i.V.m. § 14 Abs. 1 GebG („festgesetzt").

333 So z.B. Art. 55 Abs. 2 S. 2 BayPAG, § 66 Abs. 2 S. 2 Nds SOG,§ 53 Abs. 2 S. 2 ThürPAG.

334 Vgl. speziell zum Vollstreckungsrecht Horn Jura 2004, 447, 450; Finger DVBl. 2007, 798, 799; Muckel JA 2012, 355, 360 und allgemein BVerwG NJW 2009, 2905, 2906; AS-Skript Verwaltungsrecht AT 1 (2014), Rn. 296 ff.

3. Vollstreckungshindernisse

Liegen die Vollstreckungsvoraussetzungen vor und ist auch das Vollstreckungsverfahren ordnungsgemäß durchgeführt worden, ist die Vollstreckung gleichwohl nur rechtmäßig, wenn **keine Vollstreckungshindernisse** bestehen.

Aufbauhinweis: *Der Prüfungsstandort für Vollstreckungshindernisse wird unterschiedlich gehandhabt. Teilweise werden sie als (besondere) Vollstreckungsvoraussetzungen geprüft,[335] teilweise als selbstständiger Prüfungspunkt nach dem Vollstreckungsverfahren.[336] Für letzteres spricht, dass Vollstreckungshindernisse nur dazu führen, dass das Vollstreckungsverfahren einzustellen ist (vgl. § 15 Abs. 3 VwVG), Vollstreckungshindernisse also nur zur Rechtswidrigkeit künftiger Vollstreckungsmaßnahmen führen. Sie lassen dagegen die Rechtmäßigkeit zuvor erlassener Vollstreckungsakte unberührt.* 279

- **Vollstreckungshindernisse** können sich insbesondere aus einer **rechtlichen Unmöglichkeit** ergeben.[337] Unmöglich geworden ist dem Pflichtigen die Erfüllung des GrundVA bei sachbezogenen Verfügungen insbes. wenn er das Eigentum an der Sache, auf die er einwirken soll, wirksam an einen Dritten übertragen hat. Besondere Bedeutung haben im Übrigen die Fälle, in denen der Durchführung der Maßnahme eine Mitberechtigung eines Dritten entgegensteht. 280

  Beispiel: Gegen Eigentümer E ergeht eine Beseitigungsverfügung, ohne dass gegenüber dem Mieter M eine Duldungsverfügung erlassen worden ist. Das Fehlen der Duldungsverfügung macht die Beseitigungsverfügung zwar nicht rechtswidrig, stellt aber ein Vollstreckungshindernis dar.[338] Eine ohne Duldungsverfügung ergehende Zwangsmittelandrohung ist daher rechtswidrig, da die Androhung bereits die erste Stufe des Verwaltungszwangs darstellt.[339] Für die Rechtmäßigkeit der Androhung genügt es aber, wenn bei Erlass eines Widerspruchsbescheides eine Duldungsverfügung gegen den Dritten vorliegt (arg. e § 79 Abs. 1 Nr. 1 VwGO).[340]

  Gegenbeispiel: Gegenüber E ist eine baurechtliche Beseitigungsverfügung erlassen worden. Danach hat E geheiratet und seiner Ehefrau F Mitbesitz am betroffenen Gebäude eingeräumt. – Die Duldungspflicht der F ergibt sich unmittelbar aus der (Teil-)Rechtsnachfolge in die Ordnungsverfügung. Denn der Mitbesitz der F ist von vornherein mit der Beseitigungsanordnung belastet. Die Anordnung kann daher gegen E ohne weitere Duldungsverfügung an F durchgesetzt werden.[341]

- Des Weiteren können sich Vollstreckungshindernisse aus **nachträglichen materiellen Einwänden** gegen den GrundVA (z.B. Erfüllung, Aufrechnung, Erledigung) ergeben. 281

  - Nach § 15 Abs. 3 VwVG ist der Vollzug einzustellen, sobald sein **Zweck erreicht** ist, z.B. weil der Betroffene die zu erzwingende Verpflichtung erfüllt hat. Wegen des Beugecharakters der Zwangsmittel kommt es dabei nicht darauf an, ob der Pflichtige der Verfügung vor oder erst nach Ablauf der in der Androhung genannten Frist nachgekommen ist. Denn der Verwaltungszwang ist **keine Strafe** für säumiges Verhalten.[342] 282

---

335 So z.B. Erichsen/Rauschenberg Jura 1998, 31, 38; Schoch JuS 1995, 307, 310 FN 45.

336 Horn Jura 2004, 597, 600.

337 Vgl. auch die nicht abschließenden Aufzählungen in Art. 22 BayVwZVG, § 65 Abs. 3 VwVG NRW.

338 Vgl. AS-Skript Verwaltungsrecht AT 1 (2014), Rn. 429 f.; ausführlich Michl NVwZ 2014, 1206 ff.

339 OVG NRW, Beschl. v. 09.04.2014 – 15 B 233/14, RÜ 2014, 663, 664.

340 HessVGH DVBl. 1996, 573, 574; VGH Mannheim NVwZ-RR 1998, 553.

341 OVG Lüneburg, Beschl. v. 06.05.2011 – 1 ME 14/11, RÜ 2011, 600, 603, vgl. ausdrücklich § 32 Abs. 1 S. 2 VwVGBbg, wonach bei Mitgewahrsam eine gesetzliche Duldungspflicht besteht.

342 Erichsen/Rauschenberg Jura 1998, 31, 36; Dünchheim NWVBl. 2004, 202, 205 m.w.N.

Beispiel: Dem G ist die Schließung seiner illegal betriebenen Gaststätte aufgegeben worden. Zwangsgeld wurde für den Fall angedroht, dass die Gaststätte nicht bis zum 30.06. geschlossen werde. Auch wenn G die Schließung erst am 03.07. vornimmt, darf das Zwangsgeld nicht mehr festgesetzt werden.

283 – Der Zweckerreichung steht es gleich, wenn der **Zweck nicht mehr erreicht** werden kann, weil die Befolgung der aufgegebenen Verpflichtung aus rechtlichen oder tatsächlichen Gründen nicht (mehr) möglich ist.[343]

So ist eine Festsetzung des angedrohten Zwangsmittels unzulässig, wenn der Pflichtige die zu vollstreckende Handlung im Zeitpunkt der Festsetzung nicht mehr erbringen kann, z.B. weil der betroffene Gegenstand untergegangen ist.[344] Der Zweck einer Beseitigungsverfügung fällt weg, wenn der Eigentümer das Eigentum am Grundstück an einen Dritten überträgt und dadurch seine Zustandsverantwortlichkeit erlischt.[345]

284 Dass der Vollzug bei Zweckerreichung einzustellen ist, folgt aus der Natur der Zwangsmittel als **Beugemittel**. Sie dienen **nicht der repressiven Ahndung** von rechtswidrigem Verhalten, sondern sollen den Pflichtigen veranlassen, sich entsprechend dem GrundVA zu verhalten. Umstritten ist allerdings, ob ein angedrohtes Zwangsgeld noch festgesetzt und beigetrieben werden darf, wenn die **Gefahr einer weiteren Zuwiderhandlung** nicht (mehr) besteht.

Beispiel: Gegen den ohne Baugenehmigung bauenden K hat die Behörde eine Stilllegungsverfügung mit Androhung eines Zwangsgeldes erlassen. K stellt einen Baugenehmigungsantrag, setzt aber die Bauarbeiten gleichwohl fort. Darauf erteilt die Behörde die Baugenehmigung, setzt aber zugleich das Zwangsgeld fest.

Teilweise wird angenommen, dass das Zwangsgeld in diesem Fall nicht mehr festgesetzt und beigetrieben werden dürfe, da nach Erteilung der Baugenehmigung das Bauvorhaben nicht mehr stillgelegt werden muss. Das Zwangsgeld dürfe nicht als strafähnliche Sanktion für begangenes Unrecht angedroht und verhängt werden.[346] Die Gegenauffassung verweist darauf, dass die Nichtbeachtung eines VA dann weitgehend risikolos möglich wäre. Voraussetzung für die Festsetzung sei lediglich, dass der Verstoß gegen den GrundVA nach der Androhung und während der Zeit in der das Verbot noch galt, erfolgt ist.[347]

Hierfür spricht, dass mit Rücksicht auf den Beugecharakter die Vollstreckung nur dann einzustellen ist, wenn der Zweck erreicht ist (§ 15 Abs. 3 VwVG). Der Zweck eines Verbotes ist aber nur erreicht, wenn es uneingeschränkt beachtet wird und keine Zuwiderhandlung erfolgt. Verstößt der Pflichtige zunächst gegen die Verfügung, kommt er ihr aber später nach, so ist der Zweck des Zwangsmittels erst mit der Einhaltung erreicht, zuvor ist jedoch dem Verbot zuwider gehandelt und damit „im Zeitpunkt der Zuwiderhandlung" der Erfolg des Zwangsmittels vereitelt worden. Das Zwangsgeld bleibt auch dann eine präventive Maßnahme, wenn es erst nach dem Verstoß beigetrieben wird.

Landesrechtlich ist zum Teil ausdrücklich geregelt, dass ein Zwangsgeld auch dann noch beizutreiben ist, wenn einer Duldungs- oder Unterlassungspflicht zuwidergehandelt worden ist, deren Erfüllung durch die Androhung erreicht werden sollte (vgl. Art. 37 Abs. 4 S. 2 BayVwZVG, § 60 Abs. 3 S. 2 Hs. 2 VwVG NRW; anders ausdrücklich § 29 Abs. 1 S. 3 VwVGBbg, wonach die Anwendung bei Duldung und Unterlassung unterbleibt, wenn eine weitere Zuwiderhandlung nicht zu befürchten ist).

---

343 OLG Düsseldorf RdE 2010, 32, 34; Horn Jura 2004, 597, 599 m.w.N.

344 Vgl. BVerwG NVwZ 2003, 1271, 1273; Engelhardt/App VwVG § 15 Rn. 9 u. 10; Sadler VwVG § 15 Rn. 74 u. 98; App JuS 2004, 786, 791; vgl. auch § 65 Abs. 3 c) VwVG NRW.

345 BayVGH NVwZ 2002, 364 f.; App JuS 2004, 786, 791; a.A. OVG NRW NWVBl. 2003, 183.

346 Vgl. ThürOVG NVwZ-RR 2013, 6 f.; OVG Berlin-Brandenburg, Urt. v. 19.05.2011 – OVG 10 B 7.10; OVG Lüneburg NdsVBl. 2009, 345, 346; Sadler VwVG § 15 Rn. 21; Dünchheim NWVBl. 2004, 202, 205; in einem Spezialfall auch BVerwG NVwZ 2003, 1271, 1272; ebenso ausdrücklich § 29 Abs. 1 S. 3 VwVGBbg bei Duldungs- und Unterlassungspflichten.

347 OVG NRW, Urt. v. 09.02.2012 – 5 A 2152/10, DÖV 2012, 448; Beschl. v. 02.06.2010 – 13 B 191/10; VG Düsseldorf NWVBl. 2010, 152, 153; OVG Saarland NVwZ-RR 2003, 87; Waldhoff JuS 2012, 1151 f.; Weber DVBl. 2012, 1130, 1133; offengelassen in BVerwG NVwZ 2003, 1271, 1272.

Fall 8: Bestandskraft

E hat ohne Baugenehmigung im Außenbereich ein Gebäude errichtet, dessen Beseitigung ihm mit Verfügung vom 10.02. von der zuständigen Bauaufsichtsbehörde aufgegeben wurde. Gleichzeitig wurde ihm die Ersatzvornahme angedroht. Widerspruch oder Klage hat E nicht erhoben. Nach Ablauf der dem E gesetzten Frist ist für das Grundstück im Mai ein Bebauungsplan in Kraft getreten, nach dem das von E errichtete Gebäude nunmehr errichtet werden dürfte. Die Behörde ist der Auffassung, E müsse der Beseitigungsverfügung gleichwohl nachkommen, da die Verfügung bestandskräftig geworden ist. Wie ist die Rechtslage und wie kann E verhindern, dass die Behörde einen Abbruchunternehmer mit der Beseitigung des Gebäudes beauftragt?

A. **Rechtmäßigkeit des Verwaltungszwangs**

I. Die Festsetzung bzw. Anwendung der angedrohten Ersatzvornahme ist an sich rechtmäßig, da die **Vollstreckungsvoraussetzungen** (bestandskräftiger Grund-VA) vorliegen und das **Vollstreckungsverfahren** (Androhung der Ersatzvornahme zur Durchsetzung einer vertretbaren Handlung) bislang ordnungsgemäß durchgeführt worden ist. **285**

II. Die Vollstreckung ist gleichwohl rechtswidrig, wenn **Vollstreckungshindernisse** bestehen. Nach § 15 Abs. 3 VwVG ist der Vollzug einzustellen, sobald sein **Zweck erreicht** ist. Der Zweckerreichung steht es gleich, wenn der **Zweck nicht mehr erreicht** werden kann oder wenn der **Zweck weggefallen** ist, z.B. weil ein öffentliches Interesse an der Handlung, Duldung oder Unterlassung wegen **veränderter tatsächlicher oder rechtlicher Umstände** nicht mehr besteht. **286**

Insoweit ist anerkannt, dass eine Beseitigungsverfügung wegen des Eigentumsschutzes (Art. 14 GG) nicht mehr vollzogen werden darf, wenn das Vorhaben nachträglich materiell legalisiert wird und kein Widerspruch mehr zum öffentlichen Baurecht besteht. Denn der Betroffene könnte den vorhandenen Bestand nach Erteilung einer Baugenehmigung jederzeit neu errichten.[348] Damit liegt bzgl. der weiteren Vollstreckung ein **Vollstreckungshindernis** vor. Die Festsetzung und Anwendung der Ersatzvornahme wären **rechtswidrig**.

B. Umstritten ist, mit welchem **Rechtsbehelf** Vollstreckungshindernisse geltend gemacht werden können.

I. Innerhalb der Fristen der §§ 70, 74 VwGO kann der Betroffene **Widerspruch** bzw. **Anfechtungsklage** gegen die jeweiligen Vollstreckungsakte erheben (z.B. gegen die Androhung und Festsetzung). **287**

II. Eine Vollstreckungsabwehrklage gemäß § 767 ZPO gibt es nur bei **verwaltungsgerichtlichen Urteilen**.[349] Eine analoge Anwendung bei Verwaltungsakten wird abgelehnt, da die **Klagearten der VwGO** gemäß § 173 VwGO **vorrangig** sind.[350] **288**

348 Vgl. AS-Skript Öffentliches Baurecht (2015), Rn.170.

349 Zur Vollstreckungsabwehrklage im Verwaltungsprozess vgl. Guckelberger NVwZ 2004, 662.

350 OVG Koblenz NVwZ 2012, 15, 16; Sodan/Ziekow VwGO § 42 Rn. 82; Kopp/Schenke VwGO § 167 Rn. 18 m.w.N.; a.A. die frühere Rspr. OVG NRW OVGE 23, 247, 248; Gaul JZ 1979, 496, 499 m.w.N.

III. Soll die **weitere Vollstreckung verhindert** werden, kommen nach h.M. vielmehr folgende **Rechtsschutzmöglichkeiten** in Betracht:

289 ■ Der Vollstreckungsschuldner muss seine materiellen Einwendungen zunächst bei der Behörde geltend machen um die Vollstreckung **durch VA** für unzulässig erklären zu lassen. Bei Urteilen werde die Unzulässigkeit der Vollstreckung durch Urteil (§ 767 ZPO) festgestellt, entsprechend müsse dies bei VAen durch VA erfolgen (jeweils durch den „Autor" des Vollstreckungstitels). Wird dieser VA von der Behörde abgelehnt, so ist – ggf. nach erfolglosem Vorverfahren – **Verpflichtungsklage** (§ 42 Abs. 1 Fall 2 VwGO) zu erheben.[351]

Die Klage hat aber nur Erfolg, wenn die Einwendungen erst nach Erlass des GrundVA entstanden sind und mit förmlichen Rechtsbehelfen nicht mehr geltend gemacht werden können. Teilweise sieht das Landesrecht derartige behördliche Entscheidungen ausdrücklich vor (z.B. Art. 21 S. 1 BayVwZVG, § 29 Abs. 2 S. 2 HmbVwVG, § 16 Abs. 2 S. 1 LVwVG RhPf, ebenso § 7 Abs. 2 S. 1 VwVG NRW für die Vollstreckung aus Leistungsbescheiden).

290 ■ Der Bürger kann im Wege der **(vorbeugenden) Unterlassungs- bzw. Feststellungsklage** die Unzulässigkeit einzelner (künftiger) Vollstreckungsakte aussprechen lassen.[352]

Dies gilt nicht, wenn das LVwVG Sonderregelungen für die Geltendmachung von Einwendungen enthält (s.o.). In diesem Fall stehen dem Betroffenen nur die dort geregelten Möglichkeiten zur Verfügung.[353]

291 ■ Außerdem kommt eine Verpflichtungsklage auf **Wiederaufgreifen des Verwaltungsverfahrens** (§ 51 Abs. 1 Nr. 1 VwVfG) und Erlass eines den Erstbescheid abändernden oder aufhebenden VA in Betracht (s.o. Rn. 153 ff.).[354]

IV. In der Lit. und teilweise auch in der Rspr. wird zudem eine **allgemeine Feststellungsklage** (§ 43 Abs. 1 Fall 1 VwGO) für statthaft gehalten.

292 1. Dabei wird angenommen, dass die Klage auf die Feststellung gerichtet sei, dass der im VA **titulierte Anspruch** nicht mehr bestehe.[355] Die h.M. verneint dagegen zurecht die Zulässigkeit einer solchen Feststellungsklage.[356] Denn die Vollstreckbarkeit des VA als ein von der Behörde geschaffener Titel besteht unabhängig von dem Bestehen des materiell-rechtlichen Anspruchs. Es geht nämlich nicht um eine Abänderung der dem Titel zugrunde liegenden Sachentscheidung (dazu dient das Wiederaufgreifen des Verfahrens nach § 51 VwVfG), sondern lediglich um die **Beseitigung der Vollstreckbarkeit** des VA.

293 2. Zum Teil wird deshalb die **Feststellungsklage** auf die Feststellung bezogen, dass es der Behörde nicht gestattet ist, Vollstreckungsmaßnahmen zu ergreifen.[357] Da die Feststellung der Unzulässigkeit der Vollstreckung jedoch mit der Verpflichtungsklage verfolgt werden kann (s.o. Rn. 289), scheitert eine solche Klage an der Subsidiarität gemäß § 43 Abs. 2 VwGO.[358]

---

351 OVG Koblenz, Urt. v. 27.07.2011 – 8 A 10394/11, NVwZ-RR2012, 15, 16; Weber DVBl. 2012, 1130, 1133.

352 BVerwG NVwZ 1984, 168; Erichsen/Rauschenberg Jura 1998, 323, 325; a.A. Schenke/Baumeister NVwZ 1993, 1, 10.

353 OVG Koblenz, Beschl. v. 24.07.2014 – 8 B 10591/14, NVwZ-RR 2014, 871.

354 Vgl. BVerwG NVwZ 1993, 476, 477; OVG NRW, Beschl. v. 20.01.2012 – 4 B 1425/11; Erichsen/Ebber Jura 1997, 424, 426.

355 OVG NRW DÖV 1976, 673, 675; Schenke/Baumeister NVwZ 1993, 1, 9; Kopp/Schenke VwGO § 167 Rn. 19 b.

356 OVG Koblenz NVwZ 2012, 15, 16; Schoch/Pietzner VwGO § 167 Rn. 71 m.w.N.

357 Ehlers, JK 03 VwVG, § 6/1.

Klausurhinweise: *Der Verwaltungszwang ist typischerweise in zwei Konstellationen Gegenstand von Examensklausuren:* **294**

- *Rechtmäßigkeit einer (mit dem GrundVA verbundenen)* ***Androhung*** *eines Zwangsmittels*
- *Rechtmäßigkeit eines* ***Kostenbescheides*** *nach durchgeführter Vollstreckung*

Die folgenden Checklisten sollen zur Verdeutlichung und Zusammenfassung der dabei auftretenden Probleme dienen. Sie stellen kein zwingendes Aufbauschema dar; in der Falllösung sind nur die Punkte anzusprechen, die tatsächlich einschlägig sind. Die Frage nach dem „richtigen" Aufbauschema ist müßig. Entscheidend sind Gesichtspunkte der Logik und der Zweckmäßigkeit. Demzufolge finden sich in der Literatur völlig unterschiedliche Aufbauempfehlungen. So werden die Voraussetzungen der Androhung gemäß § 13 VwVG teils bereits im Rahmen der formellen Rechtmäßigkeit erörtert,[359] teils als besondere Vollstreckungsvoraussetzungen in der materiellen Rechtmäßigkeit.[360]

Aufbauschema: Rechtmäßigkeit der Androhung eines Zwangsmittels

Ermächtigungsgrundlage: § 13 VwVG

I. Formelle Rechtmäßigkeit

1. **Zuständigkeit**, §§ 7, 8 VwVG
2. **Verfahren**: Anhörung entbehrlich, § 28 Abs. 2 Nr. 5 VwVfG
3. **Schriftform** (§ 13 Abs. 1 S. 1 VwVG) mit Begründung (§ 39 VwVfG)

II. Materielle Rechtmäßigkeit

1. **Vollstreckungsvoraussetzungen**:

   Androhung i.d.R. nur im gestreckten Verfahren, § 6 Abs. 1 VwVG

   a) GrundVA auf Handlung, Duldung oder Unterlassung

   b) Vollstreckbarkeit

   - bei Erlass der Androhung noch nicht erforderlich, arg. e. § 13 Abs. 2 VwVG
   - bei Fristablauf unanfechtbar oder sofort vollziehbar (§ 80 Abs. 2 VwGO)

   c) Rechtmäßigkeit des GrundVA irrelevant (h.M.)

2. **Ordnungsgemäßes Vollstreckungsverfahren**

   a) Auswahl des richtigen Zwangsmittels

   b) Spezielle Voraussetzungen der Androhung, § 13 VwVG

   Fristsetzung, Bestimmtheit, ggf. Veranschlagung der Kosten etc.

3. **Keine Vollstreckungshindernisse**
4. **Rechtsfolge: Ermessen** (bzgl. „ob" und „wie")

---

358 Kopp/Schenke VwGO § 167 Rn. 19 b; Schoch/Pietzner VwGO § 167 Rn. 71; Erichsen/Rauschenberg Jura 1998, 323, 326.

359 Vgl. z.B. Brühl JuS 1997, 926, 927; Pieroth/Schlink/Kniesel § 24 Rn. 23 ff.

360 Müller-Franken NWVBl. 2008, 197, 200 Fn 36 u. 202; Muckel/Ogorek JuS 2010, 57, 63.

Aufbauschema: Rechtmäßigkeit eines Kostenbescheides

Ermächtigungsgrundlage (§§ 10, 19 VwVG bzw. entspr. Landesrecht)

I. Formelle Rechtmäßigkeit des Kostenbescheids

1. Zuständigkeit, §§ 7, 8 VwVG

2. Verfahren: Anhörung grds. erforderlich, § 28 Abs. 2 Nr. 5 VwVfG gilt nicht

3. Schriftform (arg. e. § 3 Abs. 2 lit. a VwVG).

II. Materielle Rechtmäßigkeit des Kostenbescheids

1. Anspruch auf Kostenerstattung, wenn **Vollstreckung rechtmäßig**, insbes.

a) **Vollstreckungsvoraussetzungen**

aa) Gestrecktes Verfahren, § 6 Abs. 1 VwVG

(1) GrundVA auf Handlung, Duldung oder Unterlassung

- Rechtmäßigkeit des GrundVA unstr. irrelevant, wenn unanfechtbar
- str., ob auf der Sekundärebene Rechtmäßigkeit des GrundVA Voraussetzung für Kostenerstattung, wenn GrundVA im Zeitpunkt der Vollstreckung noch anfechtbar (Rechtswidrigkeitszusammenhang)

(2) Vollstreckbarkeit

- GrundVA unanfechtbar
- GrundVA sofort vollziehbar (§ 80 Abs. 2 VwGO)

bb) Sofort-Vollzug, § 6 Abs. 2 VwVG

(1) drohende/gegenwärtige Gefahr

(2) Handeln innerhalb der gesetzlichen Befugnisse (= Rechtmäßigkeit eines fiktiven GrundVA)

b) **Ordnungsgemäßes Vollstreckungsverfahren**

aa) Richtiges Zwangsmittel

bb) Androhung (§ 13 VwVG)

cc) (ggf.) Festsetzung (§ 14 VwVG)

dd) ordnungsgemäße Anwendung, insb. Verhältnismäßigkeit

c) **keine Vollstreckungshindernisse**

d) **Rechtsfolge: Ermessen** bzgl. „ob" und „wie" der Vollstreckung

2. Kostentragungspflicht

a) **Kostenschuldner** = Pflichtiger, insb. Verhaltens- oder Zustandsstörer

b) Kostenforderung nach **Art und Höhe** gerechtfertigt

c) **Rechtsfolge:**

aa) i.d.R. **gebundene Entscheidung** (str.)

bb) VA-Befugnis?

VERWALTUNGSZWANG

gestrecktes Verfahren § 6 I VwVG	**Sofort-Vollzug** § 6 II VwVG

Vollstreckungsvoraussetzungen

gestrecktes Verfahren	Sofort-Vollzug
■ **GrundVA** auf Handlung, Duldung oder Unterlassung ■ **Vollstreckbarkeit** des GrundVA – VA unanfechtbar – sofort vollziehbar gem. § 80 II VwGO ■ **Rechtmäßigkeit** des GrundVA irrelevant (str.)	■ ohne GrundVA möglich, erst recht wenn VA vorliegt ■ Handeln „innerhalb ihrer gesetzlichen Befugnisse“ = **Rechtmäßigkeit eines (fiktiven) GrundVA** auf Handlung, Duldung oder Unterlassung ■ **gegenwärtige Gefahr**

Vollstreckungsverfahren

- **richtiges Zwangsmittel**
  - Ersatzvornahme (vertretbare Handlung), § 10 VwVG
  - Zwangsgeld (i.d.R. unvertretbare Handlungen), § 11 VwVG
  - unmittelbarer Zwang (ultima ratio), § 12 VwVG i.V.m. UZwG

gestrecktes Verfahren	Sofort-Vollzug
■ **Androhung**, § 13 VwVG – bestimmtes Zwangsmittel, § 13 III – grds. schriftlich, § 13 I 1 – unter Fristsetzung, § 13 I 2 – u.U. verbunden mit GrundVA, § 13 II – bei Ersatzvornahme: Kostenvoranschlag, § 13 IV – bei Zwangsgeld: bestimmte Höhe, § 13 V	■ **Androhung** entbehrlich, § 13 I VwVG
■ **Festsetzung**, § 14 VwVG – nur im Bundesrecht und in einigen Ländern obligatorisch – selbstständiger VA (str.)	■ **Festsetzung** entfällt, § 14 S. 2 VwVG

- ordnungsgemäße **Anwendung** des Zwangsmittels (§ 15 VwVG), insbes. Verhältnismäßigkeit (§ 9 II VwVG)
  - Geeignetheit
  - Erforderlichkeit:
    - Verwaltungszwang als solcher
    - ggf. Notwendigkeit des sofortigen Vollzuges
  - Angemessenheit

Vollstreckungshindernisse

- rechtliche Unmöglichkeit (z.B. entgegenstehende Rechte Dritter)
- nachträgliche materielle Einwendungen gegen den GrundVA

3. Abschnitt: Der öffentlich-rechtliche Vertrag

A. Begriffsmerkmale des öffentlich-rechtlichen Vertrages

295 Die Behörde kann auf dem Gebiet des öffentlichen Rechts nicht nur einseitig durch VA handeln, sondern kann Rechtsfolgen auch durch **vertragliche Vereinbarungen** herbeiführen. Nach § 54 VwVfG ist der öffentlich-rechtliche Vertrag ein neben dem VA stehendes, diesem grds. **gleichwertiges Handlungsmittel** der Verwaltung. Nach § 54 S. 1 VwVfG kann ein Rechtsverhältnis auf dem Gebiet des öffentlichen Rechts durch **Vertrag** begründet, geändert oder aufgehoben werden, soweit Rechtsvorschriften nicht entgegenstehen.

Beispiele: Vertrag zwischen dem Dienstherrn und einem Beamten über die Rückzahlung von Ausbildungskosten bei vorzeitigem Ausscheiden des Beamten aus dem Dienst; Vertrag über die Vorbereitung und Durchführung städtebaulicher Maßnahmen; Vertrag über die Gewährung einer Subvention.

Begriffsmerkmale des öffentlich-rechtlichen Vertrages
■ **Regelung**
■ **auf dem Gebiet des öffentlichen Rechts**
■ **vertraglich**

I. Regelung

296 Der Begriff der Regelung deckt sich mit dem für den VA geltenden Regelungsbegriff. Die Vereinbarung muss **unmittelbar auf die Herbeiführung von Rechtsfolgen gerichtet** sein.[361] § 54 S. 1 VwVfG nennt als Regelungsinhalte insbes. die Begründung, Änderung oder Aufhebung eines öffentlich-rechtlichen Rechtsverhältnisses.

Beispiele: Begründung von Zahlungsverpflichtungen, Gewährung eines Rechts (z.B. einer Erlaubnis oder Genehmigung), Gestaltung eines Rechts (z.B. Aufhebung einer Erlaubnis), Feststellung einer streitigen Rechtslage.

II. Auf dem Gebiet des öffentlichen Rechts

297 Die Regelung muss auf dem Gebiet des **öffentlichen Rechts** erfolgen. Da die Behörde sowohl öffentlich-rechtlich als auch privatrechtlich tätig werden kann, richtet sich die Abgrenzung des öffentlich-rechtlichen Vertrages vom privatrechtlichen Vertrag nach den allgemeinen Kriterien. Öffentlich-rechtlich ist der Vertrag, wenn der **Vertragsgegenstand** öffentlich-rechtlich ist, wobei ergänzend auf den **Zweck** des Vertrages abzustellen ist.[362] Der **Vertragsgegenstand** ist aus dem Inhalt des Vertrages zu ermitteln und als öffentlich- rechtlich zu qualifizieren, wenn er sich auf einen Sachbereich bezieht, der nach öffentlich-rechtlichen Regeln zu beurteilen ist.[363]

361 Vgl. dazu AS-Skript Verwaltungsrecht AT 1 (2014), Rn. 177 ff.

362 GmS-OGB NJW 1986, 2359; BVerwG, Beschl. v. 26.05.2010 – BVerwG 6 A 5.09, RÜ 2010, 531, 532; BGH NJW 2003, 888, 889; Ruffert Jura 2003, 633, 634; Singer/Mielke JuS 2007, 1111, 1112; zu den verschiedenen Abgrenzungstheorien Scherzberg JuS 1992, 205, 207.

363 GmS-OGB BGHZ 97, 312, 313 f.; BVerwG DVBl. 2000, 1853, 1854; Gurlit Jura 2001, 659, 661; Knack/Henneke Vor § 54 Rn. 28; Maurer § 14 Rn. 11.

Beispiele:

- Der Vertrag dient dem Vollzug einer öffentlich-rechtlichen Vorschrift (z.B. städtebauliche Verträge nach § 11 BauGB; Sanierungsvertrag nach § 13 Abs. 4 BBodSchG).
- Durch den Vertrag werden öffentlich-rechtliche Beziehungen unmittelbar gestaltet (z.B. Ablösungsvertrag über Erschließungsbeiträge nach § 133 Abs. 3 S. 5 BauGB; Vertrag zwischen Dienstherrn und Beamten über Studienförderung).
- Begründung eines Anspruchs auf eine Leistung, die nur kraft öffentlichen Rechts gewährt werden kann (z.B. Vertrag, kraft dessen der Bürger eine Baugenehmigung verlangen kann).
- Enger Sachzusammenhang des Vertragsinhalts und -zwecks mit öffentlich-rechtlich zu erfüllenden Aufgaben (z.B. Schuldanerkenntnis, um eine Einbürgerung zu ermöglichen).

Problematisch ist die Einordnung dann, wenn **nur eine** der getroffenen Regelungen das öffentliche Recht betrifft und im Übrigen eine üblicherweise privatrechtliche Regelung vorliegt. 298

Beispiele: B veräußert einen Teil seines Grundstücks an die Gemeinde (z.B. zum Zwecke des Straßenbaus), um im Gegenzug von der Gemeinde einen baurechtlichen Dispens (§ 31 Abs. 2 BauGB) zu erhalten.[364] – Die Stadt veräußert ein Grundstück an X und dieser übernimmt die Verpflichtung, das Grundstück innerhalb von drei Jahren zu bebauen.[365]

Teilweise wird angenommen, es handele sich um **gemischte Verträge**, die privatrecht- 299
liche und öffentlich-rechtliche Elemente verbinden. Die Rechtsnatur sei für jeden Vertragsteil gesondert zu beurteilen.[366] Nach der Gegenansicht kann durch Vertrag nur ein **einheitliches Rechtsverhältnis** begründet werden. Wenn die Leistung dem öffentlichen Recht angehöre, gelte dies auch für die Gegenleistung. Anders sei dies nur bei zusammengesetzten Verträgen, die sich in separate Vereinbarungen aufspalten ließen.[367] Überwiegend wird auf den **Schwerpunkt** der Vereinbarung abgestellt. Entscheidend sei, welcher Teil dem Vertrag das entscheidende Gepräge gibt. Wenn der Vertrag schwerpunktmäßig ein Grundstückskaufvertrag ist, der lediglich zusätzlich öffentlich-rechtliche Elemente enthält, handele es sich um einen privatrechtlichen Vertrag.[368]

In den obigen Beispielen ist wesentlicher Inhalt des Vertrages jeweils die Übertragung des Eigentums an einem Grundstück gegen Zahlung des vereinbarten Kaufpreises. Es handelt sich deshalb um Grundstückskaufverträge, die dem Zivilrecht zuzuordnen sind. Die Regelung zum Dispens bzw. zur Bebauung haben nur untergeordnete Bedeutung und ändern nichts daran, dass der Vertrag seinen Schwerpunkt im Zivilrecht hat. Wird allerdings mit der Veräußerung unmittelbar eine öffentliche Aufgabe verfolgt, gelten die Grundsätze des Verwaltungsprivatrechts,[369] d.h. außer Privatrecht gelten öffentlich-rechtliche Bindungen, insbes. die Grundrechte und der Grundsatz der Verhältnismäßigkeit.[370]

III. Vertragliche Regelung

Eine vertragliche Regelung ist anzunehmen, wenn der Bürger **rechtlich** einen **gleichbe-** 300
rechtigten Einfluss auf den Inhalt der Regelung nehmen kann. Unerheblich ist ebenso wie im Privatrecht der tatsächliche Einfluss. Ob eine vertragliche Regelung i.S.d. § 54

364 BVerwGE 41, 331, 333; Butzer/Clever Jura 1995, 325; anders OLG Schleswig NJW 2004, 1052.

365 BGH NVwZ 2004, 253, 254.

366 OVG Schleswig NVwZ-RR 2002, 793; Pieper DVBl. 2000, 160, 162; Gurlit Jura 2001, 659, 661.

367 Schoch/Ehlers VwGO § 40 Rn. 313 f.; Stelkens/Bonk/Sachs VwVfG § 54 Rn. 77.

368 Vgl. BVerwG, Urt. v. 18.07.2012 – BVerwG 8 C 4.11, RÜ 2013, 189, 190; BGH NJW 2003, 888, 889.

369 Vgl. AS-Skript Verwaltungsrecht AT 1 (2014), Rn. 70 ff.

370 Vgl. BGH, Urt. v. 06.11.2009 – V ZR 63/09, RÜ 2010, 115, 116 f. und AS-Skript Verwaltungsrecht AT 1 (2014), Rn. 72 ff.

VwVfG vorliegt, ist im Wesentlichen eine Frage der Abgrenzung zum **mitwirkungsbedürftigen VA**, bei dessen Erlass zwar die Mitwirkung des Bürgers erforderlich ist, dieser aber lediglich die Möglichkeit hat, durch Verweigerung der Zustimmung den Erlass der Regelung zu verhindern, ohne aber auf dessen Inhalt Einfluss nehmen zu können.

Daher ist z.B. eine Einigung zwischen Behörde und Bürger über die Höhe der Enteignungsentschädigung eine vertragliche Regelung, weil die Höhe gesetzlich nicht genau vorgeschrieben ist und der Bürger deshalb einen Einfluss darauf nehmen kann (vgl. § 110 BauGB). Dagegen hat der Bürger bei der Einstellung als Beamter nur die Möglichkeit, ja oder nein zu sagen. Auf den Inhalt seiner Rechte und Pflichten als Beamter hat er keinen Einfluss, weil diese gesetzlich festgelegt sind (§§ 33 ff. BeamtStG; §§ 60 ff. BBG), in diesem Falle ist deshalb ein mitwirkungsbedürftiger VA gegeben. Weitere Beispiele für mitwirkungsbedürftige VAe sind z.B. die Einbürgerung, die Fahrerlaubnis und die Baugenehmigung.

B. Die Arten des öffentlich-rechtlichen Vertrages

Die §§ 54 ff. VwVfG unterscheiden koordinationsrechtliche und subordinationsrechtliche Verträge.

301 ■ **Koordinationsrechtlich** sind öffentlich-rechtliche Verträge zwischen Rechtsträgern, die prinzipiell **gleichgeordnet** sind, weil keiner dem anderen gegenüber Weisungen erteilen oder VAe erlassen darf (auch horizontaler Vertrag genannt).

Beispiel: Vereinbarung zwischen zwei Gemeinden über die Unterhaltung einer über die gemeinsame Grenze verlaufenden Brücke; Vertrag zwischen Gemeinde und Kreis zur Übertragung der Abfallbeseitigungspflicht; Gebietsänderungsverträge zwischen Gemeinden.

302 ■ Um einen **subordinationsrechtlichen** Vertrag (§ 54 S. 2 VwVfG) handelt es sich bei einer Vereinbarung zwischen Parteien, die sonst im Verhältnis der **Über-/Unterordnung** stehen, der Vertrag also an die Stelle eines VA tritt (z.B. Verträge zwischen Behörde und Bürger).

Auch der **Prozessvergleich** nach § 106 VwGO ist der Sache nach ein öffentlich-rechtlicher Vertrag. Er hat jedoch eine **Doppelnatur:** Er ist materiell-rechtlicher Vertrag, zugleich aber auch Prozesshandlung.[371]

303 Im VwVfG geregelte **Unterfälle** des subordinationsrechtlichen Vertrages sind der **Vergleichsvertrag** (§ 55 VwVfG) und der **Austauschvertrag** (§ 56 VwVfG), ohne dass dadurch andere Vertragstypen ausgeschlossen werden. Es besteht **kein numerus clausus** verwaltungsrechtlicher Verträge.

304 Vom Gesetz vorausgesetzt, aber nicht näher geregelt ist die Unterscheidung zwischen Verpflichtungsverträgen und Verfügungsverträgen. Der **Verpflichtungsvertrag** begründet eine Pflicht der Beteiligten, die vereinbarte Rechtsänderung vorzunehmen (z.B. Verpflichtung der Behörde zum Erlass einer Baugenehmigung), während der **Verfügungsvertrag** die Rechtsänderung als solche bereits unmittelbar herbeiführt (z.B. Erteilung eines VA im Vertrag selbst).[372]

Die Unterscheidung spielt eine Rolle bei der Frage, ob ein Vertrag als Handlungsform zulässig ist (dazu unten Rn. 308); im Übrigen ist anerkannt, dass Verpflichtungsverträge und Verfügungsverträge grds. gleich zu behandeln sind.[373]

---

371 BVerwG, Urt. v. 18.07.2012 – BVerwG 8 C 4.11, DVBl. 2013, 40, 41; RÜ 2013, 189, 191; Höfling/Krings JuS 2000, 625, 629; Budach/Johlen JuS 2002, 371.

372 BVerwG, Urt. v. 18.07.2012 – BVerwG 8 C 4.11, RÜ 2013, 189, 191; zur Unterscheidung Hellriegel DVBl. 2007, 1211, 1212.

C. Zustandekommen eines öffentlich-rechtlichen Vertrages

Anders als beim VA gibt es beim öffentlich-rechtlichen Vertrag hinsichtlich der **Rechtsfolgen** keine Unterscheidung zwischen Nichtigkeit und Rechtswidrigkeit. Werden Ansprüche aus einem bereits geschlossenen öffentlich-rechtlichen Vertrag geltend gemacht, so kommt es nur darauf an, ob der Vertrag **wirksam** oder nichtig ist. **305**

I. Die Rechtmäßigkeit eines öffentlich-rechtlichen Vertrages

Die Rechtmäßigkeit des öffentlich-rechtlichen Vertrages spielt in der Praxis nur dann eine Rolle, wenn der Vertrag **noch abgeschlossen** werden soll. Da auch beim Vertrag der Grundsatz der Gesetzmäßigkeit der Verwaltung (Art. 20 Abs. 3 GG) zu beachten ist, gelten hier dieselben Rechtmäßigkeitsanforderungen wie bei sonstigem Verwaltungshandeln. **306**

Aufbauschema: Rechtmäßigkeit eines öffentlich-rechtlichen Vertrages

- **Ermächtigungsgrundlage** grds. nicht erforderlich, aber ggf. Handlungsformverbote
- **Formelle Rechtmäßigkeit**
  - Zuständigkeit
  - Schriftform (§ 57 VwVfG)
  - Mitwirkung Dritter und anderer Behörden (§ 58 VwVfG)
- **Materielle Rechtmäßigkeit**
  - spezielle gesetzliche Erfordernisse (z.B. im Baurecht, §§ 11 ff. BauGB)
  - für Vergleichsverträge: § 55 VwVfG
  - für Austauschverträge: § 56 VwVfG
  - allgemeine Rechtmäßigkeitsanforderungen
  - ggf. Ermessen

1. Ermächtigungsgrundlage

Eine Ermächtigungsgrundlage für die Handlungsform des Vertrages ist grds. nicht erforderlich. Es gilt nur der Grundsatz vom Vorrang des Gesetzes, nicht der Vorbehalt des Gesetzes, und zwar selbst dann nicht, wenn der Vertrag Belastungen des Bürgers zur Folge hat. Denn der Bürger geht die vertragliche Bindung freiwillig ein.[374] **307**

Allerdings ist umstritten, ob dies auch für den **Inhalt** des Vertrages gilt. Hier wird teilweise eine gesetzliche Grundlage gefordert, wenn die Belastung über eine selbst auferlegte Bindung des Grundrechtsträgers hinausgeht.[375]

373 Gurlit Jura 2001, 659, 662.

374 BVerwGE 42, 331, 335; OVG Koblenz DVBl. 2003, 811, 812; Höfling/Krings JuS 2000, 625, 627; Ogorek JA 2003, 436, 438.

375 Scherzberg JuS 1992, 205, 211; Gersdorf JuS 1994, 955, 959; Bleckmann NVwZ 1990, 601, 603: soweit sich aus Grundrechten eine Schutzpflicht des Staates ergibt; Gurlit Jura 2001, 659, 664: bei wesentlichen Fragen, die dem Parlamentsvorbehalt unterliegen; ausführlich Höfling/Krings JuS 2000, 625, 630.

308 Jedoch enthalten einige Rechtsnormen Beschränkungen (als „entgegenstehende Vorschriften" i.S.d. § 54 S. 1 VwVfG), die es verbieten, dass eine Behörde bestimmte Fragen durch Vertrag regelt (sog. **Handlungsformverbote**).

Beispiel: Verbot der Vereinbarung einer höheren Beamtenbesoldung (§ 2 Abs. 2 BBesG) oder -versorgung (§ 3 Abs. 2 BeamtVG);[376] während andererseits bestimmte Vorschriften eine Regelung durch Vertrag ausdrücklich vorsehen (z.B. §§ 11, 110, 111 BauGB).[377]

Derartige Handlungsformverbote sind nicht nur bei **ausdrücklicher Regelung** anzunehmen, sondern können sich auch durch **Auslegung** gesetzlicher Vorschriften nach ihrem Sinn und Zweck sowie aus dem Gesamtzusammenhang der Regelung ergeben. Ein öffentlich-rechtlicher Vertrag ist insbes. dann unzulässig, wenn das Gesetz **abschließend** ist oder **nur eine Regelung durch VA** vorsieht.[378]

Beispiel: Im Beamtenrecht ist der Gesetzgeber für die Regelung des Beamtenverhältnisses und der sich daraus ergebenden Rechte und Pflichten allein zuständig und verantwortlich. Daher können Beamtenpflichten zwar ggf. durch VA konkretisiert werden. Im Übrigen ist die gesetzliche Regelung aber zwingend und abschließend, sodass eine vertragliche Vereinbarung, durch die beamtenrechtliche Pflichten geändert oder gesetzlich nicht vorgesehene Pflichten begründet werden, grds. unzulässig ist.[379]

309 Der Bereich der Handlungsformverbote (also die Frage nach dem „Ob") wird in Rspr. und Lit. allerdings zunehmend **eingeschränkt**. Auch in problematischen Bereichen (insbes. im Abgabenrecht) ist der öffentlich-rechtliche Vertrag nicht generell ausgeschlossen; vielmehr wird darauf abgestellt, ob der konkrete Inhalt des Vertrages (das „Wie") zulässig ist.[380] Im Unterschied zum Handlungsformverbot wird dann von „Vertragsinhaltsverbot"[381] oder „Regelungsinhaltsverbot"[382] gesprochen.

2. Formelle Anforderungen an öffentlich-rechtliche Verträge

310 In **formeller Hinsicht** sind beim öffentlich-rechtlichen Vertrag

- die **Zuständigkeit** der handelnden Behörde,
- die Einhaltung der **Schriftform** (§ 57 VwVfG) sowie
- etwaige **Mitwirkungserfordernisse** (§ 58 VwVfG) zu beachten.

311 Greift der Vertrag in **Rechte eines Dritten** ein (z.B. des Nachbarn bei der Baugenehmigung), wird der Vertrag erst wirksam, wenn der Dritte schriftlich zustimmt (§ 58 Abs. 1 VwVfG). Wird anstatt eines VA, bei dessen Erlass die Genehmigung, die Zustimmung oder das **Einvernehmen einer anderen Behörde** erforderlich ist (z.B. § 36 BauGB), ein Vertrag geschlossen, so wird dieser erst wirksam, nachdem die andere Behörde in der vorgeschriebenen Form mitgewirkt hat (§ 58 Abs. 2 VwVfG), dazu unten Rn. 316 ff.

---

376 Vgl. BVerfG NVwZ 2007, 802; BVerwG DVBl. 2005, 1138; OVG Koblenz NVwZ 2006, 1318 f.

377 Vgl. VGH Mannheim DVBl. 2010, 185, 186; Selmer JuS 2006, 382.

378 Maurer § 14 Rn. 26; Kunig DVBl. 1992, 1193, 1196; Höfling/Krings JuS 2000, 625, 628.

379 BVerwG DVBl. 1993, 558, 559.

380 Knack/Henneke § 54 Rn. 17 u. 46; Stelkens/Bonk/Sachs § 54 Rn. 101 ff.; Maurer § 14 Rn. 3a ff.; Budach/Johlen JuS 2002, 371, 373; näher unten Rn. 356 f.

381 Stelkens/Bonk/Sachs VwVfG § 54 Rn. 108.

382 Knack/Henneke VwVFG § 54 Rn. 22.

3. Materielle Anforderungen an öffentlich-rechtliche Verträge

Die **materiellen (inhaltlichen) Anforderungen** an öffentlich-rechtliche Verträge ergeben sich in erster Linie aus den vom Vertragsgegenstand betroffenen **Spezialgesetzen**, ergänzend aus §§ 54 ff. VwVfG.

a) Soweit der Vertrag ein Gebiet betrifft, für das **spezielle gesetzliche Regelungen** vorhanden sind, was regelmäßig im Bereich des Besonderen Verwaltungsrechts (z.B. Beamten-, Bau- oder Immissionsschutzrecht) der Fall ist, muss der Vertrag mit diesen besonderen Vorschriften vereinbar sein (z.B. §§ 11 ff. BauGB).[383] **312**

b) Für subordinationsrechtliche **Vergleichs-** und **Austauschverträge** enthalten die §§ 55, 56 VwVfG ergänzende Regelungen.

c) Im Übrigen gelten für die Rechtmäßigkeit von Verträgen im Grundsatz dieselben **allgemeinen Rechtmäßigkeitsanforderungen** wie bei Verwaltungsakten. Vor allem ist der Grundsatz der Bestimmtheit der vertraglichen Regelungen zu beachten.

d) Soweit keine gesetzlichen Vorschriften bestehen oder wenn der Behörde nach den gesetzlichen Vorschriften **Ermessen** zusteht, richtet sich die Rechtmäßigkeit des Vertrages nach den Regeln über den fehlerfreien Ermessensgebrauch.[384] **313**

Dabei sind u.a. auch die Grundrechte zu beachten. Insbesondere darf durch vertragliche Regelungen nicht der Gleichheitssatz des Art. 3 Abs. 1 GG verletzt werden. Außerdem ist der aus den Abwehrrechten folgende Verhältnismäßigkeitsgrundsatz zu beachten.[385]

Bzgl. des Grundrechtsschutzes besteht allerdings die **Besonderheit**, dass sich der Bürger auf den Vertragsinhalt **freiwillig einlässt**. Der Vertragsschluss beruht gerade auf der Betätigung seiner durch Art. 2 Abs. 1 GG geschützten **Vertragsfreiheit**, sodass es insoweit an einem Eingriff fehlt. Im Übrigen kann der Bürger – jedenfalls in bestimmtem Umfang – über seine Grundrechte verfügen, sodass in diesem Umfang Grundrechtsbeeinträchtigungen durch sein mit dem Vertragsschluss zum Ausdruck gebrachtes Einverständnis gedeckt sind.[386] Bedeutung können die Grundrechte aber bei drittbelastenden Verträgen haben (z.B. Art. 12 GG im Hinblick auf den Konkurrentenschutz).[387]

Beispiel: Ein öffentlich-rechtlicher Vertrag, der einen unzulässigen Verdrängungs- bzw. Auszehrungswettbewerb ermöglicht, kann gegen Art. 12 Abs. 1 GG verstoßen.[388]

II. Die Wirksamkeit des öffentlich-rechtlichen Vertrages

In der Praxis und in der Examensklausur geht es i.d.R. darum, dass Ansprüche aus einem **bereits geschlossenen öffentlich-rechtlichen Vertrag** geltend gemacht werden. Wie beim VA kommt es dann nicht auf die Rechtmäßigkeit des Vertrages, sondern allein auf seine Wirksamkeit an. **314**

---

383 Vgl. BVerwG NVwZ 1990, 665, 666.
384 Vgl. AS-Skript Verwaltungsrecht AT 1 (2014), Rn. 458 ff.
385 Vgl. Butzer/Clever Jura 1995, 325, 328 m.w.N.
386 Maurer § 14 Rn. 34; Höfling/Krings JuS 2000, 625, 630; a.A. Gusy DVBl. 1983, 1222, 1228.
387 Vgl. z.B. OVG NRW NVwZ 1984, 522; Gurlit Jura 2001, 731, 732.
388 Zum sehr eingeschränkten Konkurrentenschutz aus Art. 12 Abs. 1 GG vgl. AS-Skript Grundrechte.

Aufbauschema: Wirksamkeit eines öffentlich-rechtlichen Vertrages
■ **Einigung** (§ 62 S. 2 VwVfG i.V.m. §§ 145 ff. BGB)
■ **Schriftform** (§ 57 VwVfG)
■ **Beteiligung Dritter** (§ 58 VwVfG)
■ **keine Nichtigkeitsgründe** (§ 59 VwVfG)

1. Einigung

315 Wie beim privatrechtlichen Vertrag müssen sich die Parteien gemäß § 62 S. 2 VwVfG i.V.m. §§ 145 ff. BGB geeinigt haben.

Für die Auslegung, ob und mit welchem Inhalt ein Vertrag zustande gekommen ist, gelten die §§ 133, 157 BGB.[389] Vor allem muss der Verwaltungsträger **wirksam vertreten** worden sein (§ 164 BGB). Wichtig sind hier vor allem die Vorschriften der Gemeindeordnung über Verpflichtungsgeschäfte (z.B. Art. 38 BayGO, §§ 53, 54 GemO BW, § 71 HGO, § 49 GemO RP, §§ 63, 64 GO NRW, § 60 SächsGemO).

Beispiel: Die Einigung wirkt nur dann für und gegen die Gemeinde, wenn sie ordnungsgemäß vertreten worden ist (z.B. durch den Bürgermeister, Gemeindevorstand oder einen vertretungsberechtigten Beamten).

2. Schriftform (§ 57 VwVfG)

316 Nach § 57 VwVfG unterliegt ein öffentlich-rechtlicher Vertrag der **Schriftform** bzw. einer anderweitigen gesetzlich vorgeschriebenen strengeren Form, z.B. die notarielle Beurkundung bei Grundstücksgeschäften (§ 62 S. 2 VwVfG, § 311 b BGB).[390] Schriftform bedeutet entsprechend § 126 Abs. 2 BGB grds. die Unterzeichnung einer einheitlichen Urkunde **(Grundsatz der Urkundeneinheit)**, ein Schriftwechsel reicht nach h.Rspr. nicht aus.[391]

Das BVerwG hat nur bei Verwaltungsvereinbarungen zwischen den Ländern[392] und bei den Bürger einseitig verpflichtenden Verträgen auf die Urkundeneinheit verzichtet.[393] Nach der Gegenansicht soll es für die Schriftform stets genügen, wenn ein schriftliches Vertragsangebot und eine inhaltlich übereinstimmende Annahmeerklärung vorliegen und jeweils der Gegenseite zugegangen sind.[394]

317 Ein **Formverstoß** führt nach § 59 Abs. 1 VwVfG i.V.m. § 125 S. 1 BGB zur Nichtigkeit des Vertrages. Das bedeutet, dass der Vertrag von den Vertragsparteien nicht erfüllt werden muss. Eine Ausnahme hiervon gilt – wie im Zivilrecht – nur für den Fall, dass dies nach Maßgabe der Beziehungen der Beteiligten zueinander und unter Berücksichtigung aller Umstände des Einzelfalls nicht bloß unbefriedigend, sondern nach **Treu und Glauben** schlechterdings unvertretbar ist.[395]

---

389 BVerwG NJW 1990, 1926, 1928.

390 OVG Schleswig NJW 2008, 601; OVG Lüneburg BauR 2008, 57.

391 OVG Lüneburg NJW 2008, 2520; NJW 1998, 2921; OVG Hamburg DVBl. 2008, 1202; Ogorek JA 2003, 436, 437 m.w.N.

392 BVerwG NVwZ 2005, 1083.

393 BVerwG NJW 1996, 608, 610; DVBl. 1995, 675, 676; VG Berlin NJW 2000, 2040, 2041; VG Stuttgart, Urt. v. 06.07.2010 – 12 K 416/10, RÜ 2011, 130, 131 f. (Kostenerstattung für Klassenfahrt; anders VG Gelsenkirchen NJW 2002, 1818: ör GoA).

394 Kopp/Ramsauer VwVfG § 57 Rn. 10; Stelkens/Bonk/Sachs VwVfG § 57 Rn. 20; offen gelassen von BayVGH, Urt. v. 24.04. 2015 – 4 BV 13.2391.

395 OVG Magdeburg, Beschl. v. 23.12.2010 - 4 L 205/10, NVwZ-RR 2011, 418.

3. Beteiligung Dritter oder anderer Behörden (§ 58 VwVfG)

a) Nach § 58 Abs. 1 VwVfG wird ein öffentlich-rechtlicher Vertrag, der in Rechte eines **Dritten** eingreift, erst wirksam, wenn der Dritte schriftlich zustimmt. Rechte Dritter können sich aus einfach-gesetzlichen Vorschriften oder aus Grundrechten ergeben.[396] **318**

Beispiel: Die Baubehörde und der Bauherr schließen einen öffentlich-rechtlichen Vertrag über die Erteilung einer Baugenehmigung unter Abweichung von nachbarschützenden Vorschriften. Der Vertrag wird nach § 58 Abs. 1 VwVfG erst wirksam, wenn der Nachbar zustimmt.

b) Nach § 58 Abs. 2 VwVfG wird ein öffentlich-rechtlicher Vertrag, der anstatt eines VA geschlossen wird, bei dessen Erlass nach einer Rechtsvorschrift die Genehmigung, die Zustimmung oder das Einvernehmen einer **anderen Behörde** erforderlich ist, erst wirksam, wenn die andere Behörde in der vorgeschriebenen Form mitgewirkt hat. Der wichtigste Fall ist die Mitwirkung in den Fällen des Einvernehmens. **319**

Beispiel: Die Baugenehmigungsbehörde schließt mit E einen öffentlich-rechtlichen Vertrag, wonach dem E die Baugenehmigung für ein Außenbereichsvorhaben (§ 35 BauGB) erteilt wird, wenn E die an dem Grundstück vorbeiführende Straße ausbaut. Da für die Baugenehmigung nach § 36 Abs. 1 BauGB das Einvernehmen der Gemeinde erforderlich ist, wird der Vertrag nach § 58 Abs. 2 VwVfG erst wirksam, wenn die Gemeinde in der vorgeschriebenen Form mitgewirkt hat.

c) Nach seinem Wortlaut gilt § 58 VwVfG nur für sog. Verfügungsverträge, bei denen der Vertrag unmittelbar in die Rechte eines Dritten eingreift (z.B. Erteilung eines Dispenses von nachbarschützenden Vorschriften unmittelbar durch den Vertrag). Die Vorschrift gilt aber **entsprechend für Verpflichtungsverträge** (z.B. Verpflichtung zur Erteilung einer dispensierenden Baugenehmigung), da nicht erst die Erfüllungshandlung einen Eingriff bewirkt, sondern schon die Verpflichtung zu einer solchen.[397] **320**

Beachte: Nicht unter § 58 Abs. 2 VwVfG fällt das Notifizierungsverfahren nach Art. 108 Abs. 3 AEUV bei Subventionen, da die EU-Kommission nicht als Behörde i.S.d. VwVfG zu qualifizieren ist.[398] Hier ist der unter Verstoß gegen das EU-Recht geschlossene Vertrag vielmehr nach § 59 Abs. 1 VwVfG i.V.m. § 134 BGB nichtig (s.u. Rn. 355).

4. Nichtigkeitsgründe (§ 59 VwVfG)

Damit ein öffentlich-rechtlicher Vertrag wirksam ist, dürfen schließlich **keine Nichtigkeitsgründe** (§ 59 VwVfG) vorliegen.

a) Rechtswidrige, aber nicht nichtige Verträge

Auch das vertragliche Verwaltungshandeln unterliegt dem aus dem Rechtsstaatsprinzip (Art. 20 Abs. 3 GG) folgenden **Grundsatz der Gesetzmäßigkeit der Verwaltung**.[399] Der **Vorrang des Gesetzes** spricht dafür, bei Rechtswidrigkeit des Vertrages auch Unwirksamkeit anzunehmen, weil andernfalls Behörde und Bürger zu einem Verhalten verpflichtet würden, das letztlich dem Gesetz widerspricht. **321**

396 Vgl. BVerwG, Urt. v. 18.07.2012 – BVerwG 8 C 4.11, RÜ 2013, 189, 192.

397 BVerwG NJW 1988, 662, 663; OVG NRW NVwZ 1988, 370, 371; Gurlit Jura 2001, 731, 731 f.; Ogorek JA 2003, 436, 437; a.A. Hellriegel DVBl. 2007, 1211, 1213, da der Dritte die Möglichkeit habe, den ihn belastenden VA als Erfüllungsakt auch bei Wirksamkeit des (Verpflichtungs-)Vertrages anzufechten.

398 Haas/Hoffmann JA 2009, 119, 123; Oldiges NVwZ 2001, 626, 635; Maurer § 14 Rn. 43 a; a.A. Schneider NJW 1992, 1197, 1199.

399 Vgl. Maurer § 14 Rn. 25; Gurlit in: Erichsen/Ehlers § 32 Rn. 4.

322 Das **Prinzip der Vertragsverbindlichkeit** (pacta sunt servanda) spricht hingegen dafür, Verträge auch dann als wirksam anzusehen, wenn sie mit dem Gesetz nicht im Einklang stehen und deshalb nicht hätten abgeschlossen werden dürfen. Der Gesetzgeber hat in § 59 VwVfG grds. dem Prinzip der Vertragsverbindlichkeit den Vorrang eingeräumt:

- **Nichtig** ist ein öffentlich-rechtlicher Vertrag nur bei Vorliegen einer der dort aufgeführten Nichtigkeitsgründe;
- im Übrigen ist der Vertrag zwar **rechtswidrig**, was jedoch die **Wirksamkeit** des Vertrages und die sich daraus ergebenden Ansprüche unberührt lässt.

323 Das VwVfG nimmt daher Gesetzesverstöße sanktionslos hin mit der Folge, dass es **rechtswidrige, aber gleichwohl wirksame öffentlich-rechtliche Verträge** gibt.[400]

Beispiel: X und die Stadt S haben einen öffentlich-rechtlichen Vertrag geschlossen, in dem sich X verpflichtet, einen Grundstücksteil an S zum Zwecke des Straßenbaus zu übertragen, und im Gegenzug die Stadt S, dem X eine Baugenehmigung für ein bauplanungsrechtlich unzulässiges Vorhaben zu erteilen. Wird die (an sich rechtswidrige) Baugenehmigung erteilt, so ist sie als Erfüllungshandlung des wirksamen (wenn auch rechtswidrigen) Vertrages rechtmäßig.[401]

324 Diese Regelung der nur **eingeschränkten Nichtigkeit** öffentlich-rechtlicher Verträge hat in der Lit. erhebliche Kritik und vor allem auch verfassungsrechtliche Bedenken im Hinblick auf die Gesetzmäßigkeit der Verwaltung (Art. 20 Abs. 3 GG) und die Rechtsschutzgarantie des Art. 19 Abs. 4 GG hervorgerufen.[402] Die verfassungsrechtlichen Bedenken lassen sich aber dadurch ausräumen, dass § 59 Abs. 1 VwVfG i.V.m. § 134 BGB so auszulegen und anzuwenden ist, dass **alle schwerwiegenden Verstöße** zur Nichtigkeit führen.[403] Für die verbleibenden Fälle ist auf die Parallele zum VA zu verweisen, wo rechtswidrige Verwaltungsakte auch nicht generell zur Aufhebung gelangen und, soweit sie begünstigend sind, nach § 48 Abs. 2 VwVfG sogar zum Teil gar nicht aufgehoben werden dürfen.[404]

b) Nichtigkeitsgründe nach § 59 Abs. 2 VwVfG

325 § 59 Abs. 2 VwVfG regelt die **speziellen Nichtigkeitsgründe** für **subordinationsrechtliche** Verträge i.S.d. § 54 S. 2 VwVfG.

Beachte: *Die Nichtigkeitsgründe des § 59 Abs. 2 VwVfG sind als* ***lex specialis vor*** *den allgemeinen Nichtigkeitsgründen gemäß § 59 Abs. 1 VwVfG zu prüfen,[405] schließen diese jedoch nicht aus. Vielmehr ist beim subordinationsrechtlichen Vertrag zusätzlich auch § 59 Abs. 1 VwVfG anwendbar (vgl. „ferner").[406]*

400 Vgl. BVerwG NJW 1990, 2700, 2702; DVBl. 1992, 372, 373 m.w.N.

401 Scherzberg JuS 1992, 205, 214.

402 Maurer § 14 Rn. 47 ff.

403 Maurer § 14 Rn. 51.

404 Vgl. auch Knack/Henneke § 59 Rn. 3 ff.; Stelkens/Bonk/Sachs § 59 Rn. 8; Gurlit Jura 2001, 731, 735 m.w.N.; zu Reformüberlegungen zur Lockerung der Nichtigkeitsfolge vgl. Schmitz DVBl. 2005, 17, 23.

405 Gurlit in: Erichsen/Ehlers § 32 Rn. 20; Stelkens/Bonk/Sachs § 59 Rn. 42; anders OVG Koblenz DVBl. 2003, 811, 812.

406 Knack/Henneke § 59 Rn. 17; Kopp/Ramsauer VwVfG § 59 Rn. 18.

Ein **subordinationsrechtlicher Vertrag** liegt nach § 54 S. 2 VwVfG vor, wenn die Behörde mit einem Bürger einen öffentlich-rechtlichen Vertrag schließt, an den sie sonst einen VA richten würde. Die Formulierung „an den sie sonst den VA richten würde" ist nach allgemeiner Auffassung ungenau. Es kommt nicht darauf an, ob die Behörde gerade den Vertragsinhalt durch VA hätte regeln können; entscheidend ist vielmehr, ob innerhalb der betroffenen Rechtsbeziehung grds. der Erlass von VAen möglich ist.[407] Das ist immer der Fall, wenn ein **Über-/Unterordnungsverhältnis** besteht. Daher sind Verträge zwischen Staat und Bürger i.d.R.,[408] nach teilweise vertretener Ansicht sogar immer nach § 54 S. 2 VwVfG zu beurteilen.[409] 326

Nichtigkeit nach § 59 Abs. 2 VwVfG
■ **Nr. 1:** Nichtigkeit eines inhaltsgleichen VA
■ **Nr. 2:** Materielle Rechtswidrigkeit eines inhaltsgleichen VA und Kenntnis der Vertragsparteien
■ **Nr. 3:** Voraussetzungen für Vergleichsvertrag (§ 55 VwVfG) nicht erfüllt und VA mit entsprechendem Inhalt rechtswidrig
■ **Nr. 4:** unzulässige Gegenleistung des Bürgers beim Austauschvertrag (§ 56 VwVfG)

- Nach § 59 Abs. 2 **Nr. 1** VwVfG ist ein ör Vertrag nichtig, wenn ein **VA** mit entsprechendem Inhalt **nichtig** wäre (§ 44 VwVfG). 327

  Dies gilt z.B. bei tatsächlicher Unmöglichkeit (§ 44 Abs. 2 Nr. 4 VwVfG) oder bei Sittenwidrigkeit (§ 44 Abs. 2 Nr. 6 VwVfG) oder bei schwerer Fehlerhaftigkeit der Vereinbarung (§ 44 Abs. 1 VwVfG).

- Nach § 59 Abs. 2 **Nr. 2** VwVfG ist ein ör Vertrag nichtig, wenn ein **VA** mit entsprechendem Inhalt nicht nur wegen eines Verfahrens- oder Formfehlers i.S.d. § 46 VwVfG **rechtswidrig** wäre und dies den Vertragschließenden **bekannt** war. 328

  Hierdurch soll vor allem verhindert werden, dass die Vertragschließenden in bewusstem und gewolltem Zusammenwirken (Kollusion) einen rechtswidrigen Zustand herbeiführen wollen.

- Nach § 59 Abs. 2 **Nr. 3** VwVfG ist ein **Vergleichsvertrag** nichtig, wenn dessen Voraussetzungen nach § 55 VwVfG nicht vorlagen und ein VA mit entsprechendem Inhalt rechtswidrig wäre. 329

  Nichtigkeit kommt daher in Betracht, wenn überhaupt keine Vergleichslage (Ungewissheit) gegeben war oder kein gegenseitiges Nachgeben erfolgte. Da die Voraussetzungen für einen Vergleichsvertrag nach § 55 VwVfG aber sehr weit gefasst sind, wird Nichtigkeit nur selten vorliegen.[410] Ob **Ermessensfehler** beim Abschluss eines Vergleichsvertrages zur Nichtigkeit führen, ist umstritten. Dagegen spricht, dass das Ermessen zur Rechtsfolgenseite gehört und nicht zu den „Voraussetzungen" i.S.d. § 59 Abs. 2 Nr. 3 VwVfG.[411]

- Nach § 59 Abs. 2 **Nr. 4** VwVfG ist ein **Austauschvertrag** nichtig, wenn sich die Behörde eine nach § 56 VwVfG unzulässige Gegenleistung versprechen lässt. 330

---

407 BVerwG DVBl. 2000, 1853, 1854; OVG Koblenz DVBl. 2003, 811, 812; Gurlit Jura 2001, 659, 662; Ruffert Jura 2003, 633, 635; Kopp/Ramsauer VwVfG § 54 Rn. 48 m.w.N.

408 Kopp/Ramsauer VwVfG § 54 Rn. 49; Knack/Henneke VwVfG § 54 Rn. 52.

409 Stelkens/Bonk/Sachs § 54 Rn. 61.

410 Vgl. Erfmeyer DVBl. 1998, 753 ff.; Höfling/Krings JuS 2000, 625, 630; Budach/Johlen JuS 2002, 371, 373.

411 Stelkens/Bonk/Sachs § 59 Rn. 36; Gurlit Jura 2001, 731, 735; abweichend Knack/Henneke § 55 Rn. 24.

c) Nichtigkeitsgründe nach § 59 Abs. 1 VwVfG

331 Nach **§ 59 Abs. 1 VwVfG** gelten für **alle öffentlich-rechtlichen Verträge**, seien sie subordinationsrechtlich oder koordinationsrechtlich, die **Nichtigkeitsgründe des BGB** entsprechend, z.B. Nichtigkeit wegen

- **Formverstoßes** (§ 125 BGB),
- **Gesetzesverstoßes** (§ 134 BGB),
- **Sittenwidrigkeit** (§ 138 Abs. 1 BGB),
- **Wuchers** (§ 138 Abs. 2 BGB),
- **Anfechtung** (§ 142 Abs. 1 BGB) und
- **fehlender Vergleichsgrundlage** (§ 779 BGB) beim Vergleichsvertrag.[412]

III. Die Nichtigkeit öffentlich-rechtlicher Verträge

1. Spezielle Nichtigkeitsgründe gemäß § 59 Abs. 2 VwVfG

Fall 9: Folgenloser Verzicht

E hatte vor einigen Jahren aufgrund ordnungsgemäßer Baugenehmigung eine Garage unmittelbar an sein Einfamilienhaus gebaut. Nunmehr hat er eine Genehmigung beantragt, die Wand zur Garage durchbrechen zu dürfen, um so sein Wohnzimmer zu erweitern. Die Bauaufsichtsbehörde hat grds. keine Bedenken, möchte aber aus baugestalterischen Gründen schon jetzt verhindern, dass E später an anderer Stelle eine neue Garage errichtet. In mehreren Verhandlungen zwischen E und dem Bauamt wird diskutiert, wie man dies am besten erreichen kann. Schließlich verzichtet E in einer schriftlichen Vereinbarung, die von E und von dem zuständigen Beamten des Bauamts unterschrieben wird, „auf die Errichtung einer Garage auf dem Grundstück Gemarkung X Flur 12 Flurstück 213". Die Behörde erteilt daraufhin die Genehmigung für den Umbau. Als E kurze Zeit später eine Baugenehmigung für eine neue Garage beantragt, wird diese unter Hinweis auf die frühere Vereinbarung abgelehnt. Hat E einen Anspruch auf Erteilung der Baugenehmigung, wenn ansonsten weder bauordnungsrechtliche noch bauplanungsrechtliche Bedenken gegen die Errichtung einer neuen Garage bestehen?

Hinweis: § 75 LBauO (Landesbauordnung) lautet: „Die Baugenehmigung ist zu erteilen, wenn dem Bauvorhaben keine öffentlich-rechtlichen Vorschriften entgegenstehen, die im bauaufsichtlichen Verfahren zu prüfen sind."

332 Dem E könnte ein Anspruch auf Erteilung der Baugenehmigung für die neu zu errichtende Garage nach § 75 LBauO zustehen. An sich sind die Voraussetzungen erfüllt, da öffentlich-rechtliche Vorschriften dem Bauvorhaben nicht entgegenstehen. Der Anspruch könnte jedoch aufgrund des im früheren Verfahren erklärten **Verzichts** ausgeschlossen sein.

---

412 BVerwG, Urt. v. 18.07.2012 – BVerwG 8 C 4.11, RÜ 2013, 189, 192.

A. E hat in der Urkunde **ausdrücklich erklärt**, dass er auf die Errichtung einer Garage auf seinem Grundstück verzichtet. 333

B. Diese Erklärung müsste **wirksam** sein. Die Wirksamkeitsvoraussetzungen richten sich nach der **Rechtsnatur** des „Verzichts". Bei der damaligen Absprache könnte es sich um einen öffentlich-rechtlichen Vertrag handeln, sodass die Wirksamkeit nach § 59 VwVfG zu beurteilen ist.

I. Dann müsste zunächst ein **öffentlich-rechtlicher Vertrag** vorliegen.

1. Ein solcher Vertrag bezieht sich seinem Gegenstand nach auf eine **verwaltungsrechtliche** Materie. Entscheidend ist dabei der **Gesamtcharakter** der Vereinbarung. Deshalb reicht es aus, wenn zumindest eine der geregelten Rechtsbeziehungen dem Verwaltungsrecht angehört, wenn diese den **Schwerpunkt** der Vereinbarung bildet.[413] 334

Beispiel: Öffentlich-rechtlicher Vertrag über die Erteilung einer Baugenehmigung gegen Abtretung eines Grundstücksstreifens an die Gemeinde zur Erschließung des Grundstücks.

Der Vertragsgegenstand bezieht sich insbes. dann auf einen öffentlich-rechtlich geregelten Sachbereich, wenn ein enger Zusammenhang mit einer anderen öffentlich-rechtlichen Verwaltungstätigkeit besteht. Hier stand der Verzicht des E im Sachzusammenhang mit der Erteilung der Genehmigung zum Umbau der alten Garage. Zwar ist die Erteilung der Baugenehmigung nicht ausdrücklich in die Absprache mit aufgenommen worden. Entscheidend ist aber nicht allein der unmittelbare **Vertragsgegenstand**, sondern auch der von den Parteien verfolgte **Zweck**. Der Verzicht war hier das Mittel, um die Baugenehmigung für die Vergrößerung des Wohnzimmers zu erhalten. Davon sind sowohl E als auch die Bauaufsichtsbehörde ausgegangen. Damit bezog sich die Erklärung des E auf einen öffentlich-rechtlich geregelten Sachbereich.

2. Dabei handelt es sich auch um eine **vertragliche Regelung**, da sowohl E als auch die Behörde einen gleichwertigen rechtlichen Einfluss auf die inhaltliche Gestaltung der Regelung hatten, wie sich aus dem Umstand mehrerer Verhandlungen ergibt, bei denen Handlungsalternativen diskutiert wurden.[414] 335

II. Der öffentlich-rechtliche Vertrag müsste **wirksam zustande gekommen** sein. Das Zustandekommen des öffentlich-rechtlichen Vertrages richtet sich nach den §§ 54 ff. VwVfG, ergänzend über § 62 S. 2 VwVfG nach den Vorschriften des BGB.

1. Hinsichtlich des ordnungsgemäßen Zustandekommens bestehen nur Bedenken wegen der **Schriftform** (§ 57 VwVfG). Zwar ist die Pflicht der Behörde zur Erteilung der Baugenehmigung nicht schriftlich niedergelegt worden. Die Genehmigung war jedoch nicht unmittelbar Vertragsgegenstand, sondern lediglich Folge des Vertrages. Der Verzicht als solcher bedurfte nicht der Schriftform.[415] 336

---

413 BVerwG, Urt. v. 18.07.2012 – BVerwG 8 C 4.11, RÜ 2013, 189, 190; Maurer § 14 Rn. 11 m.w.N. und oben Rn. 298 f.

414 Vgl. aber OVG Lüneburg DVBl. 1978, 179, 181, wo ein öffentlich-rechtlicher Vertrag abgelehnt wurde, weil die Behörde den Verzicht durch eine Nebenbestimmung zur Baugenehmigung „erzwungen" hatte.

415 BVerwG DVBl. 1995, 675, 676; OVG Koblenz DVBl. 2003, 811, 812.

2. Gründe für eine **schwebende Unwirksamkeit** nach § 58 VwVfG (Zustimmung Dritter oder anderer Behörden) sind nicht ersichtlich.

337 3. Die Vereinbarung ist unwirksam, wenn **Nichtigkeitsgründe** vorliegen. Dies ist nach § 59 Abs. 2 Nr. 4 VwVfG der Fall, wenn sich die Behörde bei einem Austauschvertrag eine nach § 56 VwVfG unzulässige Gegenleistung versprechen lässt.

338 a) § 59 Abs. 2 VwVfG gilt nur für den **subordinationsrechtlichen Vertrag** i.S.d. § 54 S. 2 VwVfG. Ein solcher Vertrag liegt hier vor, da die Behörde mit einem Bürger, an den sie sonst einen VA richten würde, einen öffentlich-rechtlichen Vertrag geschlossen hat.

339 b) § 59 Abs. 2 Nr. 4 VwVfG erfasst Austauschverträge. Ein **Austauschvertrag** nach § 56 VwVfG setzt grds. voraus, dass sich in dem Vertrag die Behörde zu einer Leistung und der Vertragspartner zu einer Gegenleistung verpflichtet. Daran könnte es hier fehlen, da in der Urkunde lediglich die (Gegen-)Leistung des E in Form des Verzichts enthalten ist, dagegen von einer Leistung der Behörde (hier die Baugenehmigung für die Erweiterung des Wohnzimmers) in der schriftlichen Vereinbarung nicht die Rede ist. Jedoch ist anerkannt, dass der Nichtigkeitsgrund des § 59 Abs. 2 Nr. 4 VwVfG analog anwendbar ist, wenn der Vertrag lediglich eine einseitige Verpflichtung des Bürgers enthält, aber die behördliche Leistung stillschweigend voraussetzt (sog. **hinkender Austauschvertrag**). Auch in diesem Fall gilt es, unzulässige (Gegen-)Leistungen des Bürgers zu verhindern.[416]

340 c) Der Vertrag ist demnach analog § 59 Abs. 2 Nr. 4 VwVfG nichtig, wenn sich die Behörde eine nach § 56 VwVfG **unzulässige** (Gegen-)**Leistung** hat versprechen lassen. Dabei ist zu unterscheiden, ob der Bürger einen Anspruch auf die von der Behörde versprochene Leistung hat oder ob diese im Ermessen der Behörde steht.

341 aa) Verspricht die Behörde eine Leistung, die in ihrem **Ermessen** steht, so ist die Gegenleistung des Bürgers nach § 56 Abs. 1 VwVfG unzulässig, wenn sie

- nicht für einen **bestimmten Zweck** vereinbart wird,
- **nicht der Erfüllung öffentlicher Aufgaben** dient,
- **unangemessen** ist
- oder mit der Leistung der Behörde **in keinem sachlichen Zusammenhang** steht (Koppelungsverbot).[417]

342 **Angemessen** ist eine Gegenleistung, wenn sie unter wirtschaftlichen Gesichtspunkten nicht außer Verhältnis zu der Bedeutung und dem Wert der von der Behörde zu erbringenden Leistung steht und die ver-

416 BVerwG DVBl. 2000, 1853, 1855; OVG Lüneburg BauR 2008, 57; VGH Mannheim VBlBW 2004, 52; Maurer § 14 Rn. 17; Gurlit Jura 2001, 731, 734; Kemmler JA 2003, 136, 139; Ruffert Jura 2003, 633, 635.

417 Ausführlich VGH Mannheim, Urt. v. 25.03.2015 – 3 S 2016/14.

tragliche Übernahme von Pflichten auch ansonsten zu keiner unzumutbaren Belastung für den Vertragspartner der Behörde führt.[418] Das Gebot der Angemessenheit ist Ausdruck des allgemeinen, verfassungsrechtlich verankerten **Grundsatzes der Verhältnismäßigkeit** (vgl. auch die Sonderregelung in § 11 Abs. 2 S. 1 BauGB).

Nach dem **Kopplungsverbot** müssen Leistung und Gegenleistung in einem sachlichen, inneren Zusammenhang stehen. Außerdem dürfen hoheitliche Entscheidungen grds. nicht von wirtschaftlichen Gegenleistungen abhängig gemacht werden (kein „Verkauf" von Hoheitsakten).[419] 343

Beispiel: Eine Geldzahlung für die Übernahme in das Beamtenverhältnis steht im Widerspruch zum verfassungsmäßigen Leistungsgrundsatz des Art. 33 Abs. 2 GG. Eine entsprechende Vertragsklausel ist gemäß § 59 Abs. 2 Nr. 4 VwVfG nichtig.[420]

bb) Besteht auf die Leistung der Behörde ein **Anspruch**, so kann nach § 56 Abs. 2 VwVfG nur eine solche Gegenleistung vereinbart werden, die bei Erlass eines VA Inhalt einer **Nebenbestimmung** nach § 36 VwVfG sein könnte. Da es im Rahmen des § 56 Abs. 2 VwVfG gerade um einen VA geht, auf den ein Anspruch besteht, gilt **§ 36 Abs. 1 VwVfG**. Als Gegenleistung kann in diesen Fällen daher nur eine Verpflichtung des Bürgers vereinbart werden, die sicherstellt, dass die gesetzlichen Voraussetzungen für die Erteilung des VA erfüllt werden, oder die Inhalt einer gesetzlich zugelassenen Nebenbestimmung sein kann. 344

Beispiel: Bürger B verpflichtet sich gegenüber der Gemeinde G zu einer Geldzahlung als Gegenleistung für die Erteilung des gemeindlichen Einvernehmens (§ 36 BauGB). – Der Vertrag ist in jedem Fall **nichtig**. Lagen die Voraussetzungen für die Erteilung der Baugenehmigung vor, bestand ein Anspruch des B, eine Gegenleistung hierfür durfte nicht vereinbart werden. Bestehende Baurechte dürfen nicht „verkauft" werden (vgl. auch § 11 Abs. 2 S. 2 BauGB). Lagen die baurechtlichen Voraussetzungen dagegen nicht vor, hätte auch die Geldleistung ein gesetzliches Hindernis nicht beseitigen können (§ 36 Abs. 1 VwVfG).[421] Zulässig wäre dagegen z.B. die Verpflichtung zur Übertragung eines Grundstücksteils, um die Erschließung des Baugrundstücks zu sichern.[422]

cc) Nach § 75 LBauO besteht ein **Anspruch** auf Erteilung der Baugenehmigung, wenn dem Vorhaben öffentlich-rechtliche Vorschriften nicht entgegenstehen, sodass nach §§ 56 Abs. 2, 36 Abs. 1 VwVfG nur eine solche Verpflichtung des E zulässig ist, die sicherstellt, dass **gesetzliche Hinderungsgründe** in Bezug auf das Bauvorhaben ausgeräumt werden. Zwar ist zweifelhaft, ob die Umwandlung einer Garage in ein Wohnzimmer überhaupt genehmigungsfähig war, sodass die Voraussetzungen 345

418 BVerwG NVwZ 2012, 108, 110 (Erschließungsvertrag); BVerwG NVwZ 2011, 1132, 1133; DVBl. 2009, 782, 783 (Folgekostenverträge); BGH NJW 2003, 888, 890 (Grundstücksveräußerung an Einheimische); Stelkens/Bonk/Sachs VwVfG § 56 Rn. 54; Kopp/Ramsauer VwVfG § 56 Rn. 13.

419 BVerwG DVBl. 2000, 1853, 1855; VGH Mannheim, Urt. v. 25.03.2015 – 3 S 2016/14; OLG Hamm, Urt. v. 04.02.2015 – 11 U 35/14; Ruffert Jura 2003, 633, 635; Ogorek JA 2003, 436, 438.

420 BVerwG NdsVBl. 2003, 236, 237; abweichend OVG Lüneburg NordÖR 2002, 307, 308: Nichtigkeit gemäß § 59 Abs. 2 Nr. 1 VwVfG; Übungsfall bei Kleine Holthaus JuS 2005, 531 ff.

421 Vgl. OVG Koblenz NVwZ 1992, 796; VG Darmstadt NJW 1998, 2073, 2074.

422 Vgl. BVerwG, Urt. v. 01.12.2010 – BVerwG 9 C 8.09, NVwZ 2011, 690, 691.

für die Baugenehmigung wohl nicht vorlagen. Jedoch wurden durch den Verzicht auf eine neue Garage keinesfalls die gesetzlichen Voraussetzungen für die Zulässigkeit der Umwandlung der vorhandenen Garage gesichert. Der Verzicht bezog sich nicht auf Bedenken gegen den Umbau, sondern auf ein späteres Bauvorhaben. Daher handelt es sich um eine nach § 56 Abs. 2 VwVfG unzulässige Gegenleistung.

346 § 59 Abs. 2 Nr. 4 VwVfG erfasst nur die Gegenleistung des Bürgers und dient ausschließlich dessen Schutz. Ist dagegen nur die **Leistung der Behörde** rechtswidrig, so kann Nichtigkeit nur in den übrigen Fällen des § 59 Abs. 2 VwVfG oder nach § 59 Abs. 1 VwVfG vorliegen.[423]

Die Verzichtserklärung des E ist nach § 59 Abs. 2 Nr. 4 VwVfG unwirksam und steht daher der Erteilung der Baugenehmigung für die neue Garage nicht entgegen. E hat damit einen **Anspruch auf Erteilung der Baugenehmigung** für die neu zu errichtende Garage gemäß § 75 LBauO.

347 **Weiteres Beispiel:** Bei einem Folgekostenvertrag nach § 11 Abs. 1 S. 2 Nr. 3 BauGB muss die Gegenleistung des Bürgers in der Übernahme von Kosten oder Aufwendungen für abgeschlossene oder künftige städtebauliche Maßnahmen bestehen. Erstattungsfähig sind daher nur solche Aufwendungen, die der Gemeinde als Folge von Neubaugebieten, z.B. für Anlagen und Einrichtungen des Gemeinbedarfs entstehen (z.B. Kindergärten, Schulen).[424] Der Vertrag darf aber nicht allgemein der Finanzierung von sonstigen Einrichtungen der Gemeinde dienen.

---

2. Nichtigkeit nach den Vorschriften des BGB (§ 59 Abs. 1 VwVfG)

Fall 10: Abgabenverzicht

K will seinen in der kreisfreien Stadt S gelegenen Gewerbebetrieb erweitern. Die Stadt ist an dem Vorhaben wegen der Schaffung neuer Arbeitsplätze sehr interessiert. K zögert noch, da ihm der Kanalanschlussbeitrag für das geplante Betriebsgelände zu hoch erscheint. Daraufhin beschließt der Rat der Stadt, er sei „bereit, für die neu zu errichtenden Betriebsgebäude des K auf den einmaligen Kanalanschlussbeitrag zu verzichten". Die vertretungsberechtigten Organe der Stadt S und K unterschreiben daraufhin eine Vereinbarung mit dem Inhalt, dass K bei Schaffung von zusätzlich 50 Arbeitsplätzen den Anschlussbeitrag nicht zu entrichten braucht. Als einige Zeit später das Bauvorhaben des K abgeschlossen ist, bemerkt die Stadt, dass sie durch den Beitragsverzicht erhebliche Mindereinnahmen hat. Daher erlässt sie an K einen Beitragsbescheid mit der Begründung, im Kommunalabgabengesetz und in der Beitragssatzung der Stadt S sei eine Befreiung von der Beitragszahlung nicht vorgesehen. K ist empört und erhebt (nach erfolglosem Vorverfahren) Klage vor dem Verwaltungsgericht. Ist die zulässige Klage begründet?

Hinweis: Vorschriften der AO sind nicht zu prüfen. Es gilt das VwVfG.

423 Stelkens/Bonk/Sachs § 59 Rn. 40; Kopp/Ramsauer VwVfG § 59 Rn. 28 u. 28 a.

424 Vgl. BVerwG, Urt. v. 24.03.2011 – BVerwG 4 C 11.10, NVwZ 2011, 1132, 1133; BVerwG, Beschl. v. 26.05.2010 – BVerwG 6 A 5.09, RÜ 2010, 530, 532.

Die von K erhobene **zulässige Anfechtungsklage** (§§ 40 Abs. 1 S. 1, 42 Abs. 1 u. 2, 68, 70 Abs. 1, 74 Abs. 1 VwGO, ist gemäß § 113 Abs. 1 S. 1 VwGO **begründet**, soweit der Beitragsbescheid rechtswidrig und K dadurch in seinen Rechten verletzt ist. **348**

I. Der Bescheid entspricht den Bestimmungen des **Kommunalabgabengesetzes** (KAG) i.V.m. der einschlägigen Beitragssatzung.

II. Der Bescheid könnte aber dem vorherigen **„Verzicht"** widersprechen und wegen dessen Bindungswirkung rechtswidrig sein. Zur Rechtswidrigkeit des Beitragsbescheides kann der Verzicht allerdings nur führen, wenn er **wirksam** zustande gekommen ist. Die Wirksamkeit des Verzichts hängt von seiner Rechtsnatur ab. Dabei könnte es sich um einen **öffentlich-rechtlichen Vertrag** i.S.d. § 54 VwVfG handeln.

In den meisten Ländern wird bzgl. des Verfahrens der Abgabenerhebung im KAG auf die Vorschriften der AO verwiesen.[425] Daher sind nach h.M. gemäß § 2 Abs. 2 Nr. 1 VwVfG die Vorschriften der §§ 54 ff. VwVfG auf abgabenrechtliche Verträge grds. nicht anwendbar. Die AO erwähnt den öffentlich-rechtlichen Vertrag nur beiläufig in § 78 Nr. 3 AO, ohne ihn näher zu regeln. Mangels Regelungslücke wird die analoge Anwendung der §§ 54 ff. VwVfG von der h.Rspr. gleichwohl verneint.[426]

Entsprechend dem **Bearbeitungsvermerk** sind hier nicht die Vorschriften der AO, sondern die Vorschriften des VwVfG zu prüfen (so i.d.R. auch in der Examensklausur).

1. Der Vertragsgegenstand ist schon seinem Inhalt nach **öffentlich-rechtlich**, da er die Materie des Kommunalabgabenrechts betrifft, also einen Rechtsbereich, der nach der (modifizierten) Subjektstheorie einen Träger hoheitlicher Gewalt als solchen berechtigt. **349**

2. Es handelt sich auch um eine **vertragliche**, d.h. zweiseitige **Regelung**, da aufgrund der Verhandlungen ein gleichwertiger rechtlicher Einfluss des K auf die inhaltliche Gestaltung anzunehmen ist.

3. Die **Schriftform** des § 57 VwVfG ist eingehalten. Daher kann dahinstehen, ob Verträge auf dem Gebiet des Abgabenrechts überhaupt der Schriftform unterliegen.[427]

4. Gründe für eine **schwebende Unwirksamkeit** nach § 58 VwVfG (fehlende Zustimmung Dritter oder anderer Behörde) liegen nicht vor.

5. Der Vertrag ist aber nur wirksam, wenn **keine Nichtigkeitsgründe** nach § 59 VwVfG vorliegen. **350**

   a) Spezielle Nichtigkeitsgründe nach **§ 59 Abs. 2 VwVfG** sind nicht ersichtlich.

   b) Nach **§ 59 Abs. 1 VwVfG** gelten für **alle** öffentlich-rechtlichen Verträge die Nichtigkeitsgründe des BGB entsprechend.[428]

   Beispiele: Der Vertrag ist analog § 125 BGB nichtig, wenn der öffentlich-rechtliche Vertrag nicht nach § 57 VwVfG schriftlich abgeschlossen worden ist. Analog § 142 BGB ist ein Vertrag

425 Vgl. z.B. Art. 13 BayKAG, § 3 KAG BW, § 12 Bbg KAG, § 4 Hess KAG, § 12 KAG M-V, § 11 NKAG, § 12 KAG NRW, § 3 KAG RP, § 12 Saarl KAG, § 3 SächsKAG, § 13 KAG LSA, § 15 ThürKAG, abweichend § 11 KAG SH: LVwG, im Übrigen AO sinngemäß.

426 VGH Kassel NVwZ 1997, 918, 920; Knack/Henneke VwVfG § 2 Rn. 7: a.A. für eine Analogie Heun DÖV 1989, 1053, 1064; wiederum a.A. BayVGH NVwZ 1989, 167, 168: §§ 54 ff. VwVfG unmittelbar anwendbar.

427 Verneinend mangels Anwendbarkeit des § 57 VwVfG OVG NRW DÖV 1986, 889; VGH Kassel NVwZ 1997, 618, 620.

428 VGH Mannheim NVwZ 1991, 583, 585; Stelkens/Bonk/Sachs § 59 Rn. 41.

nichtig, der nach §§ 119 ff. BGB wirksam angefochten wurde. Der sittenwidrige öffentlich-rechtliche Vertrag ist analog § 138 Abs. 1 BGB nichtig

351 Analog § 134 BGB ist ein Vertrag nichtig, der gegen ein **gesetzliches Verbot** verstößt. Dies könnte sich hier aus den Vorschriften des KAG ergeben. Umstritten ist jedoch, unter welchen Voraussetzungen im öffentlichen Recht ein gesetzliches Verbot vorliegt.

352 aa) Einigkeit besteht darin, dass **nicht jeder Gesetzesverstoß** die Voraussetzungen des § 134 BGB erfüllt. Denn wenn jede Rechtswidrigkeit zur Nichtigkeit führen würde, wäre die Aufzählung in § 59 Abs. 2 VwVfG überflüssig. Erforderlich ist daher ein **qualifizierter Rechtsverstoß**.[429]

Nach der Gegenansicht soll § 134 BGB wegen der Spezialregelung in § 59 Abs. 2 VwVfG gar nicht mehr anwendbar sein.[430] Dagegen spricht jedoch der Wortlaut des § 59 Abs. 1 VwVfG.

353 bb) Von § 134 BGB werden nach h.M. jedenfalls die Fälle erfasst, in denen sich aus der gesetzlichen Regelung ein **Handlungsformverbot** ergibt.[431]

Nach der Gegenansicht bezieht sich die Nichtigkeit nach § 134 BGB nur auf den Inhalt des Vertrages, beim Handlungsformverbot ergebe sich die Nichtigkeit unmittelbar aus § 54 S. 1 VwVfG („soweit").[432] Da beide Auffassungen stets zum selben Ergebnis gelangen, ist eine Streitentscheidung nicht erforderlich.

354 cc) Hinsichtlich des **Inhalts** des Vertrages wird von der h.M. ein Verbotsgesetz nur dann angenommen, wenn sich bei **Abwägung** zwischen dem Prinzip der Vertragsverbindlichkeit und dem von der verletzten Norm geschützten Interesse ergibt, dass die Gültigkeit des Vertrages **unerträglich** wäre und daher nicht hingenommen werden kann.[433] Das ist insbes. der Fall, wenn das Gesetz die vorgesehene vertragliche Regelung wegen ihres Inhalts oder ihrer Handlungsform klar und unmissverständlich verbietet.[434]

Maßgebende Kriterien sind insbesondere „der Wortlaut sowie der Sinn und Zweck der die Rechtswidrigkeit des Verwaltungsvertrages begründenden Rechtsnorm, die Erheblichkeit des Rechtsverstoßes, das im Einzelfall bestehende öffentliche Interesse an der Erhaltung der durch den rechtswidrigen Verwaltungsvertrag verletzten Rechtsordnung oder umgekehrt das (öffentliche oder private) Interesse am Bestand des Vertrages trotz seiner Rechtswidrigkeit, was letzten Endes zur Abwägung führt". [435]

355 Verbotsgesetze i.S.d. § 134 BGB können danach nur solche Vorschriften sein, die sich **gegen den Inhalt des Vertrages als solchen** richten und diesen missbilligen. Bloße Verfahrensvorschriften für das Zustandekommen des Vertrages stellen dagegen i.d.R. keine Verbotsgesetze dar.[436]

---

429 Maurer § 14 Rn. 41; Stelkens/Bonk/Sachs § 59 Rn. 50; Scherzberg JuS 1992, 205, 213; Singer/Mielke JuS 2007, 1111, 1115.

430 Vgl. Götz NJW 1976, 1425, 1430; Göltner JZ 1976, 352, 357; vgl. auch BT-Drs. VII/910, S. 81; differenzierend Bleckmann NVwZ 1990, 601, 602 f. m.w.N.

431 Stelkens/Bonk/Sachs § 54 Rn. 102; Knack/Henneke § 54 Rn. 19; Kopp/Ramsauer VwVfG § 54 Rn. 41 a; Ehlers DVBl. 1986, 529, 536; Kleine Holthaus JuS 2005, 531, 534.

432 Vgl. Erichsen Jura 1994, 47, 51; Gurlit Jura 2001, 731, 735; dagegen zutreffend Kopp/Ramsauer VwVfG § 54 Rn. 45; Knack/Henneke VwVfG § 54 Rn. 33, 34; vgl. auch die Sonderregelung in § 126 Abs. 3 S. 1 Nr. 2 LVwG SH.

433 BVerwG NJW 1996, 608, 609; DVBl. 1992, 372, 373; OVG NRW NVwZ 1992, 988, 989; Höfling/Krings JuS 2000, 625, 631; Ogorek JA 2003, 436, 439; Singer/Mielke JuS 2007, 1111, 1115.

434 OVG NRW NVwZ 1984, 522, 524.

435 Maurer § 14 Rn. 42.

Gegenbeispiel: Ein Subventionsvertrag ist nichtig, wenn er gegen die zwingenden Vorschriften der Art. 107, 108 AEUV verstößt.[437]

Im vorliegenden Fall könnte der Abgabenverzicht gegen zwingende Vorschriften des Abgabenrechts verstoßen. Die h.M. hält **Vereinbarungen in Abgabenangelegenheiten** im Hinblick auf den Grundsatz der Gesetzmäßigkeit und Gleichmäßigkeit der Abgabenerhebung grds. für **unzulässig**. Abgaben sind nach haushaltsrechtlichen Grundsätzen streng nach dem Gesetz zu erheben (vgl. § 85 AO), was abweichende Vereinbarungen ausschließt, es sei denn, sie sind ausnahmsweise gestattet (z.B. für Erschließungsbeiträge § 133 Abs. 3 S. 5 BauGB).[438] **356**

Unklar ist, ob es sich hierbei bereits um ein durch Auslegung der Abgabenvorschriften zu ermittelndes **Handlungsformverbot** handelt, das den öffentlich-rechtlichen Vertrag generell ausschließt, oder lediglich um ein auf den Inhalt des Vertrages bezogenes **Verbotsgesetz** (sog. Vertragsinhaltsverbot).[439] **357**

Da hier das KAG nach dem Sachverhalt den Beitragsverzicht nicht zulässt, ist der Verzicht nach § 54 Abs. 1 VwVfG i.V.m. § 134 BGB unwirksam und steht daher einer nachträglichen Abgabenerhebung durch die Stadt S nicht entgegen.

Zulässig ist im Abgabenrecht allerdings eine **„Verständigung über die tatsächlichen Grundlagen"** der Abgabenerhebung. An eine solche Verständigung über Tatsachen (nicht über Rechtsfragen) sind die Beteiligten unter bestimmten Voraussetzungen nach dem Grundsatz von Treu und Glauben (§ 242 BGB) gebunden.[440]

Ergebnis: Der angefochtene Abgabenbescheid ist danach rechtmäßig und die Anfechtungsklage damit unbegründet.

Weiteres Beispiel: Ein öffentlich-rechtlicher Vertrag ist nach § 59 Abs. 1 VwVfG i.V.m. § 134 BGB unwirksam, wenn sich die Gemeinde verpflichtet, einen bestimmten Bebauungsplan zu erlassen (§ 1 Abs. 3 S. 2 Hs. 2 BauGB). Eine solche Verpflichtung würde in unzulässiger Weise das Planungsermessen ausschließen und die Verfahrensvorschriften des BauGB umgehen.[441] Zulässig sind jedoch Vereinbarungen im Vorfeld oder als Folge der Planung (sog. städtebauliche Verträge nach § 11 BauGB).[442] Insoweit hat die Gemeinde u.U. über die Einleitung des Bebauungsplanverfahrens nach pflichtgemäßem Ermessen zu entscheiden (vgl. § 12 Abs. 2 S. 1 BauGB).[443] Das Abhängigmachen des Vorantreibens der Bauleitplanung von der Veräußerung eines Grundstücks verstößt indes gegen das Koppelungsverbot aus § 56 Abs. 1 S. 2 VwVfG.[444] **358**

---

436 Vgl. Kopp/Ramsauer VwVfG § 59 Rn. 10 ff.; Knack/Henneke § 59 Rn. 36 m.w.N.; weitergehend Maurer § 14 Rn. 42 u. 43, der alle formellen Mängel unter § 59 Abs. 1 VwVfG i.V.m. § 125 BGB fassen will.

437 Oldiges NVwZ 2001, 626, 635; Haas/Hoffmann JA 2009, 119, 123.

438 BVerwG NJW 1984, 2113; BFH NVwZ 1985, 863; Knack/Henneke § 54 Rn. 46; Stelkens/Bonk/Sachs § 54 Rn. 124; Maurer § 14 Rn. 31; Ogorek JA 2003, 436, 439.

439 Für Handlungsformverbot Erichsen VerwArch 1979, 356; Butzer/Clever Jura 1995, 325, 328; Ogorek JA 2003, 436, 439; für Inhaltsverbot Knack/Henneke § 54 Rn. 46 m.w.N.; dazu ausführlich Tiedemann DÖV 1996, 594 ff.

440 Vgl. z.B. BFH DStR 2004, 1647; Selmer JuS 2005, 86, 87.

441 Vgl. Erichsen Jura 1994, 47, 51; Maurer § 14 Rn. 35; Stelkens/Bonk/Sachs § 54 Rn. 141 m.w.N.

442 Dazu BVerwG NVwZ 2011, 1132, 1133 f.; BGH NJW 2003, 888, 889 und oben Rn. 344.

443 Vgl. Grziwotz JuS 1999, 245 ff.; Brohm JZ 2000, 321 ff.

444 OLG Hamm, Urt. v. 04.02.2015 – 11 U 35/14.

3. Rechtsfolgen der Nichtigkeit

359 Der nichtige Vertrag entfaltet **keine Rechtswirkungen**, aus ihm können **keine Ansprüche** hergeleitet werden. Betrifft die Nichtigkeit nur einen Teil des Vertrages, so ist der Vertrag grds. **insgesamt unwirksam**, es sei denn, es ist anzunehmen, dass er auch ohne den nichtigen Teil geschlossen worden wäre (§ 59 Abs. 3 VwVfG).[445] Im Zweifel ist daher von der Nichtigkeit des gesamten Vertrages auszugehen.[446] Abweichungen richten sich wie bei § 139 BGB nach dem mutmaßlichen Willen der Vertragsparteien.

Im Rahmen der anstehenden Novellierung der §§ 54 ff. VwVfG ist vorgesehen, bei gerichtlich festgestellter Nichtigkeit die vollständige Rückabwicklung eines Vertrages durch eine nachträgliche Vertragsanpassung zu vermeiden.[447]

360 Ist aufgrund des nichtigen Vertrages eine Leistung erbracht worden, kann die Leistung nach den Grundsätzen des **allgemeinen öffentlich-rechtlichen Erstattungsanspruchs** zurückgefordert werden (s.u. Rn. 564 ff.).[448]

Beispiel: Bauherr B hat sich gegen Erteilung einer Baugenehmigung vertraglich zur Erstattung von nicht umlagefähigen Erschließungskosten i.H.v. 10.000 € verpflichtet. Nach Zahlung des Betrages hat B die erstrebte Baugenehmigung erhalten. Nunmehr verlangt B die gezahlten 10.000 € zurück, da die Vereinbarung nichtig sei.

361 Der Vertrag ist wegen **Verstoßes gegen das Kopplungsverbot** nach §§ 59 Abs. 2 Nr. 4, 56 VwVfG nichtig. Hoheitliche Entscheidungen dürfen grds. nicht von wirtschaftlichen Gegenleistungen abhängig gemacht werden (s.o. Rn. 343). Die Zahlung des B erfolgte ohne Rechtsgrund, sodass B ein öffentlich-rechtlicher Erstattungsanspruch zusteht. Auch wenn die Behörde ihre Leistung bereits erbracht hat, steht dem Erstattungsanspruch des B der Grundsatz von Treu und Glauben (§ 242 BGB analog) i.d.R. nicht entgegen. Nur wenn besondere Umstände in der Person oder im Verhalten des die Erstattung begehrenden Bürgers hinzutreten, kann das Rückforderungsbegehren **treuwidrig** erscheinen.[449] Das hat das BVerwG z.B. angenommen, wenn der Erstattungsberechtigte aufgrund von Leistungen Dritter im Ergebnis keinen Vermögensnachteil erlitten hat, die Rückforderung also praktisch zu einer doppelten Begünstigung führen würde.

Beispiel: Bauträger K hat mit der Gemeinde G einen städtebaulichen Folgekostenvertrag (§ 11 Abs. 1 S. 2 Nr. 3 BauGB) geschlossen, in dem G die Aufstellung eines Bebauungsplans mit Wohngebietsfestsetzungen in Aussicht gestellt und K die Folgekosten u.a. für den Bau eines Kindergartens und einer Schule übernommen hat. Nachdem G den Bebauungsplan erlassen und K Kosten i.H.v. 12.500 € gezahlt hat, stellt sich heraus, dass der Vertrag formunwirksam ist. K fordert die gezahlten 12.500 € zurück, obwohl er die ihm entstandenen Kosten auf die Erwerber der Wohngrundstücke abgewälzt hat. Hier ist die Rückforderung der 12.500 € treuwidrig, wenn K durch die Vertragsgestaltung mit den Dritterwerbern tatsächlich keinen Nachteil erlitten hat.[450]

---

445 Vgl. OVG Lüneburg, Urt. v. 10.07.2007 – 1 LC 200/05 zu einem Fall der Teilnichtigkeit bei Formverstoß.

446 Kopp/Ramsauer VwVfG § 59 Rn. 29; Knack/Henneke VwVfG § 59 Rn. 45; missverständlich BVerwG NVwZ 2012, 108, 111, das die Gesamtnichtigkeit als Ausnahme formuliert.

447 Vgl. Schmitz DVBl. 2005, 17, 23; Bonk DVBl. 2004, 141, 149; Stelkens NWVBl. 2006, 1, 6.

448 BVerwG, Urt. v. 29.01.2009 – BVerwG 4 C 15.07, RÜ 2009, 530, 533; VGH Mannheim, Urt. v. 25.03.2015 – 3 S 2016/14.

449 BVerwG DVBl. 2009, 782, 783 NVwZ 2003, 993, 994; DVBl. 2000, 1853, 1857; OVG Hamurg DVBl. 2008, 1202; OVG Lüneburg BauR 2008, 57, 64; VGH Mannheim VBlBW 2004, 52, 54 f.; Ruffert Jura 2003, 633, 635; Ogorek JA 2003, 436, 439.

450 Vgl. BVerwG, Urt. v. 29.01.2009 – BVerwG 4 C 15.07, RÜ 2009, 530, 533; OVG Lüneburg BauR 2008, 57, 65; Mager JA 2010, 918 ff.

D. Leistungsstörungen beim öffentlich-rechtlichen Vertrag

Bei Leistungsstörungen richten sich die Rechtsfolgen auch bei öffentlich-rechtlichen Verträgen gemäß § 62 S. 2 VwVfG nach den **Vorschriften des BGB**. Insbesondere gelten die Regeln über Pflichtverletzungen und die sich daraus ergebenden Rechtsfolgen (§§ 280 ff., 323 ff. BGB), aber auch über die Sorgfaltspflichten gemäß § 241 Abs. 2 BGB, die gemäß § 311 Abs. 2 BGB auch schon vor Vertragsschluss bestehen (sog. c.i.c.).[451] **362**

Beispiel: Auf Initiative des Investors I hatte die Gemeinde G zunächst ein Verfahren zur Aufstellung eines vorhabenbezogenen Bebauungsplans eingeleitet (§ 30 Abs. 2 BauGB). Zum Abschluss eines Durchführungsvertrages zum Vorhaben- und Erschließungsplan (§ 12 BauGB) kam es jedoch nicht, da die Gemeinde ihre Planungsabsichten später aufgegeben hat. Ein Schadensersatzanspruch des Investors aus öffentlich-rechtlicher c.i.c. (ebenso aus Amtshaftung gemäß Art. 34 GG, § 839 BGB) scheidet mangels Pflichtverletzung i.d.R. aus, da es der Gemeinde aufgrund ihrer Planungshoheit grds. freisteht, ein eingeleitetes Planaufstellungsverfahren wieder einzustellen (arg e § 1 Abs. 3 S. 2 Hs. 2 BauGB).[452]

Den Sonderfall einer Änderung der für den Vertrag maßgeblichen rechtlichen oder tatsächlichen Verhältnisse **(Wegfall der Geschäftsgrundlage)** regelt § 60 VwVfG (sodass ein Rückgriff auf § 313 BGB nicht erforderlich ist). Bei Störungen der Geschäftsgrundlage ist der Vertrag grundsätzlich **anzupassen.**[453] Soweit dies nicht möglich oder zumutbar ist, kann der Vertrag **gekündigt** werden (§ 60 Abs. 1 S. 1 VwVfG).[454] Darüber hinaus kann nach § 60 Abs. 1 S. 2 VwVfG die **Behörde** den Vertrag kündigen, um schwere Nachteile für das Gemeinwohl zu verhüten oder zu beseitigen. **363**

Im Übrigen können die Beteiligten – wie im Zivilrecht – ein **ordentliches Kündigungsrecht** oder ein **vertragliches Rücktrittsrecht** vereinbaren. **364**

Beispiel: Vertragliches Rücktrittsrecht bei Nichtteilnahme an einer Klassenfahrt, allerdings mit der Verpflichtung zur Erstattung der Stornokosten.[455]

E. Die Durchsetzung von Ansprüchen aus einem ör Vertrag

Bei **Nichterfüllung** der vertraglichen Verpflichtungen steht jeder Vertragspartei die **verwaltungsgerichtliche Klage** zur Verfügung. § 40 Abs. 2 S. 1 Hs. 1 Fall 3 Alt. 2 VwGO gilt nicht nur für Erfüllungsansprüche aus öffentlich-rechtlichen Verträgen, sondern auch für Ersatzansprüche bei Leistungsstörungen. **365**

Beispiel: Schadensersatzansprüche und Erstattungsansprüche, die auf einem nichtigen öffentlich-rechtlichen Vertrag beruhen. **Gegenbeispiel:** Für den Anspruch wegen vorvertraglicher Pflichtverletzung (§§ 311 Abs. 2, 241 Abs. 2 i.V.m. §§ 280 Abs. 1, 282 BGB) ist nach der Rspr. der Verwaltungsrechtsweg nur eröffnet, wenn der Anspruch neben einem Erfüllungsanspruch geltend gemacht wird, während nach § 40 Abs. 2 S. 1 Hs. 1 Fall 3 Alt. 1 VwGO der Zivilrechtsweg gegeben ist, wenn der Schadensersatzanspruch im Sachzusammenhang mit Amtshaftungsansprüchen steht.[456] Die Gegenansicht bejaht demgegenüber wegen des vertragsähnlichen Charakters bei einer sog. c.i.c. generell den Verwaltungsrechtsweg.[457]

---

451 BVerwG DÖV 1974, 133, 134; Diederichsen JuS 2006, 60, 63; Singer/Mielke JuS 2007, 1111, 1116.

452 BGH NVwZ 2006, 1207 f.; Waldhoff JuS 2007, 580 f.; Schlick DVBl. 2007, 457, 458.

453 BVerwG, Urt. v. 18.07.2012 – BVerwG 8 C 4.11, RÜ 2013, 189, 192.

454 Gurlit Jura 2001, 731, 736.

455 Vgl. z.B. VG Stuttgart, Urt. v. 06.07.2010 – 12 K 416/10, RÜ 2011, 130, 131 f.

456 BVerwG NJW 2002, 2894, 2895; NVwZ 2003, 1383; BGH NJW 1986, 1109; VGH Mannheim NJW 2005, 2636, 2637; Clausing JuS 2003, 795, 797; Diederichsen JuS 2006, 60, 65; Singer/Mielke JuS 2007, 1111, 1113.

457 ThürOVG NJW 2002, 386; Kopp/Schenke VwGO § 40 Rn. 71; Dötsch NWVBl. 2002, 140, 142; NJW 2003, 1430, 1431; Graulich ZAP 2005, 849, 854; noch anders Ehlers Jura 2008, 359, 361 f.: immer Zivilrechtsweg.

366 Die Abgrenzung zwischen öffentlich-rechtlichem und privatrechtlichem Vertrag ist in der Klausur i.d.R. bereits im Rahmen des **Rechtsweges** vorzunehmen (s.o. Rn. 297 ff.).

„Ob eine Streitigkeit öffentlich-rechtlich oder bürgerlich-rechtlich ist, richtet sich nach der Rechtsnatur des Rechtsverhältnisses, aus dem der Klageanspruch hergeleitet wird. Die Rechtsnatur eines Vertrages bestimmt sich danach, ob der Vertragsgegenstand dem öffentlichen oder dem bürgerlichen Recht zuzurechnen ist. Dabei ist für den öffentlich-rechtlichen Vertrag zwischen einem Träger öffentlicher Verwaltung und einer Privatperson typisch, dass er an die Stelle einer sonst möglichen Regelung durch Verwaltungsakt tritt (vgl. § 54 S. 2 VwVfG)."[458]

367 Regelmäßig handelt es sich um eine **Leistungsklage** (z.B. auf Geldzahlung).[459] Schuldet die Behörde den Erlass eines VA (z.B. eine Baugenehmigung), ist die **Verpflichtungsklage** gemäß § 42 Abs. 1 Fall 2 VwGO statthaft. Soll das Nichtbestehen einer vertraglichen Leistungspflicht festgestellt werden (z.B. wegen vermeintlicher Unwirksamkeit des Vertrages) kann (negative) **Feststellungsklage** nach § 43 Abs. 1 VwGO erhoben werden. Auch übergangene „Drittbetroffene" i.S.d. § 58 Abs. 1 VwVfG haben die Möglichkeit einer Feststellungsklage.

Beispiel: Konkurrent K klagt auf Feststellung der Nichtigkeit eines zwischen der Stadt S und D geschlossenen öffentlich-rechtlichen Vertrages über die Gewährung einer Subvention, die die Wettbewerbsfreiheit (Art. 12 Abs. 1 GG) berührt.[460]

368 Nach § 61 VwVfG kann sich bei einem subordinationsrechtlichen öffentlich-rechtlichen Vertrag jeder Vertragschließende der **sofortigen Vollstreckung unterwerfen**. In diesem Fall kann die Behörde unmittelbar aus dem Vertrag nach dem Verwaltungsvollstreckungsgesetz vorgehen, § 61 Abs. 2 S. 1 VwVfG. Für die Vollstreckung einer Privatperson (gegen die Behörde) gelten nach § 61 Abs. 2 S. 2 u. 3 VwVfG die §§ 170, 172 VwGO.

369 Dagegen kann die Behörde vertragliche Ansprüche **nicht durch VA** durchsetzen. Ein öffentlich-rechtlicher Vertrag ist keine Ermächtigungsgrundlage für den Erlass eines VA, da die Behörde, die sich auf die Ebene der Gleichordnung begibt, nicht im Nachhinein die „Waffengleichheit" verletzen darf.[461]

458 BGH NVwZ 2009, 1054, 1055; vgl. auch BVerwG, Urt. v. 18.07.2012 – BVerwG 8 C 4.11, RÜ 2013, 189, 190; BVerwG, Beschl. v. 26.05.2010 – BVerwG 6 A 5.09, RÜ 2010, 531, 532; Singer/Mielke JuS 2007, 1111,1112.

459 BVerwG, Urt. v. 18.07.2012 – BVerwG 8 C 4.11, RÜ 2013, 189, 193: Leistungsklage auf Anpassung eines öffentlich-rechtlichen Vertrages.

460 OVG NRW NVwZ 1984, 522.

461 BVerwG NJW 1990, 2700, 2702; NVwZ 1992, 769: VA-Befugnis bei ör Vertrag nur bei besonderer Ermächtigungsgrundlage; Maurer § 10 Rn. 6 u. § 14 Rn. 55; Odendahl Jura 2002, 563, 565; Ogorek JA 2003, 436, 440.

Ansprüche aus öffentlich-rechtlichem Vertrag

I. Anspruch entstanden

1. **wirksamer öffentlich-rechtlicher Vertrag** i.S.d. §§ 54 ff. VwVfG
   a) **Vorliegen** eines öffentlich-rechtlichen Vertrages
      aa) **verwaltungsrechtlich** geregelte Materie
         -> abzustellen auf Vertragsgegenstand und Zweck
         - **Inhalt:** bestehendes öffentlich-rechtliches Rechtsverhältnis wird begründet, geändert, aufgehoben; öffentlich-rechtliche Rechtsgrundlage für (mindestens) eine Hauptleistungspflicht
         - **Gesamtcharakter:** öffentlich-rechtlicher Zweck, Umstände, Sachzusammenhang mit öffentlich-rechtlicher Regelung

      bb) **vertragliche** (zweiseitige) Regelung
         gleichberechtigter rechtlicher Einfluss auf Inhalt – abzugrenzen vom mitwirkungsbedürftigem VA

   b) **Vertrag** wirksam zustande gekommen
      aa) **Einigung** (§ 62 S. 2 VwVfG, §§ 145 ff. BGB)
      bb) **Schriftform**, § 57 VwVfG (ggf. auch § 62 S. 2 VwVfG, § 311 b BGB)
      cc) **Beteiligung Dritter** bzw. anderer Behörden, § 58 VwVfG
      dd) **keine Nichtigkeitsgründe**, § 59 VwVfG
         (1) nur für **subordinationsrechtliche** Verträge i.S.d. § 54 S. 2 VwVfG: **§ 59 Abs. 2 VwVfG**
            - Nr. 1: Nichtigkeit eines inhaltsgleichen VA
            - Nr. 2: (materielle) Rw eines inhaltsgleichen VA und Kenntnis
            - Nr. 3: Voraussetzungen für Vergleichsvertrag (§ 55) nicht erfüllt und inhaltsgleicher VA rw
            - Nr. 4: unzulässige Gegenleistung des Bürgers beim Austauschvertrag

         (2) für **alle** öffentlich-rechtlichen Verträge gilt **§ 59 Abs. 1 VwVfG**
            - §§ 125, 138, 142 BGB
            - § 134 BGB: gesetzliches Verbot nur bei Handlungsformverbot oder wenn Inhalt als solcher missbilligt

2. **Rechtsfolgen**
   a) Haupt-, Nebenleistungs-, Sorgfaltspflichten
   b) inhaltliche Änderung durch **Anpassung** bei WGG (§ 60 Abs. 1 S. 1 Hs. 1 VwVfG)

II. Anspruch untergegangen

1. Erfüllung, Erfüllungssurrogate, § 62 S. 2 VwVfG, §§ 362 ff. BGB
2. bei Pflichtverletzungen, § 62 S. 2 VwVfG i.V.m. §§ 241, 275 ff., 280 ff., 311 ff., 323 ff. BGB u.a.
3. Kündigung, insbes. § 60 Abs. 1 S. 1 Hs. 2 u. § 60 Abs. 1 S. 2 VwVfG

III. Durchsetzbarkeit

1. keine **Einreden**, § 62 S. 2 VwVfG, §§ 214, 273, 320 BGB u.a.
2. kein Entgegenstehen von Treu und Glauben, § 62 S. 2 VwVfG, § 242 BGB

4. Abschnitt: Verwaltungsrechtliche Ansprüche

A. Anspruchsgrundlagen

I. Unterscheidung zwischen Primär- und Sekundärebene

370 Im Verwaltungsrecht geht es vor allem um die **Rechtmäßigkeit** und die **Abwehr von hoheitlichen Maßnahmen**.

- Der Bürger kann rechtswidrige Eingriffe in seine Rechte in erster Linie abwehren (sog. **Primärebene**).

  Beispiele: Der Adressat eines belastenden VA (z.B. einer Ordnungsverfügung) kann diesen mit Widerspruch und Anfechtungsklage anfechten. – Wird ein begünstigender VA (z.B. eine Baugenehmigung) abgelehnt, kann der Antragsteller Widerspruch und Verpflichtungsklage erheben.

- Häufig reicht die Abwehr des Verwaltungshandelns zur Wahrung der Rechte des Bürgers aber nicht aus. Hat die Maßnahme der Verwaltung bereits zu Nachteilen beim Bürger geführt, stellt sich die Frage, ob und inwieweit der Bürger einen Ausgleich verlangen kann (sog. **Sekundärebene**).

  Beispiele: Die (rechtswidrige) Ablehnung einer Baugenehmigung führt dazu, dass der Bauherr das zu errichtende Gebäude nicht gewinnbringend vermieten kann. – Bei der Verfolgung eines Straftäters wird ein Unbeteiligter durch Schusswaffeneinsatz der Polizei verletzt. – Durch den (rechtmäßigen) Bau einer Straße werden unzumutbare Lärmimmissionen hervorgerufen.

II. Regelungsbereiche des Staatshaftungsrechts

371 Auf der Sekundärebene geht es um die Verpflichtung des Staates, den rechtmäßigen Zustand (wieder-)herzustellen oder zumindest die entstandenen **Nachteile auszugleichen**. Dieser Bereich wird gemeinhin als **Staatshaftungsrecht** bezeichnet. Das Staatshaftungsrecht bildet kein in sich geschlossenes Rechtsgebiet, sondern hat sich historisch aus verschiedenen Aspekten entwickelt. Vor allem geht es hierbei um zwei Bereiche:

- **Ansprüche auf Geldersatz** und
- **Ansprüche auf Beseitigung und Unterlassung**.

1. Ansprüche auf Geldersatz

372 Den Kernbereich des Staatshaftungsrechts bildet die Haftung des Staates auf **Schadensersatz** für rechtswidriges Verhalten (sog. **Unrechtshaftung**), insbes. aus Amtshaftung (Art. 34 GG, § 839 BGB) sowie nach Spezialvorschriften im Polizei- und Ordnungsrecht. Hinzu treten **Entschädigungsansprüche** bei Eingriffen in das Eigentum (insb. im Fall der **Enteignung** gemäß Art. 14 Abs. 3 GG). Für diese Bereiche ist historisch bedingt der Rechtsweg zu den ordentlichen Gerichten eröffnet (Art. 34 S. 3 GG, Art. 14 Abs. 3 S. 4 GG).

Rechtspolitisch wird zurzeit diskutiert, auch für diese Ansprüche aus Gründen des Sachzusammenhangs durch Änderung des Grundgesetzes den Verwaltungsrechtsweg zu eröffnen.

Dieser Bereich wird in den Prüfungsordnungen üblicherweise als **Recht der öffentlichen Ersatzleistungen** bezeichnet und unten im 5. Abschnitt dargestellt.

2. Beseitigungs- und Unterlassungsansprüche

Soll die Rechtsbeeinträchtigung des Bürgers **nicht durch Geld**, sondern durch Verwaltungshandeln ausgeglichen werden, geht es um verwaltungsrechtliche Ansprüche. Im Vordergrund stehen hier gewohnheitsrechtlich anerkannte **Abwehr-, Unterlassungs- und Beseitigungsansprüche**, insbes. der sog. (Folgen-)Beseitigungsanspruch. 373

Beispiele: K verlangt die Rückgabe einer zu Unrecht beschlagnahmten Sache. E verlangt Unterlassung und Widerruf ehrbeeinträchtigender Äußerungen des Bürgermeisters.

Eine ähnliche Funktion wie der Folgenbeseitigungsanspruch hat der **öffentlich-rechtliche Erstattungsanspruch**. Er dient der Rückabwicklung ungerechtfertigter Vermögensverschiebungen im Öffentlichen Recht (Rechtsgedanke des § 812 BGB). 374

Beispiel: B hat aufgrund eines nichtigen öffentlich-rechtlichen Vertrages die vereinbarte Geldzahlung an die Gemeinde erbracht, die er nunmehr zurückfordert.

Aufwendungsersatzansprüche können sich schließlich aus **öffentlich-rechtlicher Geschäftsführung ohne Auftrag** (GoA) ergeben. 375

Beispiel: Tierarzt T verlangt von der als Fundbehörde zuständigen Gemeinde Aufwendungsersatz für die Behandlung und Unterbringung eines Fundtieres.[462]

Diese verwaltungsrechtlich geprägten und gemäß § 40 Abs. 1 S. 1 VwGO vor den **Verwaltungsgerichten** geltend zu machenden Ansprüche werden nachfolgend behandelt.

B. Der Folgenbeseitigungsanspruch (FBA)

I. Das Rechtsinstitut des FBA

Erleidet der Bürger durch rechtswidriges hoheitliches Handeln einen Vermögensnachteil, so kann er Schadensersatz verlangen, insbes. wegen Amtshaftung (Art. 34 GG, § 839 BGB; dazu unten 5. Abschnitt). Häufig geht es dem Bürger aber nicht (nur) um Geldersatz, sondern (auch) um die **Wiederherstellung des früheren Zustandes**. 376

Beispiele: Eine Sache des B wird sichergestellt. Nach Aufhebung der Sicherstellungsverfügung begehrt B Rückgabe der Sache. – In die Wohnung des Eigentümers E werden Obdachlose eingewiesen. Nach Ablauf der Einweisungszeit verlangt E Räumung der Wohnung. – Bei Straßenbauarbeiten wird der Gehweg versehentlich 50 cm auf dem Grundstück des G angelegt. G verlangt Wiederherstellung seines Vorgartens.

Diese Fälle sind über den Amtshaftungsanspruch und über Entschädigungsansprüche nicht zu lösen, da diese Ansprüche auf Geldersatz, nicht aber auf Wiederherstellung gerichtet sind. Es geht vielmehr um eine den §§ 985, 1004 BGB vergleichbare Situation; es sollen die **Folgen des Verwaltungshandelns** beseitigt werden. Da es im öffentlichen Recht hierfür i.d.R. keine besondere gesetzliche Anspruchsgrundlage gibt, haben Rspr. und Lit. das Rechtsinstitut des **Folgenbeseitigungsanspruchs** (FBA) entwickelt. 377

Spezialgesetzliche Folgenbeseitigungsansprüche finden sich z.B. für die Herausgabe sichergestellter Sachen im Polizeirecht (vgl. Art. 28 BayPAG, § 43 HSOG, § 29 Nds SOG, § 46 PolG NRW, § 30 ThürPAG und unten Rn. 422 f.) und in den Datenschutz- und Polizeigesetzen zur Berichtigung, Löschung und Sperrung von Daten (vgl. z.B. § 20 BDSG).

462 Vgl. OVG Lüneburg KommJur 2012, 338; OVG MV, Urt. v. 12.01.2011 – 3 L 272/06, RÜ 2011, 605; dazu unten Rn. 550 ff.

II. Begründung des FBA

1. Vollzugsfolgenbeseitigungsanspruch

378 Ausgangspunkt der rechtlichen Entwicklung war die Anerkennung eines sog. **Vollzugsfolgenbeseitigungsanspruchs**. Er erfasst die Situation, dass ein rechtswidriger VA vollzogen wird. Dem Betroffenen steht in diesem Fall nicht nur ein Anspruch auf Aufhebung des VA zu (§ 113 Abs. 1 S. 1 VwGO), sondern auch auf Beseitigung der mit dem Vollzug verbundenen rechtswidrigen Folgen.[463]

Beispiele: Rückgabe einer rechtswidrig beschlagnahmten Sache, Rückgängigmachung von Maßnahmen der Verwaltungsvollstreckung (vgl. hierzu auch die spezialgesetzliche Regelung in Art. 39 BayVwZVG).

379 Dass es einen Vollzugs-FBA gibt, folgt z.B. aus § 113 Abs. 1 S. 2 VwGO, der von der **Rückgängigmachung der Vollziehung** eines (aufgehobenen) VA spricht, also die Beseitigung der Folgen eines VA regelt.

Beispiel: K hat einen rechtswidrigen Abgabenbescheid angefochten. Da die Klage keine aufschiebende Wirkung entfaltet (§ 80 Abs. 2 S. 1 Nr. 1 VwGO) hat er den geforderten Betrag gleichwohl gezahlt. K kann neben der Aufhebung des Abgabenbescheids (§ 113 Abs. 1 S. 1 VwGO) Rückzahlung des Geldes verlangen (§ 113 Abs. 1 S. 2 VwGO).

Einigkeit besteht jedoch darüber, dass § 113 Abs. 1 S. 2 VwGO den FBA nicht begründet, sondern die Existenz des Anspruchs voraussetzt. § 113 Abs. 1 S. 2 VwGO betrifft als prozessuale Vorschrift nur die **prozessuale Durchsetzung** des FBA im Zusammenhang mit Anfechtungsklagen, stellt aber **keine materiellrechtliche Anspruchsgrundlage** dar.[464]

2. Allgemeiner Folgenbeseitigungsanspruch

380 Allgemein anerkannt ist, dass nicht nur bei VAen, sondern auch bei schlichtem Verwaltungshandeln ein Bedürfnis nach Folgenbeseitigung bestehen kann. Man spricht dann vom **allgemeinen Folgenbeseitigungsanspruch**.[465]

Beispiele: Beseitigung der Folgen schädlicher Umwelteinwirkungen (z.B. Immissionen beim Betrieb hoheitlicher Einrichtungen), Widerruf ehrbeeinträchtigender Behauptungen.

Der Anspruch selbst und seine Voraussetzungen sind bei Eingriffen durch VA dieselben wie bei Beeinträchtigungen durch schlichtes Verwaltungshandeln. Deswegen hat die Unterscheidung nur noch terminologische Bedeutung, praktisch ist sie überflüssig. Beide Ansprüche sind in einem **einheitlichen FBA** aufgegangen.[466]

III. Dogmatische Herleitung

381 Die Begründung des FBA wird in Rspr. und Lit. unterschiedlich vorgenommen. Als **Grundlagen** werden insbesondere genannt: Analogie zu §§ 1004, 862 BGB, das Rechtsstaatsprinzip, der Grundsatz der Gesetzmäßigkeit der Verwaltung (Art. 20 Abs. 3 GG), die Freiheitsgrundrechte und die Rechtsschutzgarantie des Art. 19 Abs. 4 GG.[467]

---

463 Zur Herleitung vgl. Brosius-Gersdorf JA 2010, 41 ff.

464 Kopp/Schenke VwGO § 113 Rn. 81; Maurer § 30 Rn. 4; Voßkuhle/Kaiser JuS 2012, 1079, 1080.

465 Grundlegend BVerwG DVBl. 1971, 858, 860; Bettermann DÖV 1955, 528 ff.; Weyreuther, Gutachten 47. DJT (1968), B 78 ff.

466 Vgl. BVerwG, Urt. v. 19.02.2015 – BVerwG 1 C 13.14, RÜ 2015, 391, 394; Voßkuhle/Kaiser JuS 2012, 1079, 1080.

- Die Rspr., insbes. das BVerwG, hat in einer Reihe von Entscheidungen den FBA unmittelbar aus **Art. 20 Abs. 3 GG** hergeleitet. Da die vollziehende Gewalt an Gesetz und Recht gebunden sei, ergebe sich daraus auch die Verpflichtung des Staates, die rechtswidrigen Folgen einer Amtshandlung zu beseitigen.[468] 382

- In der Lit. wird die Herleitung aus Art. 20 Abs. 3 GG überwiegend abgelehnt. Da Art. 20 Abs. 3 GG die Gesetzmäßigkeit der Verwaltung lediglich als objektiv-rechtliches Prinzip der Verfassung normiere, könne er nicht Grundlage subjektiver Ansprüche des Bürgers gegen den Staat sein. Vielmehr ergebe sich der FBA unmittelbar aus der **Abwehrfunktion der Freiheitsgrundrechte**: Dieser sog. status negativus gibt dem Bürger einen Anspruch darauf, dass der Staat Grundrechtseingriffe unterlässt. Ist Folge eines Eingriffs eine rechtswidrige Beeinträchtigung des Grundrechts, so richtet sich der Anspruch auch auf Beseitigung der Eingriffsfolgen. Der FBA ist damit letztlich eine **spezielle Ausprägung des grundrechtlichen Abwehranspruchs.**[469] 383

  Auch das BVerwG hat zuweilen auf die Grundrechte als zusätzliche oder alleinige Grundlage des FBA abgestellt[470] oder die Frage offengelassen.[471]

In der Klausurlösung kommt es zumeist auf die konkrete Herleitung nicht an, sodass diese Frage nicht entschieden zu werden braucht. Es reicht aus, darauf hinzuweisen, dass der FBA inzwischen allgemein Anerkennung gefunden hat und damit als **gewohnheitsrechtlicher Grundsatz** des Verwaltungsrechts anzusehen ist.[472] 384

IV. Voraussetzungen des FBA

Nach allgemeiner Auffassung kommt ein Anspruch auf Folgenbeseitigung in Betracht, wenn durch einen hoheitlichen Eingriff in ein subjektives Recht ein rechtswidriger, noch andauernder Zustand geschaffen wurde.[473] 385

Voraussetzungen des FBA

- **hoheitlicher Eingriff in ein subjektives Recht**
  - hoheitliche Maßnahme
  - subjektives Recht aus einfach-gesetzlichen Vorschriften oder Grundrechten
- **Schaffung eines rechtswidrigen andauernden Zustandes**
  - rechtswidriger Zustand
  - haftungsbegründende Kausalität zwischen Eingriff und Zustand
  - Fortdauer des rechtswidrigen Zustandes

---

467 Vgl. OVG Lüneburg NdsVBl. 2004, 213; VG Berlin NVwZ 2009, 124, 127; Faber NVwZ 2003, 159, 260; Maurer § 30 Rn. 5.

468 BVerwGE 69, 366, 370; BVerwG NJW 1985, 817, 818; OVG NRW NVwZ 2000, 217, 218.

469 Maurer § 30 Rn. 5; Remmert Jura 2007, 736, 742; Brosius-Gersdorf JA 2010, 41, 42; Voßkuhle/Kaiser JuS 2012, 1079, 1080.

470 BVerwG NJW 1989, 2484, 2484 f.; BVerwGE 82, 24, 25; 82, 76, 95; ebenso schon BVerwG DVBl. 1971, 858, 859.

471 BVerwG NJW 1989, 2272, 2277.

472 OVG NRW NWVBl. 2007, 431; Maurer § 30 Rn. 5; Graulich ZAP 2005, 185, 186; Bumke JuS 2005, 22, 22.

473 BVerwG, Urt. v. 15.06.2011 – BVerwG 9 C 4.10, NVwZ 2011, 1388, 1389; HessVGH, Beschl. v. 01.11.2010 – 11 A 686/10, RÜ 2011, 191, 194; Maurer § 30 Rn. 7 ff.

1. Hoheitlicher Eingriff in ein subjektives Recht

a) Hoheitliches Handeln

386 In Abgrenzung zum zivilrechtlichen Anspruch aus § 1004 BGB muss ein **hoheitliches Handeln** vorliegen. Die Unterscheidung richtet sich nach den allgemeinen Kriterien zur Abgrenzung zwischen öffentlichem Recht und Privatrecht.[474] Besondere Bedeutung hat hierbei das Kriterium des **Sachzusammenhangs**, insbesondere beim Betrieb öffentlicher Einrichtungen.

Beispiel: Die Beseitigung eines hoheitlich betriebenen Spielplatzes ist Gegenstand des FBA, für die Abwehr einer privatrechtlich betriebenen Einrichtung ist § 1004 BGB maßgebend.

387 Unerheblich ist die **Rechtsnatur des Handelns**. Vom FBA erfasst werden Verwaltungsakte ebenso wie schlichtes Verwaltungshandeln (Realakte, Äußerungen etc.), also alle Beeinträchtigungen durch öffentlich-rechtliche Maßnahmen.[475]

Beispiele: Beschlagnahme oder Sicherstellung von Gegenständen; Erteilung einer den Nachbarn beeinträchtigenden Baugenehmigung; Immissionen hoheitlich betriebener Einrichtungen; Einwirkungen von Straßenbäumen auf angrenzende Grundstücke; ehrbeeinträchtigende Äußerungen, die im Sachzusammenhang mit hoheitlicher Tätigkeit stehen.

388 Da der FBA dazu dient, einen früher bestehenden Zustand wiederherzustellen, greift er grds. nicht bei einem **Unterlassen** der Verwaltung ein. Etwas anderes gilt nur dann, wenn die Behörde eine Rechtspflicht zum Handeln hatte.[476]

Gegenbeispiel: Nachbar N verlangt von der Gemeinde Maßnahmen gegen die missbräuchliche Nutzung eines Bolzplatzes. Hier wird zwar durch die Untätigkeit der Behörde in die Rechtssphäre des Bürgers eingegriffen. Anknüpfungspunkt ist jedoch nicht das Unterlassen, sondern das positive Tun, nämlich die Errichtung und der Betrieb des Platzes.[477]

b) Eingriff in ein subjektives Recht

389 **Subjektive Rechte** können sich aus einfach-gesetzlichen Vorschriften, aber auch aus Grundrechten ergeben.

Beispiele: Nachbarschützende Vorschriften im Baurecht, z.B. das Rücksichtnahmegebot aus § 15 Abs. 1 S. 2 BauNVO, das Recht am eingerichteten und ausgeübten Gewerbebetrieb (Art. 14 Abs. 1 bzw. Art. 12 Abs. 1 GG), die Gesundheit (Art. 2 Abs. 2 GG), das allgemeine Persönlichkeitsrecht (Art. 2 Abs. 1 i.V.m. Art. 1 Abs. 1 GG).

2. Rechtswidriger andauernder Zustand

390 Durch den Eingriff muss ein **rechtswidriger Zustand** geschaffen worden sein, der noch **andauert.**[478]

***Beachte:** Rechtswidrig muss der geschaffene Zustand, nicht der Eingriff sein.*

---

474 Vgl. AS-Skript Verwaltungsrecht AT 1 (2014), S. 10 ff.

475 BVerwG DVBl. 1971, 858, 860; BayVGH NVwZ-RR 1991, 57, 58; Schoch Jura 1993, 478, 482 m.w.N.

476 BVerwG, Beschl. v. 13.03.2008 – BVerwG 7 B 7.08, ZUR 2008, 316, 318; Bumke JuS 2005, 22, 22 m.w.N.

477 Bumke JuS 2005, 22, 23.

478 Voßkuhle/Kaiser JuS 2012, 1079, 1080.

a) Rechtswidrigkeit des Zustands

Rechtswidrig ist der Zustand, wenn den Bürger **keine Duldungspflicht** trifft. Eine Duldungspflicht kann sich ergeben aus 391

- **gesetzlichen Vorschriften**,
- einem **Verwaltungsakt**,
- einem **öffentlich-rechtlichen Vertrag**,
- einer **Einwilligung** des Betroffenen oder
- der **Wahrnehmung berechtigter Interessen** (analog § 193 StGB).

Beim sog. Vollzugs-FBA ist der Zustand solange gerechtfertigt, wie er von einem **wirksamen VA** gedeckt ist. Auch wenn der VA rechtswidrig ist, reicht dies zur Begründung des FBA nicht aus. Denn auch ein rechtswidriger VA ist grds. wirksam (§§ 43, 44 VwVfG) und legitimiert den seiner Regelung entsprechenden Zustand. Deshalb ist vor Geltendmachung des FBA die Aufhebung des VA erforderlich (durch die Behörde nach § 48 VwVfG oder durch das Gericht nach § 113 Abs. 1 S. 1 VwGO).[479] 392

Beispiel: Solange eine rechtswidrige Sicherstellung wirksam ist, kann keine Rückgabe der sichergestellten Sache verlangt werden. Die Rückgabe setzt die Aufhebung der Sicherstellungsverfügung voraus.

Liegt kein den Zustand rechtfertigender VA vor, so ist die Frage nach dem Anknüpfungspunkt der Rechtswidrigkeit entscheidend. Früher wurde teilweise angenommen, der FBA werde durch die Rechtswidrigkeit der hoheitlichen Maßnahme begründet. Es wurde also auf das Handlungsunrecht abgestellt. Nach heute h.M. ist beim FBA aber das **Erfolgsunrecht** entscheidend, da es um die Beseitigung der „Folgen", also des eingetretenen Zustandes geht. Es kommt daher nicht darauf an, ob der Eingriff rechtswidrig war, sondern ob der **Zustand**, dessen Beseitigung verlangt wird, **rechtswidrig** ist.[480] 393

Beispiel: Die Löschung personenbezogener Daten kann nicht nur verlangt werden, wenn diese rechtswidrig erhoben worden sind, sondern auch dann, wenn die Erhebung rechtmäßig war, die Daten aber nicht dauerhaft gespeichert werden dürfen (vgl. z.B. § 20 Abs. 1 u. 2 BDSG).[481]

b) Haftungsbegründende Kausalität

Der rechtswidrige Zustand muss **durch den hoheitlichen Eingriff** geschaffen worden sein. Es muss also eine **(haftungsbegründende) Kausalität** zwischen Eingriff und Beeinträchtigung bestehen.[482] Dabei reicht nicht jede Ursächlichkeit aus, erforderlich ist vielmehr eine „besondere Nähebeziehung" zum Eingriff.[483] Die Rspr. zieht hierfür unterschiedliche Kriterien heran. 394

So wird teilweise darauf abgestellt, ob der Zustand „unmittelbare" Folge des Eingriffs ist, ob der Zustand „zwangsläufig" oder aufgrund eines „typischen Geschehensablaufs" eingetreten ist (dazu unten Rn. 431 f.). **Beispiel:** Das Zuparken der Zufahrt zum Nachbargrundstück durch Benutzer einer öffentlichen Einrichtung, kann nicht dem hoheitlichen Betrieb der Einrichtung zugerechnet werden.[484]

479 BGH DNotZ 2010, 220, 225; BayVGH, Beschl. v. 16.06.2008 – 11 ZB 08.189, juris Rn. 28; Maurer § 30 Rn. 10.
480 BVerwG DVBl. 2001, 726, 732; BayVGH RÜ 2012, 323, 324; Maurer § 30 Rn. 9; Kemmler JA 2005, 908, 908.
481 VG Gießen NVwZ 2002, 1531, 1532; VG Köln NVwZ-RR 2003, 676.
482 VG München, Urt. v. 02.02.2010 – M 2 K 09.3679, juris Rn. 14; Sachs/Blasche NWVBl. 2005, 78, 80.
483 BayVGH, Urt. v. 08.05.2008 – 22 B 06.3184, juris Rn. 25.

c) Fortdauer der Beeinträchtigung

395 Schließlich setzt der FBA – in Abgrenzung zu Schadensersatzansprüchen, die auch abgeschlossene Beeinträchtigungen erfassen – voraus, dass der rechtswidrige **Zustand andauert**.[485] Hieran fehlt es z.B., wenn die rechtswidrigen Folgen erledigt sind oder der Zustand nachträglich (z.B. durch eine Genehmigung) legalisiert worden ist.[486]

V. Rechtsfolge des FBA

Rechtsfolgen des FBA
■ **Wiederherstellung des früheren Zustandes**
■ **Kein Schadensersatz**
■ **Haftungsausfüllende Kausalität:** Beseitigung der zurechenbaren Folgen

1. Wiederherstellung des früheren Zustandes

396 Seiner **Rechtsfolge** nach richtet sich der Folgenbeseitigungsanspruch – wie der Name schon sagt – auf die **Beseitigung der Folgen** des Verwaltungshandelns, d.h. der **Wiederherstellung des früheren Zustandes** (des status quo ante).[487]

Beispiele: Rückgabe beschlagnahmter Gegenstände, Rückzahlung rechtswidrig erhobener Abgaben, Widerruf ehrverletzender Äußerungen.

397 Unerheblich ist, ob die Folgenbeseitigung **durch schlichtes Verwaltungshandeln** oder **durch VA** erfolgen muss. Ist eine regelnde Entscheidung erforderlich, so ist die Behörde aufgrund des FBA zum Erlass eines entsprechenden VA verpflichtet.[488]

Beispiel: Nach Ablauf der Einweisungszeit hat der Eigentümer einen Folgenbeseitigungsanspruch auf Erlass einer Räumungsverfügung gegen die bislang eingewiesenen Personen (s.u. Fall 12).

2. Kein Schadensersatz

398 Der FBA ist nur auf die **Beseitigung der rechtswidrigen Folgen** des hoheitlichen Handelns gerichtet und gibt dem Betroffenen daher nichts, was dieser vor dem Eingriff nicht schon gehabt hat. Der FBA ist **kein allgemeiner Wiedergutmachungsanspruch**, insbes. dient er **nicht zum Ausgleich von Schäden**, die durch das Behördenhandeln entstanden sind.

Beispiel: Wird ein Ausländer rechtswidrigerweise abgeschoben (§ 58 AufenthG), hat er einen FBA auf Wiedereinreise.[489] Die Bezahlung des Flugtickets für die Wiedereinreise ist von der Folgenbeseitigung dagegen nicht umfasst.[490] Die Aufwendungen hierfür können nur im Wege eines Schadensersatzanspruchs aus Amtshaftung (Art. 34 GG, § 839 BGB) geltend gemacht werden.

---

484 Vgl. OVG Berlin NVwZ-RR 1988, 16.

485 Sachs/Blasche NWVBl. 2005, 78, 80; Bumke JuS 2005, 22, 24; Will JuS 2004, 701, 705.

486 Vgl. VG Cottbus, Urt. v. 14.08.2008 – 4 K 123/05, juris Rn. 24.

487 BVerwG, Urt. v. 19.02.2015 – BVerwG 1 C 13.14, RÜ 2015, 391, 395.

488 Kopp/Schenke VwGO § 113 Rn. 83 m.w.N.

489 OVG NRW NVwZ-RR 2007, 492, 493; VGH Mannheim VBlBW 2009, 149, 150; VG Berlin NVwZ 2009, 124, 127; einschränkend für den vorläufigen Rechtsschutz OVG Magdeburg NVwZ 2009, 403.

490 VG München, Beschl. v. 18.09.2008 – M 4 E 08.4523.

Der FBA ist deshalb auch **nicht auf Naturalrestitution** gerichtet. Denn Naturalrestitution bedeutet nicht Wiederherstellung des früheren Zustandes, sondern des jetzigen Zustandes, der bestehen würde, wenn der zum Ersatz verpflichtende Umstand nicht eingetreten wäre (vgl. § 249 Abs. 1 BGB). Der hypothetische Kausalverlauf ist daher für den FBA irrelevant. Der FBA ist ein bloßer **Restitutionsanspruch**, sodass kein Schadensersatz und auch keine Entschädigung verlangt werden kann (Restitution, nicht Kompensation). 399

Beispiele: Der Anspruch auf Ausgleich besoldungsrechtlicher Nachteile wegen unterbliebener Einstellung als Beamter kann nur als Schadensersatzanspruch, nicht als FBA geltend gemacht werden.[491] Auf den FBA kann auch kein Anspruch auf Gewährung einer Subvention gestützt werden, selbst wenn die Ablehnung rechtswidrig war.[492]

3. Haftungsausfüllende Kausalität

Beseitigt werden müssen die Folgen des Verwaltungshandelns, soweit diese dem Hoheitsträger **zurechenbar** sind **(haftungsausfüllende Kausalität)**. 400

Beachte: *Die Kausalitätsfrage kann, wie im Schadensersatzrecht, nicht nur im haftungsausfüllenden Tatbestand, sondern schon im Rahmen der Haftungsbegründung auftreten.*[493] *Dort geht es insbes. um Fälle, in denen der rechtswidrige Zustand nicht unmittelbar durch die hoheitliche Maßnahme geschaffen wird, sondern auf dem Verhalten Dritter beruht.*

a) Unmittelbare Folgen

Zurechenbar sind nach h.M. unproblematisch die unmittelbaren Folgen, d.h. solche, auf deren Herbeiführung die hoheitliche Maßnahme gerichtet war.[494] 401

Beispiel: Die Anbringung eines Kreuzes in den Unterrichtsräumen einer staatlichen Schule verstößt bei Widerspruch eines Betroffenen gegen die aus Art. 4 Abs. 1 GG folgende staatliche Neutralitätspflicht in Glaubensfragen.[495] Deshalb besteht grds. ein Anspruch auf Entfernung des auf staatliche Anordnung angebrachten Kreuzes, wenn sich anders zwischen den Interessen der Betroffenen kein Ausgleich schaffen lässt.[496]

b) Mittelbare Folgen

Mittelbare Folgen sind dagegen nur zurechenbar, wenn sie für den Eingriff **typisch** sind, also aus der Eigenart der hoheitlichen Maßnahme resultieren. Nicht zurechenbar sind Folgen, die durch das eigenverantwortliche Verhalten des Betroffenen oder eines Dritten verursacht worden sind.[497] Notwendig ist ein **innerer Zusammenhang** mit der Maßnahme, d.h. es muss sich eine besondere Gefahr verwirklichen, die bereits in der hoheitlichen Maßnahme selbst angelegt ist.[498] 402

---

491 BVerwG NVwZ 1999, 424.

492 HessVGH RÜ 2011, 191, 194.

493 BVerwGE 69, 366, 372; Bethge/Detterbeck Jura 1991, 550, 554; Bumke JuS 2005, 22, 24.

494 BVerwGE 69, 366, 373; BGH DNotZ 2010, 220, 224; Bumke JuS 2005, 22, 24.

495 BVerfG NJW 1995, 2477, 2478 (Kruzifix); vgl. auch BVerfG NJW 2003, 3111 und BVerwG NJW 2002, 3344, 3345 (Kopftuch).

496 Vgl. BayVGH NVwZ 2002, 1000 ff. zum Anspruch eines Lehrers und VGH Kassel NJW 2006, 1227; NJW 2003, 2471; VG Darmstadt NJW 2003, 455 zum Anspruch auf Entfernung eines Kreuzes aus dem Sitzungssaal des Kreistages.

497 BVerwGE 69, 366, 370; BVerwG DVBl. 2001, 744, 745; OVG Lüneburg NdsVBl. 2004, 213, 214; Bumke JuS 2005, 22, 24 f.

498 OVG Lüneburg NdsVBl. 2004, 213, 214.

Beispiel: Mit dem FBA kann nach Ablauf der Einweisungszeit die Exmittierung des Obdachlosen verlangt werden (s.u. Fall 12). Hat der Obdachlose während der Einweisungszeit die Wohnung beschädigt, kann die Beseitigung der Schäden als bloß mittelbare, dem Staat nicht zurechenbare Folge nicht über den FBA verlangt werden. Der Eigentümer ist hier auf Schadensersatz- bzw. Entschädigungsansprüche verwiesen.[499]

VI. Ausschlussgründe

Ausschlussgründe
Der FBA ist **ausgeschlossen**, wenn die Folgenbeseitigung ■ **tatsächlich oder rechtlich unmöglich** oder ■ **unzumutbar** ist oder ■ sich das Verlangen als **unzulässige Rechtsausübung** darstellt.

Hierbei handelt es sich nach herrschendem Verständnis nicht um tatbestandliche Voraussetzungen des FBA,[500] sondern um rechtsvernichtende Ausschlussgründe.[501]

1. Rechtliche und tatsächliche Unmöglichkeit

Die Behörde muss tatsächlich und rechtlich **in der Lage sein**, die Folgenbeseitigung durchzuführen (vgl. auch § 113 Abs. 1 S. 3 Hs. 1 VwGO).

403 ■ **Tatsächliche Unmöglichkeit** der Folgenbeseitigung ist beispielsweise anzunehmen beim Widerruf ehrverletzender Werturteile. Anders als Tatsachenbehauptungen können Werturteile nur falsch oder richtig, nicht aber wahr oder unwahr sein. Daher kann mit dem FBA der Widerruf unrichtiger Tatsachenbehauptungen verlangt werden, während bei Werturteilen nur ein Unterlassungsanspruch in Betracht kommt.[502]

404 ■ **Rechtliche Unmöglichkeit** liegt vor, wenn die Folgenbeseitigung nach der Rechtsordnung unzulässig ist.[503] Sie spielt vor allem in Drittbeteiligungsfällen eine Rolle, wenn mit der Folgenbeseitigung die Belastung eines Dritten verbunden ist. Hier besteht ein FBA nur, wenn die Behörde zum Einschreiten gegen den Dritten berechtigt ist (s.u. Fall 12).

2. Unzumutbarkeit der Folgenbeseitigung

405 Der FBA ist ausgeschlossen, wenn dem Verwaltungsträger die **Beseitigung nicht zumutbar** ist (Rechtsgedanke des § 74 Abs. 2 S. 3 VwVfG, § 906 Abs. 2 BGB). Das Kriterium der Zumutbarkeit wird von der Rspr. insbes. dann herangezogen, wenn die Folgenbeseitigung einen extrem hohen Aufwand erfordert und daher unverhältnismäßig ist.[504] Die Lit. kritisiert hieran, dass der Verhältnismäßigkeitsgrundsatz als grundrechtliches Prinzip nicht zum Schutze des Staates eingreifen könne.[505]

499 Vgl. BGH DVBl. 1996, 561; NVwZ 2006, 963; Voßkuhle/Kaiser JuS 2012, 1079, 1081.
500 So aber Sproll JuS 1996, 219, 222.
501 BVerwG NVwZ 1994, 275 LS 2; Bumke JuS 2005, 22, 25 m.w.N.
502 OVG NRW RÜ 2012, 525, 530 und unten Rn. 528.
503 BayVGH, Beschl. v. 17.02.2009 – 14 ZB 08.2919, juris Rn. 4.
504 BVerwG DVBl. 2004, 1493; DVBl. 1993, 1357, 1361 ff.; Maurer § 30 Rn. 14; Bumke JuS 2005, 22, 25.

Beispiel: Ein nur wenige Zentimeter breiter Grundstücksstreifen des E ist rechtswidrigerweise für den Straßenbau in Anspruch genommen worden. Die Verlegung der Straße würde Kosten verursachen, die in keinem Verhältnis zu der geringen Beeinträchtigung des E stehen würden.[506] Den Vermögensinteressen des E kann durch einen Geldausgleich ausreichend Rechnung getragen werden (s.u. Rn. 415 ff.).

3. Unzulässige Rechtsausübung

Schließlich ist der FBA ausgeschlossen, wenn das Verlangen auf Folgenbeseitigung eine **unzulässige Rechtsausübung** darstellt, z.B. bei widersprüchlichem Verhalten (venire contra factum proprium)[507] oder wenn die Beseitigung eines (noch) rechtswidrigen Zustandes verlangt wird, obwohl sicher zu erwarten ist, dass der Zustand nachträglich legalisiert wird. Die bloße Möglichkeit der Legalisierung reicht dagegen nicht aus.[508] **406**

VII. Verjährung

Der Folgenbeseitigungsanspruch unterliegt der regelmäßigen (dreijährigen) **Verjährung** (§ 195 BGB analog).[509] **407**

Beispiel: Die Straßenbaubehörde hatte bei der Verbreiterung einer Gemeindestraße im Jahr 2005 rechtswidrigerweise einen Teil des Gehwegs auf dem Grundstück des E errichtet, was seinerzeit nicht bemerkt wurde. Als E das Grundstück Anfang 2015 veräußern will, wird bei einer Neuvermessung der Überbau festgestellt. E verlangt Beseitigung des Überbaus durch die Gemeinde, hilfsweise Duldung der Beseitigung. Die Gemeinde beruft sich auf Verjährung.

Der FBA ist analog §§ 195, 199 BGB mit Ablauf des Jahres 2008 verjährt. E kann daher keine Beseitigung des Überbaus durch die Gemeinde verlangen. Trotz Verjährung bleibt der geschaffene Zustand aber weiterhin rechtswidrig. E kann seinen Beseitigungsanspruch zwar nicht mehr durchsetzen, ist aber auch nicht zur Duldung des Überbaus verpflichtet. Im Hinblick auf Art. 14 GG verjähren Duldungsansprüche nicht (im Zivilrecht vgl. § 902 BGB). E kann den rechtswidrigen Zustand daher auf eigene Kosten beseitigen.[510]

Fall 11: Totenruhe

K ist Inhaberin einer Familiengrabstätte, die aus drei Grabstellen besteht und in der bereits ihre Schwester und der vor einigen Jahren verstorbene Ehemann der K beigesetzt sind. Die dritte, bislang noch freie Stelle grenzt an die Grabstätte der Familie B. Frau B ist verstorben und wird aufgrund eines Irrtums der Friedhofsverwaltung F in der Grabstätte der K beigesetzt. Als K dies bemerkt, verlangt sie von F die Umbettung des Leichnams der B. F lehnt dies unter Hinweis auf den Schutz der Totenruhe ab. Auch habe der Ehemann der B einer Umbettung ausdrücklich widersprochen. K hält es für unzumutbar, dass ihr Ehemann neben einer fremden Frau ruht und fragt daher nach der Rechtslage.

---

505 Fiedler NVwZ 1986, 969, 976; Schoch Jura 1993, 478, 485 f.; Erbguth JuS 2000, 336, 337.

506 Vgl. z.B. BayVGH NVwZ 1999, 1237; OVG NRW NWVBl. 1994, 109; Bumke JuS 2005, 22, 25 f.

507 BayVGH, Urt. v. 05.10.2009 – 4 B 08.2877, juris Rn. 28.

508 Vgl. BVerwG NJW 1989, 118; VGH Kassel NVwZ 1995, 300, 303; Schoch Jura 1993, 478, 486; Bumke JuS 2005, 22, 26.

509 BVerwG, Beschl. v. 12.07.2013 – BVerwG 9 B 12.13, RÜ 2013, 668; BayVGH, Beschl. v. 10.01.2013 – 8 B 12.305, NVwZ-RR 2013, 254; BayVGH, Urt. v. 08.02.2012 – 4 B 11.175, RÜ 2012, 323, 326; VG Neustadt, Urt. v. 10.07.2014 – 4 K 1105/13.NW; ebenso BGH, Urt. v. 28.01.2011 – V ZR 141/10, NJW 2011, 1068 zum Anspruch aus § 1004 BGB; a.A. Mansell NJW 2002, 89, 91; Heselhaus DVBl. 2004, 411, 412: kraft Gewohnheitsrechts 30 Jahre.

510 BVerwG, Beschl. v. 12.07.2013 – BVerwG 9 B 12.13, RÜ 2013, 668; vgl. auch BGH, Urt. v. 28.01.2011 – V ZR 141/10, RÜ 2011, 283, 284; vgl. auch OVG Saarlouis, Beschl. v.18.06.2014 – 1 A 20/14, NVwZ-RR 2014, 672.

A. K könnte ein Anspruch auf Umbettung aus dem Gesichtspunkt der **Folgenbeseitigung** zustehen.

408 I. Der **gesetzlich nicht geregelte** Folgenbeseitigungsanspruch (FBA) wird überwiegend aus der Abwehrfunktion der Grundrechte oder aus dem Rechtsstaatsprinzip (Art. 20 Abs. 3 GG, Grundsatz der Gesetzmäßigkeit der Verwaltung) hergeleitet. Andere greifen auf den Rechtsgedanken der §§ 1004, 862 BGB zurück. Diese Begründungsansätze schließen sich jedoch nicht aus, sondern ergänzen sich gegenseitig. Jedenfalls ist der FBA heute als gewohnheitsrechtlicher Grundsatz anerkannt.

409 II. **Voraussetzungen des FBA**

Nach allgemeiner Auffassung kommt ein Anspruch auf Folgenbeseitigung in Betracht, wenn durch einen hoheitlichen Eingriff in ein subjektives Recht ein rechtswidriger, noch andauernder Zustand geschaffen wurde.[511]

1. Es muss ein **hoheitlicher Eingriff in ein subjektives Recht** vorliegen.

410 a) Die Bestattung der B in der Grabstätte der K stand im Sachzusammenhang mit dem öffentlich-rechtlichen Friedhofswesen, sodass ein **hoheitliches Handeln** vorliegt.

411 b) **Subjektive Rechte** können sich aus einfach-gesetzlichen Vorschriften, aber auch aus Grundrechten ergeben. Das Grabstättennutzungsrecht fällt unter den Eigentumsschutz nach Art. 14 Abs. 1 GG.[512] Zwar handelt es sich hierbei um eine öffentlich-rechtliche Rechtsposition. Diese unterfällt jedoch dem Schutz des Art. 14 GG, wenn sie – wie hier – auf nicht unerheblichen Eigenleistungen des Einzelnen beruht.[513] Durch die Fehlbelegung wird der K dieses **subjektive Recht** zumindest teilweise entzogen.

412 2. Durch den Eingriff muss ein **rechtswidriger Zustand** geschaffen worden sein, der noch **andauert**.

a) Rechtswidrig ist der Zustand, wenn den Bürger **keine Duldungspflicht** trifft. Eine Rechtfertigung für die Fehlbelegung ist hier nicht ersichtlich.

b) Der rechtswidrige Zustand muss auf dem hoheitlichen Eingriff beruhen. Es muss also eine **(haftungsbegründende) Kausalität** zwischen Eingriff und der Beeinträchtigung bestehen.[514] Der rechtswidrige Zustand beruht hier unmittelbar auf der hoheitlich veranlassten Fehlbelegung der Grabstätte.

c) Da die Fehlbelegung des Grabes **andauert**, sind die Voraussetzungen des FBA erfüllt.

413 III. Seiner **Rechtsfolge** nach richtet sich der Folgenbeseitigungsanspruch auf die Beseitigung der zurechenbaren Folgen des rechtswidrigen Verwaltungshandelns, d.h. auf **Wiederherstellung des früheren Zustandes**.

---

511 BVerwG NVwZ 1998, 1292, 1294; OVG NRW NWVBl. 2007, 431, 432; NVwZ 2000, 217, 218; Maurer § 30 Rn. 7 ff.

512 Vgl. OVG NRW NVwZ 2000, 217, 218.

513 Jarass/Pieroth, GG, Art. 14 Rn. 11 ff.

514 Vgl. Sachs/Blasche NWVBl. 2005, 78, 80.

Beseitigt werden müssen die Folgen des Verwaltungshandelns, soweit diese dem Hoheitsträger zurechenbar sind **(haftungsausfüllende Kausalität)**.

Vorliegend hatte die Fehlbelegung **unmittelbar** zur Folge, dass das Nutzungsrecht der K beeinträchtigt wurde, da sie die bis dahin freie Grabstelle ihrer Grabstätte nicht mehr für eine Bestattung entsprechend ihrer Wahl nutzen kann.[515] Die **Folgenbeseitigung** bestünde daher in der Freimachung der rechtswidrig belegten Grabstätte durch Umbettung des dort bestatteten Leichnams der B.

IV. Der FBA könnte aus **rechtlichen Gründen** wegen Verstoßes gegen Art. 1 Abs. 1 GG **ausgeschlossen** sein. Art. 1 Abs. 1 GG fordert mit dem Schutz der unantastbaren **Würde des Menschen** auch den Schutz der Totenruhe des Verstorbenen. Daher kann die Umbettung eines einmal beigesetzten Leichnams grds. nur aus **besonderen Gründen** verlangt werden.[516] **414**

Zwar hat K ein erhebliches Interesse an der uneingeschränkten Nutzung der Grabstelle. Der Schutz der Totenruhe ist gegenüber dem Grabstättennutzungsrecht der K indes vorrangig. Dies gilt umso mehr, als K das Nutzungsrecht nur teilweise entzogen wurde und ihr das Grabgestaltungsrecht im Übrigen verblieben ist.

„Auszugehen ist davon, dass der den Schutz der Totenruhe gewährleistende Art. 1 Abs. 1 GG aufgrund des durch Art. 79 Abs. 3 GG geschaffenen Wertsystems einen besonderen unantastbaren Rang hat, wodurch Art. 1 GG zu den „tragenden Konstitutionsprinzipien" gehört. Die Rücksichtnahme auf die Gefühle der Hinterbliebenen verbieten es der Friedhofsverwaltung in der Regel, gegen den Willen des Ehegatten oder eines anderen nahen Verwandten des Verstorbenen ... der Umbettung zuzustimmen oder diese zu bewirken."[517]

Damit ist der **FBA** auf Umbettung des Leichnams der B wegen rechtlicher Unmöglichkeit **ausgeschlossen**.

B. Ist die Folgenbeseitigung in Form der Wiederherstellung nicht möglich oder nicht zumutbar, könnte dem Betroffenen nach dem Rechtsgedanken des § 251 BGB ein **Anspruch auf Geldausgleich** zustehen. **415**

I. Vom BVerwG ist ein solcher Anspruch für den Fall bejaht worden, dass dem Betroffenen ein **Mitverschulden** an den ihn belastenden Folgen des Verwaltungshandeln trifft.

1. Ist der Umfang der Folgenbeseitigung **teilbar**, so wird der FBA nach h.Rspr. entsprechend dem Mitverschulden analog § 254 BGB **reduziert**.[518] § 254 BGB enthält einen allgemeinen Rechtsgedanken, der im Zivilrecht wie im öffentlichen Recht sowohl bei verschuldensabhängigen als auch verschuldensunabhängigen Ansprüchen gelte.

Die Gegenansicht lehnt die Anwendung des § 254 BGB auf den FBA ab, da die Vorschrift auf das Schadensersatzrecht zugeschnitten sei. Der grundrechtliche FBA könne mangels gesetzlicher Grundlage einfachgesetzlich nicht beschränkt werden.[519] Dagegen spricht, dass § 254 BGB auch im Rahmen des § 1004 BGB entsprechend anzuwenden ist.[520]

---

515 Vgl. OVG NRW NVwZ 2000, 217, 218.

516 OVG NRW NVwZ 2000, 217, 218; NWVBl. 2008, 471, 472; NVwZ-RR 2010, 281, 283 m.w.N.

517 OVG NRW NVwZ 2000, 217, 218.

518 BVerwG NJW 1989, 2484, 2485; VGH Mannheim NJW 1985, 1482; Maurer § 30 Rn. 18.

519 Schenke JuS 1990, 370, 375; Schoch VerwArch 1988, 1, 54.

416 2. Ist die Folgenbeseitigung dagegen **unteilbar**, ist der FBA bei Mitverschulden aus rechtlichen Gründen **ausgeschlossen**. In diesem Fall schlägt die Wiederherstellungspflicht nach Auffassung des BVerwG analog § 251 BGB in einen **Geldanspruch** gegen den Staat um, der entsprechend dem Mitverschuldensanteil zu kürzen ist.[521]

Beispiel: Aufgrund von Straßenbauarbeiten ist eine auf dem Grundstück des E stehende Mauer zerstört worden. Der FBA ist auf die Errichtung einer gleichwertigen Mauer gerichtet.[522] Hat E die Zerstörung durch Abgrabungen auf seinem Grundstück mitverursacht, hat er nur einen um sein Mitverschulden gekürzten Ausgleichsanspruch in Geld.[523]

417 II. Von einer im Vordringen befindlichen Meinung wird ein solcher Anspruch auf **Geldausgleich** immer dann bejaht, wenn die Folgenbeseitigung unmöglich oder unzumutbar ist (Rechtsgedanke des § 251 BGB, sog. **Folgenersatzanspruch**, „verlängerter Folgenbeseitigungsanspruch"). Denn es wäre unbillig, wenn der an sich zur Folgenbeseitigung Verpflichtete ganz aus der Verantwortung entlassen würde.[524] Die Gegenansicht kritisiert hieran zu Recht, dass durch die Anerkennung des Folgenersatzanspruchs die Grenze zum **Folgenentschädigungsanspruch** überschritten wird. Anerkanntermaßen kann der FBA nicht zum Ausgleich von Schäden führen. Eine Erweiterung des FBA würde zu einem verschuldensunabhängigen Geldanspruch führen und damit die Grenze zur Amtshaftung und zur Aufopferungsentschädigung verwischen. Scheitert der FBA an der Unmöglichkeit oder Unzumutbarkeit der Folgenbeseitigung, so kommt bei rechtswidrig schuldhaftem Handeln nur ein Anspruch aus Amtshaftung (Art. 34 GG, § 839 BGB), bei schuldlosen Eingriffen ein Anspruch aus Aufopferung in Betracht.[525]

C. Prozessuale Situation

418 I. Für die Durchsetzung des FBA ist gemäß § 40 Abs. 1 S. 1 VwGO der **Verwaltungsrechtsweg** eröffnet, weil es sich um einen öffentlich-rechtlichen Anspruch handelt.[526] Soweit ein **Folgenersatzanspruch** in Betracht kommt, ist auch hierfür nach § 40 Abs. 1 S. 1 VwGO der Verwaltungsrechtsweg eröffnet.[527]

Die abdrängende Zuweisung an die Zivilgerichte gemäß § 40 Abs. 2 S. 1 VwGO gilt nur für Geldansprüche des Bürgers; nicht darunter fallen Ansprüche auf Folgenbeseitigung, selbst wenn sie ausnahmsweise auf Geldleistung gerichtet sind.[528]

419 II. Der Klageart nach handelt es sich um eine **allgemeine Leistungsklage**, wenn die Folgenbeseitigung durch schlicht hoheitliches Handeln zu erfolgen hat. Erfordert die Folgenbeseitigung ausnahmsweise den Erlass eines Verwaltungsakts, so ist die **Verpflichtungsklage** statthaft (§ 42 Abs. 1 Fall 2 VwGO).

---

520 Vgl. BGHZ 135, 235, 239; OLG Zweibrücken KommJur 2004, 71, 72.

521 BVerwG DVBl. 1993, 1357, 1362; NJW 1989, 2484, 2485 unter Hinweis auf § 74 Abs. 2 S. 3 VwVfG; Bumke JuS 2005, 22, 26.

522 Bumke JuS 2005, 22, 24.

523 BVerwG NJW 1989, 2484.

524 OVG NRW NVwZ 2000, 217, 219; BayVGH NVwZ 1999, 1237, 1238; Erbguth JuS 2000, 336, 338; Voßkuhle/Kaiser JuS 2012, 1079, 1081; offengelassen von BVerwG DVBl. 1993, 1357, 1362 (Anspruch „naheliegend").

525 OVG NRW NVwZ 1994, 795, 796; Maurer § 30 Rn. 17; Kopp/Schenke VwGO § 113 Rn. 89.

526 BVerfGE 61, 149, 173; Maurer § 30 Rn. 19; Graulich ZAP 2005, 849, 850.

527 BayVGH NVwZ 1999, 1237; Franckenstein NVwZ 1999, 158, 159; vgl. auch Kopp/Schenke VwGO § 113 Rn. 89, der den Folgenersatzanspruch allerdings ablehnt.

528 Ehlers in Schoch VwGO § 40 Rn. 530; Kopp/Schenke VwGO § 40 Rn. 73 m.w.N.

Für den **Vollzugsfolgenbeseitigungsanspruch** erleichtert § 113 Abs. 1 S. 2 u. S. 3 VwGO die prozessuale Durchsetzung. Danach kann der FBA als **Annexantrag** mit der Anfechtungsklage verbunden werden.[529] **Beispiel:** K hat gegen einen Beitragsbescheid über 3.000 € Widerspruch und Anfechtungsklage erhoben. Da seine Rechtsbehelfe keine aufschiebende Wirkung entfalten (§ 80 Abs. 1 S. 1 VwGO), hat K zunächst unter Vorbehalt gezahlt. Wird der Beitragsbescheid gemäß § 113 Abs. 1 S. 1 VwGO aufgehoben, kann das Gericht die Behörde zugleich zur Erstattung des gezahlten Betrages verurteilen (§ 113 Abs. 1 S. 2 VwGO). **420**

K kann somit den Folgenbeseitigungsanspruch sowie einen etwaigen Folgenentschädigungsanspruch im Wege der **allgemeinen Leistungsklage** vor dem Verwaltungsgericht geltend machen. Die Klage ist allerdings unbegründet (s.o.). **421**

Aufbauschema: Folgenbeseitigungsanspruch

I. Rechtsgrundlage

Art. 20 Abs. 3 GG, Grundrechte, § 1004 BGB analog, Gewohnheitsrecht

II. Voraussetzungen

1. hoheitlicher Eingriff in ein subjektives öffentliches Recht

a) hoheitliche Maßnahme

b) subjektives Recht beeinträchtigt

2. Schaffung eines rechtswidrigen Zustandes

a) rechtswidriger Zustand

b) haftungsbegründende Kausalität zwischen Eingriff und Zustand

c) Fortdauer des rechtswidrigen Zustandes

III. Rechtsfolge

1. Wiederherstellung des früheren Zustandes

a) Beseitigung der zurechenbaren Folgen (haftungsausfüllende Kausalität)

b) kein Schadensersatz, keine Folgenentschädigung

2. bei Mitverschulden § 254 BGB analog, ggf. Folgenersatzanspruch

IV. Ausschlussgründe → (Folgenersatzanspruch)

1. rechtliche, tatsächliche Unmöglichkeit

2. Unzumutbarkeit der Wiederherstellung

3. unzulässige Rechtsausübung

---

529 Vgl. AS-Skript VwGO (2013) Rn. 189.

Fall 12: Obdachlos

E hat im Jahre 2012 ein Zweifamilienhaus in der Stadt S gebaut und die Obergeschosswohnung an die Familie F (Vater, Mutter mit 6 Kindern) vermietet. Ende 2014 kündigt E das Mietverhältnis wegen erheblichen Mietrückstandes wirksam zum 31.03.2015. Als Familie F aufgrund der schlechten Wohnungsmarktlage Ende März 2015 noch keine neue Wohnung gefunden hat, weist die Stadtverwaltung S die Familie F zunächst befristet bis zum 31.05.2015 in ihre bisherige Wohnung ein. Diesen an E gerichteten Bescheid begründet sie damit, dass – was zutrifft – der gesamte der Stadt S zur Verfügung stehende Wohnraum durch Asylbewerber belegt sei. Weder im Obdachlosenheim noch in anderen, von S angemieteten Wohnungen sei Platz für eine 8-köpfige Familie. Weiterer Wohnraum könne kurzfristig nicht angemietet werden. Als die Stadt S der Familie F im Mai geeigneten anderweitigen Wohnraum nachweist, weigert sich die F, ihre bisherige Wohnung zu verlassen, um ihren Kindern keinen Schulwechsel zuzumuten. Als die F im Juni 2015 immer noch in der Wohnung des E verweilen, ohne dass die Stadtverwaltung weitere Maßnahmen veranlasst hat, verlangt E, der die Einweisung selbst widerspruchslos hingenommen hatte, von S Räumung der Wohnung.

A. Der Anspruch auf Räumung der Wohnung könnte sich aus der Vorschrift des Polizei- und Ordnungsrechts über die **Herausgabe** von sichergestellten Sachen ergeben.[530] Dann müsste es sich bei der Einweisungsverfügung um eine **Sicherstellung** handeln.

422 I. **Sicherstellungsfähig** sind auch Grundstücke und Gebäude(teile).[531] Daher wird teilweise angenommen, dass auch die „Beschlagnahme" von Wohnraum zur Vermeidung drohender Obdachlosigkeit unter den Begriff der Sicherstellung falle.[532]

423 II. Dagegen spricht jedoch, dass die Sicherstellung darauf gerichtet ist, den Gewahrsam des bisherigen Gewahrsamsinhabers zu beenden und **neuen Gewahrsam** zu begründen. Eine Maßnahme, die an den Gewahrsamsverhältnissen nichts ändert, stellt keine Sicherstellung i.S.d. PolG dar.[533]

Deshalb erfolgt die Einweisung auch nicht als Sicherstellung, sondern grds. aufgrund der polizei- bzw. ordnungsrechtlichen Generalklausel.[534] Eine Sicherstellung kommt nur ausnahmsweise in Betracht, wenn die Verfügung auf eine Besitzbegründung durch die Ordnungsbehörde gerichtet ist. Das ist insbes. der Fall, wenn die Behörde leerstehenden Wohnraum in Beschlag nimmt, um im Bedarfsfall über Unterbringungsmöglichkeiten zu verfügen.

Vorliegend ist aufgrund der Einweisungsverfügung nur der durch das ursprüngliche Mietverhältnis begründete Besitz aufrechterhalten worden, sodass eine Sicherstellung nicht vorliegt. Daher scheidet der spezialgesetzlich geregelte Herausgabeanspruch für sichergestellte Sachen aus.

---

530 Vgl. z.B. Art. 28 BayPAG, § 41 ASOG Bln, § 28 Bbg PolG, § 26 BremPolG, § 43 HSOG, § 61 Abs. 2 SOG M-V, § 29 Nds SOG, § 46 PolG NRW, § 25 POG RhPf, § 24 SPolG, § 48 SOG LSA, § 25 Thür OBG, § 30 Thür PAG.

531 Vgl. OVG Koblenz NJW 2013, 184, 185; Lisken/Denninger, Polizeirecht, E Rn. 671.

532 Pieroth/Schlink/Kniesel, Polizeirecht, § 19 Rn. 5; Knemeyer JuS 1988, 696, 697 FN 3; .

533 OVG NRW NVwZ-RR 1991, 556; Erichsen/Biermann Jura 1998, 371, 376 f.; Volkmann JuS 2001, 888, 890; Linke JuS 2015, 247, 249.

534 OVG Lüneburg NJW 2010, 1094, 1095; Kanther NVwZ 2002, 828; Ewer/v.Detten NJW 1995, 353; Günter/Traumann NVwZ 1993, 130.

B. Der Räumungsanspruch könnte sich indes aus einem **Anspruch auf Folgenbeseitigung** ergeben.

I. Fraglich ist bereits, ob der FBA in Drittbeteiligungsfällen überhaupt als **Anspruchsgrundlage** in Betracht kommt. Denn E begehrt Räumung der Wohnung, was nur durch Erlass einer Räumungsverfügung gegen die Familie F möglich ist, die bei Nichtbefolgung im Wege der Verwaltungsvollstreckung durchgesetzt werden könnte. Insoweit ist umstritten, ob der (ungeschriebene) FBA als Grundlage für einen **drittbelastenden VA** ausreicht oder ob hierfür eine spezielle Rechtsgrundlage erforderlich ist. **424**

Neben der Exmittierung von Obdachlosen taucht das Problem vor allem beim Anspruch des Nachbarn auf Beseitigung eines Bauvorhabens nach Aufhebung der Baugenehmigung auf.[535]

1. Ein Teil der Rspr. und Lit. verneint die Anwendbarkeit des FBA unter Hinweis auf das Prinzip vom **Vorbehalt des Gesetzes**. Danach bedürfen belastende Maßnahmen einer besonderen gesetzlichen Ermächtigung. Der FBA sei nicht gesetzlich geregelt und könne daher keinen Anspruch auf Einschreiten gegen einen Dritten vermitteln. Der Sache nach handele es sich vielmehr um einen **Anspruch auf Einschreiten** aufgrund der behördlichen Ermächtigungsgrundlage. Dies folge auch daraus, dass die Ansprüche, die der gestörte Bürger gegen die Behörde hat, nicht weiter gehen können als die Eingriffsgrundlage der Behörde gegen den Störer reicht. Ein Anspruch des Betroffenen könne sich in diesen Fällen nur aus der **materiellen Ermächtigungsgrundlage** der Behörde auf Einschreiten gegen den Dritten ergeben.[536] **425**

   Beispiele: Die Exmittierung eines Obdachlosen erfolgt nach dieser Auffassung aufgrund der polizeilichen Generalklausel, der Erlass einer Beseitigungsverfügung gegenüber dem Bauherrn nach der bauordnungsrechtlichen Ermächtigungsgrundlage.

2. Überwiegend wird jedoch darauf abgestellt, dass die Einschaltung eines Dritten in die Folgenbeseitigung nichts an dem Verhältnis des betroffenen Bürgers zum Staat ändere. Aus der **Folgenbeseitigungspflicht** der Behörde wegen der Folgen des von ihr erlassenen VA ergebe sich auch ein Rechtsverhältnis zu dem Dritten. Die nunmehr verlangte Belastung folge als Kehrseite aus der ursprünglichen Begünstigung. Damit kann der FBA auch im Verhältnis zum Dritten als Anspruchsgrundlage gelten. Erst im Rahmen der rechtlichen Möglichkeit der Folgenbeseitigung wird die Frage relevant, ob die Behörde die Befugnis hat, zur Folgenbeseitigung gegen den Dritten einzuschreiten.[537] **426**

II. **Voraussetzungen des FBA**

1. Es muss ein **hoheitlicher Eingriff in ein subjektives Recht** des E vorliegen. Hier wurde durch die hoheitliche Beschlagnahme der Wohnung in das Eigentumsrecht des E aus Art. 14 GG eingegriffen. **427**

---

535 Vgl. dazu AS-Skript Öffentliches Baurecht (2015), Rn. 242.

536 VGH Mannheim NJW 1997, 2832, 2833; NJW 1990, 2770, 2771; Deubert/Müller JA 1993, 195, 198; Walther JA 1994, 199, 205; offengelassen von BVerwG NVwZ 1995, 272.

537 Kopp/Schenke VwGO § 113 Rn. 83; Maurer § 30 Rn. 12; Schenke DVBl. 1990, 328, 331; Schoenenbroicher MDR 1993, 97, 98; Bumke JuS 2005, 22, 26 f.; Voßkuhle/Kaiser JuS 2012, 1079, 1081; ebenso im Ergebnis BGH DVBl. 1995, 1131, 1132; OVG NRW NWVBl. 1991, 199; VGH Kassel NVwZ 1995, 300, 302.

2. Durch den hoheitlichen Eingriff muss ein **rechtswidriger Zustand** geschaffen worden sein, der noch andauert. Rechtswidrig ist der Zustand, wenn keine Duldungspflicht besteht.

428 a) Eine **Duldungspflicht** könnte sich aus der (bestandskräftigen) Einweisungsverfügung ergeben. Diese rechtfertigt den Zustand aber nur für die in ihr geregelte Einweisungszeit (§§ 36 Abs. 2 Nr. 1, 43 Abs. 2 VwVfG). Nach Ablauf der Frist braucht E den Aufenthalt der Familie F in seiner Wohnung jedoch auf keinen Fall mehr zu dulden. Ob die Verfügung seinerzeit rechtmäßig ergangen ist, ist daher unerheblich. Denn der Staat ist nach Art. 20 Abs. 3 GG auch dann zur Beseitigung eines rechtswidrigen Zustandes verpflichtet, wenn dieser zunächst rechtmäßig war und erst später rechtswidrig geworden ist.[538]

Ein VA kann eine Duldungspflicht also nur im Rahmen seines **Regelungsgegenstandes** begründen. **Beispiel:** Die Widmung einer Straße betrifft nur die Nutzung durch die Allgemeinheit (§ 35 S. 2 VwVfG), sagt aber nichts über das zulässige Maß des Straßenlärms aus. Eine unanfechtbare Widmung kann daher dem FBA auf Lärmminderung nicht entgegenstehen.[539] Ebenso ist die Widmung gegenüber dem Grundstückseigentümer nicht geeignet, den aufgrund einer fehlerhaften Planung rechtswidrig geschaffenen Zustand zu heilen. Die Widmung steht deshalb einem Anspruch auf Folgenbeseitigung nicht entgegen.[540]

Daher ist unerheblich, dass E die Einweisung nicht angefochten hat. Denn die Verfügung konnte allenfalls den Zustand bis zum 31.05.2015 rechtfertigen.[541] Weitere Duldungspflichten sind nicht ersichtlich. Der derzeitige Zustand ist damit rechtswidrig.

Umgekehrt besteht der FBA bei einem ursprünglich rechtswidrigen Eingriff nicht (mehr), wenn der Zustand **zwischenzeitlich legalisiert** worden ist, z.B. durch Erlass einer neuen Einweisungsverfügung.[542] Die bloße Legalisierungsmöglichkeit schließt den Tatbestand des FBA dagegen nicht aus, möglicherweise aber die Rechtsfolge (s.o. Rn. 406).

429 b) Voraussetzung ist allerdings, dass das hoheitliche Handeln kausal für den rechtswidrigen Zustand ist **(haftungsbegründende Kausalität)**. Zwischen der Amtshandlung der Behörde und den eingetretenen rechtswidrigen Folgen muss ein **„Vollzugszusammenhang"** bestehen.[543] Dies ist hier zweifelhaft, weil das Verbleiben der F in der Wohnung auf ihrer **eigenverantwortlichen Entscheidung** beruht.

430 aa) Unproblematisch ist die Zurechnung, wenn der rechtswidrige Zustand **unmittelbar** durch das hoheitliche Handeln hervorgerufen wird.[544]

Beispiel: Sichergestellte Gegenstände werden von der Polizei in Verwahrung genommen.

538 BVerwGE 69, 366, 370; BGH DVBl. 1995, 1131, 1132; Bumke JuS 2005, 22, 23.
539 Bumke JuS 2005, 22, 24.
540 BayVGH, Urt. v. 14.09.2009 – 8 B 08.2829, RÜ 2010, 329, 332; VG Neustadt, Urt. v. 10.07.2014 – 4 K 1105/13.NW.
541 Vgl. BayVGH, Beschl. v. 16.06.2008 – 11 ZB 08.189, juris Rn. 29.
542 Stangl JA 1997, 138, 139; Maurer § 30 Rn. 15.
543 So VGH Kassel NVwZ 1995, 300, 302.
544 BVerwGE 69, 366, 372 m.w.N.

Dem steht gleich die **freiwillige Befolgung** eines VA durch den Adressaten. Denn derjenige, der einem staatlichen Ge- oder Verbot freiwillig nachkommt, darf hinsichtlich der Folgenbeseitigung nicht schlechter stehen als bei zwangsweiser Durchsetzung. Im Rahmen des Regelungsgehaltes des VA wird das Verhalten des Adressaten oder Dritter dem behördlichen Vollzug gleichgestellt.

Beispiele: Der Bürger zahlt den mit einem Abgabenbescheid geforderten Geldbetrag.[545] Ebenso wird die Verwirklichung der Baugenehmigung durch den Bauherrn der Behörde zugerechnet;[546] anders wenn ohne Baugenehmigung oder unter Abweichung von der erteilten Genehmigung „schwarz" gebaut wird.[547]

bb) Zurechnungsprobleme ergeben sich dann, wenn die unmittelbaren Be- **431**
einträchtigungen – wie hier – durch **Dritte** hervorgerufen werden. Wie im Rahmen des § 1004 BGB ist anerkannt, dass der Staat **(mittelbarer) Störer** ist, wenn durch seinen maßgeblichen Willen ein rechtswidriger Zustand geschaffen wird.[548] Deshalb sind dem Staat Handlungen Dritter zuzurechnen, wenn der Hoheitsträger das Verhalten des unmittelbaren Störers steuert oder durch sein Verhalten eine **typische Gefährdungssituation** für die subjektiven Rechte des Betroffenen schafft oder die von Dritten geschaffene Gefahrenlage aufrechterhält.[549] Das gilt z.B. für alle Störungen, die sich aus der bestimmungsgemäßen Benutzung einer öffentlichen Einrichtung ergeben

Beispiele: Immissionen bei der Benutzung von Sport- und Spielplätzen,[550] Geräusche **432**
bei der Benutzung von Wertstoffcontainern.[551]

Keine Zurechnung erfolgt dagegen bei **Missbrauch** der Sachen oder Exzessen Einzelner. In diesem Fall sind allein die privaten Störer und nicht der Hoheitsträger verantwortlich.[552]

Beispiele: Betreibt die Gemeinde einen Badesee, so werden ihr die üblichen Lärmimmissionen des Badebetriebs zugerechnet. Sie hat aber nicht dafür einzustehen, wenn Besucher angrenzende Grundstücke verschmutzen, Grundstückseinfahrten zuparken oder des Nachts Lärm verursachen.[553] Immissionen, die sich aus der üblichen Nutzung eines Wertstoff-Containers ergeben, muss sich die Behörde zurechnen lassen, nicht dagegen wilde Ablagerungen oder missbräuchliche Nutzungen in Ruhezeiten.[554] Etwas anderes gilt allerdings, wenn die Behörde zumutbare Sicherungs- und Kontrollmaßnahmen unterlassen hat.[555]

545 Kopp/Schenke VwGO § 113 Rn. 80.

546 VGH Kassel NVwZ 1995, 300, 302; Horn DöV 1989, 976, 977; Bumke JuS 2005, 22, 26.

547 VGH Kassel NVwZ 1995, 300, 302.

548 Zum mittelbaren Störer bei § 1004 BGB vgl. Schreiber Jura 2013, 111, 115.

549 VGH Mannheim NVwZ 2012, 837, 640; zur vergleichbaren Situation bei § 1004 BGB vgl. BGH NJW 2005, 1366.

550 HessVGH, Urt. v. 25.07.2011 – 9 A 125/11, RÜ 2011, 810; OVG Koblenz DVBl. 2012, 1052; OVG NRW, Beschl. v. 18.05.2009 – 10 E 289/09; BayVGH, Beschl. v. 08.09.2008 – 22 ZB 07.3059

551 VGH Kassel NVwZ-RR 2000, 668, 669; OVG Lüneburg, Urt. v. 17.09.1997 – 7 L 4944/96; BayVGH, Beschl. v. 04.03.2010 – 22 ZB 09.1785; VG Augsburg, Urt. v. 27.05.2009 – Au 4 K 08.57; VG Saarland LKRZ 2010, 230.

552 VGH Mannheim NVwZ 2012, 837, 839; VGH Kassel RÜ 2011, 810, 813; NVwZ-RR 2000, 668, 669; Bumke JuS 2005, 22, 23.

553 OVG Berlin NVwZ-RR 1988, 16.

554 VGH Kassel NVwZ-RR 2000, 668; VG Düsseldorf NVwZ-RR 2001, 23; VG Osnabrück NVwZ 2003, 1010, 1011; VG Augsburg, Urt. v. 27.05.2009 – Au 4 K 08.57, juris Rn. 39; VG Saarlouis, Urt. v. 17.03.2010 – 5 K 1439/09, juris Rn. 33.

555 VG Osnabrück NVwZ 2003, 1010, 1011 f.; BayVGH, Beschl. v. 08.09.2008 – 22 ZB 07.3059, juris Rn. 5; Bumke JuS 2005, 22, 23; vgl. auch HessVGH, Urt. v. 25.07.2011 – 9 A 125/11, RÜ 2011, 810, 813.

433 cc) Die Beeinträchtigung wäre hier **unmittelbare** Folge des hoheitlichen Handelns, wenn das jetzige Verweilen der F in der Wohnung von der Einweisungsverfügung gedeckt wäre. Das ist aber gerade nicht der Fall; die Behörde hatte die Wohnung lediglich für 2 Monate beschlagnahmt. Das weitere Verbleiben stellt damit lediglich eine **mittelbare** Folge dar, die auf einem eigenen Willensentschluss der Familie F beruht.

434 (1) Deshalb wird der FBA in der vorliegenden Situation teilweise abgelehnt. Das rechtswidrige Verweilen des Eingewiesenen über den von der Behörde verfügten Zeitraum hinaus könne dieser nicht mehr zugerechnet werden. Der von den Eingewiesenen nach Ablauf der Frist ausgeübte Besitz sei **nicht Folge der behördlichen Einweisung**. Durch die Einweisungsverfügung sei lediglich die Rückgabe der Wohnung durch die (ehemaligen) Mieter verzögert worden. Die damit für den Eigentümer verbundene weitere Vorenthaltung des Besitzes und der Nutzung sei lediglich eine mittelbare, **nicht zurechenbare** Folge des hoheitlichen Handelns.[556]

435 (2) Dagegen spricht jedoch, dass auch mittelbare Folgen der Behörde zuzurechnen sind, wenn sie entweder zwangsläufige Folge der behördlichen Maßnahme sind (z.B. Verwirklichung des Bauvorhabens aufgrund einer Baugenehmigung) oder sich die Beeinträchtigung als **Realisierung** einer von der Behörde geschaffenen oder aufrechterhaltenen **typischen Gefahrensituation** darstellt. Letzteres lässt sich hier damit bejahen, dass die Unterbringung von Obdachlosen typischerweise das Risiko beinhaltet, dass die Eingewiesenen auch nach Ablauf der Einweisungszeit in der Wohnung bleiben im Vertrauen darauf, dass die Behörde den weiteren Zustand billigen wird. Damit beruht der jetzige rechtswidrige Zustand zumindest auch noch auf der hoheitlichen Einweisung.[557]

Lag vor der Beschlagnahme bereits ein vollstreckbares Räumungsurteil vor, so reicht nach der Rspr. für die Zurechnung folgender Gedanke aus: „Den rechtswidrigen Zustand hat die Behörde durch ihre Verfügung verursacht; die Beschlagnahme der Wohnung hinweggedacht, wäre die Wohnung aufgrund des vollstreckbaren Räumungstitels nämlich längst geräumt."[558]

436 c) Die Beeinträchtigung **dauert an**, da sich Familie F noch immer in der Wohnung des E aufhält.

Damit sind die Voraussetzungen des FBA erfüllt.

III. Der FBA ist **ausgeschlossen**, wenn die Folgenbeseitigung tatsächlich oder **rechtlich unmöglich** ist.

556 OLG Köln NJW 1994, 1012, 1013; Schenke DVBl. 1990, 328, 337; Roth DVBl. 1996, 1401, 1406; Erichsen/Biermann Jura 1998, 371, 379 m.w.N.: Zurechnung nur bei Einweisung in eine leerstehende Wohnung.

557 OVG NRW DVBl. 1991, 1372; i. E. ebenso BGH DVBl. 1995, 1131, 1132; OVG Berlin NVwZ 1992, 501, 502; Götz VBlBW 1987, 424; Rüfner JuS 1997, 309; Bumke JuS 2005, 22, 27; Durner JuS 2005, 900.

558 VGH Mannheim NJW 1997, 2832, 2833; NJW 1990, 2770, 2771; zustimmend Detterbeck Jura 1990, 38, 41; Bumke JuS 2005, 22, 27.

1. Da E ein Einschreiten der Behörde gegen F begehrt, könnte die rechtliche Möglichkeit davon abhängen, ob der Behörde eine **Eingriffsbefugnis** gegen den Dritten zusteht. 437

   a) Teilweise wird in der Lit. eine zusätzliche Befugnis **nicht gefordert**. Denn sonst könnte der Gesetzgeber durch Nichterlass einer Ermächtigungsgrundlage den FBA umgehen. Die Ermächtigung zum Einschreiten gegen den Dritten durch Rückgängigmachung der rechtswidrigen Begünstigung ergebe sich unmittelbar aus den Grundrechten des Betroffenen und aus Art. 20 Abs. 3 GG.[559] 438

   b) Das würde jedoch dazu führen, dass eine Grundrechtsbeeinträchtigung beim Anspruchsteller allein zur Rechtfertigung für Grundrechtseingriffe zulasten des Dritten herangezogen wird. Das erschwert nicht nur die bei Grundrechtskollisionen erforderliche **Interessenabwägung** (immanente Schranken), sondern löst diese auch vollständig von jeder gesetzlichen Vorgabe. Gerade im Bereich von **Grundrechtskollisionen** fordert der Grundsatz vom Vorbehalt des Gesetzes, dass die Grundentscheidung vom Gesetzgeber getroffen werden muss. Daraus folgt, dass der FBA jedenfalls **allein keine Rechtsgrundlage für Eingriffe in Rechte Dritter** bietet. Der Anspruch ist daher nur zu bejahen, wenn für die Behörde aufgrund einer Ermächtigungsgrundlage die **rechtliche Möglichkeit der Durchsetzung des Anspruchs** besteht.[560] 439

   Die Rechtmäßigkeit der begehrten Ordnungsverfügung gegen den Dritten wird also inzident im Rahmen der „rechtlichen Möglichkeit" beim FBA geprüft. Kann eine solche Verfügung rechtmäßigerweise nicht erlassen werden, ist die Folgenbeseitigung rechtlich unmöglich, der FBA scheidet aus. Der Bürger ist auf Amtshaftungsansprüche verwiesen, die allerdings ein Verschulden voraussetzen.

2. Die rechtliche Möglichkeit zur Folgenbeseitigung hängt hier davon ab, ob die Stadt S gegen F eine **Räumungsverfügung** erlassen kann. Als Rechtsgrundlage hierfür kommt nur die polizei-/ordnungsrechtliche **Generalklausel** in Betracht. 440

   a) Dann müsste eine **Gefahr für die öffentliche Sicherheit** bestehen.

      aa) Diese Gefahr könnte sich aus einem Verstoß gegen § 123 StGB **(Hausfriedensbruch)** ergeben. In der verwaltungsgerichtlichen Rspr. wird dies teilweise ohne nähere Begründung bejaht.[561] 441

      Dagegen spricht jedoch, dass dem Mieter auch nach Kündigung des Mietverhältnisses das **Hausrecht** bis zur tatsächlichen Räumung der Wohnung zusteht. Daher ist z.B. anerkannt, dass sich der Mieter auch nach Ablauf des Mietverhältnisses beim Verbleiben in der Wohnung keines Hausfriedensbruchs schuldig macht.[562]

---

559 Schenke DVBl. 1990, 328, 331 m.w.N.; vgl. auch Schloer JA 1992, 39, 44.

560 Vgl. VGH Kassel NVwZ 1995, 300, 301; Kraft BayVBl. 1992, 456, 457; Kemmler JA 2005, 908, 909.

561 VGH Mannheim NVwZ 1987, 1101; Detterbeck Jura 1990, 38, 42; Drews/Wacke/Vogel/Martens § 22, 3 c, S. 340.

562 Fischer StGB § 123 Rn. 3; Schäfer in: MK-StGB § 123 Rn. 36; Erichsen/Biermann Jura 1998, 371, 380.

442 bb) Schutzgut der öffentlichen Sicherheit sind jedoch auch die Individualrechtsgüter des Einzelnen, hier das Eigentum des E an der Wohnung. Bei einer Verletzung von Individualrechtsgütern gilt jedoch der **Grundsatz der Subsidiarität** des behördlichen Einschreitens. Zum Schutz privater Rechte darf die Behörde nur tätig werden, wenn gerichtliche Hilfe nicht oder nicht rechtzeitig möglich ist.[563] Hier könnte E vor dem Amtsgericht auf Räumung klagen und das Urteil später durch den Gerichtsvollzieher vollstrecken lassen, sodass ein behördliches Einschreiten zum Schutz des privaten Eigentums nicht zulässig wäre.

443 cc) Die Rspr. stellt deshalb ergänzend auf die Nichtbefolgung der **Folgenbeseitigungspflicht** durch die Behörde ab. Die Einweisung rechtfertigt sich aus der **Notstandspflicht** des Eigentümers, wenn die Behörde die Gefahr der Obdachlosigkeit nicht auf andere Weise abwehren kann (s.u. Rn. 450). Damit korrespondiert ein Anspruch des Betroffenen, dass die Maßnahme **nur solange** aufrechterhalten bleibt, bis eine andere Möglichkeit der Gefahrenabwehr besteht. Durch die Exmittierung der Eingewiesenen wird somit die im öffentlichen Interesse zu vermeidende **Gefahr einer Nichterfüllung des Anspruchs** des Eigentümers auf Folgenbeseitigung ausgeräumt.[564]

Die Behörde ist daher berechtigt, auf der Grundlage der Generalklausel gegen die Eingewiesenen einzuschreiten, um dem Eigentümer wieder den Besitz an den Räumen zu verschaffen.

444 b) **Sonstige Bedenken** gegen den Erlass einer Räumungsverfügung bestehen nicht. Familie F ist als Verhaltensstörer **richtiger Adressat**. Zwar steht das Einschreiten gegen den Dritten grds. im Ermessen der Behörde. Jedoch führt die **Folgenbeseitigungslast** regelmäßig zu einer **Ermessensreduzierung**.[565] Aufgrund der überwiegenden Eigentümerinteressen des E erweist sich die Räumungsverfügung auch als **verhältnismäßig**.

Die Folgenbeseitigungslast besteht unabhängig davon, ob der private Eigentümer über einen Räumungstitel gegen den eingewiesenen früheren Mieter verfügt. Der öffentlich-rechtliche Anspruch ist nicht subsidiär gegenüber der privaten Vollstreckung.[566]

Damit ist die Folgenbeseitigung durch Erlass einer Räumungsverfügung **rechtlich möglich**. Da sonstige Einschränkungen nicht ersichtlich sind, ist der FBA gegeben.

445 IV. Seiner **Rechtsfolge** nach richtet sich der Folgenbeseitigungsanspruch grds. auf die **Wiederherstellung des früheren Zustandes**.

---

563 Pieroth/Schlink/Kniesel POR Rn. 42.

564 OVG NRW DVBl. 1991, 1372; VGH Mannheim NJW 1997, 2832, 2833; NJW 1990, 2270, 2271; Volkmann JuS 2001, 888, 892; ebenso i. E. BGH DVBl. 1995, 1131, 1132; a.A. Erichsen/Biermann Jura 1998, 371, 380.

565 BGH DVBl. 1995, 1131, 1132; VGH Mannheim NJW 1997, 2832, 2833; NJW 1990, 2270, 2271; Kemmler JA 2005, 908, 909; Voßkuhle/Kaiser JuS 2012, 1079, 1081 f.; ebenso Kopp/Schenke VwGO § 113 Rn. 83: Ermessensreduzierung aus allgemeinen Erwägungen, ohne dass es eines Rückgriffs auf die Folgenbeseitigungslast bedarf.

566 VGH Mannheim NJW 1997, 2832, 2833; NJW 1990, 2770, 2771; OVG NRW NVwZ 1991, 405; OVG Berlin NVwZ 1992, 501, 502; Rüfner JuS 1997, 309, 310 FN 8 m.w.N.

1. Zum Teil wird in den Einweisungsfällen angenommen, der FBA könne nur bestehen, wenn die Eingewiesenen zuvor noch **keinen Besitz** an der Wohnung gehabt hätten. Haben sie dagegen die Wohnung, wie im vorliegenden Fall, schon vor Erlass der Beschlagnahmeverfügung, z.B. aufgrund eines zwischenzeitlich beendeten Mietverhältnisses, in Besitz gehabt, habe der Eigentümer nur einen Anspruch auf Wiederherstellung des vor der Einweisung gegebenen Zustandes, also **Herausgabe der (noch) bewohnten Räume**, sodass es Sache des Eigentümers wäre, zivilrechtlich für die Räumung zu sorgen.[567] **446**

2. Dem folgt die h.M. nicht: Durch die Beschlagnahme erhalte die Behörde die Rechtsmacht, über die Räume wie ein Nutzungsberechtigter zu verfügen. Die Nutzung der Räume durch die eingewiesenen Personen sei gleichzeitig Nutzung der Räume durch die Behörde. Diese Nutzung dauert nach Beendigung der Einweisung an, solange die Wohnung nicht geräumt ist. Mit dem Ende der Einweisungszeit entfalle nur der Rechtsgrund der behördlichen Nutzung, nicht die Nutzung selbst.[568] **447**

Für die h.M. spricht, dass das öffentlich-rechtliche Nutzungsverhältnis, das durch die Einweisung begründet wird, zwischen der Behörde und dem Eigentümer besteht. Aus diesem Nutzungsverhältnis ist folglich die Behörde zur Räumung verpflichtet, unabhängig von einer zivilrechtlichen Räumungspflicht des Eingewiesenen. Außerdem wurde die Wohnung beschlagnahmt, damit der Räumungsschuldner dort wohnen bleiben konnte. Gegenstand der Inanspruchnahme war nicht eine bewohnte, sondern eine freiwerdende, verfügbare Wohnung. Deshalb hat E als FBA einen Anspruch auf **Herausgabe der geräumten Wohnung**. Diesen Anspruch kann er im Wege der Verpflichtungsklage und ggf. einer einstweiligen Anordnung nach § 123 VwGO durchsetzen. **448**

Nach h.M. handelt es sich um eine Verpflichtungsklage, da zur Räumung der Erlass eines VA gegen den Dritten erforderlich ist.[569] Nach der Gegenansicht ist eine allgemeine Leistungsklage einschlägig, da der Eigentümer die Herausgabe der Wohnung, also schlichtes Verwaltungshandeln, begehrt. Ob die Behörde als Zwischenschritt gegen den Dritten eine Räumungsverfügung erlassen müsse, sei für die Klageart des Eigentümers unerheblich.[570] Dagegen spricht jedoch, dass es gegenüber dem Dritten einer regelnden Entscheidung durch VA i.S.d. § 35 VwVfG bedarf.

Der Gewährung vorläufigen Rechtsschutzes nach § 123 VwGO steht das Verbot der Vorwegnahme der Hauptsache ausnahmsweise nicht entgegen, da der Eigentümer vor irreparablen Schäden bewahrt werden soll.[571] Außerdem kann der Eigentümer nach h.M. gegen den ehemaligen Mieter zivilrechtlich auf Räumung klagen und ggf. auch einen vorhandenen Räumungstitel vollstrecken.[572]

---

567 OLG Köln NJW 1994, 1012, 1013; Rietdorf/Böckenförder/Heise/Strehlau § 19 OBG Rn. 18; Roth DVBl. 1996, 1401, 1408 m.w.N.

568 Vgl. BGH NVwZ 2006, 963, 964; DVBl. 1995, 1131, 1132; VGH Mannheim NJW 1997, 2832, 2833; NJW 1990, 2770, 2771; OVG Berlin NVwZ 1992, 501, 502; OVG NRW NVwZ 1991, 905, 906; Knemeyer JuS 1988, 696, 698; Detterbeck Jura 1991, 38, 41; Schoenenbroicher MDR 1993, 97, 98; Rinne/Schlick NVwZ 1997, 34, 40; Volkmann JuS 2001, 888, 892.

569 Würtenberger/Heckmann, PolR in BW, Rn. 481 m.w.N.

570 Kemmler JA 2005, 908, 910.

571 BGH DVBl. 1995, 1131, 1133.

572 Günther/Traumann NVwZ 1993, 130, 135; Schoenenbroicher MDR 1993, 97, 98 ff. m.w.N. auf die Gegenansicht, die davon ausgeht, der Titel sei aufgrund der Beschlagnahme verbraucht.

Ergänzung zu Fall 12:

449 Die Einweisung bei drohender Obdachlosigkeit erfolgt auf der Grundlage der polizei-/ordnungsrechtlichen **Generalklausel** (Gefahr für die öffentliche Sicherheit),[573] ggf. aufgrund Spezialregeln über die Sicherstellung (s.o. Rn. 422 f.) oder als Beschlagnahme (z.B. § 33 Abs. 1 Nr. 1 BW PolG, § 27 Abs. 1 Nr. 1 SächsPolG).[574]

Aus dem SGB XII (Sozialhilfe) können sich zwar Ansprüche des Obdachlosen auf Unterkunft gegen die Sozialhilfebehörde ergeben (vgl. §§ 27, 29, 34 SGB XII).[575] Das SGB XII berechtigt aber nicht zur Inanspruchnahme Dritter.[576]

450 Allerdings sind unfreiwillig Obdachlose als Störer in erster Linie selbst verpflichtet, sich um eine Unterkunft zu bemühen.[577] Erst wenn sie dazu nicht in der Lage sind, kommt als ultima ratio eine Inanspruchnahme des bisherigen Vermieters als sog. **Notstandspflichtiger** (Nichtstörer) in Betracht,[578] und zwar selbst dann, wenn dadurch ein zivilgerichtliches **Räumungsurteil** unterlaufen wird.[579] Der Eingriff in das durch Art. 14 GG geschützte Eigentumsrecht ist aber nur in Notlagen und auch nur für einen eng begrenzten Zeitraum zulässig, solange die Behörde der Gefahr nicht auf andere Weise abhelfen kann, insbes. ist die Behörde gehalten, geeigneten Ersatzwohnraum zu beschaffen.[580]

Dabei nimmt die h.M. i.d.R eine Höchstfrist für die Einweisung von vier bis sechs Monaten an;[581] vgl. auch die gesetzlichen Höchstfristen in § 33 Abs. 4 S. 2 BW PolG, § 27 Abs. 3 S. 2 SächsPolG.

451 Unter den genannten Voraussetzungen hat der Obdachlose einen (ggf. im Wege der einstweiligen Anordnung nach § 123 VwGO durchsetzbaren) **Anspruch auf ermessensfehlerfreie Entscheidung** über die (Wieder-)Einweisung in die bisherige Wohnung bzw. Zuweisung einer Notunterkunft.[582]

Die vorübergehende Einweisung in eine Notunterkunft begründet keinen Besitzstand und keinen Rechtsanspruch des Eingewiesenen, in der Unterkunft belassen zu werden. Die Behörde kann daher die bisherige Einweisungsverfügung aufheben und den Betroffenen nach Ermessen in eine andere Unterkunft einweisen, soweit diese den Anforderungen an eine menschenwürdige Unterbringung im Sinne eines einfachen „Obdach" genügt.[583]

452 Der in Anspruch genommene Eigentümer kann **gegen die Einweisungsverfügung** Widerspruch (§ 68 Abs. 1 VwGO) und/oder Anfechtungsklage (§ 42 Abs. 1 Fall 1 VwGO) erheben. Soweit die Einweisungsverfügung für sofort vollziehbar erklärt wird (was in der Praxis regelmäßig erfolgt), wird vorläufiger Rechtsschutz nach § 80 a Abs. 1 Nr. 2, Abs. 3 S. 1 i.V.m. § 80 Abs. 5 S. 1 VwGO gewährt.

---

573 OVG Lüneburg NJW 2010, 1094, 1095; OVG MV NJW 2010, 1096, 1097; Ruder NVwZ 2012, 1283, 1284.

574 Vgl. dazu Weber KommJur 2007, 53, 54.

575 Vgl. z.B. BVerwG NJW 2005, 310 zur Angemessenheit von Unterkunftskosten in der Sozialhilfe.

576 Vgl. Volkmann JuS 2001, 888, 890; Ruder NVwZ 2012, 1283, 1287 m.w.N.

577 VGH Kassel NVwZ-RR 2011, 474, 475; OVG Lüneburg NJW 2010, 1094, 1095; OVG MV NJW 2010, 1096, 1097; VG Oldenburg NVwZ-RR 2014, 195, 195 f.; Ruder NVwZ 2012, 1283, 1285.

578 BGH NVwZ 2006, 963; Ewer/v.Detten NJW 1995, 353; Volkmann JuS 2001, 888, 891; vgl. auch Linke JuS 2015, 247, 251.

579 OVG Lüneburg NJW 2010, 1094, 1095, RÜ 2010, 391 ff.; OVG NRW NVwZ 1991, 692; VG Oldenburg, Beschl. v. 03.07.2012 – 7 B 3696/12; Volkmann JuS 2001, 888, 891; einschränkend VG Frankfurt, Beschl. v. 06.06.2011 – 8 L 1441/11.

580 OVG Lüneburg NJW 2010, 1094, 1095; VG Oldenburg, Beschl. v. 03.07.2012 – 7 B 3696/12; VG Frankfurt, Beschl. v. 06.07.2011 – 8 L 1809/11; Volkmann JuS 2001, 888, 891; Ruder NVwZ 2012, 1283, 1287.

581 OVG Lüneburg NJW 2010, 1094, 1095; OVG Berlin NJW 1980, 2484, 2485; BayVGH NVwZ-RR 1991, 196 (zwei Monate).

582 Vgl. OVG Bremen NVwZ-RR 2013, 361; OVG MV NJW 2010, 1096, 1097; VG Oldenburg, Beschl. v. 03.07.2012 – 7 B 3696/12; Ruder NVwZ 2012, 1283, 1286.

583 BayVGH, Beschl. v. 13.02.2014 – 4 CS 14.126; HessVGH NVwZ-RR 2011, 474, 475; OVG MV NJW 2010, 1096, 1097; VG Frankfurt, Beschl. v. 06.07.2011 – 8 L 1809/11; VG Hannover, Beschl. v. 21.10.2014 – 10 B 12216/14, Ruder NVwZ 2012, 1283, 1286.

Die Einweisungsverfügung ist nach herrschendem Verständnis ein Verwaltungsakt mit Doppelwirkung.[584] Zwar wird der Obdachlose durch die Einweisung weder dazu verpflichtet, die Unterkunft tatsächlich zu nutzen, noch begründet sie für ihn einen Anspruch, in der zugewiesenen Unterkunft bleiben zu können.[585] Sie begründet jedoch den rechtlichen Vorteil, die zugewiesene Unterkunft vorübergehend nutzen zu dürfen. Nimmt der Obdachlose die ihm zugewiesene (menschenwürdige) Unterkunft nicht an, ist er nicht mehr „unfreiwillig" obdachlos. Die freiwillige Obdachlosigkeit berechtigt (von Ausnahmefällen der staatlichen Schutzpflicht abgesehen) aber grundsätzlich nicht zu einem behördlichen Einschreiten, da der freiwillig Obdachlose von seinem Grundrecht auf Selbstverwirklichung aus Art. 2 Abs. 1 GG Gebrauch macht.[586] 453

Als Notstandspflichtiger hat der Eigentümer einen **Ausgleichsanspruch** nach dem Polizei- und Ordnungsrecht.[587] Der Anspruch umfasst den Mietzinsausfall, die Räumungskosten und Ersatz für Beschädigungen, soweit diese der Behörde zurechenbar sind.[588] 454

Die Zurechenbarkeit hat der BGH bejaht, wenn die Einweisung zu erheblichen Spannungen im Verhältnis (bisheriger) Vermieter – Mieter führt, die situationsbedingt das Risiko eines unsachgemäßen Gebrauchs bis hin zur mutwilligen Beschädigung der Wohnung erhöhen.[589]

Ergänzend kommen **Amtshaftungsansprüche** (Art. 34 S. 1 GG, § 839 BGB) in Betracht, wenn die Behörde nach Ablauf der (rechtmäßigen) Einweisungszeit ihrer Folgenbeseitigungspflicht nicht nachkommt.[590] Eine Haftung **analog § 280 BGB** scheidet dagegen mangels schuldrechtsähnlicher Sonderbeziehung aus (dazu unten Rn. 708).[591] 455

Umstritten ist, ob die Gemeinde gegen den eingewiesenen Obdachlosen einen **Anspruch auf Nutzungsentschädigung** hat.[592] Soweit fremder Wohnraum im Wege der Notstandspflicht in Anspruch genommen wird, besteht teilweise ausdrücklich ein Rückgriffsanspruch gegen den Eingewiesenen als Störer (vgl. z.B. § 57 PolG BW, § 42 Abs. 2 OBG NRW). Ein öffentlich-rechtlicher Erstattungsanspruch scheidet dagegen aus, da die Einweisungsverfügung den Rechtsgrund für die Nutzung bildet.[593] Außerdem sind die Vorschriften des Polizeirechts vorrangig.[594] Bei Einweisung in eine gemeindeeigene Obdachlosenunterkunft kommt eine Benutzungsgebühr in Betracht (Benutzung einer öffentlichen Einrichtung).[595] Dies setzt allerdings eine entsprechende wirksame Gebührensatzung voraus.[596] 456

C. Der sozialrechtliche Herstellungsanspruch

I. Unterschied zum FBA

Unabhängig vom verwaltungsrechtlichen FBA ist im Sozialrecht der ebenfalls gesetzlich nicht geregelte **sozialrechtliche Herstellungsanspruch** entwickelt worden. Gerade im Sozial(versicherungs)recht ergeben sich Konstellationen, die weder mit Amtshaftungs- noch mit Folgenbeseitigungsansprüchen angemessen gelöst werden können. 457

584 Ruder NVwZ 2012, 1283, 1286.

585 VGH Kassel NVwZ-RR 2011, 474: Umsetzung aus sachlichen Gründen zulässig.

586 Ruder NVwZ 2012, 1283, 1284.

587 Vgl. z.B. Art. 70 Abs. 1 BayPAG, § 55 Abs. 1 S. 1 PolG BW, § 59 Abs. 1 Nr. 1 ASOG Bln, § 64 Abs. 1 S. 1 HSOG, § 39 Abs. 1 a OBG NRW, § 68 Abs. 1 S. 1 POG RP, § 68 Abs. 1 SPolG, § 52 Abs. 1 SächsPolG, § 221 Abs. 1 LVwG SH, § 68 Abs. 1 S. 1 ThürPAG.

588 BGH NVwZ 2006, 963, 964; NJW 1996, 315, 316.

589 Von BGH NJW 1996, 315, 316 bejaht bei Vorliegen eines Räumungsitels und anschließender Räumungsvollstreckung; von BGH NVwZ 2006, 963, 964 verneint bei bloßem Vorliegen einer Kündigung wegen Mietrückständen.

590 Vgl. BGH NJW 1996, 315; NJW 1995, 2918; Volkmann JuS 2001, 888, 892 ff. m.w.N.

591 BGH NVwZ 2006, 963, 964.

592 Vgl. ausführlich Kanther NVwZ 2002, 828 ff.

593 Kanther NVwZ 2002, 828, 830; Riedl BayVBl. 1993, 522, 523; a.A. BayVGH NVwZ-RR 1991, 196; vgl. unten Rn. 573 f.

594 VGH Mannheim NVwZ-RR 1997, 123, 124.

595 OVG Lüneburg NVwZ-RR 2004, 777; VGH Mannheim NVwZ-RR 1997, 123; a.A. Kanther NVwZ 2002, 828, 829 f.

596 OVG Lüneburg NVwZ-RR 2004, 777; VGH Mannheim NVwZ-RR 1997, 123, 124; NVwZ-RR 1994, 325, 329.

Beispiele: Aufgrund einer falschen Auskunft der Behörde reicht Rentner R einen Antrag auf Rentenleistungen verspätet ein, die nach Ablauf der Frist nicht mehr gewährt werden. – Der Versicherungsträger informiert den B falsch über die Höhe der freiwilligen Rentenversicherungsbeiträge. Da B zu geringe Beiträge zahlt, hat er später keinen Anspruch auf Rentenzahlung.

Ein Schadensersatzanspruch aus Amtshaftung (Art. 34 GG, § 839 BGB) kommt nur bei schuldhaftem Handeln in Betracht. Der FBA kann nur zur Wiederherstellung des früheren Zustandes führen; in den Beispielsfällen also nicht etwa zu einem Anspruch auf Rentenzahlung, da dies nicht die Wiederherstellung des früheren, sondern des Zustandes wäre, der jetzt bestehen würde, wenn der Pflichtverstoß unterblieben wäre.[597]

458 Ausgangspunkt der Entwicklung war die Erkenntnis, dass im Sozialversicherungsrecht ein auf **intensive, längerfristige Rechtsbeziehungen angelegtes Rechtsverhältnis** zwischen Bürger und Staat besteht. Da das geltende Recht für solche Dauerrechtsverhältnisse keine angemessenen Sanktionen bereit hält, hat das Bundesozialgericht (BSG) im Wege richterlicher Rechtsfortbildung den **sozialrechtlichen Herstellungsanspruch** entwickelt.[598]

II. Dogmatische Grundlage des Anspruchs

459 Die **dogmatische Grundlage** des sozialrechtlichen Herstellungsanspruchs ist nach wie vor umstritten. Teils wird er als Weiterentwicklung des FBA oder als Parallelerscheinung des FBA im Bereich des Leistungsrechts betrachtet, teils als Nebenpflicht des sozialrechtlichen Leistungsverhältnisses begründet, teils aus dem Grundsatz von Treu und Glauben abgeleitet, teils als Sonderfall materiell-rechtlicher Wiedereinsetzung in den vorigen Stand bewertet und teils einfach als Rechtsinstitut sui generis qualifiziert.[599] Jedenfalls ist seine Geltung als richterrechtlich entwickeltes und mittlerweile auch **gewohnheitsrechtlich anerkanntes Rechtsinstitut** praktisch unstreitig.[600]

III. Voraussetzungen des sozialrechtlichen Herstellungsanspruchs

460 Der sozialrechtliche Herstellungsanspruch greift ein, wenn ein Leistungsberechtigter in einem Sozialrechtsverhältnis, das auf einem Anspruch auf Sozialleistung beruht, durch die Verletzung sozialbehördlicher Pflichten einen Nachteil erlitten hat,[601] im Einzelnen:

- Bestehen eines **konkreten Sozialrechtsverhältnisses**
- **Pflichtverletzung** der Behörde (Handeln oder Unterlassen)

  insbes. durch falsche oder pflichtwidrig unterlassene Beratung oder Auskunft, sonstige Irreführung, mangelnde Aufklärung etc.

- **kausaler Nachteil** beim Bürger (z.B. Verlust von Ansprüchen, erhöhte Aufwendungen.

461 Wie der Folgenbeseitigungsanspruch ist der sozialrechtliche Herstellungsanspruch **verschuldensunabhängig.**[602]

---

597 OVG NRW, Beschl. v. 05.04.2012 – 3 A 2663/09.

598 BSGE 61, 175, 176; 65, 21, 26; 73, 19, 25; 83, 30; NZS 2001, 599; BVerwG NJW 1997, 2966, 2967.

599 Maurer § 30 Rn. 23; ausführlich zur Herleitung Wallerath DÖV 1994, 757, 759 ff.; Waßer JA 2001, 137 ff.

600 Schmitz/Schmitz JA 2005, 372, 373 m.w.N.

601 Vgl. BSGE 55, 261, 263; BVerwG, Urt. v. 30.06.2011 – BVerwG 3 C 36.10, NJW 2012, 168, 169; NJW 1997, 2966, 2968; Maurer § 30 Rn. 23. Schmitz/Schmitz JA 2005, 372, 373 ff.

602 BSGE 49, 76, 77; BVerwG NJW 1997, 2966, 2967; Maurer § 30 Rn. 21; Waßer JA 2001, 137, 140; Schmitz/Schmitz JA 2005, 372, 374 f.

IV. Rechtsfolgen des sozialrechtlichen Herstellungsanspruchs

Seiner **Rechtsfolge** nach ist der sozialrechtliche Herstellungsanspruch gerichtet auf Herstellung des Zustandes, der (jetzt) bestehen würde, wenn die Verwaltung rechtmäßig gehandelt hätte (anders als der FBA, der nur auf die Wiederherstellung des früheren Zustandes gerichtet ist).[603] Der Bürger wird so gestellt, wie er stünde, wenn die Verwaltung von Anfang an pflichtgemäß gehandelt hätte. Praktisch wird also eine im Gesetz vorgesehene, dem Betroffenen durch behördliches Fehlverhalten **entgangene Sozialleistung** nunmehr lediglich **mit einer anderen rechtlichen Begründung** gewährt. Deshalb ist der Herstellungsanspruch nur auf die Erbringung **gesetzlich vorgesehener Leistungen** gerichtet und umfasst nicht den Ausgleich sonstiger (mittelbarer) Nachteile[604] und ist auch nicht auf Schadensersatz oder Entschädigung gerichtet.[605] **462**

Beispiel: Hat die behördliche Pflichtverletzung die Versäumung von Anträgen oder Antragsfristen zur Folge, darf sich der Sozialleistungsträger nicht auf die eingetretenen Rechtsfolgen berufen, sondern muss den Betroffenen so behandeln, als sei sein Antrag rechtzeitig und ordnungsgemäß gestellt worden.[606] In den o.g. Beispielsfällen (Rn. 457) heißt das: Der Antrag des R muss als fristgemäß behandelt werden. Dem B muss die Möglichkeit zur Nachzahlung von Rentenversicherungsbeiträgen gegeben werden.

Ausgeschlossen ist der Herstellungsanspruch insbesondere, wenn die begehrte Amtshandlung jetzt **rechtlich unzulässig** ist. Darf die Behörde die Leistung von Rechts wegen nicht (mehr) gewähren, kommt nur noch ein Schadensersatzanspruch in Betracht. **463**

Aufbauschema: Sozialrechtlicher Herstellungsanspruch

I. Rechtsgrundlage: Art. 20 Abs. 3 GG, § 242 BGB analog, Gewohnheitsrecht u.a.

II. Voraussetzungen

1. Bestehen eines konkreten Sozialrechtsverhältnisses
2. Pflichtverletzung der Behörde
3. kausaler Nachteil beim Bürger
4. kein Verschulden erforderlich

III. Rechtsfolge

1. **Herstellung** des Zustandes, der bei rechtmäßigem Handeln (jetzt) bestünde
2. **Ausschluss** bei rechtlicher Unzulässigkeit der Amtshandlung

V. Übertragbarkeit auf das allgemeine Verwaltungsrecht

Eine Übertragung des sozialrechtlichen Herstellungsanspruchs auf das **allgemeine Verwaltungsrecht** wird überwiegend abgelehnt, da er auf den oben skizzierten Besonderheiten des Sozial(versicherungs)rechts beruht.[607] **464**

603 BVerwG NJW 2012, 168, 170; Kemmler JA 2005, 908, 910; Schmitz/Schmitz JA 2005, 372, 375 m.w.N.

604 Zusammenfassend BSGE 50, 88, 91; BVerwG NJW 1997, 2966, 2967; Wallerath DÖV 1994, 757, 762; Maurer § 30 Rn. 23.

605 Schmitz/Schmitz JA 2005, 372, 375.

606 BSGE 62, 179, 182; BVerwG NJW 2012, 168, 170.

607 BVerwG NWVBl. 1990, 373, 374; NVwZ 1998, 1292, 1294; NJW 1997, 2966, 2967; HessVGH RÜ 2011, 191, 194; Schoch Jura 1993, 478, 484; Kemmler JA 2005, 908, 910; offengelassen von VGH Mannheim DVBl. 1999, 176, 180.

Die Gegenansicht bejaht bei **falscher behördlicher Auskunft** (§ 25 Abs. 1 S. 2 VwVfG) einen FBA auf Herstellung. Der Bürger sei so zu stellen, wie er stünde, wenn die Behörde die Auskunft richtig erteilt hätte.[608] Dagegen spricht jedoch, dass der FBA nicht auf Naturalrestitution gerichtet ist, sondern auf Wiederherstellung des früheren Zustandes (s.o. Rn. 376 f.). Der FBA ist insbes. kein allgemeiner Wiedergutmachungsanspruch, sodass mit dem FBA nicht die Einräumung einer Rechtsposition begehrt werden kann, die der Bürger bisher nicht innehatte.[609] Deshalb hat die Rspr. z.B. einen Herstellungsanspruch bei falscher Beratung im Rahmen der Subventionsgewährung zu Recht abgelehnt.[610]

Allerdings hat das BVerwG jüngst die Übertragbarkeit auf das allgemeine Verwaltungsrecht bejaht, wenn es um im Verwaltungsrecht begründete **besondere Sozialleistungsansprüche** geht.[611]

D. Öffentlich-rechtlicher Abwehr- und Unterlassungsanspruch

I. Begründung des Abwehr- und Unterlassungsanspruchs

1. Abwehr des Eingriffs, nicht der Folgen

465 Der Folgenbeseitigungsanspruch ist auf die Beseitigung eines **rechtswidrigen Zustandes** (der Folgen des Verwaltungshandelns) gerichtet. Häufig geht es dem Bürger aber bereits darum, einen bevorstehenden oder andauernden **rechtswidrigen Eingriff** abzuwehren.

Beispiele: Der Nachbar will verhindern, dass dem Gaststättenbetreiber eine rechtswidrige Sperrzeitverkürzung erteilt wird (§ 18 GaststG). Der Ausländer will die drohende rechtswidrige Abschiebung verhindern (§ 58 AufenthG).

466 Wehrt sich der Bürger gegen einen **Eingriff durch VA**, so folgt ein Abwehranspruch aus einfach-gesetzlichen subjektiven Rechten und aus der Abwehrfunktion der Grundrechte (zumindest Art. 2 Abs. 1 GG). Der Durchsetzung des Abwehranspruchs gegen (rechtswidrige) Verwaltungsakte dienen Widerspruch und Anfechtungsklage.

467 Grundrechte schützen aber nicht nur vor Verwaltungsakten, sondern auch vor rechtswidrigen Eingriffen durch **schlichtes Verwaltungshandeln** (Realakte, tatsächliche Verrichtungen, hoheitliche Äußerungen). Daher ist anerkannt, dass es einen (allgemeinen, schlichten) **öffentlich-rechtlichen Abwehr- und Unterlassungsanspruch** gibt.[612]

2. Anwendungsfälle

468 Die **wichtigsten Anwendungsfälle** des öffentlich-rechtlichen Abwehr- und Unterlassungsanspruchs sind:

---

608 VGH Mannheim, Urt. v. 08.05.2013 – 1 S 206/12, RÜ 2013, 604, 608; VG Frankfurt, Urt. v. 18.03.2010 – 1 K 3847/09; OVG MV, Beschl. v. 28.05.2008 – 1 O 51/08, NordÖR 2008, 540.

609 OVG NRW, Beschl. v. 05.04.2012 – 3 A 2663/09; BayVGH, Beschl. v. 27.01.2010 – 3 ZB 08.1569; VG Frankfurt, Urt. v. 12.02.2009 – 1 K 1791/08.

610 HessVGH, Beschl. v. 01.11.2010 – 11 A 686/10, RÜ 2011, 191, 194; VGH Mannahim, Urt. v. 22.05.204 – 10 S 1719/13, NVwZ-RR 2014, 806.

611 BVerwG, Urt. v. 30.06.2011 – BVerwG 3 C 36.10, NJW 2012, 168, 169 für Ausgleichsleistungen nach dem Gesetz über berufliche Rehabilitierung; anders dagegen OVG Koblenz NVwZ 1985, 509, 510 für Sozialhilfe; ablehnend auch BVerwG NJW 1997, 2966 für Wohngeld.

612 Vgl. Maurer § 30 Rn. 6; Ossenbühl/Cornils, S. 366.

- **Staatliches Informationshandeln**

  Beispiele: Warnung vor schädlichen Lebensmitteln und unsicheren Produkten;[613] amtliche Veröffentlichungen im Internet;[614] Benotung und Smileys für Lebensmittelbetriebe und Gaststätten.[615]

- **Ehrschutz** gegen Hoheitsträger

  Beispiele: Äußerungen eines Hoheitsträgers über sog. Jugendsekten;[616] negative Äußerungen über politische Parteien[617] oder Versammlungen.[618]

- **Immissionen** durch hoheitlich betriebene Einrichtungen[619]

  Beispiele: Sport- und Spielplätze, Kindergarten, Wertstoffsammelanlage, Feueralarmsirene, Kirchturmuhr, Glockengeläut, Straßenlaterne.

3. Dogmatische Herleitung

Die **dogmatische Herleitung** des öffentlich-rechtlichen Abwehr- und Unterlassungsanspruchs ist – ähnlich wie beim FBA – umstritten. Überwiegend wird auf die **Abwehrfunktion der Grundrechte** abgestellt. Diese umfasse nicht nur die Verpflichtung des Staates, rechtswidrige Folgen von Amtshandlungen wieder zu beseitigen, sondern schließe auch ein, rechtswidrige Eingriffe in subjektive Rechte von vornherein zu unterlassen.[620] Allerdings ist der öffentlich-rechtliche Unterlassungsanspruch seiner Grundstruktur nach dem zivilrechtlichen Beseitigungs- und Unterlassungsanspruch ähnlich, sodass teilweise (auch) auf eine **analoge Anwendung des § 1004 BGB** zurückgegriffen wird.[621] 469

Beide Begründungen schließen sich nicht aus, sondern ergänzen sich gegenseitig. Im Ergebnis ist **gewohnheitsrechtlich** anerkannt, dass der Staat rechtswidrige hoheitliche Eingriffe in subjektive Rechte unterlassen muss.[622] Deshalb lässt die Rspr. zumeist ausdrücklich offen, woraus der Anspruch abzuleiten ist, da die Anspruchsvoraussetzungen in jedem Fall dieselben sind. 470

4. Unterschied zum Folgenbeseitigungsanspruch

a) Abwehr des Eingriffs

Anders als beim Folgenbeseitigungsanspruch geht es beim Abwehr- und Unterlassungsanspruch **nicht um die Beseitigung der Folgen des Eingriffs**, sondern um die **Abwehr bzw. Verhinderung des Eingriffs** selbst. Durchgesetzt wird der Anspruch mittels der allgemeinen Leistungsklage, zumeist in Form der Unterlassungsklage. 471

---

613 BVerfG NJW 2002, 2621, 2622; OVG NRW DVBl. 2012, 781, 782.

614 BVerwG, Urt. v. 19.02.2015 – BVerwG 1 C 13.14, RÜ 2015, 391, 395; VGH Mannheim, Beschl. v. 28.01.2013 – 9 S 2423/12, RÜ 2013, 243, 244; OVG NRW, Beschl. v. 30.10.2014 – 8 B 721/14, NVwZ 2015, 304, 305.

615 OVG Bln-Bbg. Beschl. v. 28.05.2014 – OVG 5 S 21.14 u. Beschl. v. 03.06.2014 – OVG 5 N 2.13, RÜ 2014, 591; VG Berlin, Urt. v. 28.11.2012 – 14 K 79.11, LKV 2013, 131; VG Düsseldorf, Urt. v. 13.03.2015 – 26 K 4876/13, LMuR 2015, 95.

616 BVerfG NJW 2002, 2626; BVerwG NJW 1998, 2919.

617 HessVGH, Beschl. v. 24.11.2014 – 8 A 1605/14; OVG Lüneburg, Beschl. v. 25.07.2014 – 13 ME 97/14; vgl. auch BVerfG, Urt. v. 10.06.2014 – 2 BvE 4/13, RÜ 2014, 449; BVerfG, Urt. v. 16.12.2014 – 2 BvE 2/14, RÜ 2015, 111.

618 OVG NRW, Beschl. v. 12.01.2015 – 15 B 45/15; VG Düsseldorf, Beschl. v. 09.01.2015 – 1 L 54/15 (DÜGIDA); VG München, Beschl. v. 19.01.2015 – M 7 E 15.136 (BAGIDA).

619 Vgl. z.B. VGH Mannheim VBlBW 2015, 81; OVG Koblenz DVBl. 2012, 1052; HessVGH NVwZ-RR 2012, 21.

620 OVG NRW NVwZ 2015, 304; VGH Mannheim DVBl. 2013, 1063, 1064; Remmert Jura 2007, 736, 742.

621 BayVGH, Beschl. v. 30.06.2014 – 5 ZB 14.118; Laubinger VerwArch 1989, 261, 291 m.w.N.

622 OVG NRW NVwZ-RR 2000, 599, 600; Kühling/Klar JuS 2012, 1111, 1113.

472 Begrifflich lassen sich je nach dem **Zeitpunkt** des hoheitlichen Handelns unterscheiden:

- der **vorbeugende Unterlassungsanspruch**, wenn **künftiges** Verwaltungshandeln abgewehrt werden soll (z.B. Unterlassen künftiger VAe oder ehrbeeinträchtigender Äußerungen),
- der **(schlichte) Abwehr- und Unterlassungsanspruch**, wenn es um die Beseitigung einer bereits eingetretenen Störung geht (z.B. Unterlassen des Betriebs einer emittierenden Anlage).

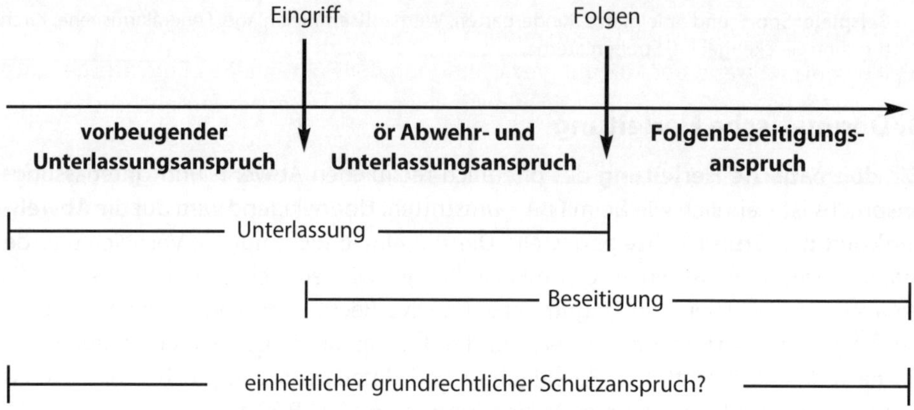

473 In Rspr. und Lit. wird überwiegend von einem **einheitlichen** öffentlich-rechtlichen Unterlassungsanspruch gesprochen, ohne materiell zwischen dem schlichten und dem vorbeugenden Unterlassungsanspruch zu unterscheiden. Lediglich prozessual ergeben sich Unterschiede beim **Rechtsschutzbedürfnis**.

Beispiel: Richtet sich der vorbeugende Unterlassungsanspruch gegen **schlichtes Verwaltungshandeln**, so muss eine Wiederholungs- oder Erstbegehungsgefahr bestehen (Rechtsgedanke des § 1004 Abs. 1 S. 2 BGB). Geht es um die Abwehr **künftiger Verwaltungsakte**, ist eine vorbeugende Unterlassungsklage nur zulässig, wenn die Verweisung auf den nach Erlass des VA möglichen Rechtsschutz **unzumutbar** ist (z.B. bei Eintritt irreparabler Nachteile).[623]

b) Abgrenzung Eingriff und Folgen

474 Da die Tatbestandsvoraussetzungen und Rechtsfolgen des FBA einerseits und des öffentlich-rechtlichen Abwehr- und Unterlassungsanspruchs andererseits gesetzlich nicht geregelt sind, werden in Lit. und Rspr. **unterschiedliche Auffassungen** für die Abgrenzung der beiden Ansprüche vertreten.

So wird z.B. bei öffentlich-rechtlichen Immissionen zwischen Beseitigung der Störungsquelle (dann FBA) und Abwehr bzw. Unterlassung der Immissionen (dann ör Unterlassungsanspruch) unterschieden. „Auf den Folgenbeseitigungsanspruch und nicht auf den öffentlich-rechtlichen Abwehranspruch ist immer dann abzustellen, wenn das Unterbinden der unmittelbaren Beeinträchtigung wegen der tatsächlichen Untrennbarkeit von Störungsquelle und Störungsfolgen eine Beseitigung auch der Störungsquelle erfordert."[624] Bedeutung hat dies vor allem für die Geltung der Ausschlussgründe (rechtliche und tatsächliche Unmöglichkeit oder Unzumutbarkeit), die nur beim FBA, nicht aber beim ör Unterlassungsanspruch eingreifen, s.u. Rn. 482.

---

623 Vgl. OVG Koblenz, Urt. v. 25.03.2014 – 6 A 10966/13, RÜ 2015, 394, 396; OVG Lüneburg, Beschl. v. 09.04.2014 – 13 LA 17/13, RÜ 2015, 298 f.; Ehlers Jura 2007, 179, 188; Kopp/Schenke VwGO Vorb § 40 Rn. 33 m.w.N. (prozessuale Lösung); a.A. Sproll JuS 1990, 313, 314: kein prozessuales, sondern materielles Problem; vgl. auch AS-Skript VwGO (2013), Rn. 395 ff.

624 VG Cottbus, Urt. v. 14.08.2008 – 4 K 123/05; OVG NRW DÖV 1983, 1020; kritisch Schwabe DÖV 1984, 387.

Teilweise wird in der Lit. auf eine **Unterscheidung** zwischen dem Folgenbeseitigungsanspruch und dem öffentlich-rechtlichen (Abwehr- und) Unterlassungsanspruch ganz **verzichtet**. Sieht man den FBA wie den Unterlassungsanspruch als Ausprägung der Abwehrfunktion der Grundrechte, zielen beide auf die (Wieder-)Herstellung eines rechtmäßigen Zustandes. Danach handelt es sich beim FBA und beim Unterlassungsanspruch nur um verschiedene Ausprägungen eines **einheitlichen Abwehr- und Beseitigungsanspruchs**. Er ist primär ein Unterlassungsanspruch gegen den Staat und wandelt sich in einen (Folgen-)Beseitigungsanspruch, wenn der Eingriff erfolgt ist.[625] 475

Zwar hängen beide Ansprüche eng miteinander zusammen, sie unterscheiden sich aber gleichwohl. Während der FBA auf die Beseitigung der **Folgen eines Eingriffs** gerichtet ist, geht es beim öffentlich-rechtlichen Abwehr- und Unterlassungsanspruch darum, den **rechtswidrigen Eingriff** abzuwehren oder von vornherein zu verhindern. Der Abwehr- und Unterlassungsanspruch knüpft deshalb an die **Rechtswidrigkeit des Eingriffs** an, während beim FBA die **Rechtswidrigkeit des geschaffenen Zustandes** maßgebend ist (s.o. Rn. 391). Gleichwohl lassen sich FBA und Unterlassungsanspruch nicht immer eindeutig voneinander abgrenzen, insbes. bei der Abwehr hoheitlicher Immissionen. 476

Beispiel: Der Kläger wendet sich gegen die Nutzung des an sein Grundstück grenzenden öffentlichen Spielplatzes. Sieht man das hoheitliche Handeln in der Errichtung des Spielplatzes, so sind die Immissionen „Folgen" des Verwaltungshandelns, die mit dem FBA abzuwehren sind. Sieht man den Schwerpunkt dagegen mit der h.Rspr. im Betrieb der Einrichtung, dann wehrt sich der Betroffene gegen den gegenwärtigen hoheitlichen Eingriff mit einem öffentlich-rechtlichen Abwehr- und Unterlassungsanspruch.[626]

c) Anspruchssystem

Damit ergibt sich folgende **Anspruchssystematik**: 477

- Geht es darum, ein rechtswidriges Verwaltungshandeln zu verhindern oder zu unterbinden, kommt der **öffentlich-rechtliche Abwehr- und Unterlassungsanspruch** in Betracht.
- Will der Bürger, dass die durch das Verwaltungshandeln verursachten rechtswidrigen Folgen beseitigt werden, ist der **Folgenbeseitigungsanspruch** einschlägig.
- Sind durch rechtwidriges Verwaltungshandeln Vermögensnachteile entstanden, kommen Entschädigungsansprüche wegen **enteignungsgleichem Eingriff** (bei Eingriffen in das Eigentum, Art. 14 Abs. 1 GG) oder aus **Aufopferung** (bei Eingriffen in die Rechtsgüter aus Art. 2 Abs. 2 GG) in Betracht.[627]
- Ist das rechtswidrige Verwaltungshandeln zudem schuldhaft, können außerdem **Amtshaftungsansprüche** (Art. 34 S. 1 GG, § 839 BGB) oder sonstige Schadensersatzansprüche bestehen.[628]

---

625 Ossenbühl/Cornils, S. 351 ff. sprechen von einem einheitlichen „grundrechtlichen Schutzanspruch auf Unterlassung, Beseitigung und Herstellung"; ähnlich Schoch Jura 1993, 478, 481: „übergreifender grundrechtlicher Integritätsanspruch"; Sproll JuS 1996, 313, 318 ff.: „allgemeiner Anspruch auf Bewältigung hoheitlicher Unrechtslasten". Auch die Rspr. geht zuweilen von einem einheitlichen Anspruch aus (vgl. z.B. VGH Mannheim NJW 1997, 754, 755).

626 So z.B. OVG NRW NWVBl. 2004, 480, 481; zur Abgrenzung vgl. Laubinger VerwArch 80 (1989), 261, 298 ff.; Maurer § 30 Rn. 12; Sproll JuS 1996, 313, 314 m.w.N.

627 Vgl. unten Rn. 734 ff. (enteignungsgleicher Eingriff) und Rn. 771 ff. (Aufopferung).

628 Zur Amtshaftung unten Rn. 612 ff.

II. Voraussetzungen und Rechtsfolgen des Abwehr- und Unterlassungsanspruchs

1. Anspruchsvoraussetzungen

478 Voraussetzung des allgemeinen ör Abwehr- und Unterlassungsanspruchs ist ein **rechtswidriger hoheitlicher Eingriff** in ein subjektives Recht des Betroffenen, wobei der **Eingriff andauert oder bevorsteht.**[629] Ist der Eingriff abgeschlossen bzw. beendet, kommen nur Folgenbeseitigungs-, Schadensersatz- oder Entschädigungsansprüche in Betracht.

Aufbauschema: Voraussetzungen des ör Unterlassungsanspruchs

- **hoheitlicher Eingriff in ein subjektives Recht**
  - hoheitliche Maßnahme
  - subjektives Recht aus einfach-gesetzlichen Vorschriften oder Grundrechten
- **Eingriff rechtswidrig**
  - keine Duldungspflicht
  - Eingriff dauert an oder steht bevor

a) Hoheitlicher Eingriff in ein subjektives Recht

479 Für den hoheitlichen Eingriff in ein subjektives Recht gelten dieselbe Grundsätze wie beim FBA. Subjektive Rechte können sich aus einfach-gesetzlichen Vorschriften und aus Grundrechten ergeben.

Beispiele: Eingriff in die Wettbewerbsfreiheit als Teil der Berufsfreiheit (Art. 12 Abs. 1 GG) durch hoheitliche Produktwarnungen, Eingriff in das Eigentum (Art. 14 Abs. 1 GG) und die Gesundheit (Art. 2 Abs. 2 GG) durch Immissionen einer öffentlichen Einrichtung, Eingriff in das allgemeine Persönlichkeitsrecht (Art. 2 Abs. 1 i.V.m. Art. 1 Abs. 1 GG) durch ehrbeeinträchtigende hoheitliche Äußerungen.

Wie beim FBA ergeben sich **Zurechnungsprobleme** vor allem dann, wenn die unmittelbaren Beeinträchtigungen durch **Dritte** hervorgerufen werden. Auch hier werden dem Staat im Rahmen der haftungsbegründenden Kausalität nur die **typischen Beeinträchtigungen** zugerechnet (s.o. Rn. 432).

Beispiel: Beim Betrieb von Sport- und Spielplätzen werden dem Hoheitsträger die Auswirkungen der bestimmungsgemäßen Benutzung zugerechnet, nicht aber die missbräuchliche Nutzung.[630]

b) Rechtswidrigkeit des Eingriffs

480 Rechtswidrig ist der Eingriff, wenn den Bürger **keine Duldungspflicht** trifft. Wie beim FBA können sich Duldungspflichten insbesondere aus Gesetz und aufgrund eines Verwaltungsakts ergeben (s.o. Rn. 391 ff.).

Beispiel: Bei hoheitlichen Immissionen kann sich eine Duldungspflicht analog § 906 BGB ergeben (s.u. Rn. 535 f.).

---

629 Vgl. z.B. BVerwG DVBl. 2008, 1242; NJW 2006, 1303; OVG NRW NWVBl. 2004, 151.

630 VGH Kassel RÜ 2011, 810, 812; VGH Mannheim NVwZ 2012, 837, 839; OVG Koblenz DVBl. 2012, 1052, 1053.

Anders als beim FBA wird beim Unterlassungsanspruch aber nicht auf das Erfolgsunrecht, sondern auf das **Handlungsunrecht** abgestellt.[631] Denn der Bürger wehrt sich nicht gegen die Folgen des Eingriffs, sondern gegen den **rechtswidrigen Eingriff** selbst. 481

c) Keine Ausschlussgründe

Die **Ausschlussgründe** des FBA (rechtliche und tatsächliche Unmöglichkeit sowie Unzumutbarkeit) finden beim Unterlassungsanspruch **keine Anwendung**. Dies folgt aus der unterschiedlichen Rechtsfolge: Während der FBA auf positives Tun gerichtet ist, das den genannten Einschränkungen unterliegen kann, soll mit dem Unterlassungsanspruch lediglich rechtswidriges Verhalten abgewehrt werden. Ein Unterlassen ist stets möglich und zumutbar.[632] 482

2. Rechtsfolge

Seiner Rechtsfolge nach ist der Anspruch auf Unterlassung gerichtet, wenn es – wie im Regelfall – darum geht, dass ein rechtswidriger Eingriff verhindert werden soll **(Unterlassungsanspruch)**. Dauert der Eingriff an, ist aber noch nicht abgeschlossen, so ist der Anspruch auf Beendigung des Eingriffs gerichtet **(Abwehranspruch)**. Der Hoheitsträger ist verpflichtet, den Eingriff zu unterlassen und alle Maßnahmen zu treffen, die notwendig sind, damit die Rechtsbeeinträchtigung beendet wird. Nach teilweise vertretener Ansicht kommt deshalb u.U. auch ein Anspruch auf **Beseitigung** in Betracht.[633] 483

Beispiele: Anspruch auf Beseitigung eines Straßenbaums, wenn das angrenzende Anliegergrundstück unzumutbar verschattet wird. Davon ist allerdings nur in gravierenden Ausnahmefällen auszugehen, etwa bei vollständiger Verschattung des gesamten Grundstücks während des ganz überwiegenden Teils des Tages.[634] Auch besteht i.d.R. kein Anspruch auf Beseitigung einer vor dem Anliegergrundstück errichteten Straßenlaterne, weil die damit typischerweise verbundenen Immissionen von den Nachbarn als ortsübliche Beleuchtung der Verkehrsflächen hinzunehmen ist.[635]

Nach richtiger Ansicht handelt es sich in diesen Fällen gar nicht um einen Abwehr- und Unterlassungsanspruch, sondern um einen FBA, wenn die **Beseitigung der Störungsquelle** (Baum, Laterne) verlangt wird (s.o. Rn. 474). Dafür spricht, dass die Errichtung der Anlage i.d.R. rechtmäßig sein wird und sich der Betroffene nur gegen die mit dem Betrieb verbundenen unzumutbaren **Folgen** zur Wehr setzt. 484

Ein Unterlassungsanspruch ist jedoch einschlägig, wenn der Schwerpunkt auf dem Betrieb der Anlage als solche liegt (s.o. Rn. 474 ff.). So besteht im obigen Beispiel zwar kein Folgenbeseitigungsanspruch auf Entfernung der Straßenlaterne, jedoch kann bei unzumutbaren Beeinträchtigungen ein Anspruch auf Schutzmaßnahmen, z.B. auf Minderung der Lichteinstrahlung bestehen.[636]

631 Kemmler JA 2005, 908, 911.

632 Kemmler JA 2005, 908, 910.

633 Detterbeck/Windhorst/Sproll § 13 Rn. 28; Graulich ZAP 2005, 571, 573.

634 VG Berlin, Urt. v. 13.04.2010 – 1 K 408/09.

635 OVG Koblenz, Urt. v. 11.06.2010 – 1 A 10474/10.OVG, RÜ 2010, 734, 735; VG Koblenz, Urt. v. 23.11.2009 – 4 K 473/09.KO; VG Düsseldorf, Urt. v. 18.03. 2008 – 16 K 3722/07; zum Baurecht vgl. VGH Mannheim NVwZ-RR 2012, 636,

636 VG Koblenz, Urt. v. 23.11.2009 – 4 K 473/09.KO; einschränkend OVG Koblenz, Urt. v. 11.06.2010 – 1 A 10474/10.OVG.

III. Fallgruppen

1. Staatliches Informationshandeln

Fall 13: Warentest

Ausgelöst durch Eigenkontrolluntersuchungen eines Herstellers wurde Anfang 2015 festgestellt, dass bestimmte als Rindfleischprodukte deklarierte Lebensmittel in teilweise erheblichen Umfang Pferdefleisch enthielten. Im Rahmen der nachfolgenden Untersuchungen wurden in der Produkten auch nicht deklarierte Anteile von anderen Fleischsorten und teilweise auch Rückstände von Medikamenten nachgewiesen. Betroffen waren vor allem Tiefkühlprodukte und Soßen mit Hackfleisch. Recherchen der zuständigen Behörden kamen zu dem Ergebnis, dass Ursache hierfür vor allem falsch deklarierte Fleischimporte aus Osteuropa waren. Um das Vertrauen in den Lebensmittelmarkt wiederherzustellen, führte die Bundesforschungsanstalt für Landwirtschaft im Auftrag des Bundesministeriums für Ernährung, Landwirtschaft und Verbraucherschutz (M) einen Warentest durch, dessen Ergebnis M im Internet veröffentlicht hat. Dabei wurde die Tiefkühl-Lasagne des Lebensmittelherstellers L mit „mangelhaft" bewertet. Das Produkt enthielt zwar weder schädliche Inhaltsstoffe noch ergaben sich relevante Abweichungen zwischen den Produktangaben und den tatsächlichen Inhaltsstoffen, die von M eingeschalteten Tester qualifizierten das Produkt des L jedoch als „geschmacklich minderwertig".

L hält das Testverfahren für unzureichend. Die Bewertung der Tester sei nicht durch Tatsachen belegt, in anderen Tests seien seine Produkte stets als überdurchschnittlich bewertet worden. Außerdem gehöre es nicht zu den Aufgaben des M, Warentests durchzuführen und zu veröffentlichen. Da L seit Veröffentlichung des Tests einen erheblichen Umsatzrückgang zu verzeichnen hat, nimmt er M auf Unterlassung der weiteren Veröffentlichung in Anspruch. M steht demgegenüber auf dem Standpunkt, dass er die Interessen der Verbraucher durch entsprechende Informationen bundesweit verfolgen dürfe. Die Testergebnisse seien zutreffend. Der Test ziele auf die Wiederherstellung des Vertrauens in den Lebensmittelhandel. Angesichts des erheblichen Ausmaßes des Pferdefleisch-Skandals sei eine bundesweite Information erforderlich gewesen. Kann L Unterlassung der weiteren Veröffentlichung verlangen?

485 A. Als Grundlage für das Begehren des L kommt der **allgemeine öffentlich-rechtliche Unterlassungsanspruch** in Betracht. Dieser gesetzlich nicht geregelte Anspruch wird überwiegend unmittelbar aus der Abwehrfunktion der Grundrechte hergeleitet. Andere greifen auf den Rechtsgedanken des § 1004 BGB zurück. Diese verschiedenen Begründungen schließen sich jedoch nicht aus, sondern ergänzen sich gegenseitig. Jedenfalls ist der Unterlassungsanspruch allgemein anerkannt und wird heute überwiegend als **gewohnheitsrechtlicher Grundsatz** des Verwaltungsrechts qualifiziert.[637] Deshalb kann auch dahinstehen, ob es sich hierbei um einen eigenständigen Anspruch handelt oder lediglich um einen Aspekt eines einheitlichen grundrechtlichen Abwehr- und Beseitigungsanspruchs.

637 Vgl. BVerwG DVBl. 1989, 463, 464; OVG NRW OVGE 47, 183, 185; Dietlein/Heyers NWVBl. 2000, 77, 78; Kemmler JA 2005, 908, 910.

B. **Voraussetzung** des Unterlassungsanspruchs ist das Vorliegen eines rechtswidrigen hoheitlichen Eingriffs in subjektive Rechte des Betroffenen, der andauert oder bevorsteht.[638] **486**

I. Es müsste ein **hoheitlicher Eingriff in ein subjektives öffentliches Recht** vorliegen. Hier kommt das Grundrecht des L aus Art. 12 Abs. 1 GG in Betracht.

1. Dann müsste der **Schutzbereich** dieses Grundrechtes betroffen sein. Das Verhalten eines Unternehmers im wirtschaftlichen Wettbewerb ist grds. Teil seiner unternehmerischen Betätigung und damit Teil der von Art. 12 Abs. 1 GG geschützten Berufsfreiheit.[639] **487**

2. Die Veröffentlichung des Warentests müsste einen **hoheitlichen Eingriff** darstellen.

a) Nach dem früher vertretenen **klassischen Eingriffsbegriff** entfalten die Grundrechte ihre Abwehrfunktion, wenn der Staat final und unmittelbar in Freiheitsrechte eingreift.[640] Ein solcher **unmittelbarer Eingriff** liegt hier nicht vor. Die Veröffentlichung des Warentests richtete sich an die Verbraucher. Die nachteiligen Wirkungen bei L traten nicht unmittelbar aufgrund der hoheitlichen Maßnahme ein, sondern erst aufgrund der freien Kaufentscheidung der Abnehmer und Kunden. **488**

b) Heute ist jedoch anerkannt, dass der Grundrechtsschutz nicht von der Art der Beeinträchtigung abhängt. Grundrechte schützen daher nicht nur vor unmittelbaren, sondern grds. auch vor **mittelbaren Beeinträchtigungen**, wenn auch nicht in gleicher Intensität.[641] Ab welcher Schwelle bei bloß mittelbaren Beeinträchtigungen ein Grundrechtseingriff anzunehmen ist, ist indes eine höchst umstrittene **Wertungsfrage**, bei der es entscheidend darauf ankommt, ob die nachteiligen Wirkungen dem Staat **zurechenbar** sind.[642] **489**

aa) Zunächst hat die Rspr. die Eingriffsqualität davon abhängig gemacht, dass der Maßnahme ein **„finaler"** und **„grundrechtsspezifischer"** Charakter zukommt („objektiv berufsregelnde Tendenz").[643] **490**

bb) Heute wird ein Eingriff demgegenüber auch dann bejaht, wenn die Maßnahme **besonders intensive Auswirkungen** auf die Grundrechtsausübung des Betroffenen hat oder die Beeinträchtigung von der Behörde **„beabsichtigt, vorhergesehen oder in Kauf genommen"** worden ist.[644]

---

638 Vgl. beispielhaft BVerwG DVBl. 2008, 1242; NJW 2006, 1303; OVG NRW NWVBl. 2010, 355, RÜ 2012, 525, 527.

639 BVerfG NJW 2002, 2621, 2622 (Glykol); BVerwG DVBl. 1996, 807, 807; NJW 1991, 1766, 1767; a.A. die frühere Rspr. (BVerwG (E 30, 191, 198; 65, 167, 174), die die Wettbewerbsfreiheit dem Schutzbereich des Art. 2 Abs. 1 GG zuordnete.

640 BVerfG NJW 2002, 2626, 2628 (Jugendsekten).

641 BVerfG NJW 2002, 2626, 2629 (Jugendsekten); OVG NRW NVwZ 2001, 824, 825; Schoch DVBl. 1991, 667, 669; Lege DVBl. 1999, 569, 571; Lenski ZJS 2008, 13, 14.

642 Allgemein Ossenbühl NVwZ 2011, 1357, 1359.

643 BVerwG DVBl. 1985, 857, 859: „objektiv berufsbezogener Eingriff"; BVerfG NJW 1999, 3404: „objektiv berufsregelnde Tendenz"; in diesem Sinne auch BayVGH NZS 2012, 227, 227.

644 BVerwGE 82, 76, 79; BVerwG DVBl. 1996, 807, 807; OVG NRW NVwZ 2001, 824, 825; Ossenbühl NVwZ 2011, 1357, 1359.

491 Eine mittelbare Beeinträchtigung stellt daher einen Grundrechtseingriff bzw. eine eingriffsgleiche Maßnahme dar,

- wenn es **Intention** der Maßnahme ist, die Bedingungen der Grundrechtsverwirklichung zulasten des Grundrechtsträgers zu ändern, oder
- wenn der Staat in vorhersehbarer Weise besonders schwerwiegend auf das Umfeld der Grundrechtsausübung einwirkt **(Intensität)**.[645]

Dementsprechend hat das BVerwG in einem vergleichbaren Fall einen **Eingriff in den Schutzbereich bejaht**.[646] Der Warentest bezog sich auf konkrete Produkte. Der negative Ausgang eines solchen Tests hatte für das betreffende Produkt eine gravierende rufschädigende Wirkung. Angesichts der Bedeutung des Tests für das Käuferverhalten war vorhersehbar, dass es bei den negativ bewerteten Produkten zu erheblichen Umsatzrückgängen kommen würde.

492 cc) Die Gegenansicht verweist darauf, dass die Kriterien der „Intention" und „Intensität" **konturenlos** und zu **unbestimmt** sind, um eine im Einzelfall nachvollziehbare Bestimmung des Eingriffscharakters vornehmen zu können. Mittelbare Beeinträchtigungen seien in erster Linie eine Frage der richtigen Interpretation des Schutzbereichs und nicht des Eingriffs. Der Schutzbereich des beeinträchtigten Grundrechts sei in diesen Fällen **eingriffsbezogen** zu bestimmen **(Lehre vom funktionalen Schutzbereich)**.[647]

493 dd) Diesem Ansatz folgt teilweise auch die Rspr. Bestimmte staatliche Maßnahmen, die ein Grundrecht nur mittelbar beeinträchtigen, nimmt das BVerfG bereits aus dem **Schutzbereich** des betroffenen Grundrechts heraus, weil das Grundrecht „davor" nicht schützt.[648]

Beispiel: Art. 12 Abs. 1 GG schützt nicht „vor der Verbreitung zutreffender und sachlich gehaltener Informationen am Markt, die für das wettbewerbliche Verhalten der Marktteilnehmer von Bedeutung sein können, selbst wenn die Inhalte sich auf einzelne Wettbewerbspositionen nachteilig auswirken".[649]

494 Danach dürften Warentests i.d.R. schon **keinen Eingriff** in die durch Art. 12 GG geschützte Berufsfreiheit darstellen. Denn Art. 12 Abs. 1 GG verbürgt kein Recht des Unternehmens, von anderen nur so dargestellt zu werden, wie es gesehen werden möchte oder wie es sich und seine Produkte selber sieht. Wer an den Markt geht, muss sich dessen Kritik gefallen lassen.[650] Allerdings muss die Verlautbarung die rechtlichen Vorgaben für staatliches Informationshandeln einhalten.[651] Voraussetzung für eine **wirksame Schutzbereichsbegrenzung** ist danach, dass

645 Im Ergebnis ebenso Schoch DVBl. 1991, 667, 670; Remmert Jura 2007, 736, 740; Lenski ZJS 2008, 13, 17.

646 BVerwG DVBl. 1996, 807.

647 Grundlegend Gusy JZ 1989, 1003, 1005; Schulte DVBl. 1988, 512, 517; Kemmler JA 2005, 908, 911.

648 Vgl. grundlegend BVerfG NJW 2002, 2621, 2622 (Glykol-Wein); BVerfG NJW 2002, 2626, 2627 (Warnung vor Jugendsekten); ebenso BVerwG, Urt. v. 19.02.2015 – BVerwG 1 C 13.14, RÜ 2015, 391, 395 (Lost-Art-Datenbank).

649 BVerfG NJW 2002, 2621, 2622; ebenso Schink DVBl. 2011, 253, 255; Voland DVBl. 2011, 1262, 1264

650 BVerfG NJW 2002, 2621, 2622 u. 2624.

651 BVerfG NJW 2002, 2621, 2622; BVerwG, Urt. v. 19.02.2015 – BVerwG 1 C 13.14, RÜ 2015, 391, 395.

- eine **staatliche Aufgabe** vorliegt,
- die **Zuständigkeitsordnung** eingehalten wird und
- die Anforderungen an die **Richtigkeit, Sachlichkeit und Verhältnismäßigkeit** der Information eingehalten werden.[652]

Beispiele: Ein Eingriff in Art. 12 Abs. 1 GG liegt vor, wenn eine Information sich als unrichtig erweist und dennoch weiter verbreitet oder nicht korrigiert wird.[653] Ein Eingriff in Art. 4 Abs. 1 GG ist zu bejahen bei einer diffamierenden, diskriminierenden oder verfälschenden Darstellung einer religiösen oder weltanschaulichen Gemeinschaft. Das hat das BVerfG z.B. bejaht bei der Verwendung der Attribute „destruktiv" und „pseudoreligiös" für die Osho-/Bhagwan-Bewegung.[654]

Hinweis: *Im Ergebnis dürften zwischen den v.g. Auffassungen keine großen Unterschiede bestehen. Entweder man bejaht einen Eingriff in den Schutzbereich aufgrund der Intention und/oder Intensität der Maßnahme und prüft die „rechtlichen Vorgaben" im Rahmen der verfassungsrechtlichen Rechtfertigung oder man prüft – wie das BVerfG und (neuerdings) das BVerwG – die „rechtlichen Vorgaben" bereits als Schutzbereichsbegrenzung.[655] Gegen den Prüfungsansatz des BVerfG spricht, dass damit eine klare Abgrenzung zwischen Elementen des Eingriffs und der verfassungsrechtlichen Rechtfertigung aufgegeben wird. Denn ist die Veröffentlichung nach den vom BVerfG entwickelten Kriterien nicht gerechtfertigt, liegt ein Grundrechtseingriff vor, der automatisch rechtswidrig ist.[656] Nach herkömmlichem Grundrechtsverständnis sind Eingriff und dessen Rechtswidrigkeit indes streng zu trennen. Dies spricht dafür, den Eingriffscharakter mit der bislang h.Rspr. zu bejahen, wenn die Grundrechtsbeeinträchtigung typische, objektiv vorhersehbare oder in Kauf genommene Nebenfolge des staatlichen Handelns ist.[657]* **495**

Staatliches Informationshandeln ist deshalb als Grundrechtseingriff zu qualifizieren, wenn es in seiner **Zielsetzung und/oder seinen Wirkungen einem klassischen Eingriff gleichkommt**. Das ist insbes. der Fall, wenn die Information auf einen nachteiligen Effekt beim Betroffenen **abzielt** und **nicht nur eine bloße Begleiterscheinung** darstellt. **496**

Warnungen stellen daher grds. einen Grundrechtseingriff dar, weil sie notwendigerweise individuelle Personen, Produkte oder Verhaltensweisen als gefährlich „brandmarken". Bei **Empfehlungen** liegt ein Eingriff nur vor, wenn sie sich auf konkrete oder konkretisierbare Personen oder Produkte beziehen („Prangerwirkung"). Demgegenüber sind bloße **Hinweise** nur Teil der allgemeinen Aufklärungstätigkeit des Staates und stellen i.d.R. keinen Grundrechtseingriff dar.

Der vorliegende Warentest bezog sich auf konkrete Produkte. Da vorhersehbar war, dass es bei L aufgrund der negativen Bewertung zu erheblichen Umsatzeinbußen kommen würde, liegt ein **Eingriff in den Schutzbereich** der Berufsfreiheit nach Art. 12 Abs. 1 GG vor.

---

652 BVerfG NJW 2002, 2621, 2624; ebenso BVerwG, Urt. v. 19.02.2015 – BVerwG 1 C 13.14, RÜ 2015, 391, 395 f.; OVG NRW, Urt. v. 17.09.2013 – 13 A 2541/12, NVwZ 2013, 1562, 1563 mit Anm. Kühl.

653 BVerfG NJW 2002, 2621, 2624.

654 BVerfG NJW 2002, 2626, 2627; BayVGH NVwZ 2003, 998.

655 Vgl. Kemmler JA 2005, 908, 911; Hellmann NVwZ 2005, 163, 165.

656 BVerfG NJW 2002, 2621, 2624: „Mit der Feststellung der Beeinträchtigung des Schutzbereichs steht in solchen Fällen auch die Rechtswidrigkeit fest, ..."; vgl. auch die Kritik von Huber JZ 2003, 290, 294; Ossenbühl NVwZ 2011, 1357, 1360, die die Rspr. des BVerfG als „dogmatisch verfehlt" bezeichnen.

657 Im Ergebnis ebenso Huber JZ 2003, 290, 293 f.; Murswiek NVwZ 2003, 1, 5; Volkmann JZ 2005, 261, 267; Remmert Jura 2007, 736, 741; Ossenbühl NVwZ 2011, 1357, 1360; vgl. auch EGMR NVwZ 2010, 177, 180: Warnung vor Sekten greift in die durch Art. 9 EMRK geschützte Religionsfreiheit ein.

II. Der Unterlassungsanspruch setzt voraus, dass der **Eingriff rechtswidrig** ist.

497 1. Liegt ein Grundrechtseingriff vor, so ist eine **Ermächtigungsgrundlage** erforderlich, und zwar unabhängig von der Qualität des Eingriffs.[658] Die wichtigsten Vorschriften für staatliches Informationshandeln finden sich in

- **§ 40 Abs. 1** und **Abs. 1 a) LFGB** (Lebensmittel- und Futtermittelgesetzbuch)
- **§ 26 Abs. 2 Nr. 9 ProdSG** (Produktsicherheitsgesetz) und
- **§ 6 Abs. 1 S. 3 VIG** (Verbraucherinformationsgesetz).

Nach § 40 Abs. 1 LFGB soll die zuständige Behörde die Öffentlichkeit insbes. informieren bei hinreichendem Verdacht der Gesundheitsgefährdung durch Lebens- und Futtermittel und bei Verstößen gegen Vorschriften zum Täuschungsschutz. § 40 Abs. 1 a) LFGB sieht eine Information der Öffentlichkeit unabhängig vom Vorliegen einer Gesundheitsgefahr vor bei Grenzwertüberschreitungen und Verstößen gegen Verbraucherschutzvorschriften und hygienerechtliche Vorschriften.[659] Allerdings ist umstritten, ob diese Regelungen mit Unionsrecht vereinbar sind.[660] Darüber hinaus bestehen verfassungsrechtliche Bedenken im Hinblick auf Bestimmtheit und Verhältnismäßigkeit.[661]

§ 26 Abs. 2 Nr. 9 ProdSG (Produktsicherheitsgesetz) bildet die allgemeine Rechtsgrundlage für produktbezogene Warnungen und sonstige behördliche Informationstätigkeit insbes. bei Erzeugnissen und Produkten, die nicht vom LFGB erfasst werden.[662]

§ 6 Abs. 1 S. 3 VIG ermächtigt die zuständigen Stellen allgemein zur Information von Amts wegen und ist damit Rechtsgrundlage für eine aktive Veröffentlichung von Verbraucherinformationen.[663] Erfasst werden hiervon primär Verstöße außerhalb des LFGB und unterhalb der Schwelle der Gefahrenabwehr und des Gesundheitsschutzes.[664]

498 Die genannten Vorschriften ermächtigen allerdings nur die **nach Landesrecht zuständigen Verwaltungsbehörden**, können daher nicht Grundlage für Maßnahmen der Bundesregierung, einzelner Bundesministerien oder sonstiger Bundesbehörden sein.

Umstritten ist überdies, ob § 40 Abs. 1 u. Abs. 1 a) LFGB nur zu Informationen über konkrete Produkte („Produktwarnung") ermächtigt oder (bei entsprechenden Verstößen) allgemein zu einer Information der Öffentlichkeit.[665] Im Übrigen gestatten § 40 Abs. 1 u. Abs. 1 a) LFGB (ebenso wie § 6 Abs. 1 S. 3 VIG) nur die Veröffentlichung festgestellter Verstöße und Tatsachen, nicht dagegen behördliche Bewertungen (z.B. Benotung oder Smileysysteme).[666] Allerdings plant die Bundesregierung gesetzliche Regelungen für sog. Ekellisten.[667]

---

658 BVerwG DVBl. 2008, 1242, 1243; DVBl. 1996, 807, 807; NJW 1992, 2496, 2499; Schoch DVBl. 1991, 667, 670; Leidinger DÖV 1993, 925, 930; Lege DVBl. 1999, 569, 571; Remmert Jura 2007, 736, 740; Ossenbühl NVwZ 2011, 1357, 1360.

659 Ausführlich Theis DVBl. 2013, 627 ff.; Möstl GewArch 2015, 1 ff.

660 VGH Mannheim, Beschl. v. 28.01.2013 – 9 S 2423/12, RÜ 2013, 243, 245; BayVGH, Beschl. v. 18.03.2013 – 9 CE 12.2755; Schoch NVwZ 2012, 1497, 1503; Wollenschläger DÖV 2013, 7, 8 mit Fn. 3; Waldhoff JuS 2013, 860, 861; vgl. nunmehr EuGH, Urt. v. 11.04.2013 – C-636/11, NJW 2013, 1725: Unionsrecht steht Verbraucherwarnung auch bei lediglich genussuntauglichen Lebensmitteln nicht entgegen.

661 VGH Mannheim, Beschl. v. 28.01.2013 – 9 S 2423/12, RÜ 2013, 243, 245; BayVGH, Beschl. v. 18.03.2013 – 9 CE 12.2755; OVG Lüneburg, Beschl. v. 14.06.2013 – 13 ME 18/13, NVwZ-RR 2013, 831, 832; OVG NRW, Beschl. v. 24.04.2013 – 13 B 192/13, DVBl. 2013, 923; Waldhoff JuS 2013,860, 862; Schoch NVwZ 2013, 1033, 1034.

662 Tremmel/Luber NJW 2013, 262 ff.

663 OVG Bln-Bbg, Beschl. v. 28.05.2014 – OVG 5 S 21.14, RÜ 2014, 591, 594.

664 Schoch NJW 2012, 2844, 2847.

665 In diesem Sinne OVG RP, Beschl. v. 13.02.2013 – 6 B 10035/13; BayVGH, Beschl. v. 18.03.2013 – M 18 E 12.4654; anders die erstinstanzliche Rspr., vgl. dazu die Nachw. in RÜ 2013, 243, 248 und Waldhoff JuS 2013, 860 ff.

666 OVG Bln-Bbg. Beschl. v. 28.05.2014 – OVG 5 S 21.14 u. Beschl. v. 03.06.2014 – OVG 5 N 2.13, RÜ 2014, 591; VG Berlin, Beschl. v. 19.03.2014 – 14 L 35.14; VG Düsseldorf, Urt. v. 13.03.2015 – 26 K 4876/13, LMuR 2015, 95; anders OVG NRW, Beschl. v. 30.10.2014 – 8 B 721/14, NVwZ 2015, 304, 306 f. zu § 52 a Abs. 5 BImSchG: Bewertung zulässig.

667 Vgl. Die Welt v. 05.05.2015 unter Hinweis auf einen geplanten Gesetzentwurf.

2. Soweit **keine besondere Ermächtigung** vorhanden ist, ist umstritten, welche Anforderungen für behördliches Informationshandeln gelten.

a) Die Rspr. hat vereinzelt versucht, hoheitliche Erklärungen ohne gesetzliche Grundlage allein aufgrund kollidierenden Verfassungsrechts zu rechtfertigen **(grundrechtsimmanente Schranken)**. Warnungen und Hinweise könnten sich als Erfüllung einer staatlichen Schutzpflicht und damit als Konkretisierung eines mit Verfassungsrang ausgestatteten Gemeinwohlinteresses darstellen.[668] **499**

Diese Auffassung ist in der Lit. zu Recht auf Ablehnung gestoßen. Die Rspr. missachte den Gesetzesvorbehalt in Art. 12 Abs. 1 S. 2 GG, der einer Konkretisierung **durch den Gesetzgeber** bedürfe. Der Gesetzgeber sei gehalten, alle für die Verwirklichung der Grundrechte „wesentlichen" Fragen grds. selbst zu regeln. Wesentlich in diesem Sinne sei auch die Konkretisierung verfassungsimmanenter Schranken der Grundrechte, die dem Gesetzgeber vorbehalten bleiben müsse. Ansonsten könnte die Verwaltung unter Berufung auf die ihr zukommenden Schutzpflichten die Voraussetzungen für einen Grundrechtseingriff selbst festlegen.[669]

b) Überwiegend wird die Befugnis für grundrechtsrelevantes Informationshandeln **aus dem Sachzusammenhang mit dem Aufgabenbereich** des Hoheitsträgers abgeleitet, ohne dass es darüber hinaus einer besonderen gesetzlichen Eingriffsermächtigung bedarf.[670] Ob eine Maßnahme im Einzelfall rechtmäßig ist, sei sodann vor allem eine Frage der **Verhältnismäßigkeit**. **500**

Die Gegenansicht sieht hierin einen **unzulässigen Schluss von der Aufgabe auf die Befugnis**. Wenn der Staat eine bestimmte Aufgabe wahrnehmen dürfe, heiße das noch nicht, dass ihm hierfür auch sämtliche Mittel zur Verfügung stünden, die er für die Durchführung der Aufgabe für erforderlich halte. Hierüber zu entscheiden, sei Sache des Gesetzgebers. Liege ein Grundrechtseingriff vor, so sei stets eine **gesetzliche Befugnisnorm** erforderlich, unabhängig davon, ob es um einen unmittelbaren oder mittelbaren Eingriff gehe.[671] **501**

Gegen diese Auffassung spricht jedoch, dass sich bei mittelbaren Grundrechtseingriffen ein **strenger Gesetzesvorbehalt** aufgrund der Vielgestaltigkeit der denkbaren Eingriffslagen und -wirkungen **nicht verwirklichen lässt**. Der Gesetzgeber könnte in diesen Fällen ohnehin nur Generalklauseln vorsehen, die den Zweck des Gesetzesvorbehalts nicht fördern würden.[672] **502**

---

668 BVerwG NJW 1991, 1766, 1769; OVG NRW NVwZ 1991, 176, 177; Heintschel v.Heinegg/Schäfer DVBl. 1991, 1341, 1347; ähnlich BVerfG NJW 1989, 3269, 3270; auch BVerwG DVBl. 1996, 807 greift diesen Gedanken auf.

669 Schoch DVBl. 1991, 667, 672; Leidinger DÖV 1993, 925, 930; Gusy NJW 2000, 977, 980; Jeand'Heur/Cremer JuS 2000, 991, 995; i.E. ebenso BVerwG NJW 1991, 1170, 1170; NJW 1992, 2496, 2499.

670 BVerfG NJW 2011, 511, 512; NJW 2002, 2621, 2623; NJW 2002, 2626, 2629; BVerwG NJW 2006, 1303, 1304; OVG NRW NWVBl. 2006, 32; ähnlich EGMR NVwZ 2010, 177, 180

671 OVG Lüneburg NJW 1992, 192, 194; Lege DVBl. 1999, 569, 574; Huber JZ 2003, 290, 294; Hellmann NVwZ 2005, 163, 166; Ossenbühl NVwZ 2011, 1357, 1360.

672 BVerfG NJW 2002, 2621, 2623 (Glykol); BVerfG NJW 2002, 2626, 2629 (Jugendsekten); BVerwG NJW 2006, 1303, 1304.

503 Bei mittelbaren Grundrechtsbeeinträchtigungen sind daher die Anforderungen des Grundsatzes vom Vorbehalt des Gesetzes an die **Regelungsdichte der Befugnisnorm einzuschränken**. Amtliche Äußerungen eines Hoheitsträgers mit Eingriffsqualität sind danach bereits dann rechtmäßig, wenn

- eine **staatliche Aufgabe** vorliegt,
- die **Zuständigkeitsordnung** eingehalten wird und
- die rechtsstaatlichen Anforderungen an die **Richtigkeit, Sachlichkeit und Verhältnismäßigkeit** der Information eingehalten werden.[673]

Soweit diese Punkte bereits im Rahmen der Schutzbereichsbegrenzung geprüft werden (s.o. Rn. 494), fehlt es dann schon an einem Grundrechtseingriff.

504 c) Etwas anderes gilt allerdings auch nach dieser Auffassung dann, wenn das hoheitliche Handeln sich nach seiner Zielsetzung und seinen Wirkungen als Ersatz für eine staatliche Maßnahme darstellt, die als unmittelbarer Grundrechtseingriff zu qualifizieren ist. Durch Wahl eines solchen **funktionalen Äquivalents** darf das Erfordernis einer gesetzlichen Grundlage nicht umgangen werden.[674] Dies gilt insbes. dann, wenn die staatliche Maßnahme **eindeutig auf einen nachteiligen Effekt abzielt**, der bei dem Betroffenen eintreten soll, und die Maßnahme damit einem unmittelbaren Eingriff gleichkommt.

Bejaht hat dies die Rspr. z.B. bei der Warnung vor E-Zigaretten[675] und die Benotung von Lebensmittelbetrieben und Gaststätten.[676] Ebenso bedarf die Veröffentlichung des Verfassungsschutzberichts einer gesetzlichen Ermächtigung,[677] während für die Herausgabe einer Informationsbroschüre gegen Rechtsextremismus keine besondere gesetzliche Ermächtigung erforderlich sein soll.[678]

505 Mit der Veröffentlichung des Warentest begnügt sich M nicht damit, die Öffentlichkeit allgemein und zeitnah über bestimmte Entwicklungen zu informieren. Der Warentest zielt vielmehr auf die Herbeiführung einer den Maßnahmen nach §§ 39, 40 LFGB vergleichbaren Wirkung. Damit geht die Veröffentlichung über die Schaffung einer bloßen Informationsgrundlage für eine eigenständige Entscheidung der Bürger als Marktteilnehmer weit hinaus. Die Veröffentlichung hat vielmehr Wirkungen, die denen einer ordnungsrechtlichen Maßnahme entsprechen. Der Produzent der nachteilig bewerteten Produkte wird an den „Pranger" gestellt, sodass der Warentest ein **funktionales Äquivalent** für einen unmittelbaren Eingriff darstellt, der einer besonderen gesetzlichen Ermächtigung bedarf.

---

673 BVerfG NJW 2011, 511, 512; BVerfG NJW 2002, 2621, 2624; ebenso BVerwG, Urt. v. 19.02.2015 – BVerwG 1 C 13.14, RÜ 2015, 391, 395 f.; OVG NRW, Urt. v. 17.09.2013 – 13 A 2541/12, NVwZ 2013, 1562, 1563 mit Anm. Kühl.

674 BVerwG, Urt. v. 19.02.2015 – BVerwG 1 C 13.14, RÜ 2015, 391, 396; OVG Bln-Bbg, Beschl. v. 28.05.2014 – OVG 5 S 21.14, RÜ 2014, 591, 594; OVG NRW, Beschl. v. 23.04.2012 – 13 B 127/12, RÜ 2012, 525, 528 f.; kritisch Lenski ZJS 2008, 13, 15 f.

675 OVG NRW, Beschl. v. 23.04.2012 – 13 B 127/12, RÜ 2012, 525, 528 f.; OVG NRW, Urt. v. 17.09.2013 – 13 A 2541/12, NVwZ 2013, 1562, 1564 mit Anm. Kühl.

676 OVG Bln-Bbg, Beschl. v. 28.05.2014 – OVG 5 S 21.14, RÜ 2014, 591, 594; VG Berlin, Beschl. v. 19.03.2014 – 14 L 35.14, RÜ 2014, 591, 593.

677 Vgl. BVerwG DVBl. 2008, 1242, 1243 und BVerwG, Urt. v. 26.06.2013 – BVerwG 6 C 4.12, NVwZ 2014, 233, 235.

678 VerfGH RP NVwZ 2008, 897, 898.

3. Zuweilen hat die Rspr. die Ermächtigung zum Informationshandeln aus der Befugnis der Regierung nach **Art. 65 GG** (bzw. der entsprechenden Regelung in der LVerf) abgeleitet.

   a) Diese Vorschriften decken zwar die **normale Öffentlichkeitsarbeit** der Regierung (z.B. Information über aktuelle Gesetzgebungsvorhaben). Staatliche Warnungen und Empfehlungen gehen aber darüber hinaus. Denn sie bezwecken anders als bloße Informationen bereits eine Verhaltenssteuerung. Deshalb reichen sie nach Auffassung der h.Lit. als Ermächtigung für staatliches Informationshandeln im engeren Sinne nicht aus.[679] **506**

   b) Nach Ansicht der Rspr. können aber auch Warnungen und Empfehlungen **Ausdruck staatsleitender Kompetenzen** sein. Zur Aufgabe der Staatsleitung der Regierung gehöre es auch, durch rechtzeitige öffentliche Information die Bewältigung von Konflikten in Staat und Gesellschaft zu erleichtern, auf Krisen schnell und sachgerecht zu reagieren und den Bürgern mit Warnungen oder Empfehlungen Orientierungshilfen zu geben. Daher könnten die Vorschriften über die Regierungstätigkeit grds. auch mittelbar-faktische Grundrechtsbeeinträchtigungen rechtfertigen, ohne dass es einer besonderen Ermächtigungsgrundlage bedürfe.[680] **507**

   c) Dies gilt allerdings nicht, wenn die Maßnahme – wie hier – ein **funktionales Äquivalent** eines unmittelbaren Eingriffs darstellt. In diesen Fällen bedarf es stets einer **besonderen** gesetzlichen Grundlage. Dies wiederum hat zur Konsequenz, dass Voraussetzungen und Umfang des Eingriffs im Einzelnen durch Gesetz festzulegen sind. Eine allgemein gehaltene Vorschrift wie Art. 65 GG (bzw. die entsprechende Regelung in der LVerf) kann den Grundrechtseingriff im Fall eines funktionalen Äquivalents daher nicht rechtfertigen.[681] **508**

   Mangels einer gesetzlichen Ermächtigung des Bundesministeriums ist die Veröffentlichung des Warentests daher **rechtswidrig**.

Bedenken gegen die Rspr. bestehen bei Maßnahmen von **Bundesministerien** überdies im Hinblick auf Art. 83 GG. Die h.Lit. verweist darauf, dass die Ausführung von Gesetzen (hier des LFGB) grds. Sache der Länder ist. Eine Notkompetenz der Bundesregierung kraft Natur der Sache sei nicht erforderlich.[682] Die Rspr. geht dagegen davon ausgeht, dass Regierungstätigkeit nicht Verwaltung i.S.d. Art. 83 ff. GG ist und dass das Recht zur Information aus Art. 65 GG eine „andere Regelung" i.S.d. Art. 30 GG darstellt. Soweit Art. 65 GG als Ermächtigungsgrundlage für „schlichte" Informationstätigkeit ausreicht, ergeben sich dann auch keine bundesstaatlichen Bedenken.[683] **509**

---

679 Vgl. Gusy NJW 2000, 977, 981; Dietlein/Heyers NWVBl. 2000, 77, 80; Schoch DVBl. 1991, 667, 671; Lege DVBl. 1999, 569, 575; Huber JZ 2003, 290, 295.

680 BVerfG NJW 2011, 511, 512; NJW 2002, 2621, 2623; NJW 2002, 2626, 2630; BVerwG NJW 2006, 1303, 1304; OVG NRW, Urt. v. 17.09.2013 – 13 A 2541/12, NVwZ 2013, 1562, 1563; VG Hamburg DVBl. 2013, 193, 195.

681 BVerwG DVBl. 1996, 807, 808 für Warentests einer Landwirtschaftskammer; ebenso im Ergebnis OVG NRW, Urt. v. 17.09.2013 – 13 A 2541/12, NVwZ 2013, 1562, 1564; OVG NRW, Beschl. v. 23.04.2912 – 13 B 127/12, RÜ 2012, 525, 528; BayVGH NZS 2012, 227, 228; VG Hamburg DVBl. 2013, 193, 195.

682 Schoch DVBl. 2001, 667, 673; Lege DVBl. 1999, 569, 574; Hellmann NVwZ 2005, 163, 166; Remmert Jura 2007, 736, 741.

683 BVerfG NJW 2002, 2626, 2630 (Jugendsekten); NJW 2002, 2621, 2623 (Glykol); OVG NRW, Urt. v. 17.09.2013 – 13 A 2541/12, NVwZ 2013, 1562, 1563.

510 III. Der Unterlassungsanspruch setzt – wie der Anspruch aus § 1004 BGB – voraus, dass der rechtswidrige Eingriff **andauert oder bevorsteht**. Dies ergibt sich hier aus der fortdauernden Veröffentlichung im Internet.

L hat daher einen Anspruch auf Unterlassung der weiteren Veröffentlichung des Warentests.

Rechtmäßigkeit staatlichen Informationshandelns

- **Ermächtigungsgrundlage erforderlich**, wenn Grundrechtseingriff vorliegt.
  - kein unmittelbarer (finaler) Grundrechtseingriff
  - aber ggf. mittelbarer Grundrechtseingriff: eingriffsgleiche Wirkung bei Zurechenbarkeit (Kriterien str.: Intention, Intensität, Vorhersehbarkeit u.a.)
- **Spezielle Ermächtigungsgrundlagen** im LFGB, ProdSG, VIG u.a.
- **im Übrigen** Anforderungen des Vorbehalts des Gesetzes umstritten:
  - frühere Rspr.: Konkretisierung der grundrechtsimmanenten Schranken
  - h.Lit: immer gesetzliche Befugnisnorm erforderlich
  - h.Rspr: **Sachzusammenhang mit Aufgabenbereich** (z.B. Art. 65 GG bzw. LVerf, Art. 28 Abs. 2 GG) reicht, **anders** nur bei **funktionalem Äquivalent**
- in jedem Fall: **Richtigkeit, Sachlichkeit** und **Verhältnismäßigkeit**

2. Ehrschutz gegen Hoheitsträger

a) Anspruchsgrundlagen

511 Einen wichtigen Anwendungsfall des öffentlich-rechtlichen Unterlassungsanspruchs bildet der Ehrschutz gegen hoheitliche Äußerungen. Zur Abwehr ehrbeeinträchtigender Äußerungen unter Privaten ist von Rspr. und Lit. der sog. **quasinegatorische Beseitigungs- und Unterlassungsanspruch** (analog §§ 823, 1004 BGB) entwickelt worden.[684] Dieser Anspruch greift auch bei **privatrechtlicher Verwaltungstätigkeit** ein.

Beispiel: Bürgermeister B behauptet in einer Ratssitzung, Bauunternehmer U sei ein Betrüger und habe den Auftrag für Straßenbauarbeiten nur aufgrund großzügiger Geschenke an den Leiter des Tiefbauamtes erhalten.

512 Steht die abzuwehrende Äußerung dagegen im **Sachzusammenhang** mit der Erfüllung **hoheitlicher Aufgaben**, ist auf öffentlich-rechtliche Anspruchsgrundlagen zurückzugreifen, über die im Verwaltungsrechtsweg zu entscheiden ist (§ 40 Abs. 1 S. 1 VwGO).

Beispiele: Äußerungen eines Ministers im Rahmen seines Geschäftsbereichs;[685] amtliche Äußerungen eines Bürgermeisters im hoheitlichen Bereich.[686]

684 Vgl. BGH NJW 2008, 2262, 2263 und AS-Skript Schuldrecht BT 4 (2015), Rn. 104 ff.

685 OVG NRW NVwZ 1997, 302; vgl. auch BVerfG NJW 2011, 3706.

686 HessVGH NVwZ-RR 2012, 781; LKRZ 2012, 423; Kerst JA 2011, 617, 624.

Die Anspruchsgrundlage hängt vom jeweiligen Begehren ab: 513

- Verlangt der Kläger **Widerruf** der Äußerung (= Beseitigung), so ist Anspruchsgrundlage der **Folgenbeseitigungsanspruch**.
- Geht es um die Unterlassung (künftiger) Äußerungen, ist auf den allgemeinen Abwehr- und **Unterlassungsanspruch** abzustellen.

Anspruchsgegner ist in diesen Fällen nicht der handelnde Beamte, sondern der Hoheitsträger, dem die Äußerungen seiner Amtswalter zugerechnet werden.[687] Etwas anderes gilt nur dann, wenn die Äußerung so sehr **Ausdruck einer persönlichen Meinung** ist, dass sie dem Hoheitsträger nicht mehr zugerechnet werden kann. In diesem Ausnahmefall ist der Amtsträger selbst (vor dem Zivilgericht) zu verklagen.[688] 514

Gegenbeispiel: B hat die o.a. Äußerungen nicht in seiner Funktion als Bürgermeister getätigt, sondern als (einfaches) Ratsmitglied. Äußerungen von Ratsmitgliedern werden nicht der Körperschaft zugerechnet, da diese bei der Amtsausübung nicht weisungsgebunden sind und daher nicht in einem dem Beamtenverhältnis vergleichbaren Verhältnis zur Gemeinde stehen. Anspruchsgegner sind hier stets die Ratsmitglieder persönlich.[689] 515

b) Voraussetzungen

Der öffentlich-rechtlicher Abwehr- und Unterlassungsanspruch setzt auch bei ehrbeeinträchtigenden Äußerungen voraus, dass durch hoheitliches Handeln rechtswidrig in ein subjektives Recht eingegriffen wird. Mit Blick auf das allgemeine Persönlichkeitsrecht (Art. 2 Abs. 1 i.V.m. Art. 1 Abs. 1 GG) kann der Betroffene daher **Unterlassung amtlicher Äußerungen** verlangen, 516

- die geeignet sind, seinen Ruf oder sein Ansehen zu beeinträchtigen **(hoheitlicher Eingriff)**,
- sofern diese Äußerungen rechtswidrig sind **(Rechtswidrigkeit des Eingriffs)** und
- eine **Wiederholungsgefahr** besteht.[690]

aa) Hoheitlicher Eingriff in ein subjektives Recht

Der Unterlassungsanspruch wie der Widerrufsanspruch setzen einen **hoheitlichen Eingriff in ein subjektives Recht** voraus. Bei (kritischen) Äußerungen des Staates kann vor allem ein Eingriff in das **allgemeine Persönlichkeitsrecht** aus Art. 2 Abs. 1, Art. 1 Abs. 1 GG vorliegen. 517

Im gewerblichen und unternehmerischen Bereich kommen zudem Eingriffe in die Berufsausübungsfreiheit (Art. 12 Abs. 1 GG) und in das Recht am eingerichteten und ausgeübten Gewerbebetrieb (Art. 14 Abs. 1 GG) in Betracht.[691]

---

687 BVerwG NJW 1987, 2529, 2530; HessVGH NVwZ-RR 1994, 700; VGH Mannheim VBlBW 1999, 93; OVG Lüneburg, Beschl. v. 17.12.2009 – 2 ME 313/09; abweichend HessVGH LKRZ 2012, 423, 424 für den Fall eines Kommunalverfassungsstreits.

688 Vgl. OVG Bln-Bbg, Beschl. v. 14.09.2012 – OVG 1 S 127.12, RÜ 2013, 114, 116; zur Abgrenzung RhPfVerfGH, Beschl. v. 21.05.2014 – VGH A 39/14.

689 OVG Koblenz DVBl. 1992, 449, 450; OLG Köln NVwZ 2000, 351: zivilrechtliche Streitigkeit; vgl. auch OVG Saarland, Urt. v. 17.10.2013 – 2 A 303/12, NJOZ 2015, 274 (Klage einer Gemeinde auf Unterlassung ehrenrühriger Äußerungen durch ein Ratsmitglied); allgemein Dietlein/Heyers NWVBl. 2000, 77 f.

690 BVerwG, Beschl. v. 11.11.2010 – BVerwG 7 B 54.10; OVG Lüneburg, Beschl. v. 25.07.2014 – 13 ME 97/14, NordÖR 2014, 502.

691 Vgl. z.B. VGH Mannheim, Beschl. v. 28.01.2013 – 9 S 2423/12, RÜ 2013, 243, 244 f.

Art. 2 Abs. 1 i.V.m. Art. 1 Abs. 1 GG schützen nicht nur die Ehre, sondern allgemein den **sozialen Geltungsanspruch** (bei juristischen Personen über Art. 19 Abs. 3 GG).[692] Ein Eingriff in das Persönlichkeitsrecht liegt daher **nicht nur bei ehrverletzenden Äußerungen** vor, sondern auch bei Äußerungen, die geeignet sind, sich abträglich auf das Ansehen des Einzelnen in der Öffentlichkeit auszuwirken.[693]

518 Hoheitliche Äußerungen stellen zwar häufig **keinen unmittelbaren Eingriff** im klassischen Sinne dar (s.o. Rn. 488).[694] Auch ist nicht jede Teilnahme des Staates am öffentlichen Meinungsbildungsprozess als (mittelbarer) Grundrechtseingriff zu werten. Entscheidend ist vielmehr, ob eine **eingriffsgleiche Beeinträchtigung** vorliegt.[695] Bei **gezielten Äußerungen** über konkrete Personen ist dies aufgrund der individuellen Beeinträchtigung i.d.R. zu bejahen.[696]

An einem Eingriff fehlt es beispielsweise bei Äußerungen, die sich nicht in nennenswerter Weise auf das Persönlichkeitsbild des Betroffenen auswirken können. Insbesondere hat der Träger des Persönlichkeitsrechts keinen Anspruch darauf, von anderen nur so dargestellt zu werden, wie er sich selbst sieht oder gesehen werden möchte.[697]

bb) Rechtswidrigkeit des Eingriffs

519 Ehrbeeinträchtigende Äußerungen sind nach den von der Rspr. entwickelten Kriterien (s.o. Rn. 502) **rechtmäßig**, wenn

- sich der Hoheitsträger **im Rahmen der ihm zugewiesenen Aufgaben** bewegt und
- die rechtsstaatlichen Anforderungen an die **Richtigkeit**, **Sachlichkeit** und **Verhältnismäßigkeit** der Äußerung gewahrt sind.[698]

(1) Kompetenzmäßige Äußerungen

520 Zwar ist es grds. unzulässig, von der **Kompetenznorm** (Aufgabenzuweisung) auf die Eingriffsbefugnis zu schließen. Bei hoheitlichen Äußerungen mit nur tatsächlichen Folgen ist jedoch eine großzügigere Betrachtung möglich. Die Vielgestaltigkeit der betroffenen Fälle macht es praktisch unmöglich, für jede denkbare Äußerung generell eine Ermächtigungsgrundlage zu verlangen (s.o. Rn. 502).[699]

Noch weitgehend ungeklärt ist die Frage, wann ehrbeeinträchtigende Äußerungen ein **funktionales Äquivalent** für einen unmittelbaren Eingriff darstellen, bei dem stets eine spezielle Ermächtigungsgrundlage erforderlich ist.[700]

---

692 VGH Mannheim, Beschl. v. 15.04.2013 – 2 S 512/13, DVBl. 2013, 1063, 1064 f.; OVG NRW, Urt. v. 11.12.2012 – 8 A 1024/11, NWVBl. 2013, 191; OVG NRW, Beschl. v. 09.09.2013 – 5 B 417/13, NWVBl. 2014, 120.

693 BVerfG NJW 2011, 511 zur Kritik der Bundeszentrale für politische Bildung an einem wissenschaftlichen Aufsatz; dazu Muckel JA 2011, 315 f.

694 BVerfG NJW 2011, 511, 512; VGH Mannheim DVBl. 2013, 1063, 1064 f.

695 OVG NRW NWVBl. 2010, 355, 356 und oben Rn. 489.

696 BVerfG NJW 2011, 511, 512; OVG NRW NWVBl. 2010, 355, 356; VGH Mannheim DVBl. 2013, 1063, 1065. und oben Rn. 496.

697 BVerfG NJW 2008, 747.

698 Vgl. z.B. OVG NRW OVG NRW, Urt. v. 11.12.2012 – 8 A 1024/11, NWVBl. 2013, 191, 192; OVG NRW, Beschl. v. 09.09.2013 – 5 B 417/13, NWVBl. 2014, 120, 121; VGH Mannheim, Beschl. v. 15.04.2013 – 2 S 512/13, DVBl. 2013, 1063, 1065; Gusy NVwZ 2014, 236 f.

699 BVerfG NJW 2011, 511, 512; NJW 2002, 2626, 2630; a.A. die Lit., die auch hier eine ausdrückliche Ermächtigungsgrundlage fordert, vgl. Dietlein/Heyers NWVBl. 2000, 77, 79 f.; Jeand´ Heur/Cremer JuS 2000, 991, 995 m.w.N.

700 Offen gelassen von VGH Mannheim, Beschl. v. 15.04.2013 – 2 S 512/13, DVBl. 2013, 1063, 1065.

Weitere Beispiele: Äußerungen von Gemeindeorganen sind zulässig, wenn Angelegenheiten der örtlichen Gemeinschaft i.S.d. Art. 28 Abs. 2 S. 1 GG betroffen sind, nicht bei überörtlichen Aufgaben.[701] – Bei einer öffentlich-rechtlichen Zwangskörperschaft (IHK, Handwerkskammer u.a.) kann sich ein Abwehranspruch aus Art. 2 Abs. 1 GG ergeben. Aus dem Grundrecht folgt nicht nur das Recht, von der Mitgliedschaft in einem „unnötigen" Verband verschont zu bleiben, sondern auch ein Abwehrrecht gegen kompetenzwidrige Äußerungen der Organe der Körperschaft.[702]

(2) Sachlichkeitsgebot

Das **Sachlichkeitsgebot** verlangt, dass Tatsachen zutreffend wiedergegeben werden und Werturteile nicht auf sachfremden Erwägungen beruhen. Außerdem darf die Äußerung im Hinblick auf das mit ihr verfolgte Ziel und in Bezug auf die Grundrechtspositionen, in die eingegriffen wird, **nicht unverhältnismäßig** sein.[703] **521**

Bei der Beurteilung der Rechtmäßigkeit einer Äußerung ist daher zu unterscheiden, ob es sich um **Tatsachenbehauptungen** oder um **Werturteile** handelt. Eine Tatsachenbehauptung liegt vor, wenn die Aussage einer Überprüfung ihrer Richtigkeit mit den Mitteln des Beweises zugänglich ist.[704] Werturteile sind demgegenüber an der subjektiven Färbung der Aussage erkennbar, kennzeichnend sind die Merkmale der Stellungnahme, des Dafürhaltens oder Meinens, also eine Meinungsäußerung.[705] **522**

Als Werturteil hat die Rspr. z.B. die Bezeichnung von Milchprodukten als „Gen-Milch" eingeordnet („substanzarme Äußerung")[706] sowie die Qualifizierung von E-Zigaretten als Arzneimittel.[707]

- **Tatsachenbehauptungen** sind **rechtswidrig**, wenn sie **unwahr** sind.[708] **523**

  Wahre Tatsachenbehauptungen müssen dagegen i.d.R. hingenommen werden, auch wenn sie nachteilig für den Betroffenen sind.[709] Ausnahmsweise sind auch Tatsachenbehauptungen hinzunehmen, deren Wahrheitsgehalt noch nicht endgültig festgestellt werden kann. Wenn es um eine die Öffentlichkeit wesentlich berührende Angelegenheit geht, reicht es aus, wenn der Äußernde hinreichend sorgfältige Recherchen über den Wahrheitsgehalt angestellt hat.[710] Ein Widerrufsanspruch scheidet dann aus.

- **Werturteile** sind durch das Element der **wertenden Stellungnahme** geprägt. Wegen ihres subjektiven Einschlags entziehen sie sich der Überprüfung als wahr oder unwahr. Sie sind in ihrer subjektiven Färbung erkennbar und erheben keinen Anspruch auf Allgemeingültigkeit, sondern stellen sich nur als eine von mehreren möglichen Meinungen dar, die man teilen oder ablehnen kann.[711] **524**

---

701 OVG Bln-Bbg, Beschl. v. 14.09.2012 – OVG 1 S 127.12; RÜ 2013, 114, 117; OVG NRW NWVBl. 2006, 32 (Gemeinde); OVG NRW NWVBl. 2010, 355, 356 (Landkreis); vgl. auch BVerfG, Beschl. v. 19.03.2014 – 2 BvQ 9/14, NVwZ-RR 2014, 538 und HessVGH, Beschl. v. 03.05.2013 – 8 A 772/13 zur Neutralitätspflicht der Gemeinde bwz. des Bürgermeisters; Klausurfall bei Bätge JuS 2014, 535 und AS-Klausur C 753 vom 20.04.2015 (Äußerungen zu PEGIDA).

702 Vgl. BVerwG, Urt. v. 23.06.2010 – BVerwG 8 C 20.09, RÜ 2010, 662, 663.

703 OVG NRW NWVBl. 2010, 355, 356; NVwZ-RR 2004, 283, 285; OVG Bremen NJW 2010, 3738.

704 OVG NRW, Urt. v. 11.12.2012 – 8 A 1024/11, NWVBl. 2013, 191, 192.

705 Vgl. beispielhaft BVerfG, Beschl. v. 25.10.2012 – 1 BvR 901/11, NJW 2013, 217, 218.

706 BVerfG NJW 2010, 3501; BGH NJW 2008, 2110.

707 OVG NRW, Beschl. v. 23.04.2012 – 13 B 127/12, RÜ 2012, 525; OVG NRW, Urt. v. 17.09.2013 – 13 A 2541/12, NVwZ 2013, 1562; vgl. dazu auch BVerwG, Urt. v. 20.11.2014 – BVerwG 3 C 25.13, NVwZ 2015, 749 mit Anm. Müller.

708 BVerfG NJW 2006, 207, 209; OVG NRW OVGE 47, 182, 186 m.w.N.

709 BVerfG NJW 2013, 217, 218; NJW 2010, 1587, 1589; zu (seltenen) Ausnahmen bei unzulässiger Prangerwirkung vgl. BVerfG NJW 2011, 47; BGH NJW 2009, 2888, 2892; vgl. auch Muckel JA 2010, 759; Hufen JuS 2012, 88.

710 BVerfG NJW 2007, 2686, 2687; OVG NRW, Beschl. v. 09.09.2013 – 5 B 417/13, NWVBl. 2014, 120, 121.

711 Vgl. BVerfG DVBl. 2005, 106, 108.

525 Das bedeutet aber nicht, dass Aussagen dieser Art vom Betroffenen stets hinzunehmen sind. Wenn der Staat durch seine Funktionsträger abträgliche Werturteile über einen Bürger abgibt, bedarf er hierzu stets einer **Legitimation.**[712] Diese kann sich zwar **nicht aus Art. 5 Abs. 1 S. 1 GG** (Meinungsfreiheit) ergeben, da sich der Staat nicht auf Grundrechte berufen kann.[713] Das Recht, Werturteile abzugeben, kann für Hoheitsträger aber aus der Befugnis zur **Öffentlichkeitsarbeit** oder aus der **Wahrnehmung berechtigter Interessen** analog § 193 StGB folgen, insbesondere, wenn es um die Verfolgung eines öffentlichen Zwecks geht. Hierzu darf der Staat auch deutliche Worte gebrauchen. Die Äußerungen müssen jedoch stets **verhältnismäßig** sein, dürfen also keine unnötige Herabsetzung oder besonders aggressive, unsachliche oder diffamierende Äußerungen enthalten (keine sog. Schmähkritik).[714]

Beispiele: Eine unnötige öffentliche Herabsetzung enthält z.B. die Äußerung eines Ministers, eine religiöse Sekte betreibe „Menschenfängerei übelster Art"[715] oder die Bezeichnung einer Jugendsekte als „destruktiv" und „pseudoreligiös".[716] Die Charakterisierung von Scientology als „menschenverachtendes Kartell der Unterdrückung" soll dagegen noch zulässig sein,[717] ebenso die Bezeichnung von NPD-Anhängern als „braune Brut", „Mob" und „Nazis von heute".[718]

cc) Wiederholungsgefahr

526 Die Wiederholungsgefahr hat beim Unterlassungsanspruch nicht nur Bedeutung für das Rechtsschutzbedürfnis (s.o. Rn. 473), sondern ist bei amtsbezogenen Äußerungen – ebenso wie im Zivilrecht analog § 1004 Abs. 1 S. 2 BGB – **tatbestandliche Voraussetzung** für den Unterlassungsanspruch.[719]

c) Rechtsfolgen

527 ■ Nach h.M. können mit **Widerrufsklagen nur Tatsachenbehauptungen** bekämpft werden, nicht jedoch subjektive Wertungen.[720] Der Ausschluss eines Anspruchs auf Widerruf von Meinungsäußerungen kann im öffentlichen Recht – anders als im Zivilrecht[721] – zwar nicht mit der durch Art. 5 Abs. 1 S. 1 GG geschützten Meinungsfreiheit begründet werden, weil der Staat als Grundrechtsverpflichteter nicht Träger von Grundrechten sein kann (s.o.). Ansatz eines Anspruchs auf Widerruf ist indes, dass der Tatsachengehalt der Äußerung unwahr und damit unzutreffend ist.[722]

528 ■ Ein **Werturteil** kann dagegen nicht wahr oder unwahr sein. Anders als eine Tatsachenbehauptung kann eine unzulässige Wertung nicht durch eine spätere Aussage korrigiert werden. Der Äußernde kann sich lediglich entschuldigen, dadurch wird die Ehrverletzung aber nicht beseitigt. Der FBA ist auch kein allgemeiner Wiedergut-

712 BVerfG NJW 2011, 511, 512; OVG NRW NWVBl. 2010, 355, 356; OVG Bremen NJW 2010, 3738.

713 OVG Bremen NJW 2010, 3738.

714 BVerfG NJW 2011, 511, 512; NJW 2002, 2626, 2627; OVG NRW NWVBl. 2010, 355, 357.

715 OVG NRW NVwZ 1985, 123, 124.

716 BVerfG NJW 2002, 2626, 2627.

717 OVG NRW NVwZ 1997, 302; vgl. auch die Übersicht bei Abel NJW 2005, 114, 117.

718 SaarlVerfGH, Urt. v. 08.07.2014 – Lv 5/14, NVwZ-RR 2014, 905: Bezeichnung von NPD-Anhängern als „braune Brut", „Mob" und „Nazis von heute" aufgrund des konkreten Zusammenhangs zulässig.

719 BVerwG, Beschl. v. 11.11.2010 – BVerwG 7 B 54.10; OVG Lüneburg, Beschl. v. 25.07.2014 – 13 ME 97/14, NordÖR 2014, 502.

720 OVG NRW, Beschl. v. 23.04.2012 – 13 B 127/12, RÜ 2012, 525, 530, NVwZ 2012, 767, 771.

721 Vgl. dazu BGH NJW 2008, 2262, 2264 zum Anspruch auf Richtigstellung.

722 BayVGH BayVBl. 2002, 759.

machungsanspruch und bietet daher keine Grundlage für eine „Entschuldigung". Bei Werturteilen kommt lediglich ein **Unterlassungsanspruch** in Betracht.

3. Öffentlich-rechtlicher Immissionsabwehranspruch

Ein weiterer Anwendungsfall des öffentlich-rechtlichen Abwehr- und Unterlassungsanspruchs ist die Abwehr von Emissionen, die von einer **hoheitlich betriebenen Einrichtung** ausgehen. Dies gilt vor allem für Einrichtungen der Daseinsvorsorge. **529**

Beispiele: Sportplatz, Kinderspielplatz, Wertstoff-Container (z.B. für Altglas und Altpapier), Straßenlaterne, Badeanstalt und sonstige öffentliche Einrichtungen, kirchliches Glockengeläut.

Der Abwehr- und Unterlassungsanspruch (in diesem Zusammenhang auch **öffentlich-rechtlicher Immissionsabwehranspruch** genannt) setzt auch hier voraus, dass **530**

- durch **hoheitliches Handeln**
- **rechtswidrig in ein subjektives Recht eingegriffen** wird und
- der **Eingriff andauert** oder **bevorsteht.**

a) Hoheitlicher Eingriff in ein subjektives Recht

Durch Immissionen wird i.d.R. in das subjektive Recht der Nachbarn aus Art. 14 Abs. 1 GG (Eigentum), ggf. Art. 2 Abs. 2 GG (Gesundheit, körperliche Unversehrtheit) eingegriffen. Auch hier sind durch **Dritte** verursachte Störungen dem Hoheitsträger zuzurechnen, wenn sie typische Folge des hoheitlichen Handelns oder einer vom Staat geschaffenen Gefährdungslage sind, nicht dagegen bei missbräuchlicher Benutzung. **531**

Beispiel: Lärmbelästigungen durch die bestimmungsgemäße Benutzung eines Sportplatzes muss sich die Behörde zurechnen lassen, nicht dagegen eine missbräuchliche Nutzung in Ruhezeiten.[723]

b) Rechtswidrigkeit des Eingriffs

Rechtswidrig sind hoheitliche Immissionen nur, wenn sie nicht zu dulden sind. Dabei ist anerkannt, dass auch durch hoheitliches Handeln **keine schädlichen Umwelteinwirkungen** i.S.d. § 3 Abs. 1 BImSchG hervorgerufen werden dürfen. Ansonsten steht dem betroffenen Nachbarn unmittelbar gegen den störenden Hoheitsträger ein **Anspruch auf Unterlassung der Immissionen** zu. **532**

Nach § 3 Abs. 1 BImSchG sind **Umwelteinwirkungen schädlich**, wenn sie geeignet sind, Gefahren, erhebliche Nachteile oder erhebliche Belästigungen herbeizuführen. Die Erheblichkeit beurteilt sich danach, ob die Immissionen das **zumutbare Maß** überschreiten. Die Zumutbarkeit ist insbes. dann zu bejahen, wenn normative **Grenzwerte** (z.B. 18. BImSchV – SportanlagenlärmschutzVO) eingehalten werden. Entsprechendes gilt für Grenz- bzw. Richtwerte in technischen Regelwerken (z.B. TA Lärm,[724] TA Luft,[725] GIRL[726]), die auch außerhalb ihres unmittelbaren Anwendungsbereichs als **Orientierungshilfe** für die Frage der Zumutbarkeit herangezogen werden können. **533**

---

723 VGH Kassel NVwZ-RR 2012, 21, 22; RÜ 2011, 810, 813; VGH Mannheim, Beschl. v. 06.03.2012 – 10 S 2428/11, NVwZ 2012, 837, 839; OVG Koblenz, Urt. v. 16.05.2012 – 8 A 10042/12, DVBl. 2012, 1052, 1053; s.o. Rn. 432.

724 Technische Anleitung zum Schutz gegen Lärm (Sartorius Ergänzungsband 296/100).

725 Technische Anleitung zur Reinhaltung der Luft (Sartorius Ergänzungsband 296/101).

726 Geruchsimmissions-Richtlinie, abgedruckt in Landmann/Rohmer, Umweltrecht II, Nr. 4.2.

Beispiel: Nach § 22 Abs. 1 a) BImSchG sind Geräuscheinwirkungen, die von Kinderspielplätzen und ähnlichen Einrichtungen hervorgerufen werden, im Regelfall keine schädlichen Umwelteinwirkungen. Bei der Beurteilung dürfen Immissionsgrenz- und Richtwerte nicht herangezogen werden.[727] Die Vorschrift gilt zwar nur für den „Regelfall". Ein vom Regelfall abweichender Sonderfall liegt aber nur vor, wenn besondere Umstände gegeben sind, zum Beispiel bei unmittelbarer Nachbarschaft zu sensiblen Nutzungen, wie Krankenhäusern und Pflegeheimen. Grundsätzlich sind die durch den bestimmungsgemäße Gebrauch von Kinderspielplätzen hervorgerufenen Immissionen zu dulden.[728]

534 Im Übrigen ist die Zumutbarkeit unter Berücksichtigung von Art, Intensität und Dauer der Immissionen durch eine **situationsbedingte Abwägung** der widerstreitenden Interessen zu bestimmen.

Beispiele: Geräuschimmissionen durch liturgisches Glockengeläut der Kirchen im herkömmlichen Rahmen sind regelmäßig keine erhebliche Belästigung i.S.d. § 3 Abs. 1 BImSchG, sondern eine zumutbare, sozialadäquate Einwirkung.[729] Bei **Lichtimmissionen** (z.B. von einer Straßenlaterne) wird die Zumutbarkeit insbes. durch das Ausmaß der Beeinträchtigungen bestimmt. Maßgebliche Kriterien sind die „Raumaufhellung" und die „psychologische Blendung".[730]In der Regel müssen Anwohner Straßenlaternen vor ihrem Wohnhaus dulden, da sie weder die Nutzung des Grundstücks infrage stellen noch zu Gesundheitsgefahren für die Bewohner führen.[731] Die Zumutbarkeit von **Geruchsimmissionen** richtet sich vor allem nach der Gebietsart und den tatsächlichen Verhältnissen der Nachbarschaft, wobei wertende Elemente wie Herkömmlichkeit, soziale Adäquanz und allgemeine Akzeptanz im Rahmen einer Gesamtabwägung zu berücksichtigen sind.[732]

535 Insbesondere gilt auch bei hoheitlichen Immissionen die **Wertung des § 906 BGB analog**. Denn was der Betroffene gegenüber einem Privatmann zu dulden hat, muss er sich in gleicher Weise von der hoheitlich handelnden Verwaltung gefallen lassen. Nach § 906 Abs. 1 S. 1 BGB hat der Eigentümer **unwesentliche Beeinträchtigungen** zu dulden. Eine unwesentliche Beeinträchtigung liegt nach § 906 Abs. 1 S. 2 u. S. 3 BGB i.d.R. vor, wenn Grenz- oder Richtwerte aus Gesetzen, RechtsVOen oder Verwaltungsvorschriften i.S.d. § 48 BImSchG (z.B. TA Luft und TA Lärm) nicht überschritten werden.[733] Da die Erheblichkeitsschwelle nach §§ 3, 22 BImSchG damit weitgehend mit dem Maßstab des § 906 BGB identisch ist, bedarf es nicht der Entscheidung, ob § 906 BGB im öffentlichen Recht neben den §§ 3, 22 BImSchG überhaupt anwendbar ist.[734]

Beispiel: Immissionen eines traditionellen Volksfestes werden gewohnheitsrechtlich in höherem Maße akzeptiert als sonstige Immissionen.[735] Im Rahmen der situationsbedingten Abwägung ist daher auch der Traditionswert der betroffenen Veranstaltung zu berücksichtigen. Je gewichtiger der Anlass der Veranstaltung ist, desto eher ist der Nachbarschaft zuzumuten, an wenigen Tagen im Jahr Ruhestörungen hinzunehmen.[736] Die Grenzwerte der sog. Freizeitlärmrichtlinie[737] können deshalb nur als Orientierungshilfe herangezogen werden, von denen im Einzelfall abgewichen werden kann.[738]

---

727 Vgl. dazu Hansmann DVBl. 2011, 1400 ff.; Scheidler NVwZ 2011, 838 ff. LKRZ 2011, 412 ff.

728 VGH Kassel, Urt. v. 25.07.2011 – 9 A 125/11, RÜ 2011, 810, 812; VGH Mannheim NVwZ 2012, 837, 839; OVG Koblenz DVBl. 2012, 1052, 1053; anders VGH Mannheim, Urt. v. 23.05.2014 – 10 S 249/14, RÜ 2014, 603, 607 für Bolzplätze; vgl. auch BayVGH, Urt. v. 06.02.2015 – 22 B 12.269 für einen Streetballanlage nach dem BayKJG.

729 BVerwG, Beschl. v. 19.02.2013 – BVerwG 7 B 38.12; VGH Mannheim RÜ 2012, 313, 316; Troidl DVBl. 2012, 925 ff.

730 OVG NRW, Urt. v. 15.03.2008 – 10 A 998/06, RÜ 2008, 530, 533; VG Düsseldorf, Urt. v. 12.02.2010 – 25 K 4079/09; vgl. auch die Lichtrichtlinie des LAI, abgedruckt in Landmann/Rohmer, Umweltrecht II, Nr. 4.3.

731 VGH Mannheim NVwZ-RR 2012, 636, 638 f.; OVG Koblenz, Urt. v. 11.06.2010 – 1 A 10474/10.OVG, RÜ 2010, 734, 736 f.

732 OVG NRW, Urt. v. 01.06.2015 – 8 A 1760/13 zur Zulässigkeit landwirtschaftlicher Gerüche.

733 Vgl. dazu BGH JZ 2004, 1080 mit Anm. Röthel.

734 Bejahend z.B. OVG NRW DÖV 1983, 1020, 1022; VGH Mannheim DVBl. 1984, 881, 882.

735 Vgl. BGH NJW 2003, 3699, 3700; OVG Schleswig NordÖR 2007, 370, 372; VGH Kassel NVwZ-RR 2006, 531, 535; BayVGH BayVBl. 2006, 351, 352; OVG Koblenz NJW 2005, 772, 773; VG Köln NWVBl. 2009, 233, 235; Ketteler DVBl. 2008, 220, 226 f.

736 VG Braunschweig NVwZ-RR 2009, 198, 199 f.

737 Abgedruck in NVwZ 1997, 469 ff. und Landmann/Rohmer, Umweltrecht II, Nr. 4.1.

738 Vgl. BayVGH, Beschl. v. 17.09.2014 – 22 CS 14.2013, NVwZ-RR 2014, 955; OLG Oldenburg, Beschl. v. 26.07.2010 – 5 W 51/10, DVBl. 2010, 1324; ausführlich Ketteler DVBl. 2008, 220 ff.

Grundrechtlicher Abwehr- und Beseitigungsanspruch

Unterlassung	Folgenbeseitigung
Voraussetzungen	
■ **Eingriff in ein subjektives Recht** ▪ unmittelbarer Eingriff ▪ mittelbarer Eingriff, wenn zurechenbar ■ durch **hoheitliches Handeln** ▪ VA oder schlichtes Verwaltungshandeln ▪ Schaffung einer typischen Gefährdungslage reicht aus ■ **Eingriff rechtswidrig** wenn keine Duldungspflicht insbes. aus Gesetz oder VA **(Handlungsunrecht!)** ■ **Eingriff dauert an, steht bevor**	■ **Eingriff in ein subjektives Recht** ▪ unmittelbarer Eingriff ▪ mittelbarer Eingriff, wenn zurechenbar ■ durch **hoheitliches Handeln** ▪ VA oder schlichtes Verwaltungshandeln ▪ Schaffung einer typischen Gefährdungslage reicht aus ■ **Folgen rechtswidrig** wenn keine Duldungspflicht insbes. aus Gesetz oder VA **(Erfolgsunrecht!)** ■ **Folgen dauern an**
Ausschlussgründe	
	■ tatsächliche oder rechtliche **Unmöglichkeit** ■ Wiederherstellung **unzumutbar** ■ **unzulässige Rechtsausübung** ■ **Mitverschulden**, § 254 BGB analog
Rechtsfolge	
■ **Unterlassung/Beendigung des Eingriffs**	■ **Beseitigung der durch den Eingriff verursachten Folgen** ▪ (+) bei unmittelbaren Folgen ▪ i.d.R. (–) bei mittelbaren Folgen ■ **keine Folgenentschädigung** ■ bei Anspruchsausschluss ggf. **Folgenersatz** (analog § 251 BGB)

E. Geschäftsführung ohne Auftrag (GoA)

I. Das Rechtsinstitut der öffentlich-rechtlichen GoA

536 **1.** Wie im Zivilrecht ist auch im Öffentlichen Recht denkbar, dass jemand ein fremdes Geschäft für einen anderen besorgt, ohne von ihm beauftragt oder ihm gegenüber sonst dazu berechtigt zu sein (Geschäftsführung ohne Auftrag – GoA).

Beispiele: Der Bürger beseitigt Schäden an der öffentlichen Kanalisation. Die Ordnungsbehörde räumt anstelle des Bürgers den Schnee vom Bürgersteig. Die gemeindliche Feuerwehr beseitigt Ölspuren auf einer Landstraße.

Deshalb ist anerkannt, dass das Rechtsinstitut der GoA grds. auch im öffentlichen Recht **anwendbar** ist, entweder analog §§ 677 ff. BGB (so die h.M.) oder jedenfalls als Ausdruck eines allgemeinen Rechtsgedankens.[739]

Ein Teil der Lit. will die Fälle lediglich über den allgemeinen ör Erstattungsanspruch (s.u. Rn. 564 ff.) erfassen, der die ör GoA verdränge. Dagegen spricht jedoch, dass die GoA-Regeln vorrangig sind, da eine berechtigte GoA den Rechtsgrund für eine Vermögensverschiebung darstellt.[740]

537 **2.** Problematisch und umstritten ist, wie die öffentlich-rechtliche GoA von der privatrechtlichen GoA **abzugrenzen** ist. Zum Teil wird hierbei auf das **Handeln des Geschäftsführers** abgestellt. Handele der Geschäftsführer privatrechtlich, gelten die §§ 677 ff. BGB unmittelbar, handele er öffentlich-rechtlich, wird eine ör GoA angenommen.[741] Die Gegenansicht stellt auf den Charakter des geführten „Geschäfts" ab. Die GoA ist mithin öffentlich-rechtlich, wenn das Geschäft, hätte es der **Geschäftsherr** selbst vorgenommen, öffentlich-rechtlicher Natur gewesen wäre.[742] Dafür spricht, dass für die Abgrenzung zwischen öffentlichem Recht und Privatrecht die **Rechtsnatur des Rechtsverhältnisses** maßgebend ist, aus der sich der geltend gemachte Anspruch ergibt.[743]

Beachte: *Bei prozessualem Aufbau muss die Abgrenzung zwischen öffentlich-rechtlicher und privatrechtlicher GoA bereits in der Rechtswegprüfung (§ 40 VwGO, § 13 GVG) erfolgen!*

II. Die analoge Anwendung der §§ 677 ff. BGB

1. Regelungslücke

538 Voraussetzung für eine entsprechende Anwendung der §§ 677 ff. BGB ist zunächst, dass eine **Regelungslücke** besteht. Die GoA-Vorschriften gelten daher nicht, wenn im Öffentlichen Recht abschließende **Sondervorschriften** vorhanden sind.[744]

Vgl. z.B. § 8 Abs. 7 a S. 2 FStrG (Kosten der Beseitigung einer unerlaubten Sondernutzung), § 8 VwVfG (Kosten der Amtshilfe),[745] § 10, 19 VwVG bzw. LVwVG (Kostenersatz bei Ersatzvornahme).[746]

---

739 BVerwG NVwZ-RR 2004, 84, 85; BGH NVwZ 2004, 373, 374; NVwZ 2004, 764, 765; OVG NRW, Urt. v. 14.03.2013 – 6 A 1760/11, RÜ 2013, 393, 394; OVG Lüneburg NVwZ 2009, 1050, 1051; Singer/Mielke JuS 2007, 1111, 1115.

740 Zum Streitstand vgl. Singer/Mielke JuS 2007, 1111, 1115.

741 OVG Lüneburg OVGE 11, 307, 312; Staake JA 2004, 800, 802: Ossenbühl/Cornils, S. 417.

742 Maurer § 29 Rn. 12; Gurlit in: Erichsen/Ehlers § 35 Rn. 16; Singer/Mielke JuS 2007, 1111, 1113.

743 Vgl. AS-Skript Verwaltungsrecht AT 1 (2014), Rn. 61 ff.

744 OVG NRW NWVBl. 2007, 437 m.w.N.

745 Vgl. BayVGH BayVBl. 2007, 274.

746 Vgl. z.B. BGH NVwZ 2008, 349 f.; NVwZ 2004, 373, 374; Linke NWVBl. 2007, 451, 453 f.

2. Vergleichbare Interessenlage

Für die Frage, ob eine **vergleichbare Interessenlage** besteht, bedarf es im Einzelfall der Prüfung, ob die Anwendung der Grundsätze der GoA mit dem geltenden Verfassungs- und Verwaltungsrecht in Einklang zu bringen sind. Dabei sind prinzipiell **vier Fallgruppen** zu unterscheiden: 539

- Ein Hoheitsträger wird für einen anderen Hoheitsträger tätig.
- Ein Bürger handelt für einen anderen Bürger.
- Ein Hoheitsträger besorgt ein Geschäft des Bürgers.
- Ein Bürger handelt für einen Hoheitsträger.

a) Hoheitsträger für einen anderen Hoheitsträger

Wird ein **Hoheitsträger für einen anderen Hoheitsträger** tätig, scheidet eine öffentlich-rechtliche GoA i.d.R. aus. Die Gesetzesbindung der Verwaltung (Art. 20 Abs. 3 GG) schließt es grds. aus, dass ein unzuständiger Hoheitsträger in den Zuständigkeitsbereich eines anderen Verwaltungsträgers übergreift und die **Kompetenzordnung** durchbricht. Im Übrigen darf durch Erstattungsansprüche die gesetzliche Verteilung der Verwaltungskosten nicht unterlaufen werden. Wer die Aufgaben wahrzunehmen hat, trägt grds. auch die Kosten („Die Ausgaben folgen den Aufgaben", vgl. z.B. Art.104 a Abs. 1 GG). Nach h.M. ist eine ör GoA zwischen Hoheitsträgern daher nur ausnahmsweise zulässig, wenn ein **Notfall** vorliegt, d.h. wenn ein Einschreiten des zuständigen Hoheitsträgers nicht möglich oder nicht erfolgversprechend ist.[747] 540

Beispiele: Die Wasserschutzpolizei des Landes beseitigt eine Öllache auf einer Bundeswasserstraße. Die Polizei löscht einen brennenden städtischen Papierkorb. Die gemeindliche Feuerwehr beseitigt Ölspuren auf einer Landstraße.

Dabei ist allerdings zu beachten, dass auch in Notfällen die Fremdheit des Geschäfts bzw. das Merkmal „ohne Auftrag" zu verneinen ist, wenn die handelnde Behörde – wie in den obigen Beispielsfällen – aufgrund **eigener (Eilfall-)Kompetenz** (etwa die Polizei im Ordnungsrecht oder die Feuerwehr bei Pflichteinsätzen) tätig wird; dann scheidet ein Rückgriff auf die GoA aus.[748] Deshalb plädiert ein Teil der Lit. dafür, zwischen Verwaltungsträgern gänzlich auf das Rechtsinstitut der ör GoA zu verzichten.[749] 541

b) Bürger für einen anderen Bürger

Im Verhältnis zwischen **zwei Privatpersonen** ist nach h.M. eine ör GoA **nicht denkbar**, auch wenn öffentlich-rechtliche Pflichten erfüllt werden. Dies ändert nichts daran, dass das zwischen Geschäftsherrn und Geschäftsführer bestehende Rechtsverhältnis dem **Zivilrecht** zuzuordnen ist. Hier kommt nur eine privatrechtliche GoA in Betracht.[750] 542

---

747 BVerwG NJW 1991, 2435; NJW 1986, 2524, 2525; OVG Hamburg NVwZ 1995, 369, 373; Maurer § 29 Rn. 11; Gusy JA 1979, 69, 70; Bamberger JuS 1998, 706, 708 m.w.N.; großzügiger OVG Lüneburg NVwZ 2009, 1050, 1051 f.

748 OVG NRW, Urt. v. 12.09.2013 – 20 A 433/11, RÜ 2014, 43, 45; OVG NRW NWVBl. 2007, 437, 439; OVG Lüneburg NVwZ 2009, 1050, 1051 f.; Maurer § 29 Rn. 11; Schoch Jura 1994, 241, 243. Beachte aber die Sonderregelung in § 41 Abs. 2 S. 2 FSHG NRW, dazu Kamp NWVBl. 2008, 14, 17.

749 Gurlit in: Erichsen/Ehlers § 35 Rn. 12; MünchKomm-Seiler BGB Vor § 677 Rn. 24 m.w.N.

750 Vgl. BGH DVBl. 1974, 287, 288; Maurer § 29 Rn. 11; Schoch Jura 1994, 241, 247; Bamberger JuS 1998, 706, 71.

Beispiel: Nimmt der Nachbar di nach dem StraßenreinigungsG öffentlich-rechtliche Verpflichtung des Schneeräumens auf dem Bürgersteig für den Hauseigentümer wahr, liegt eine privatrechtliche GoA vor.

c) Hoheitsträger für den Bürger

543 Wird ein Hoheitsträger für den Bürger tätig, so ist eine öffentlich-rechtliche GoA zwar denkbar, wenn öffentlich-rechtliche Pflichten erfüllt werden. Gleichwohl ist umstritten, ob hier Ansprüche aus GoA entstehen können.

Beispiele: Die Stadt S verlangt von dem Brandstifter B Ersatz der Aufwendungen, die durch den Einsatz der Feuerwehr entstanden sind. – Nach einem Selbstmordversuch wird der Untersuchungsgefangene U im Krankenhaus behandelt. Der Krankenhausträger verlangt Ersatz der Behandlungskosten von U.

544 **aa)** Nach der ständigen Rspr. des BGH sind die §§ 667 ff. BGB grundsätzlich auch im Verhältnis zwischen Verwaltung und Privatpersonen **anwendbar**. Das gelte selbst dann, wenn die öffentliche Hand zur Erfüllung öffentlich-rechtlicher Pflichten tätig werde.[751]

545 **bb)** Die Lit. lehnt diese Rspr. nahezu einhellig ab. Soweit eine Behörde eine ihr gesetzlich zugewiesene Aufgabe nach öffentlichem Recht wahrnehme, bestimme sich ihre Handlungsweise ausschließlich nach öffentlichem Recht und könne **nicht zugleich privatrechtlicher Natur** sein. Andernfalls würden die spezialgesetzlichen Eingriffsregelungen unterlaufen.[752] Dafür spricht, dass eine fehlende Eingriffsermächtigung nicht durch die Vorschriften der GoA ersetzt werden kann. Wenn die Behörde eigene Aufgaben wahrnimmt, hat sie ausschließlich **Eigengeschäftsführungswillen** und ist auch im Verhältnis zum Bürger in sonstiger Weise zur Wahrnehmung des Geschäfts „berechtigt" i.S.d. § 677 BGB. Ein Rückgriff auf die GoA-Vorschriften scheidet deshalb aus.[753]

So erfüllt die Feuerwehr im obigen Beispiel ihre gesetzliche Aufgabe nach dem Feuerwehr- bzw. Brandschutzgesetz. Eine GoA scheidet daher grds. aus.[754] Ein Ersatzanspruch besteht nur bei entsprechender gesetzlicher Regelung.[755] Teilweise lässt das Landesrecht jedoch einen Rückgriff auf die „allgemeinen Vorschriften" zu, wozu auch die §§ 677 ff. BGB gehören können.[756]

546 **cc) Unstreitig** sind die GoA-Vorschriften **nicht anwendbar**, wenn eine **abschließende spezialgesetzliche Regelung** besteht.[757]

Vor allem gilt dies für §§ 10, 19 VwVG und die entspr. landesrechtlichen Vorschriften über den **Kostenersatz bei Ersatzvornahme** in der Verwaltungsvollstreckung. Die Kosten einer Ersatzvornahme können nur nach den öffentlich-rechtlichen Vorschriften im VwVG bzw. LVwVG geltend gemacht werden.[758] Ist die Ersatzvornahme rechtswidrig, so besteht kein Ersatzanspruch der Behörde aus den vollstreckungsrechtlichen Vorschriften (s.o. Rn. 257 ff.), aber auch nicht aus ör GoA, da ansonsten die besonderen Verfahrenserfordernisse der Verwaltungsvollstreckung unterlaufen würden.[759]

---

751 BGH NVwZ 2008, 349, 349; NVwZ 2004, 373, 374; BGHZ 40, 28; 63, 167, 169 f.

752 Gurlit in: Erichsen/Ehlers § 35 Rn. 13; Bamberger JuS 1998, 706, 709; Staake JA 2004, 800, 801; Thole NJW 2010, 1243, 1245 f.; in diesem Sinne nunmehr auch BGH NVwZ-RR 2012, 707, 709.

753 Nissen RÜ 2012, 467, 468; Schoch Jura 1994, 241, 245; abweichend VGH Mannheim NVwZ-RR 2004, 473, 474.

754 Schoch Jura 1994, 241, 245.

755 Vgl. Art. 28 Abs. 2 Nr. 4 BayFwG, § 34 Abs. 1 Nr. 1 FwG BW, § 41 Abs. 2 S. 1 Nr. 1 FSHG NRW und die Übersicht bei Stuttmann RÜ 2013, 254, 256 f.

756 So z.B. § 61 Abs. 3 BKG Hess, § 29 Abs. 1 S. 2 NBrandSchG, § 22 Abs. 1 S. 3 BrSchG LSA; vgl. dazu Franßen/Blatt NJW 2012, 1031 ff., vgl. auch BGH RÜ 2011, 627, 628; OLG Brandenburg NJW-RR 2011, 925 zu Schadensersatzansprüchen.

757 BVerfG NJW 2011, 3217, 3218; BGH NVwZ-RR 2012, 707, 709; NVwZ 2008, 349, 350; NVwZ 2004, 373, 375; BVerwGE 80, 170, 172; Ossenbühl/Cornils, S. 415; Schlick NJW 2013, 3142, 3143.

758 BGH NVwZ 2008, 349, 350: Auslagen Dritter bloße Rechnungsposten.

759 BGH NVwZ 2004, 373, 375; VGH Mannheim VBlBW 2002, 252, 254; Gurlit in: Erichsen/Ehlers § 35 Rn. 13 u. 14; Schoch Jura 1994, 241, 245; Linke NWVBl. 2007, 451, 453; anders BGHZ 65, 384, 388.

dd) Aber auch im Übrigen verbietet es das Rechtsstaatsprinzip (Art. 20 Abs. 3 GG), eine fehlende Ermächtigungsgrundlage durch Rückgriff auf die GoA zu ersetzen. **Kostenfragen** sind **wesentlich** und unterfallen dem Grundsatz vom **Vorbehalt des Gesetzes**. Dies darf durch die Anwendung der GoA-Vorschriften nicht umgangen werden.[760] Eine ör GoA **scheidet daher bei Handeln eines Verwaltungsträgers für den Bürger grds. aus.** **547**

d) Bürger für einen Hoheitsträger

Hauptanwendungsfall der ör GoA ist das Handeln des Bürgers für einen Hoheitsträger, wenn eine Regelungslücke besteht, weil abschließende Spezialvorschriften fehlen. In diesen Fällen besteht eine mit den §§ 677 ff. BGB vergleichbare Interessenlage, sodass die Vorschriften über die GoA grds. anwendbar sind.[761] **548**

Beispiele: Ausbesserung einer Straße, um die Erreichbarkeit eines Gewerbebetriebes sicherzustellen,[762] Maßnahmen zur Gewässerunterhaltung durch privaten Dritten,[763] Sicherung einer Stützmauer,[764] Anschaffung von Schulbüchern durch einen Lehrer.[765]

Zu beachten ist allerdings auch hier, dass hoheitliche Aufgaben nach Maßgabe gesetzlicher Kompetenzregelungen ausschließlich bestimmten Hoheitsträgern zugewiesen sind. Diese Aufgabenverteilung würde unterlaufen, wenn ein Privater generell anstelle der an sich zuständigen Behörde öffentliche Aufgaben erfüllen und diese anschließend dem Staat auch noch in Rechnung stellen könnte. Deshalb ist eine ör GoA des Bürgers für den Staat **nur in besonderen Situationen zulässig**: Unter Berücksichtigung aller Umstände und unter Abwägung etwa widerstreitender öffentlicher Belange muss **gerade die Aufgabenwahrnehmung durch den Privaten** dem öffentlichen Interesse entsprechen.[766] Umstritten ist dabei jedoch, wie diese Situation im Einzelnen beschaffen sein muss. **549**

Fall 14: Katzentot

Tierarzt T hatte vor seiner Praxis eine völlig abgemagerte Katze aufgefunden, die sich vor Schmerzen krümmte und jämmerlich schrie. Bei der Untersuchung des Tieres, das ein Halsband mit einem unleserlicher Anhänger trug, diagnostizierte T die regelmäßig tödlich verlaufende Infektionskrankheit Leukose. Die Krankheit war bereits derart fortgeschritten, dass T aus tierärztlicher Sicht nur die Möglichkeit der Einschläferung der Katze sah. Da es ihm ethisch nicht zumutbar erschien, angesichts des erheblichen Leidens der Katze zuzuwarten, schläferte er das Tier unmittelbar nach Abschluss der Untersuchung ein. T verlangt nunmehr von der Stadt S als Fundbehörde die Übernahme der Tierarztkosten für die Behandlung und die Einschläferung der Katze in Höhe von 75 EUR. Zu Recht?

---

760 Gurlit in: Erichsen/Ehlers § 35 Rn. 14; Maurer § 29 Rn. 11 ff.; Bamberger JuS 1998, 706, 709; Schoch Jura 1994, 241, 245; Staake JA 2004, 800, 803; differenzierend Detterbeck/Windthorst/Sproll § 21 Rn. 54.

761 BVerwG NVwZ 2004, 764, 765; OVG NRW, Urt. v. 14.03.2013 – 6 A 1760/11, RÜ 2013, 393, 395; OVG Lüneburg KommJur 2012, 338, 339; Ossenbühl/Cornils, S. 409 f. m.w.N.; a.A. Staake JA 2004, 800, 802: stets privatrechtliche GoA.

762 OLG Koblenz, Urt. v. 16.06.2010 – 1 U 645/09, DVBl. 2011, 60 (nur LS).

763 BVerwG NVwZ 2004, 764, 765.

764 BayVGH NVwZ-RR 2012, 705.

765 OVG NRW, Urt. v. 14.03.2013 – 6 A 1760/11, RÜ 2013, 393; vgl. auch BAG, Urt. v. 12.03.2013 – 9 AZR 455/11, RÜ 2013, 503.

766 BVerwG NJW 1989, 922, 923; OVG NRW, Urt. v. 14.03.2013 – 6 A 1760/11, RÜ 2013, 393, 397; Gurlit in: Erichsen/Ehlers § 35 Rn. 15; Ossenbühl/Cornils, S. 420 m.w.N.

A. **Vertragliche** Ansprüche bestehen nicht.

B. Auch Ansprüche kraft **spezialgesetzlicher** Regelungen sind nicht ersichtlich, insbes. begründet das TierschutzG keinen Erstattungsanspruch.

C. T könnte gegen die Stadt S einen **Aufwendungsersatzanspruch** aus **Geschäftsführung ohne Auftrag** gemäß §§ 677, 683 S. 1, 670 BGB haben.

550 I. Unmittelbar sind die §§ 677 ff. BGB nur anwendbar, wenn es sich um eine **privatrechtliche GoA** handelt. Hier könnte indes ein öffentlich-rechtliches Verhältnis vorliegen, weil T für die Stadt als Verwaltungsträger tätig geworden ist. Während für die Abgrenzung teilweise auf das Handeln des **Geschäftsführers** abgestellt wird, ist die GoA nach h.M. öffentlich-rechtlich, wenn das Geschäft, hätte es der **Geschäftsherr** selbst vorgenommen, öffentlich-rechtlicher Natur gewesen wäre.[767] Dafür spricht, dass für die Abgrenzung zwischen öffentlichem Recht und Privatrecht grds. die **Rechtsnatur des Rechtsverhältnisses** maßgebend ist, aus der sich der geltend gemachte Anspruch ergibt. Hier standen die Maßnahmen des T im Sachzusammenhang mit dem öffentlich-rechtlichen Vorschriften des Tierschutz- und Ordnungsrechts. Damit liegt eine öffentlich-rechtliche Rechtsbeziehung vor. Die §§ 677 ff. BGB sind daher **nicht unmittelbar** anwendbar.

Die h.M. hat zur Konsequenz, dass meist eine **ör GoA** vorliegt, wenn ein Privater **für einen Verwaltungsträger** handelt, da es in der Person des Verwaltungsträgers i.d.R. um die Wahrnehmung öffentlicher Aufgaben geht[768]

Umgekehrt soll nach der Rspr. ein hoheitliches Handeln der **Behörde** zugleich eine **privatrechtliche GoA** für eine Privatperson darstellen können (s.o. Rn. 544).[769] Dagegen spricht jedoch, dass ein und dieselbe Handlung nicht sowohl dem Privatrecht (GoA) als auch dem öffentlichen Recht (Erfüllung der hoheitlichen Aufgabe) zugeordnet werden kann. Der öffentlich-rechtliche Charakter eines Geschäfts schließt dessen privatrechtliche Wahrnehmung aus. Denn sonst könnte die Verwaltung mit Hilfe privatrechtlicher Normen öffentlich-rechtlich nicht vorgesehene Eingriffsbefugnisse und Erstattungsansprüche begründen (s.o. Rn. 545 ff.).[770]

II. Der Aufwendungsersatzanspruch des T könnte sich aus ör GoA **analog § 677, 683 S. 1, 670 BGB** ergeben.

551 1. In Rspr. und Lit. ist grds. anerkannt, dass das Rechtsinstitut der GoA auch im öffentlichen Recht **anwendbar** ist, entweder analog §§ 677 ff. BGB oder jedenfalls als Ausdruck eines allgemeinen Rechtsgedankens.[771]

a) Mangels spezialgesetzlicher Vorschriften über die Kostenerstattung, insbes. im TierschutzG, besteht eine **Regelungslücke**.

---

767 BGHZ 40, 28, 31; 63, 167, 170; 65, 354, 357; Maurer § 29 Rn. 12; Gurlit in: Erichsen/Ehlers § 35 Rn. 16; Detterbeck/Windthorst/Sproll § 21 Rn. 35 m.w.N.

768 Vgl. Singer/Mielke JuS 2007, 1111, 1115 f.

769 So BGHZ 40, 28, 31; 63, 167, 169; 65, 354, 357; OLG Hamm NWVBl. 1989, 218; einschränkend nunmehr BGH NVwZ 2004, 373, 374: „Eine dienstliche Tätigkeit des Beamten kann nicht zugleich eine private Handlung desselben sein"; nach Linke DVBl. 2006, 148, 151 ff. handelt es sich hierbei um einen Fall des sog. Verwaltungsprivatrechts.

770 Vgl. Maurer § 29 Rn. 12; Schoch Jura 1994, 241, 247; Staake JA 2004, 800, 801; differenzierend Detterbeck/Windthorst/Sproll § 21 Rn. 35 mit FN 41 u. Rn. 63; vgl. auch die Zusammenfassung bei Linke DVBl. 2006, 148, 149 f., der selbst allerdings eine abweichende Auffassung vertritt.

771 BVerwG NVwZ-RR 2004, 84, 85; NJW 1989, 922, 923; BGH NVwZ 2004, 373, 374; NVwZ 2004, 764, 765; OVG NRW NWVBl. 2007, 437; Gurlit in: Erichsen/Ehlers § 35 Rn. 10; Maurer § 29 Rn. 11; Ossenbühl/Cornils, S. 416 ff.

b) Handelt wie hier ein Bürger für den Staat besteht auch eine mit den §§ 677 ff. BGB **vergleichbare Interessenlage**, sodass die Vorschriften über die GoA grds. analog anwendbar sind.[772] 552

Aufbauschema: Ansprüche aus ör GoA
1. Anwendbarkeit: §§ 677 ff. BGB gelten analog bei ör GoA durch den Bürger
2. Voraussetzungen
a) fremdes Geschäft
b) Fremdgeschäftsführungswille
c) ohne Auftrag oder sonstige Berechtigung
d) Interessen- und willensgemäß oder § 679 BGB analog
3. Rechtsfolgen
– Aufwendungsersatz analog §§ 683 S. 1, 670 BGB
– Herausgabe des Erlangten analog §§ 681 S. 2, 667 BGB
– § 280 Abs. 1 BGB analog bei Pflichtverletzung

Das Prüfungsschema folgt weitgehend dem zivilrechtlichen Aufbau gemäß §§ 677 ff. BGB (dazu AS-Skript Schuldrecht BT 3 [2015], 2. Teil).

2. **Voraussetzungen der ör GoA**

a) Die Behandlung und Einschläferung der Katze müsste ein **fremdes Geschäft** darstellen (§ 677 BGB analog), d.h. die Maßnahme müsste (zumindest auch) in den Aufgabenbereich der Stadt S fallen. 553

Wie im Zivilrecht lassen sich auch im öffentlichen Recht objektiv fremde, subjektiv fremde und sog. „auch fremde" Geschäfte unterscheiden.[773]

Das ist der Fall, wenn die Stadt als **zuständige Fundbehörde** (§ 965 Abs. 2 BGB) verpflichtet war, die Katze in ihre Obhut zu nehmen und tierschutzgerecht zu versorgen. Die Zuständigkeit als Fundbehörde erstreckt sich auf verlorene Sachen und Tiere (§ 90 a BGB). Eine Sache ist verloren, wenn sie besitzlos, aber nicht herrenlos ist.[774]

Fundsachen sind daher insbes. verloren gegangene oder entlaufene Tiere, nicht dagegen solche, die vom früheren Eigentümer ausgesetzt worden sind.

Kann nicht festgestellt werden, ob das Tier entlaufen oder herrenlos ist, ist im Zweifel von einem Fundtier auszugehen, wenn zumindest Anhaltspunkte für privates Eigentum bestehen (sog. **Anscheins-Fundsache**).[775] Dies gilt auch im vorliegenden Fall, da die Katze ein Halsband mit einer Anhänger trug, was dafür sprach, dass es sich um ein entlaufenes Tier handelte.

772 BVerwG NVwZ 2004, 764, 765; BVerwGE 80, 170, 172 ff.; BGHZ 138, 281, 286 ff.; BayVGH NVwZ-RR 2012, 705, 706; OVG MV RÜ 2011, 605, 606; Ossenbühl/Cornils, S. 409 f. m.w.N.; a.A. Staake JA 2004, 800, 802: stets privatrechtliche GoA.

773 BVerwG NJW 1989, 922, 923; VG Gelsenkirchen NJW 2002, 1818; Gurlit in: Erichsen/Ehlers § 35 Rn. 15; ausführlich zum „auch fremden"-Geschäft Thole NJW 2010, 1243 ff.

774 MünchKomm-Oechsler BGB § 965 Rn. 3.

775 OVG MV RÜ 2011, 605, 607 f.; Möbius, Tierärztl. Umschau 52, 658, 661; vgl. auch die Begründung in BT-Drs. 17/9783, S. 57.

554 T hat daher durch Behandlung und Einschläferung der Katze ein **fremdes Geschäft** für die Stadt S als Fundbehörde geführt.[776]

Bei herrenlosen Tieren ist dagegen eine Zuständigkeit der Gemeinde als Fundbehörde nicht gegeben. Deshalb wird hier ein fremdes Geschäft überwiegend abgelehnt.[777] Die Gegenansicht nimmt bei verletzten bzw. leidenden Tieren eine Gefahr für die öffentliche Ordnung an, deren Abwehr in die Zuständigkeit der Gemeinde als allgemeine Ordnungsbehörde falle. Es sei mit den herrschenden ethischen Wertvorstellungen nicht vereinbar, ein solches Tier unversorgt in seinem qualvollen Zustand weiter leiden zu lassen.[778]

555 b) Der **Fremdgeschäftsführungswille** wird beim objektiv fremden Geschäft vermutet.

Nach der Rspr. wird der Fremdgeschäftsführungswille auch dann vermutet, wenn der Geschäftsführer zugleich ein eigenes Geschäft wahrnimmt (sog. **auch fremdes Geschäft**).[779] Das soll jedenfalls dann gelten, wenn der Geschäftsführer in Kenntnis der Letztverantwortlichkeit des Geschäftsherrn handelt.[780] Problematisch ist dies allerdings, wenn ein Verwaltungsträger zugleich ein Geschäft für den Bürger führt. Denn bei einem Träger öffentlicher Verwaltung ist grds. zu vermuten, dass er ausschließlich zur Erfüllung seiner ihm gesetzlich übertragenen Aufgaben tätig wird.[781] Das spricht dann allerdings generell gegen die Konstruktion der Rspr., ein hoheitliches Handeln könne zugleich eine (privatrechtliche) GoA für den Bürger darstellen (s.o. Rn. 544 f.).

556 c) Der Geschäftsführer muss **ohne Auftrag oder sonstige Berechtigung** handeln (§ 677 BGB analog). Daran fehlt es z.B., wenn die Behörde aufgrund gesetzlicher Ermächtigung gehandelt hat.[782] Vorliegend war T gegenüber der Stadt S weder durch Gesetz noch aufgrund Rechtsgeschäfts oder in sonstiger Weise zur Behandlung der Katze verpflichtet.

557 d) Die Geschäftsführung ist nur dann **berechtigt**, wenn sie dem **Interesse** und dem (wirklichen oder mutmaßlichen) **Willen** der Stadt S entsprach (§§ 677, 683 BGB analog). Analog § 679 BGB ist ein entgegenstehender Wille aber unbeachtlich, wenn die Geschäftsführung im öffentlichen Interesse liegt. Dafür ist zunächst erforderlich, dass überhaupt ein **öffentliches Interesse** an der Erfüllung der Aufgabe besteht. Da dies bei öffentlichen Aufgaben zumeist der Fall ist, ist des Weiteren zu fordern, dass außerdem ein öffentliches Interesse an der Wahrnehmung **gerade durch den privaten Geschäftsführer** besteht.[783]

558 In der Regel besteht kein öffentliches Interesse daran, dass Private in die gesetzliche Zuständigkeitsordnung eingreifen und anstatt der Behörde tätig werden. Ein öffentliches Interesse kann daher nur in **besonderen Fällen** vorliegen. Umstritten ist, wie diese Fälle beschaffen sein müssen.

776 Vgl. SächsOVG SächsVBl. 2013, 69, 70; OVG Lüneburg KomJur 2012, 338, 339; OVG MV RÜ 2011, 605, 607 f.

777 OVG NRW NWVBl. 1996, 393, 394; VG Gießen NVwZ-RR 2002, 95; vgl. auch VG Koblenz, Urt. v. 06.02.2013 – 2 K 907/12: keine Kostenhaftung der Polizei.

778 VG Gießen NVwZ-RR 1995, 144; vgl. auch § 36 des Gesetzentwurfes in BT-Drs. 17/9783.

779 Vgl. z.B. BGH NJW 2008, 3069, 3071; NJW-RR 2008, 683, 684; NJW 2007, 63; Palandt/Sprau BGB § 677 Rn. 6; Linke DVBl. 2006, 148, 154 m.w.N.; a.A. Stamm Jura 2002, 730, 731; vgl. AS-Skript Schuldrecht BT 3 (2015) Rn. 49.

780 BGH NVwZ 2002, 511, 512; kritisch Thole NJW 2010, 1243, 1245 ff.

781 Schoch Jura 1994, 241, 247; Linke NWVBl. 2007, 451, 454; Detterbeck/Windhorst/Sproll § 21 Rn. 63.

782 Detterbeck/Windhorst/Sproll § 21 Rn. 54; Maurer § 29 Rn. 11; Drüen/Krumm NWVBl. 2004, 359, 366.; abweichend Linke DVBl. 2006, 154, 155 für die zivilrechtliche GoA.

783 BVerwG NJW 1989, 922, 923; OVG Lüneburg. Urt. v. 23.04.2012 – 11 LB 267/11, KommJur 2012, 338, 340; OVG MV, Urt. v. 12.01.2011 – 3 L 272/06, RÜ 2011, 605, 608; OVG NRW, Urt. v. 14.03.2013 – 6 A 1760/11, RÜ 2013, 393, 396.

aa) Teilweise wird das öffentliche Interesse nur in echten **Notfällen** bejaht, z.B. wenn eine dringende Gefahr für Leben, Gesundheit oder andere wichtige Rechtsgüter besteht und der Verwaltungsträger entweder zum Handeln außerstande ist oder pflichtwidrig nicht handelt.[784] **559**

bb) Die Rspr. stellt geringere Anforderungen. Ein öffentliches Interesse an der Geschäftsführung könne nicht nur bei einer Notlage bestehen, sondern auch dann, wenn bei Berücksichtigung aller Umstände und unter Abwägung etwaiger widerstreitender öffentlicher Belange ein Handeln des Bürgers **geboten** erscheint.[785] Dabei gelten jedoch folgende **Einschränkungen:** **560**

- Ein öffentliches Interesse gerade an der Wahrnehmung durch eine Privatperson kann nur bei Maßnahmen angenommen werden, die **keine spezifisch hoheitlichen Befugnisse** voraussetzen (z.B. keine GoA bei der Wahrnehmung polizeilicher Aufgaben oder beim Erlass von Verwaltungsakten). Eine ör GoA des Bürgers für den Staat ist daher **nur bei schlichtem Verwaltungshandeln** zulässig.

- Der Bürger darf mit seiner Geschäftsführung **nicht staatliches Ermessen unterlaufen**, d.h., eine GoA kommt grds. nur in Betracht, wenn der Staat zum Einschreiten verpflichtet gewesen ist. Durch die Tätigkeit des Privaten dürfen behördliche Entscheidungsspielräume nicht verkürzt werden. Denn sonst würde der Verwaltungsträger vor vollendete Tatsachen gestellt, wodurch auch erhebliche finanzielle Belastungen entstünden.[786]

  Dadurch wird die GoA im **Ermessensbereich** aber nicht gänzlich ausgeschlossen. Dies gilt insbes., wenn die Behörde sich für unzuständig hält oder ein eigenes Tätigwerden ausdrücklich ablehnt. In diesen Fällen lässt es die Rspr. genügen, dass das Handeln des Bürgers aufgrund objektiver Kriterien sachgerecht erscheint.[787]

- Schließlich ist der Bürger grds. gehalten, zuvor die **Rechtsschutzmöglichkeiten** auszuschöpfen, bevor er anstelle der Behörde tätig wird. Meint der Bürger, einen Anspruch gegen die Behörde zu haben, muss er Leistungsklage erheben und ggf. um vorläufigen Rechtsschutz nachsuchen.[788]

cc) Unstreitig besteht ein öffentliches Interesse an der Erfüllung der Aufgabe durch den Privaten jedenfalls dann, wenn es sich – wie hier – um eine **Notsituation** handelt. Der Zustand der Katze ließ es nicht zu, mit der Entscheidung über die Einschläferung abzuwarten, sodass auch staatliches Ermessen nicht unterlaufen wurde.[789] Damit lagen analog § 679 BGB die Voraussetzungen einer berechtigten GoA vor. **561**

784 Habermehl Jura 1987, 199, 203 f.; Menger VerwArch 69 (1978), 397, 401; Gusy JA 1979, 69, 70 f.; Detterbeck/Windthorst/Sproll § 21 Rn. 58; Maurer § 29 Rn. 11.

785 Grundlegend BVerwG NJW 1989, 922, 923; vgl. auch OLG Koblenz, Urt. v. 16.06.2010 – 1 U 645/09.

786 BVerwG, NJW 1989, 922, 923; OVG Lüneburg KommJur 2012, 338, 340.

787 Vgl. BVerwG, NJW 1989, 922, 923: „Eine Handlungsfreiheit, die von der Behörde nicht beansprucht wird, erscheint weniger schutzwürdig."

788 BGH NVwZ 2004, 764, 765; BVerwG NJW 1989, 922, 923; OLG Koblenz, Urt. v. 16.06.2010 – 1 U 645/09; OLG Köln NVwZ 1993, 1021, 1022; Schoch Jura 1994, 241, 246 m.w.N.

789 Vgl. BVerwG, Beschl. v. 28.02.2013 – BVerwG 8 B 60.12; OVG Lüneburg KommJur 2012, 338, 340; OVG MV RÜ 2011, 605, 608; einschränkend für Behandlungskosten SächsOVG SächsVBl. 2013, 69, 70; a.A. OVG NRW NWVBl. 1996, 393, 394.

562 3. **Rechtsfolge** ist, dass T analog §§ 677, 683 S. 1, 670 BGB einen Anspruch auf Ersatz seiner **Aufwendungen** hat. Dazu gehören alle im sachlichen Zusammenhang mit der Geschäftsführung entstandenen Auslagen. Ausnahmsweise wird hiervon auch ein Ausgleich für die aufgewendete eigene Arbeitskraft umfasst, soweit die Tätigkeit wie hier zum Beruf oder Gewerbe des Geschäftsführers gehört (Rechtsgedanke des § 1835 Abs. 3 BGB).[790]

Der Anspruch des T ist daher aus ör GoA in vollem Umfang **begründet.**

563 Der Aufwendungsersatz umfasst im Übrigen auch sog. risikotypische Begleitschäden. Da die ör GoA ein gesetzliches Schuldverhältnis begründet, kommen außerdem Ansprüche analog § 280 BGB in Betracht, die ggf. neben einen Amtshaftungsanspruch (Art. 34 S. 1 GG, § 839 BGB) treten. Bei unberechtigter GoA kann ein Schadensersatzanspruch analog § 678 BGB bestehen.[791]

Der Geschäftsführer ist analog §§ 681 S. 2, 667 BGB verpflichtet, das aus der Geschäftsführung Erlangte herauszugeben. Teilweise bestehen hier allerdings spezialgesetzliche Ansprüche, z.B. der Anspruch des Dienstherrn gegen den Beamten auf Herausgabe von „Schmiergeldern" gemäß § 71 Abs. 2 BBG, § 42 Abs. 2 BeamtStG.[792]

öffentlich-rechtliche GoA

Abgrenzung zur privatrechtlichen GoA:

- Rechtsnatur des Handels des Geschäftsführers
- Rechtsnatur des fiktiven Handelns des Geschäftsherrn
- Rechtsnatur des Rechtsverhältnisses zwischen Geschäftsführer und Geschäftsherrn

Hoheitsträger für Hoheitsträger	**Hoheitsträger für Privatperson**	**Privatperson für Hoheitsträger**	**Privatperson für Privatperson**
■ grds. (–), Rechtsgedanke Art. 104 a GG, Zuständigkeitsverteilung vorrangig ■ ör GoA nur im Notfall (aber fremdes Geschäft [–], wenn eigene Eilfallkompetenz)	i.d.R. (–) ■ bei gesetzl. Ermächtigung nicht „ohne Auftrag" ■ i.Ü. Spezialregeln vorrangig ■ Kostenfragen unterfallen Vorbehalt des Gesetzes	§§ 677 ff. BGB analog anwendbar, aber Einschränkungen: ■ keine spezifisch hoheitl. Befugnis ■ Ermessen nicht unterlaufen ■ Rechtsschutz vorrangig	■ keine ör GoA, da Rechtsverhältnis privatrechtlich, auch wenn ör Pflichten betroffen ■ daher nur privatrechtl. GoA

---

790 OVG Lüneburg KommJur 2012, 338, 341; allgemein Bamberger/Roth BGB § 683 Rn. 4.

791 Maurer § 29 Rn. 14.

792 Vgl. BVerwG DVBl. 2002, 1218 f.; OVG NRW NWVBl. 2009, 25; Zetzsche DÖD 2003, 225 ff.; zur Parallelproblematik im Zivilrecht BGHZ 39, 1, 5.

F. Der öffentlich-rechtliche Erstattungsanspruch

I. Rechtsgrundlagen

1. Spezialgesetzliche Erstattungsansprüche

Wie im Privatrecht gemäß §§ 812 ff. BGB besteht auch im Öffentlichen Recht das Bedürfnis, **rechtsgrundlose Vermögensverschiebungen** rückgängig zu machen. Teilweise bestehen hierfür **spezialgesetzliche Erstattungsansprüche**: 564

- Wichtigster Fall ist **§ 49 a Abs. 1 S. 1 VwVfG**: Sind aufgrund eines VA Leistungen erbracht worden, so sind diese zu erstatten, soweit der VA mit Wirkung für die Vergangenheit zurückgenommen oder widerrufen oder infolge Eintritts einer auflösenden Bedingung unwirksam geworden ist (s.o. Rn. 65).
- Im **Beamtenrecht** sind Zuvielleistungen und sonstige rechtsgrundlose Leistungen z.B. nach § 12 Abs. 2 BBesG (Besoldung) und § 52 Abs. 2 BeamtVG (Versorgung) zu erstatten.

  Beachte: *Das BBesG und das BeamtVG gelten in der aktuellen Fassung nur für Bundesbeamte (§ 1 Abs. 1 BBesG, § 1 Abs. 1 BeamtVG). Im Landesrecht bestehen zum Teil vergleichbare Regelungen (z.B. § 16 Abs. 2 HmbBesG, § 12 Abs. 2 ÜBesG NRW). Fehlen solche, gilt für Landesbeamte das BBesG und das BeamtVG in der bis zum 31.08.2006 geltenden Fassung (vgl. Art. 125 a Abs. 1 GG, § 86 BBesG, § 108 BeamtVG).*
- **Weitere spezialgesetzliche Anspruchsgrundlagen** finden sich z.B. in § 37 Abs. 2 AO (im Steuerrecht), § 50 SGB X (für das Sozialrecht) und in § 20 BAföG.

2. Der allgemeine öffentlich-rechtliche Erstattungsanspruch

Soweit keine spezialgesetzlichen Regelungen bestehen, ist **gewohnheitsrechtlich anerkannt**, dass auch im öffentlichen Recht Leistungen ohne Rechtsgrund und sonstige rechtsgrundlose Vermögensverschiebungen rückgängig gemacht werden müssen. Umstritten ist jedoch, auf welcher **Grundlage** der Erstattungsanspruch beruht. Zum Teil wurde früher eine analoge Anwendung der §§ 812 ff. BGB befürwortet. Nach heute h.M. stellt der allgemeine öffentlich-rechtliche Erstattungsanspruch dagegen ein **eigenständiges Rechtsinstitut des öffentlichen Rechts** dar, das aus dem Grundsatz der Gesetzmäßigkeit der Verwaltung (Art. 20 Abs. 3 GG) resultiert.[793] Danach ist die Verwaltung verpflichtet, jede rechtswidrige Vermögensverschiebung rückgängig zu machen. 565

Ebenso wie die ör GoA ist auch der allgemeine ör Erstattungsanspruch **nicht anwendbar**, wenn **spezialgesetzliche Sonderregelungen** bestehen. Dies gilt neben den o.g. spezialgesetzlichen Ausprägungen des Erstattungsanspruchs auch dann, wenn für einen Rechtsbereich eine **abschließende Regelung** besteht. 566

- So ist der ör Erstattungsanspruch insbes. subsidiär gegenüber etwaigen Kostenerstattungsansprüchen im Polizeirecht.[794]

---

793 BVerwG NJW 2006, 3225, 3226; BSG NVwZ-RR 2014, 230, 232; VGH Mannheim NJW 2010, 1898, 1899; Ossenbühl NVwZ 1991, 513, 516; Graulich ZAP 2005, 571, 576 f.; Singer/Mielke JuS 2007, 1111, 1116; Janzen Jura 2010, 624, 625.

794 VGH Mannheim NJW 2003, 1066; Gurlit in: Erichsen/Ehlers § 35 Rn. 24.

- **§ 49 a VwVfG** erfasst nur die Fälle der rückwirkenden Aufhebung und des Eintritts einer auflösenden Bedingungen. Die Vorschrift ist nicht anwendbar bei anfänglicher Nichtigkeit des Bewilligungsbescheides (§ 44 VwVfG) oder bei dessen Aufhebung im Rechtsbehelfsverfahren (Widerspruch oder Klage). In diesen Fällen ist auf den allgemeinen öffentlich-rechtlichen Erstattungsanspruch zurückzugreifen.[795]

3. Fallgruppen

567 Der ör Erstattungsanspruch kann sowohl dem **Bürger gegen den Staat** als auch dem **Staat gegen den Bürger** zustehen. Auch kann der Erstattungsanspruch **zwischen Hoheitsträgern** bestehen;[796] allerdings bestehen hier zumeist Spezialregelungen, die den allgemeinen öffentlich-rechtlichen Erstattungsanspruch verdrängen.

568 Im Verhältnis zwischen Staat und Bürger kann der ör Erstattungsanspruch **analog § 684 BGB** auch eingreifen, wenn die Voraussetzungen einer berechtigten GoA nicht vorliegen. Bei **berechtigter GoA** ist der öffentlich-rechtliche Erstattungsanspruch dagegen ausgeschlossen, weil die GoA einen Rechtsgrund für die Vermögensverschiebung darstellt.[797]

Ansprüche aus öffentlich-rechtlicher GoA sind deshalb stets vor öffentlich-rechtlichen Erstattungsansprüchen zu prüfen!

569 Wie im Zivilrecht ist der Erstattungsanspruch nach h.M. nicht nur in **Leistungsfällen** denkbar, sondern auch bei **Bereicherungen in sonstiger Weise**.[798]

Beispiel: A betreibt einen Stand in der städtischen Markthalle, deren Benutzungsverhältnis öffentlich-rechtlich ausgestaltet ist. Als die Zuweisung des Verkaufsstandes nicht verlängert wird, verlangt A von der Stadt Ersatz für die Kosten einer von ihm errichteten Trennwand.[799]

II. Voraussetzungen und Rechtsfolgen

1. Anwendbarkeit

570 Voraussetzung des allgemeinen ör Erstattungsanspruchs ist – in Abgrenzung zum Zivilrecht und damit den §§ 812 ff. BGB –, dass eine Vermögensverschiebung im Rahmen **öffentlich-rechtlicher Rechtsbeziehungen** erfolgt ist:

- Betrifft der Erstattungsanspruch eine Leistung, so teilt er als **Kehrseite** die Rechtsnatur des Leistungsanspruchs. Erfolgt die Leistung öffentlich-rechtlich, so gilt dies auch für den Anspruch auf Rückgewähr.
- Bei Bereicherungen in sonstiger Weise ist entscheidend, ob die Beteiligten in einer **öffentlich-rechtlichen Beziehung** zueinander stehen.

Schwierigkeiten bei der Zuordnung bereitet insbesondere die Rückforderung fehlgeleiteter **Leistungen an Dritte**.

---

795 Gurlit in: Erichsen/Ehlers § 35 Rn. 18 u. 26 m.w.N.

796 BSG NVwZ-RR 2014, 230, 232; OVG NRW NWVBl. 2007, 16; Ossenbühl/Cornils, S. 533.

797 Ossenbühl NVwZ 1991, 513, 517; Bamberger JuS 1998, 706, 711; Singer/Mielke JuS 2007, 1111, 1116.

798 BVerwGE 71, 85, 87; BVerwG NJW 2006, 3225, 3226; Gurlit in: Erichsen/Ehlers § 35 Rn. 25; Ossenbühl NVwZ 1991, 513, 514 u. 519 (mit weiteren Beispielen); Schoch Jura 1994, 82, 86; Ossenbühl/Cornils, S. 543.

799 OVG NRW DÖV 1971, 350.

Beispiel: In Unkenntnis des Todes des anspruchsberechtigten Beamten B werden Leistungen an den Erben E erbracht. Teilweise wird auf den öffentlich-rechtlichen Zweck der Leistung abgestellt und damit stets ein öffentlich-rechtlicher Erstattungsanspruch bejaht.[800] Die Gegenansicht verweist darauf, dass zwischen dem tatsächlichen Empfänger und der Behörde keine Leistungsbeziehung bestehe, sodass eine zivilrechtliche Rückabwicklung nach den §§ 812 ff. BGB zu erfolgen habe.[801] Vgl. auch die Sonderregelungen bei Leistungen für die Zeit nach dem Tod des Beamten in § 12 Abs. 3 u. 4 BBesG.

2. Anspruchsvoraussetzungen

Trotz der Eigenständigkeit des öffentlich-rechtlichen Erstattungsanspruchs besteht Einigkeit, dass die **Anspruchsvoraussetzungen** weitgehend dem zivilrechtlichen Bereicherungsanspruch entsprechen.[802] **571**

Aufbauschema: Öffentlich-rechtlicher Erstattungsanspruch

1. **Rechtsgrundlage**
   - Spezialgesetz: § 49 a Abs. 1 VwVfG, § 12 Abs. 2 BBesG, § 37 Abs. 2 AO u.a.
   - im Übrigen: Gewohnheitsrecht, nicht §§ 812 ff. BGB analog
2. **Voraussetzungen** des allgemeinen ör Erstattungsanspruchs
   a) ör Rechtsbeziehung, i.d.R. Kehrseite des Leistungsanspruch
   b) Vermögensverschiebung durch Leistung oder in sonstiger Weise
   c) ohne Rechtsgrund (insb. VA, ör Vertrag, Gesetz)
3. **Rechtsfolgen**
   - Herausgabe des erlangten Vermögenswertes, ggf. Wertersatz
   - ggf. Wegfall der Bereicherung (Rechtsgedanke des § 818 Abs. 3 BGB).
     - zugunsten des Staates (–) wegen Gesetzesbindung (Art. 20 Abs. 3 GG)
     - zugunsten des Bürgers grds. (+) außer bei Kenntnis oder grober Fahrlässigkeit

a) Etwas erlangt

Der Anspruchsgegner muss etwas, d.h. einen **Vermögenswert**, durch Leistung oder in sonstiger Weise **erlangt** haben. Insoweit gelten beim öffentlich-rechtlichen Erstattungsanspruch die zu §§ 812 ff. BGB entwickelten Grundsätze. Zur Bestimmung des Leistungsverhältnisses ist daher auf den **Zweck der Zuwendung** abzustellen. Das gilt insbes. in Mehrpersonenverhältnissen. **572**

Beispiel: Das verkehrswidrig abgestellte Fahrzeug des H ist auf Anordnung der Polizeibehörde vom Abschleppunternehmer U abgeschleppt worden. H hat bei Abholung des Fahrzeugs die Abschleppkosten zunächst an U gezahlt. Nunmehr verlangt H Erstattung von der Behörde, da er die Abschleppmaßnahme für unverhältnismäßig hält. – Wer Leistungsempfänger ist, richtet sich beim öffentlich-rechtlichen Erstattungsanspruch nach den gleichen Grundsätzen wie im Bereicherungsrecht. Hier besteht daher keine Leistungsbeziehung zwischen H und U, vielmehr erbringt H durch die Zahlung an U als Leistungsmittler rechtlich gesehen eine (öffentlich-rechtliche) Leistung an die Behörde.[803]

---

800 BVerwG DVBl. 1990, 870; OVG Koblenz, NVwZ 1988, 1038; Schoch Jura 1994, 82, 87.

801 BVerwG NJW 1990, 2482; BayVGH NJW 1990, 933, 934; Ossenbühl NVwZ 1991, 513, 514 u. 517.

802 BVerwGE 71, 85, 88; BVerwG NVwZ 2008, 1369; BSG NVwZ-RR 2014, 230, 232; OVG NRW JuS 2009, 955, 956; Schoch Jura 1994, 82, 86; Graulich ZAP 2005, 571, 576; Maurer § 29 Rn. 21.

b) Ohne Rechtsgrund

573 Die Vermögensverschiebung muss **ohne Rechtsgrund** erfolgt sein. Das ist vor allem der Fall, wenn die Vermögensverschiebung dem **materiellen Recht** widerspricht.

Beispiel: Soweit die gemeindliche Feuerwehr kraft Gesetzes unentgeltlich tätig wird, ist der durch die Tätigkeit begründete Vermögensvorteil auch nicht durch einen öffentlich-rechtlichen Erstattungsanspruch auszugleichen.[804]

574 Allerdings kann die Vermögensverschiebung im öffentlichen Recht unabhängig von der materiellen Gesetzeslage durch einen **VA** gerechtfertigt sein. Denn ein VA ist **Rechtsgrund**, selbst wenn die Leistung im Gesetz keine Rechtfertigung findet. Es kommt nur darauf an, ob der VA **wirksam**, also nicht nichtig ist (§ 43 Abs. 3 VwVfG); unerheblich ist seine Rechtswidrigkeit, solange er nicht aufgehoben ist (§ 43 Abs. 2 VwVfG). Ist die Leistung aufgrund eines rechtswidrigen VA gefordert oder gewährt worden, entsteht ein Erstattungsanspruch erst, wenn der VA seitens der Behörde (§§ 48, 49 VwVfG) oder vom Gericht (§ 113 Abs. 1 S. 1 VwGO) aufgehoben worden ist.[805]

Beispiel: Die von der Behörde durch Kostenbescheid geltend gemachten Abschleppkosten hat F zunächst beglichen. Nunmehr fordert F das gezahlte Geld zurück, da die Abschleppmaßnahme und damit auch der Kostenbescheid rechtswidrig seien. – Ein Erstattungsanspruch besteht erst dann, wenn der Kostenbescheid von der Behörde oder durch das Gericht auf Anfechtungsklage des F aufgehoben wird.

575 Ist der VA dagegen nach § 44 VwVfG **nichtig**, kann er keine Rechtswirkungen entfalten (§ 43 Abs. 3 VwVfG), sodass Vermögensverschiebungen ohne Rechtsgrund erfolgt sind, wenn sie der materiellen Rechtslage widersprechen.

Fall 15: Rechtsgrundlose Bereicherung

Bauträger B ist Eigentümer einer ca. 20.000 qm großen unbebauten Fläche am Rand des Gemeindegebietes der Gemeinde G. Im Jahre 2012 schloss B mit G einen notariellen Vertrag mit folgendem Inhalt: Nach § 1 stellte G den Erlass eines Bebauungsplans mit Wohngebietsfestsetzungen für die im Eigentum des K stehenden Fläche in Aussicht, soweit dies planerisch vertretbar sei. Im Gegenzug verpflichtete sich B in § 2 die baureifen Grundstücke nach einer näher geregelten Sozialauswahl an private Bauherrn zu Wohnbauzwecken zu veräußern. Nach § 3 verpflichtete B sich außerdem, an die Gemeinde pauschal 250.000 EUR für Folgekosten der Bebauung zu zahlen. Im Mai 2013 wurde daraufhin der Bebauungsplan von der Gemeinde erlassen. Im August 2014 hat B zahlreiche Grundstücke verkauft und gemäß § 3 des Vertrages 250.000 EUR an die Gemeinde gezahlt. Im April 2015 erfährt B, dass die Folgekosten von der Gemeinde wesentlich zu hoch angesetzt worden sind, tatsächlich betrugen sie lediglich 50.000 EUR. B hält den Vertrag deshalb für nichtig und fordert von der Gemeinde die gezahlten 250.000 EUR zurück. Diese beruft sich darauf, dass sie das Geld bereits für den Bau öffentlicher Einrichtungen verwendet habe, die sie sonst nicht errichtet hätte.

---

803 BGH NVwZ 2006, 964, 965; VGH Mannheim NJW 2010, 1898, 1898 f. ; OVG NRW NJW 1980, 1974; Werner JA 2000, 902, 911; vgl. auch BGH NJW 2012, 3373, 3374.

804 OVG NRW NWVBl. 2007, 437, 439.

805 Vgl. Maurer § 29 Rn. 24; Gurlit in: Erichsen/Ehlers § 35 Rn. 26; Schoch Jura 1994, 82, 87; in diesem Sinne auch § 21 Abs. 1 GebG NRW.

A. Ein Anspruch des B auf Rückzahlung aus **§ 812 Abs. 1 S. 1 Fall 1 BGB** kommt nur in Betracht, wenn es sich um einen zivilrechtlichen Bereicherungsanspruch handelt. Nach der sog. **Kehrseitentheorie** teilt die Rückforderung als actus contrarius die **Rechtsnatur** der vorangegangenen Leistung. Die Leistung ist nur dann zivilrechtlich, wenn ihr ein privatrechtliches **Rechtsverhältnis** zugrunde liegt. Dabei beurteilt sich die Rechtsnatur des hier vorliegenden Vertrages nach dem **Schwerpunkt** der Vereinbarung (s.o. Rn. 299). **576**

Dieser liegt im Hinblick auf den Erlass des Bebauungsplans durch die Gemeinde G und die Übernahme der Folgekosten durch B eindeutig auf dem öffentlichen Recht, sodass es sich um einen **öffentlich-rechtlichen Vertrag** handelt (vgl. auch § 11 Abs. 1 S. 2 Nr. 3 BauGB). Da die Leistung somit aufgrund eines öffentlich-rechtlichen Vertrages erbracht wurde, ist auch die Rückforderung öffentlich-rechtlich. Ein Anspruch aus § 812 Abs. 1 S. 1 Fall 1 BGB (Leistungskondiktion) scheidet damit aus.

Beachte: *Bei prozessualem Aufbau hat die Abgrenzung zwischen öffentlich-rechtlichem und privatrechtlichem Vertrag bereits bei der Prüfung des Rechtswegs (§ 40 VwGO, § 13 GVG) zu erfolgen.*

B. Es könnte der **allgemeine öffentlich-rechtliche Erstattungsanspruch** eingreifen.

I. Der allgemeine öffentlich-rechtliche Erstattungsanspruch ist **gewohnheitsrechtlich** als eigenständiges Rechtsinstitut des öffentlichen Rechts anerkannt, das sich aus dem Grundsatz der Gesetzmäßigkeit der Verwaltung (Art. 20 Abs. 3 GG) ergibt,[806] sodass eine analoge Anwendung der §§ 812 ff. BGB nicht erforderlich ist. Danach ist die Verwaltung verpflichtet, jede rechtswidrige Vermögensverschiebung rückgängig zu machen. **577**

II. Trotz der Eigenständigkeit des öffentlich-rechtlichen Erstattungsanspruchs besteht Einigkeit, dass die **Anspruchsvoraussetzungen** weitgehend dem zivilrechtlichen Bereicherungsanspruch entsprechen.[807] **578**

1. In Abgrenzung zu den §§ 812 ff. BGB ist Voraussetzung, dass es um eine Vermögensverschiebung im Rahmen einer **öffentlich-rechtlichen Beziehung** geht. Hier betraf die Zahlung des B eine vermeintlich öffentlich-rechtliche Zahlungspflicht aufgrund des öffentlich-rechtlichen Vertrages. **579**

2. Der Anspruchsgegner muss etwas, d.h. einen **Vermögenswert**, durch Leistung oder in sonstiger Weise **erlangt** haben. Insoweit gelten beim öffentlich-rechtlichen Erstattungsanspruch die zu §§ 812 ff. BGB entwickelten Grundsätze. Hier hat G durch die Zahlung der 250.000 EUR einen Vermögensvorteil durch Leistung des B erlangt. **580**

3. Die Leistung muss **ohne Rechtsgrund** erfolgt sein. B hat die Zahlung auf der Grundlage des § 3 des mit G geschlossenen Vertrages erbracht. Der Rechtsgrund fehlt daher, wenn § 3 des Vertrages **unwirksam** ist. **581**

---

806 BVerwG NJW 2006, 3225, 3226; DVBl. 2005, 781, 782; NJW 1999, 1201, 1202; NJW 1985, 2436; BGH NVwZ 1999, 801, 802; OVG NRW NWVBl. 2007, 16; OVG Lüneburg NordÖR 2002, 307, 308; Maurer § 29 Rn. 21 f.; Schoch Jura 1994, 82, 84; Ossenbühl NVwZ 1991, 513, 516; Gellermann DVBl. 2003, 481, 486; Graulich ZAP 2005, 185, 192.

807 Vgl. BVerwGE 71, 85, 88; VGH Kassel NJW 1991, 510, 511; BayVGH BayVBl. 1993, 466, 467; Gurlit in: Erichsen/Ehlers § 35 Rn. 24 ff.; Schoch Jura 1994, 82, 86 m.w.N.

582 a) Eine **Einigung** zwischen den Parteien ist erfolgt.

b) Die nach § 57 VwVfG, § 11 Abs. 3 BauGB erforderliche **Schriftform** wird durch die notarielle Beurkundung ersetzt (§ 62 S. 2 VwVfG, § 126 Abs. 4 BGB).

c) § 3 des Vertrages ist unwirksam, wenn ein **Nichtigkeitsgrund** gemäß § 59 VwVfG vorliegt.

aa) § 1 des Vertrages könnte gemäß § 59 Abs. 1 VwVfG i.V.m. § 134 BGB nichtig sein, was nach § 59 Abs. 3 VwVfG zur Unwirksamkeit des gesamten Vertrages und damit auch der hier in Rede stehenden Regelung in § 3 des Vertrages führen könnte. Nach § 1 Abs. 3 S. 2 BauGB besteht **auf Aufstellung von Bauleitplänen kein Anspruch**; ein Anspruch kann auch nicht durch Vertrag begründet werden. Das ist hier jedoch nicht der Fall, da G sich nicht bindend zur Aufstellung des Bebauungsplans verpflichtet, sondern diesen nur **in Aussicht gestellt** hat.

bb) Die Nichtigkeit könnte sich aber aus § 59 Abs. 2 Nr. 4 VwVfG ergeben. Danach ist ein subordinationsrechtlicher Austauschvertrag nichtig, wenn sich die Behörde eine nach § 56 VwVfG **unzulässige Gegenleistung** versprechen lässt. Folgekostenverträge sind öffentlich-rechtliche Austauschverträge i.S.d. §§ 54 S. 2, 56 VwVfG. Insoweit konkretisiert § 11 BauGB die Vorgaben des § 56 VwVfG. Danach müssen die vereinbarten Leistungen den gesamten Umständen nach **angemessen** sein.[808]

Die vertraglich vereinbarte Gegenleistung des B betrug hier 500 % der tatsächlich entstandenen Folgekosten. Da hierfür keine sachliche Rechtfertigung bestand, ist die Gegenleistung unangemessen hoch. Diese Unangemessenheit führt nach § 59 Abs. 2 Nr. 4 VwVfG zur Nichtigkeit der Regelung in § 3 des Vertrages, sodass die Zahlung des B **ohne Rechtsgrund** erfolgte.

583 III. Die **Rechtsfolge** des Erstattungsanspruchs zielt, wie der zivilrechtliche Bereicherungsanspruch, auf die **Herausgabe des Erlangten** und orientiert sich damit an § 818 BGB.

Nach dem Rechtsgedanken des § 818 Abs. 1 BGB erstreckt sich der Anspruch daher auch auf die gezogenen Nutzungen.[809] Ist die Herausgabe wegen der Beschaffenheit des Erlangten nicht möglich, ist der Anspruch auf Wertersatz gerichtet (§ 818 Abs. 2 BGB). „Ein öffentlich-rechtlicher Erstattungsanspruch besteht nur in dem Umfang, in dem es per saldo zu einem (rechtsgrundlosen) Vermögenszuwachs gekommen ist."[810] Ob dabei die im Zivilrecht entwickelte Saldotheorie generell auch im Rahmen des ör Erstattungsanspruchs anzuwenden ist, ist umstritten. Die Lit. verneint dies, da der Hoheitsträger im Hinblick auf Art. 20 Abs. 3 GG nicht schutzwürdig sei.[811]

584 1. Die Gemeinde G könnte sich auf **Wegfall der Bereicherung** (Rechtsgedanke des § 818 Abs. 3 BGB) berufen, da sie das Geld bereits für die Errichtung öffentlicher Einrichtungen verbraucht hat, die sie sonst nicht errichtet hätte. Auf-

808 Vgl. dazu BVerwG, Urt. v. 29.01.2009 – BVerwG 4 C 15.07, RÜ 2009, 530, 532; Decker JA 2012, 286, 292.
809 BVerwG NJW 1999, 1201, 1203; anders BVerwG NJW 1973, 1854 bei Erstattungsansprüchen gegen den Staat.
810 BVerwG DVBl. 2005, 781, 782; vgl. auch BVerwG NVwZ 2011, 690, 695.
811 Schoch JK 7/04, VwVfG § 56 I/4 gegen VGH Mannheim VBlBW 2004, 52, 55.

grund der **eigenständigen Rechtsnatur** des ör Erstattungsanspruchs ist allgemein anerkannt, dass diese Frage nicht pauschal nach den §§ 818 Abs. 3 u. Abs. 4, 819 Abs. 1 BGB beurteilt werden kann. Vielmehr muss bei der Frage der Entreicherung eine **Abwägung zwischen dem Vertrauensschutz** und dem **Grundsatz der Gesetzmäßigkeit der Verwaltung** erfolgen.[812]

a) Der **Staat** kann sich danach generell nicht auf den Wegfall der Bereicherung berufen. Denn die öffentliche Hand ist an Recht und Gesetz gebunden (Art. 20 Abs. 3 GG), wodurch sie uneingeschränkt verpflichtet wird, rechtsgrundlose Vermögensverschiebungen zu beseitigen.[813] **585**

b) Beim **Bürger** ist dagegen ein Wegfall der Bereicherung nicht generell ausgeschlossen. Denn der Bürger, der im Vertrauen auf die Rechtsbeständigkeit der Leistung einen ihm gewährten Vermögensvorteil verbraucht hat, ist grds. **schutzwürdig**. Der Erstattungsanspruch entfällt daher, wenn das private Vertrauen auf die Rechtsbeständigkeit der eingetretenen Vermögenslage das öffentliche Interesse an der Wiederherstellung einer dem Gesetz entsprechenden Vermögenslage überwiegt. Deshalb schadet, anders als im Rahmen von § 819 Abs. 1 BGB, nicht nur die Kenntnis von der Rechtsgrundlosigkeit, sondern das Vertrauen des Bürgers ist schon bei **grober Fahrlässigkeit** nicht schutzwürdig (Rechtsgedanke des § 49 a Abs. 2 S. 2 VwVfG, § 12 Abs. 2 S. 2 BBesG, § 52 Abs. 2 S. 2 BeamtVG).[814] **586**

Hat der Bürger die Leistung infolge eines Bewilligungsbescheides erhalten, wird sein Vertrauen regelmäßig schon bei der vorherigen Aufhebung dieses Bescheides im Rahmen der §§ 48, 49 VwVfG berücksichtigt werden, sodass bei zulässiger Aufhebung ein Entreicherungseinwand i.d.R. entfallen dürfte.[815] Bei EU-rechtswidrigen Subventionen ist der Entreicherungseinwand i.d.R. ausgeschlossen, wenn die Beihilfe unter Verstoß gegen Art. 107, 108 AEUV gewährt worden ist.[816]

2. Im vorliegenden Fall handelt es sich um einen Anspruch des Bürgers **gegen den Staat**, der sich grundsätzlich nicht auf einen Wegfall der Bereicherung berufen kann. **587**

Wegen der Gesetzesbindung der Verwaltung (Art. 20 Abs. 3 GG) sind auch die §§ 814 ff. BGB bzw. deren Rechtsgedanke auf den ör Erstattungsanspruch grds. nicht anwendbar. Die Gesetzesbindung der Verwaltung steht der Festschreibung rechtswidriger Zustände entgegen. Deshalb ist der Anspruch des Bürgers – abweichend von § 814 BGB – auch dann nicht ausgeschlossen, wenn die Leistung in Kenntnis der Nichtschuld erbracht wurde.[817] Ebenso ist der Anspruch auch bei sittenwidrigem Verstoß nicht ausgeschlossen (anders § 817 S. 2 BGB).[818] Demgegenüber dürfte die Anwendung des Rechtsgedankens des § 814 BGB **zulasten der Verwaltung** zu bejahen sein. Denn der Bürger darf darauf vertrauen, dass die Verwaltung nur solche Leistungen erbringt, die sie auch erbringen darf.[819] **588**

---

812 BVerwGE 71, 85, 88 ff.; Detterbeck/Windthorst/Sproll § 25 Rn. 10.

813 BVerwG DVBl. 2005, 781, 782; Maurer § 29 Rn. 26; Schoch Jura 1994, 82, 88; Janzen Jura 2010, 624, 627.

814 Vgl. dazu BVerwG NVwZ-RR 2012, 930, 931; Gurlit in: Erichsen/Ehlers § 35 Rn. 27; Ossenbühl NVwZ 1991, 513, 516; Gellermann DVBl. 2003, 481, 486.

815 Maurer § 29 Rn. 27; Schoch Jura 1994, 82, 89.

816 EuGH NJW 1998, 45, 47; BVerwG NJW 1998, 3728, 2731; Sydow JuS 2005, 97, 102 m.w.N., vgl. oben Rn. 129 f.

817 VGH Mannheim NVwZ 1991, 583, 587; Schoch Jura 1994, 82, 89; offengelassen von BVerwG NdsVBl. 2003, 236, 237; OVG Lüneburg NordÖR 2002, 307, 309; allgemein Janzen Jura 2010, 624, 626.

818 BVerwG NVwZ 2003, 993, 994; VGH Mannheim VBlBW 2004, 52, 55.

589 3. Dem einseitigen Rückforderungsbegehren des B könnte aber der **Grundsatz von Treu und Glauben** (§ 242 BGB analog) entgegenstehen, da die Leistung der Gemeinde (Erlass des Bebauungsplans) **nicht mehr rückgängig** gemacht werden kann.[820]

a) Anerkannt ist, dass der Grundsatz von Treu und Glauben, der im Öffentlichen Recht entsprechende Anwendung findet, ausnahmsweise zu einem teilweisen oder vollständigen **Ausschluss** des öffentlich-rechtlichen Erstattungsanspruchs führen kann.[821]

b) Bei Vermögensverschiebungen aufgrund eines nichtigen öffentlich-rechtlichen Vertrages wird ein treuwidriges Verhalten allerdings nur bejaht, wenn **besondere Umstände** in der Person oder im Verhalten des Erstattungsberechtigten vorliegen.[822] Erforderlich ist, dass es sich um Umstände handelt, die über das hinausgehen, was ohnehin schon zur Nichtigkeit des Vertrages geführt hat.

Das hat die Rspr. z.B. bei Folgekostenverträgen angenommen, wenn der Leistende durch die Übernahme der Kosten keinen Nachteil erlitten hat, weil er diese Kosten vertraglich auf einen Dritten (z.B. den Grundstückserwerber) abgewälzt hat.[823]

Anhaltspunkte hierfür sind vorliegend nicht ersichtlich. Somit ist der Erstattungsanspruch des B gegen die Gemeinde G begründet.

D. Der Anspruch könnte auch als **Folgenbeseitigungsanspruch** geltend gemacht werden.

590 I. Zum Teil wird der **öffentlich-rechtliche Erstattungsanspruch** lediglich als **Unterfall des FBA** angesehen. Der Erstattungsanspruch sei nichts anderes als ein auf die Rückzahlung von Geld gerichteter spezieller FBA, der den allgemeinen FBA verdränge.[824] Nach h.M. können FBA und Erstattungsanspruch dagegen nebeneinander bestehen, auch wenn sie vielfach auf dasselbe Ziel hinauslaufen. Das wird damit begründet, dass beide Ansprüche sich in den Voraussetzungen und der Rechtsfolge unterscheiden. Der FBA ist auf die Beseitigung eines **rechtswidrigen Zustandes** gerichtet, der Erstattungsanspruch dagegen auf die Rückgängigmachung einer **rechtsgrundlosen, nicht notwendigerweise rechtswidrigen** Vermögensverschiebung. Im Übrigen kann sich der FBA im Gegensatz zum Erstattungsanspruch nicht gegen den Bürger richten. Auch scheidet der FBA aus, wenn eine Wiederherstellung nicht möglich ist (s.o. Rn. 403), wohingegen der Erstattungsanspruch bei Unmöglichkeit der Herausgabe auf Wertersatz gerichtet ist (Rechtsgedanke des § 818 Abs. 2 BGB). Der FBA ist daher **neben dem ör Erstattungsanspruch** anwendbar.[825]

---

819 Gurlit in: Erichsen/Ehlers § 35 Rn. 28.

820 BVerwG RÜ 2009, 530, 533; NJW 1998, 3135; OVG Lüneburg BauR 2008, 57, 65; VGH Mannheim NVwZ 1991, 583, 587; OVG NRW NJW 1992, 2245, 2246; Gurlit in: Erichsen/Ehlers § 35 Rn. 28.

821 BVerwG RÜ 2009, 530, 533; NJW 1998, 3135; OVG Lüneburg BauR 2008, 57, 65; VGH Mannheim NVwZ 1991, 583, 587; OVG NRW NJW 1992, 2245, 2246; Gurlit in: Erichsen/Ehlers § 35 Rn. 28.

822 BVerwG DVBl. 2009, 782, 783; DVBl. 2000, 1853, 1857; NVwZ 2003, 993, 994; OVG Hamurg DVBl. 2008, 1202; OVG Lüneburg BauR 2008, 57, 64; VGH Mannheim VBlBW 2004, 52, 54 f.; Ruffert Jura 2003, 633, 635; Ogorek JA 2003, 436, 439.

823 Vgl. BVerwG RÜ 2009, 530, 533; OVG Lüneburg BauR 2008, 57, 65 und oben Rn. 361.

824 BVerwG DÖV 1964, 712; OVG NRW DÖV 1964, 714; Morlok DV 25 (1992), S. 386 ff.

II. Hinsichtlich der **Voraussetzungen** des FBA[826] ist hier lediglich fraglich, ob ein **hoheitlicher Eingriff** vorliegt. Bei Vermögensverschiebungen ist das nur der Fall, wenn die Behörde die Zahlung veranlasst hat. 591

Beispiel: B fordert nach Aufhebung des Abgabenbescheides Rückzahlung des festgesetzten Geldbetrages. Der Annahme eines FBA („hoheitliches Handeln") steht in diesen Fällen nicht entgegen, dass der Bürger „freiwillig" gezahlt hat. Denn der FBA greift nicht nur bei zwangsweiser Vollziehung ein, sondern auch, wenn der Betroffene dem an ihn durch VA gerichteten Gebot „freiwillig" nachgekommen ist.[827] Kein FBA besteht dagegen bei bloßen Überzahlungen durch den Bürger.[828] **Beispiel:** B überweist versehentlich einen höheren Betrag als nach dem Abgabenbescheid festgesetzt.

Hier erfolgte die Zahlung **nicht auf hoheitliche Veranlassung** der Behörde, sondern allein aufgrund der unwirksamen vertraglichen Regelung. Ein FBA scheidet mangels hoheitlichen Eingriffs damit aus. B kann seinen Rückzahlungsanspruch nur auf den öffentlich-rechtlichen Erstattungsanspruch stützen.

III. Die Durchsetzung des ör Erstattungsanspruchs

- Da der **Erstattungsanspruch des Bürgers** gegen den Staat öffentlich-rechtlicher Natur ist, ist er durch verwaltungsgerichtliche Leistungsklage durchzusetzen (§ 40 Abs. 1 S. 1 VwGO, ggf. § 126 Abs. 1 BBG bzw. § 54 Abs. 1 BeamtStG). 592

- Ist der Erstattungsanspruch **Folge eines VA** (z.B. eines Leistungsgebotes, das der Bürger zunächst erfüllt hat) und bedarf es daher der vorherigen Aufhebung des VA, so kann der Erstattungsanspruch (auch) auf den FBA gestützt und über § 113 Abs. 1 S. 2 VwGO als **Annex zum Anfechtungsantrag** geltend gemacht werden. 593

- Der **Staat** hat neben der **Leistungsklage** auch die Möglichkeit, den Erstattungsanspruch durch VA **(Leistungsbescheid)** durchzusetzen. Das gilt jedenfalls dann, wenn die VA-Befugnis gesetzlich ausdrücklich geregelt ist (vgl. z.B. § 49 a Abs. 1 S. 2 VwVfG, § 50 Abs. 3 SGB X). Im Übrigen kann die Rückforderung nach h.Rspr. immer dann durch VA erfolgen, wenn die Leistung selbst durch VA gewährt worden ist (sog. **Kehrseitentheorie**).[829] Außerdem soll nach h.M. der Anspruch durch VA durchgesetzt werden können, wenn er aus einem **Über-/Unterordnungsverhältnis** resultiert.[830] Anders sieht dies ein Teil der Literatur. Wegen der Titel- und Vollstreckungsfunktion des VA sei für die VA-Befugnis im Hinblick auf das Prinzip vom Vorbehalt des Gesetzes eine besondere Ermächtigung erforderlich.[831] 594

---

825 Ossenbühl/Cornils, S. 396 f.; Broß VerwArch 1985, 217, 224; Windthorst JuS 1996, 894, 896; im Ergebnis auch OVG NRW DAR 1980, 223; a.A. Werner JA 2000, 902, 911.

826 Vgl. dazu oben Rn. 385 ff.

827 Vgl. Kopp/Schenke VwGO § 113 Rn. 92 m.w.N.

828 Detterbeck/Windthorst/Sproll § 26 Rn. 7.

829 BVerwGE 40, 85, 89; 89, 345, 350; Maurer § 10 Rn. 7 ff.; Kopp/Ramsauer VwVfG § 49 a Rn. 27; Manssen/Greim JuS 2010, 429, 433.

830 BVerwG NJW 2009, 2905, 2906; Maurer § 10 Rn. 7.

831 Gurlit in: Erichsen/Ehlers § 35 Rn. 31; im Einzelnen AS-Skript VerwaltungsR AT 1 (2014), Rn. 296 ff.

5. Abschnitt: Öffentliche Ersatzleistungen

A. Das System der öffentlichen Ersatzleistungen

595 Von den im 4. Abschnitt behandelten verwaltungsrechtlichen Abwehr-, Beseitigungs- und Unterlassungsansprüchen sind die **öffentlichen Ersatzleistungen** zu unterscheiden, die auf **Ausgleich eines Vermögensnachteils** gerichtet sind.

Die im 4. und 5. Abschnitt behandelten Ansprüche werden teilweise unter dem Begriff **„Staatshaftungsrecht"** zusammengefasst, wobei allerdings die Reichweite des Begriffs unterschiedlich verstanden wird. Nach früherem Verständnis fiel darunter nur die Haftung für hoheitliches Unrecht, während heute überwiegend von einem weiten Begriff der Staatshaftung ausgegangen wird (s.o. Rn. 371).

596 Das Recht der öffentlichen Ersatzleistungen bildet kein in sich geschlossenes Rechtsgebiet, sondern hat sich **historisch aus verschiedenen Grundgedanken** entwickelt:

- Haftung des Staates wegen **Pflichtverletzungen** (sog. Unrechtshaftung),
- Ersatzansprüche bei Eingriffen in das Eigentum (Art. 14 GG), insbes. **Enteignung**,
- Ersatzansprüche bei Eingriffen in nichtvermögenswerte Rechte i.S.d. Art. 2 Abs. 2 GG, sog. **Aufopferung**.

597 Um eine einheitliche Kodifizierung des unübersichtlichen und zum Teil auf Gewohnheitsrecht beruhenden Haftungssystem zu ermöglichen, hat der Bund seit 1994 die **konkurrierende Gesetzgebungskompetenz** für die Staatshaftung (Art. 74 Abs. 1 Nr. 25 GG). Bislang hat der Bund allerdings von dieser Gesetzgebungskompetenz noch keinen Gebrauch gemacht.

Bereits 1982 hatte der Bund auf der Grundlage von Art. 74 Nr. 1 GG a.F. (jetzt Art. 74 Abs. 1 Nr. 1 GG) ein Staatshaftungsgesetz erlassen, das das BVerfG jedoch wegen seinerzeit fehlender Gesetzgebungskompetenz des Bundes für verfassungswidrig und nichtig erklärt hatte: „Nach heutiger Auffassung gehört die Frage der Haftung des Staates, seiner Verantwortlichkeit für die Folgen pflichtwidriger Ausübung hoheitlicher Gewalt zum öffentlichen Recht. … Die Einführung einer originären Staatshaftung und die Regelung der Folgenbeseitigung ist aufgrund des Art. 74 Nr. 1 GG nicht möglich."[832]

Nach Einführung der Gesetzgebungskompetenz in Art. 74 Abs. 1 Nr. 25 GG sah der Bund zunächst keinen Bedarf für die Schaffung eines einheitlichen Staatshaftungsgesetzes.[833] In der Koalitionsvereinbarung 2009 war ausdrücklich vorgesehen, dass das Staatshaftungsrecht kodifiziert und gerecht ausgestaltet werden sollte.[834] Umgesetzt wurde dieser Plan jedoch nicht.

I. Haftung wegen Pflichtverletzung (sog. Unrechtshaftung)

Schadensersatzansprüche
■ **Amtshaftung** (Art. 34 S. 1 GG, § 839 BGB)
■ **ordnungsrechtliche Unrechtshaftung**
■ **vertragliche und vertragsähnliche Ersatzansprüche**
■ **Gefährdungshaftung**

832 BVerfGE 61, 149.

833 BT-Drs. 15/3952.

834 Koalitionsvertrag Wachstum, Bildung, Zusammenhalt (2009), S. 112, Zeile 5173 ff.

1. Historische Entwicklung der Amtshaftung

Die Grundlagen der Haftung des Staates für **Pflichtverletzungen**, also für **rechtswidriges Verhalten** (sog. Unrechtshaftung) finden sich bereits in den §§ 88, 89 des 10. Titels im Zweiten Teil des Preußischen Allgemeinen Landrechts (ALR) aus dem Jahre 1794. 598

§ 88: Wer ein Amt übernimmt, muss auf die pflichtgemäße Führung desselben die genaueste Aufmerksamkeit wenden.

§ 89: Jedes dabey begangene Versehen, welches bey gehöriger Aufmerksamkeit, und nach den Kenntnissen, die bey der Verwaltung des Amtes erfordert werden, hätte vermieden werden können und sollen, muß er vertreten.

Der **Beamte** haftete nach damaligem Verständnis für schuldhafte Pflichtverletzungen **persönlich**. Einer Haftung des Staates stand die Überlegung entgegen, dass der Staat auf rechtmäßiges Handeln beschränkt war und Pflichtverletzungen des Beamten dem Staat nicht zugerechnet werden konnten.

Der Landesherr (Staat) verstand sich als „Mandant" des Beamten. Unrechtmäßiges Handeln wurde als Mandatsüberschreitung angesehen, die dem Staat nicht zugerechnet wurde und vom Beamten persönlich zu verantworten war.[835] Parallelen hierzu bilden die aus anderen Rechtskreisen bekannten Rechtsfiguren der ultra-vires-Lehre oder der Unverantwortlichkeit der Krone („The King can do no wrong").

Diese **persönliche Haftung** ist Anfang des 20. Jahrhunderts in § 839 BGB übernommen worden und bildet auch heute noch die Grundlage der **Amtshaftung**. 599

§ 839 BGB: (1) Verletzt ein **Beamter** vorsätzlich oder fahrlässig die ihm einem Dritten gegenüber obliegende Amtspflicht, so hat **er** dem Dritten den daraus entstehenden Schaden zu ersetzen. …

In der Folgezeit setzte sich allerdings die Auffassung durch, dass der **Staat selbst** für Pflichtverletzungen seiner Organe haften müsse (Staatshaftung i.e.S.). Dieser Gedanke wurde z.B. im Gesetz über die Haftung des Reiches für seine Beamten von 1910 sowie in einer Reihe von Landesgesetzen übernommen. Verfassungsrechtlich wurde die Haftung des Staates erstmals durch Art. 131 Weimarer Reichsverfassung (WRV) abgesichert.

Art. 131 WRV: Verletzt ein Beamter in Ausübung der ihm anvertrauten öffentlichen Gewalt die ihm einem Dritten gegenüber obliegende Amtspflicht, so trifft die **Verantwortlichkeit** grundsätzlich den **Staat** oder die Körperschaft, in deren Dienste der Beamte steht.

Heute ist die entsprechende Regelung in **Art. 34 GG** enthalten. Konstruktiv wird dabei nach wie vor von der persönlichen Haftung des Beamten nach § 839 BGB ausgegangen. Diese Haftung wird nach Art. 34 S. 1 GG **auf den Staat übergeleitet**, der unter bestimmten Voraussetzungen beim Beamten Rückgriff nehmen kann (Art. 34 S. 2 GG). 600

Art. 34 GG: Verletzt jemand in Ausübung eines ihm anvertrauten öffentlichen Amtes die ihm einem Dritten gegenüber obliegende Amtspflicht, so trifft die **Verantwortlichkeit** grundsätzlich den **Staat** oder die Körperschaft, in deren Dienst er steht.

Anders als in der Bundesrepublik hatte die **DDR** durch ihr Staatshaftungsgesetz 1969 die Staatshaftung als originäre verschuldensunabhängige Haftung des Staates für eigenes Unrecht geregelt und damit von der persönlichen Verantwortung des Amtswalters gelöst. Nach Art. 9 Abs. 1 EVertr galt das StHG-DDR zunächst in den neuen Ländern als Landesrecht fort, heute in modifizierter Form nur noch in Brandenburg und Thüringen. Für die Haftung nach § 1 StHG gelten dieselbe Grundsätze wie für die verschuldensunabhängige ordnungsrechtliche Haftung[836] (dazu unten Rn. 680 ff.).

---

835 Sandkühler JA 2001, 149.

836 Vgl. BGH DVBl. 2006, 764 mit Anm. Grzeszick JZ 2006, 795 ff.; ausführlich Ossenbühl/Cornils, S. 554 ff.

2. Ordnungsrechtliche Unrechtshaftung

601 Neben der Amtshaftung aus Art. 34 GG, § 839 BGB besteht in den meisten Ländern ein Anspruch auf Entschädigung, wenn jemand durch eine rechtswidrige Maßnahme der Polizei- oder Ordnungsbehörden einen Schaden erleidet **(ordnungsrechtliche Unrechtshaftung)**. Anders als die Amtshaftung ist die ordnungsrechtliche Haftung **verschuldensunabhängig** (s.u. Rn. 680 ff.).

Beispiele: Dem Bauherrn B wird die beantragte Baugenehmigung rechtswidrig versagt. G ist von der Polizei rechtswidrig in Gewahrsam genommen worden.

3. Vertragliche Haftung

602 Außerdem können im öffentlichen Recht neben den deliktischen Ansprüchen auch **vertragliche** bzw. **vertragsähnliche Ersatzansprüche** bestehen, insb. kommen Schadensersatzansprüche analog §§ 280 ff. BGB in Betracht (s.u. Rn. 705 ff.).

Beispiele: Das Land L kommt mit der Leistung aus einem öffentlich-rechtlichen Vertrag in Verzug (vgl. § 62 S. 2 VwVfG). Die Bewerbung des Beamten B um eine Beförderung ist aufgrund fehlerhafter Auswahlentscheidung abgelehnt worden.

4. Gefährdungshaftung

603 Schließlich gelten die Fälle der **Gefährdungshaftung** (z.B. § 7 StVG, § 33 LuftVG) auch für Hoheitsträger, und zwar unabhängig davon, ob das Verhalten hoheitlich oder privatrechtlich zu qualifizieren ist.

Beispiel: Der Polizeibeamte P verursacht bei einer Einsatzfahrt schuldhaft einen Verkehrsunfall. Neben Ansprüchen aus Amtshaftung (Art. 34 S. 1 GG, § 839 BGB) besteht die Haftung nach § 7 StVG.

604 Ein besonderer Fall der Gefährdungshaftung findet sich in Art. 5 Abs. 5 EMRK (Europäische Menschenrechtskonvention) für rechtswidrige Freiheitsentziehungen. Die EMRK gilt innerstaatlich mit Gesetzeskraft und gewährt in Art. 5 Abs. 5 dem Betroffenen einen **unmittelbaren verschuldensunabhängigen Schadensersatzanspruch**, wenn seine Freiheit unter Verstoß gegen Art. 5 Abs. 1 EMR beschränkt wird („Jede Person, die unter Verletzung dieses Artikels von Festnahme oder Freiheitsentziehung betroffen ist, hat Anspruch auf Schadensersatz.").

Beispiele: Haftung bei konventionsrechtswidriger Sicherungsverwahrung[837]

II. Ersatzansprüche bei Eingriffen in das Eigentum

1. Historische Entwicklung

605 Während es bei der Unrechtshaftung um die Haftung des Staates für rechtswidriges Verhalten geht, geht es bei Aufopferung und Enteignung um Fälle, in denen der Staat im öffentlichen Interesse gezwungen ist, **rechtmäßig** in die Rechte des Einzelnen einzugreifen. Für diese Eingriffe soll der Betroffene einen Ausgleich in Form einer **Entschädigung** erhalten, da er ein Sonderopfer erbringt.

837 BGH, Urt. v. 19.09.2013 – III ZR 405/12, NJW 2014, 67; OLG Hamm, Urt. v. 14.11.2014 – 11 U 80/13 in Folge von EGMR, Urt. v. 17.12.2009 – 19359/04, RÜ 2010, 97 und EGMR, Urt. v. 13.01.2011 – 6587/04, RÜ 2011, 165.

Die erste bedeutsame Normierung dieses Rechtsgedankens findet sich ebenfalls bereits in der **Einleitung zum Preußischen Allgemeinen Landrecht** von 1794: 606

§ 74: Einzelne Rechte und Vortheile der Mitglieder des Staates muessen den Rechten und Pflichten zur Befoerderung des gemeinschaftlichen Wohls, wenn zwischen beyden ein wirklicher Widerspruch (Collision) eintritt, nachstehn.

§ 75: Dagegen ist der Staat demjenigen, welcher seine besondern Rechte und Vortheile dem Wohle des gemeinen Wesens aufzuopfern genoethigt wird, zu entschaedigen gehalten.

Diese Regelung wurde entsprechend dem Wortlaut des § 75 als **Aufopferung** bezeichnet. Da es für die Abwehr des Eingriffs damals meist keinen Rechtsschutz gab, pflegte man die dadurch herbeigeführte Rechtslage durch das Schlagwort **„dulde und liquidiere"** zu kennzeichnen.

2. Enteignung, Art. 14 Abs. 3 GG

Der Bau von Eisenbahnen und Straßen in der zweiten Hälfte des 19. Jahrhunderts führte dazu, dass der Staat in großem Umfang **Grundeigentum** des Bürgers benötigte und deshalb die rechtlichen Möglichkeiten schaffen musste, sich dieses notfalls auch zwangsweise zu beschaffen. Hierzu entwickelte sich als wichtigster Anwendungsfall der Aufopferung das Rechtsinstitut der **Enteignung**, das später durch **Art. 153 WRV** verfassungsrechtlich abgesichert wurde. Im Grundgesetz findet sich die grundlegende Regelung des Eigentumsschutzes und der Enteignung in **Art. 14 GG**. Aufgrund der **Junktimklausel** in Art. 14 Abs. 3 S. 2 GG ist eine Enteignung nur zulässig, wenn das Gesetz zugleich Art und Ausmaß der Entschädigung regelt (s.u. Rn. 720 ff.). 607

3. Inhalts- und Schrankenbestimmungen, Art. 14 Abs. 1 S. 2 GG

Inhalts- und Schrankenbestimmungen i.S.d. Art. 14 Abs. 1 S. 2 GG sind grds. **entschädigungslos** hinzunehmen. Erweist sich die Eigentumsbeschränkung jedoch im Einzelfall als unzumutbar, kann es erforderlich werden, die mit dem Eingriff verbundene Belastung durch eine Geldentschädigung abzumildern, um so die Verhältnismäßigkeit der Maßnahme sicherzustellen (s.u. Rn. 728 ff.). 608

Beispiele hierfür sind die sog. **ausgleichspflichtigen Inhaltsbestimmungen** bei Nutzungsbeschränkungen im Natur-, Landschafts- und Denkmalschutzrecht. **Beispiel:** Durch naturschutzrechtliche Anordnungen wird die landwirtschaftliche Nutzung eines Grundstücks untersagt, was zu einer erheblichen Beschränkung des Eigentums führt.

4. Enteignender und enteignungsgleicher Eingriff

Gewohnheitsrechtlich hat die Rspr. außerdem die Institute des **enteignungsgleichen Eingriffs** und des **enteignenden Eingriffs** entwickelt. Ihre Grundlage finden diese Ansprüche in dem allgemeinen Aufopferungsgedanken der §§ 74, 75 EALR. Sie dienen dazu, einen Ausgleich für nicht abwehrbare rechtswidrige Maßnahmen oder unvorhergesehene Nebenfolgen einer rechtmäßigen Maßnahme zu gewähren (s.u. Rn. 734 ff.). 609

Beispiele: Faktische Bausperre durch rechtswidrige Verzögerung einer Baugenehmigung, Verursachung einer Überschwemmung durch hoheitliche Planung.

Ansprüche bei Eingriffen in das Eigentum
■ **Enteignungsentschädigung (Art. 14 Abs. 3 S. 2–4 GG)** ■ **ausgleichspflichtige Inhaltsbestimmungen** ■ **Entschädigung wegen enteignungsgleichen Eingriffs** ■ **Entschädigung wegen enteignenden Eingriffs**

III. Ersatzansprüche bei Eingriffen in nichtvermögenswerte Rechte

610 Während es bei den eigentumsrechtlichen Ansprüchen um Eingriffe in vermögenswerte Rechte geht, soll der **allgemeine Aufopferungsanspruch** Eingriffe in **nichtvermögenswerte Rechte** i.S.d. Art. 2 Abs. 2 GG ausgleichen, wie Leben, Gesundheit und Freiheit. Er findet seine Grundlage ebenfalls in einem auf §§ 74, 75 EALR zurückgehenden Grundsatz des Gewohnheitsrechts. Wenn schon bei Eingriffen in das Eigentum (Art. 14 GG) Entschädigung zu leisten ist, muss dies erst recht für Eingriffe in die hochrangigen Rechte des Art. 2 Abs. 2 GG gelten.

Beispiel: Wird ein Demonstrationsteilnehmer wegen des Fehlverhaltens eines anderen Demonstrationsteilnehmers von einem Polizeihund gebissen, so kommt eine Entschädigung nach allgemeinen Aufopferungsgrundsätzen in Betracht.[838]

611 Dieser Bereich ist heute allerdings zumeist spezialgesetzlich geregelt, sodass die **Bedeutung** des gewohnheitsrechtlichen Anspruchs **gering** ist (s.u. Rn. 772 ff.).

Beispiele: Gesundheitsschäden durch Pflichtimpfungen (vgl. §§ 60 ff. InfSG), Ausgleich bei rechtswidrigen Freiheitsentziehungen nach §§ 1 ff. StrEG (Strafverfolgungsentschädigungsgesetz) sowie die Entschädigung für Opfer von Gewalttaten nach §§ 1 ff. OEG (Opferentschädigungsgesetz).

Staatshaftungsrecht

Beseitigung/ Unterlassung	Haftung wegen Pflichtverletzung	Enteignung/ Aufopferung
■ ör Abwehr- und Unterlassungsanspruch ■ (Folgen-)Beseitigungsanspruch ■ ör GoA ■ ör Erstattungsanspruch	■ Amtshaftung (Art. 34 GG, § 839 BGB) ■ Spezialregelungen, insbes. im POR ■ vertragliche/vertragsähnliche Haftung (§ 280 BGB analog) ■ Gefährdungshaftung (z.B. § 7 StVG)	■ Enteignungsentschädigung nach SpezialG ■ ausgleichspflichtige Inhaltsbestimmung ■ enteignungsgleicher/ enteignender Eingriff ■ Aufopferung i.e.S.

838 OLG Frankfurt/Main, Urt. v. 20.08.2013 – 1 U 69/13, NVwZ-RR 2014, 142.

B. Schadensersatzansprüche, insbes. die Amtshaftung

I. Haftungsgrundlagen

1. Amtshaftung gemäß Art. 34 GG, § 839 BGB

Die Haftung des Staates für **rechtswidriges, schuldhaftes Verhalten** seiner Amtswal- **612**
ter richtet sich im **hoheitlichen Bereich** in erster Linie nach **Art. 34 GG, § 839 BGB**. Ausgangspunkt ist hierbei die auf Schadensersatz gerichtete Norm des § 839 BGB, die eine persönliche Haftung des Beamten begründet.

§ 839 BGB: Verletzt ein Beamter vorsätzlich oder fahrlässig die ihm einem Dritten gegenüber obliegende Amtspflicht, so hat er dem Dritten den daraus entstehenden Schaden zu ersetzen. …

Art. 34 S. 1 GG nimmt hierauf Bezug und ändert die sich aus § 839 BGB ergebende **613**
Rechtslage in zweierlei Hinsicht ab:

Art. 34 GG: Verletzt jemand in Ausübung eines ihm anvertrauten öffentlichen Amtes die ihm einem Dritten gegenüber obliegende Amtspflicht, so trifft die Verantwortlichkeit grundsätzlich den Staat oder die Körperschaft, in deren Dienst er steht. …

- Die Haftung besteht nicht nur für Beamte im statusrechtlichen Sinne, sondern für **jeden Amtswalter** („jemand"), der „in Ausübung eines ihm anvertrauten öffentlichen Amtes", d.h. **hoheitlich** handelt (haftungsrechtlicher Beamtenbegriff).

- Die Eigenhaftung des Beamten wird im Wege der befreienden Schuldübernahme **auf den Staat übergeleitet** („mittelbare Staatshaftung"). Schuldner ist also nicht mehr der Beamte persönlich, sondern der hinter ihm stehende **Verwaltungsträger** (Bund, Land, Gemeinde etc.). Der Staat haftet **anstelle** des Amtswalters.

  Bei Vorsatz oder grober Fahrlässigkeit kann der Staat jedoch beim Beamten **Rückgriff** nehmen (Art. 34 S. 2 GG und § 75 Abs. 1 BBG, § 48 S. 1 BeamtStG).

Amtshaftung

§ 839 BGB	Art. 34 S. 1 GG
■ ~~Beamter~~	■ jemand ■ in Ausübung eines ihm anvertrauten öffentlichen Amtes (= **hoheitlich**)

- Verletzung einer einem Dritten gegenüber obliegenden Amtspflicht
- Verschulden (Vorsatz oder Fahrlässigkeit)
- kausaler Schaden
- Ausschlusstatbestände (§ 839 I 2, § 839 III BGB)

→ ~~Eigenhaftung des Beamten~~	→ Haftung des **Staates**

614 Wegen dieses Verhältnisses der beiden Vorschriften

- § 839 BGB als **haftungsbegründende Norm** und
- Art. 34 S. 1 GG als verfassungsrechtliche **Zurechnungsnorm**

ist es in der Praxis üblich, Art. 34 GG und § 839 BGB als **einheitliche Anspruchsgrundlage** zu behandeln (deshalb im Folgenden: 34/839).[839]

Eine im Vordringen befindliche Auffassung versteht Art. 34 S. 1 GG nicht nur als Zurechnungsnorm, sondern als eigentliche Anspruchsgrundlage, die durch § 839 BGB konkretisiert wird.[840] Auf die Zitierweise hat das keine Auswirkungen.[841]

2. Verhältnis zu anderen Haftungsregeln

Haftung für rechtswidrige hoheitliche Maßnahmen
■ **Spezialregelungen**, z.B. § 19 BNotO
■ **Art. 34 GG, § 839 BGB**
– §§ 823, 826, 831 BGB nicht anwendbar bei hoheitlicher Tätigkeit
– § 280 BGB analog, § 7 StVG, Enteignung, Aufopferung bleiben anwendbar
■ **Haftung nach POR** für rechtswidrige Maßnahmen (neben 34/839 anwendbar)

615 Ausnahmsweise wird die Amtshaftung durch **Spezialregelungen** verdrängt. Denn durch Art. 34 S. 1 GG wird die Eigenhaftung des Beamten im hoheitlichen Bereich nur **„grundsätzlich"** auf den Staat übergeleitet, was Ausnahmen zulässt.

Beispiele: § 19 BNotO begründet eine Eigenhaftung des Notars. Eine Haftung des Staates besteht nicht (§ 19 Abs. 1 S. 4 BNotO). Gerichtliche Sachverständige haften persönlich nach § 839 a BGB.[842]

616 Die Amtshaftung **verdrängt** ihrerseits im hoheitlichen Bereich sämtliche **verschuldensabhängige Deliktstatbestände.** Nicht anwendbar bei hoheitlicher Tätigkeit sind daher insbes. die §§ 823, 826, 831 BGB.[843] Bei schuldhafter Amtspflichtverletzung durch hoheitliche Maßnahmen haftet daher weder der Beamte nach § 839 BGB noch der Staat nach § 831 BGB, sondern der **Staat nach Art. 34 GG, § 839 BGB**. Die §§ 823 ff. BGB sind daher nur anwendbar, wenn der Staat privatrechtlich handelt.

Bei rechtswidriger Versagung einer Baugenehmigung (hoheitliche Tätigkeit) haftet der Staat daher nach Art. 34 GG, § 839 BGB (unten Fall 16), bei Verstoß gegen die privatrechtliche Verkehrssicherungspflicht kommen Ansprüche nach §§ 823, 831 BGB in Betracht (s.u. Rn. 629 f.).

617 Alle anderen Ansprüche auf **Schadensersatz** oder **Entschädigung** können dagegen **neben** 34/839 geltend gemacht werden. Nicht ausgeschlossen sind z.B. vertragliche Schadensersatzansprüche analog § 280 BGB, Ansprüche aus Gefährdungshaftung (z.B. nach § 7 StVG)[844] und Ansprüche wegen Enteignung oder Aufopferung.

839 Vgl. MünchKomm-Papier BGB § 839 Rn. 129 ff.

840 Vgl. Jarass/Pieroth GG Art. 34 Rn. 1; Maurer § 26 Rn. 8; zum Streit vgl. Hartmann/Tieben JA 2014, 401.

841 Die Zitierweise ist uneinheitlich, wie hier Maurer § 26; MünchKomm-Papier BGB, § 839 Rn. 129 ff.; ders. in Maunz/Dürig, GG, Art. 34 Rn. 17 ff.; anders Harmann/Tieben JA 2014, 401: „§ 839 Abs. 1 S. 1 BGB, Art. 34 S. 1 GG" zwingend. Dagegen spricht jedoch, dass Art. 34 GG den Anspruch gegen den Hoheitsträger begründet. Die Rspr. ist uneinheitlich. Der BGH spricht üblicherweise von „§ 839 Abs. 1 BGB i.V.m. Art. 34 S. 1 GG" (so z.B. BGH NVwZ 2014, 389; NJW 2014, 1665; NZV 2015, 72).

842 Zur Abgrenzung von § 839 BGB und § 839 a BGB vgl. Klement Jura 2010, 867, 867 f.

843 Maurer § 26 Rn. 45.

Beispiel: Der Beamte B verursacht bei einer Dienstfahrt mit einem **Dienstwagen** einen Verkehrsunfall. Der Staat haftet nach § 7 StVG und – wenn der Unfall von B schuldhaft verursacht wurde – auch nach 34/839. B haftet wegen der Haftungsüberleitung gemäß Art. 34 S. 1 GG nicht persönlich, weder nach § 823 BGB noch nach § 18 StVG. Denn die Fahrerhaftung beruht auf vermutetem Verschulden. Daher wird § 18 StVG, anders als § 7 StVG, durch 34/839 verdrängt.[845] Verursacht B den Unfall bei einer Dienstfahrt mit einem **eigenen Pkw**, so haftet der Dienstherr gemäß 34/839 und B gemäß § 7 StVG.[846]

Ebenfalls neben dem Amtshaftungsanspruch anwendbar ist die verschuldensunabhängige Haftung des Staates für **überlange Gerichtsverfahren** nach § 198 Abs. 1 S. 1 GVG und überlange strafrechtliche Ermittlungsverfahren nach § 199 Abs. 1 GVG.[847] Danach muss der Staat den Bürger, der infolge unangemessener Dauer eines Verfahrens einen Nachteil erleidet, angemessen entschädigen.[848] Voraussetzung ist, dass der Betroffene die Verzögerung zuvor gerügt hat (**Verzögerungsrüge**, § 198 Abs. 3 GVG).[849] Anders als der Amtshaftungsanspruch gewährt § 198 Abs. 1 S. 1 GVG **keinen vollen Schadensersatz** nach §§ 249 ff. BGB, sondern nur eine **angemessene Entschädigung**.[850] **618**

Die Regelung wurde 2011 eingeführt, nachdem der EGMR Deutschland aufgrund überlanger Verfahren mehrmals wegen einer Verletzung von Art 6 Abs. 1 EMRK und später auch wegen einer Verletzung von Art. 13 EMRK verurteilt hatte.[851] Der früher allein in Betracht kommende Amtshaftungsanspruch genügte nicht, weil der betroffene Bürger ein Verschulden des jeweiligen Richters oder ein Organisationsverschulden der Justizverwaltung nachweisen musste.[852] Außerdem gewährte die Amtshaftung keinen Anspruch wegen der Nichtvermögensschäden, die durch lange Verfahren entstanden.[853] Nach § 198 Abs. 2 GVG wird nunmehr grds. auch der immaterielle Schaden ersetzt, wobei die Entschädigung i.d.R. 1.200 EUR für jedes Jahr der Verzögerung beträgt.

II. Die Voraussetzungen der Amtshaftung

Aufbauschema: Amtshaftung (Art. 34 GG, § 839 BGB)

I. **Anwendbarkeit:** kein Ausschluss durch Spezialgesetz

II. **Voraussetzungen**

1. **hoheitliches Handeln**
2. **Verletzung einer einem Dritten gegenüber obliegenden Amtspflicht**
3. **Verschulden** (Vorsatz, Fahrlässigkeit)
4. **kein Haftungsausschluss** (§ 839 Abs. 1 S. 2, § 839 Abs. 3 BGB)

III. **Rechtsfolge:** Ersatz des zurechenbar verursachten Schadens

---

844 BGHZ 121, 161, 168; BGH NVwZ 2008, 238, 239; OLG Saarbrücken NJW-RR 2006, 748; Maurer § 26 Rn. 46.

845 Vgl. BGHZ 121, 161, 167; OLG Nürnberg NVwZ 2001, 1324; Maurer § 26 Rn. 45 f.; Ossenbühl/Cornils, S. 117.

846 BGH NJW 2002, 3172, 3173.

847 Vgl. z.B. BGH, Urt. v. 14.11.2013 – III ZR 376/12, NJW 2014, 220; BGH, Urt. v. 21.05.2014 – III ZR 355/13, NJW 2014, 2443; BVerwG, Urt. v. 27.02.2014 – BVerwG 5 C 1.13, NVwZ 2014, 1523; BVerwG, Urt. v. 26.02.2015 – BVerwG 5 C 5.14; Schlick NJW 2014, 2686, 2687; Reiter Ad Legendum 2015, 151 ff.

848 Für überlange verfassungsgerichtliche Verfahren gelten die §§ 97 a BVerfGG, dazu BVerfG, Beschl. v. 30.07.2013 – 2 BvE 2/09 u.a., NVwZ 2013, 1479 und Zuck NVwZ 2013, 779 ff.

849 Vgl. dazu BVerfG, Beschl. v. 30.05.2012 – 1 BvR 2292/11.

850 Vgl. Ossenbühl DVBl. 2012, 857 ff.; Bub DRiZ 2014, 94 ff.; Steinbeiß-Winkelmann NJW 2014, 1276 ff.; allgemein zum Rechtsschutz bei überlanger Verfahrensdauer Schenke NVwZ 2012, 257 ff.

851 Vgl. EGMR NJW 2010, 3355, 3357; dazu Althammer JZ 2011, 446, 446 f.

852 Vgl. z.B. BGH, Urt. v. 03.11.2010 – III ZR 32/10, RÜ 2011, 195, 196 f.; dazu Hebeler JA 2011, 719 f.

853 Althammer JZ 2011, 446, 448 f.; vgl. EGMR NJW 2006, 2389, 2392.

1. Hoheitliches Handeln

a) Wahrnehmung einer öffentlichen Aufgabe

619 Die Amtshaftung nach 34/839 setzt voraus, dass **jemand in Ausübung eines ihm anvertrauten öffentlichen Amtes** gehandelt hat. Sie erfasst nur die öffentlich-rechtliche, d.h. **hoheitliche Tätigkeit** der Verwaltung. Bei privatrechtlichem Handeln greift nicht die Amtshaftung ein, sondern die §§ 823 ff. BGB. Entscheidend für die Abgrenzung ist nicht die Person des Handelnden, sondern seine **Funktion**, d.h. die Aufgabe, die er konkret wahrgenommen hat. Erfasst wird **jeder Amtswalter, der hoheitlich handelt (haftungsrechtlicher Beamtenbegriff)**, d.h. Beamte im statusrechtlichen Sinne, Angestellte im öffentlichen Dienst, ebenso Richter, Soldaten, Beliehene etc.[854]

Beispiele:

- Der Sachbearbeiter im Bauordnungsamt handelt bei der Bearbeitung von Bauanträgen hoheitlich, unabhängig davon, ob er Beamter oder **Angestellter** im öffentlichen Dienst ist.
- Der TÜV-Sachverständige handelt nach § 29 StVZO als **Beliehener** und damit hoheitlich.[855] Die Haftung bei Erteilung/Versagung der Prüfplakette richtet sich daher nach 34/839, verantwortlich ist der beleihende Verwaltungsträger.[856]
- Nicht vom Amtshaftungsanspruch erfasst werden **Kriegshandlungen** während des 2. Weltkrieges.[857] Bei **Militäreinsätzen der Bundeswehr** im Ausland kommt dagegen eine Haftung nach 34/839 BGB grds. in Betracht.[858]

620 *Handelt der Beamte nicht hoheitlich, sondern* ***privatrechtlich****, so greift die Haftungsübernahme des Art. 34 S. 1 GG nicht ein. Eine Haftung des Staates scheidet damit aus, vielmehr haftet der* ***Beamte*** *bei privatrechtlicher Tätigkeit* ***persönlich****.*[859]

621 Problematisch ist die Haftung, wenn der Staat Private als **Verwaltungshelfer** einschaltet (z.B. Straßenbauunternehmer, Abschleppunternehmer). Für die Einordnung kommt es hierbei nicht auf das Innenverhältnis zwischen Staat und Drittem an, sondern allein auf das **Außenverhältnis** zum Bürger. Insbesondere im Bereich der **Eingriffsverwaltung** muss sich der Staat das Verhalten von ihm eingeschalteter privater Dritter als hoheitliches Handeln zurechnen lassen, wenn aus der Sicht des Bürgers eine einheitliche öffentlich-rechtliche Maßnahme vorliegt.[860]

Beispiel: Für Fehlverhalten des Abschleppunternehmers haftet der Staat nach 34/839.[861] Für Beliehene und Verwaltungshelfer gilt aber nicht die Rückgriffsbeschränkung des Art. 34 S. 2 GG. Denn es fehlt an einem rechtfertigenden Grund, Private abweichend von den zivilrechtlichen Regeln teilweise freizustellen.[862] Ein Rückgriff ist daher auch bei leichter Fahrlässigkeit möglich.

---

854 Vgl. BGH NJW 2002, 3172, 3173; BGHZ 118, 304, 305; Schlick NJW 2011, 3341, 3342.

855 BGH NJW 2004, 3484; DVBl. 1993, 732; BGHZ 147, 169.

856 Vgl. AS-Skript Verwaltungsrecht AT 1 (2014), Rn. 36 und BGH, Urt. v. 15.09.2011 – III ZR 240/10, NVwZ 2012, 381; OLG Hamm, Urt. v. 18.06.2014 – 11 U 98/13 (Haftung der Post für Folgen einer unrichtigen Zustellungsurkunde).

857 BVerfG NJW 2006, 2542; BGH NJW 2003, 3488, 3491 (keine Ansprüche wegen der Ermordung von Geiseln durch SS-Einheiten); BVerfG NJW 2004, 3257; EGMR NJW 2009, 492 (kein Anspruch italienischer Kriegsgefangener für Zwangsarbeit); allgemein Frenzel/Wiedemann NVwZ 2008, 1088 ff.

858 OLG Köln, Urt. v. 28.07.2005 – 7 U 8/04, NJW 2005, 2860, 2862; ebenso OLG Köln, Urt. v. 30.04.2015 – 7 U 4/14: keine Amtspflichtverletzung beim sog. Kundus-Angriff in Afghanistan; offen gelassen von BGH, Urt. v. 02.11.2006 – III ZR 190/05, JZ 2007, 532, 535; dazu BVerfG, Beschl. v. 13.08.2013 – 2 BvR 2660/06, EuGRZ 2013, 563.

859 BGH NVwZ 2004, 1526, 1527 m.w.N.

860 BGH NJW 1993, 1258, 1259; NJW 1997, 2431, 2432; DVBl. 2005, 247, 248.

861 BGH, Urt. v. 18.02.2014 – VI ZR 383/12, RÜ 2014, 332, 333; ebenso OLG Koblenz DVBl. 2011, 60 für den Abbruchunternehmer bei der Ersatzvornahme im Baurecht; Stelkens JZ 2004, 656, 658; Schlick NJW 2014, 2915; Waldhoff JuS 2015, 92.

Im Übrigen bejaht die Rspr. eine Haftung des Staates nur dann, wenn der Private weisungsabhängig ist und keinen oder nur einen begrenzten Entscheidungsspielraum hat (sog. **Werkzeugtheorie**).[863] 622

„Je stärker der hoheitliche Charakter der Aufgabe in den Vordergrund tritt, je enger die Verbindung zwischen den übertragenen Tätigkeiten und der von der Behörde zu erfüllenden hoheitlichen Aufgaben und je begrenzter der Entscheidungsspielraum des Unternehmers ist, desto näher liegt es, ihn als Beamten im haftungsrechtlichen Sinne anzusehen."[864]

Beispiele: Keine Amtshaftung für private Straßenbauunternehmer, es sei denn, der Hoheitsträger hat weitgehende Weisungsbefugnisse;[865] keine Haftung des Jugendamts für Verschulden der Pflegeltern.[866]

Die Lit. hält diese Einschränkung nicht für sachgerecht. Auch das Fehlverhalten selbstständiger Unternehmer müssten dem Staat grds. nach Art. 34 S. 1 GG zugerechnet werden, sofern jene mit Wissen und Wollen des Staates Dritten gegenüber zur Erfüllung öffentlich-rechtlicher Pflichten tätig werden. Für den Bürger mache es keinen Unterschied, ob er durch eigene Mitarbeiter des Staates oder durch Mitarbeiter eines vom Staat eingeschalteten privaten Unternehmers geschädigt werde.[867] Gegen eine solche ausschließlich funktionsbezogene Betrachtung spricht jedoch, dass der Staat dann bei Erfüllung öffentlich-rechtlicher Pflichten schlechter stünde als z.B. ein privater Bauherr, der für das Fehlverhalten des selbstständigen Bauunternehmers grds. nicht einzustehen hat.[868] 623

b) Abgrenzung zum privatrechtlichen Handeln

Für die **Abgrenzung** des hoheitlichen Bereichs (Art. 34 GG, § 839 BGB) zum Privatrecht (§§ 823 ff. BGB) gelten die allgemeinen Regeln: 624

- Hoheitliche Tätigkeit liegt unproblematisch vor, wenn die schädigende Handlung **eindeutig** auf **öffentlich-rechtlicher Rechtsgrundlage** erfolgt (insbes. bei der klassischen Eingriffsverwaltung, wie z.B. im Polizeirecht). 625

- Im Bereich der **Leistungsverwaltung** hat die öffentliche Hand ein Wahlrecht; sie kann privatrechtlich oder öffentlich-rechtlich handeln.[869] Wenn es hier zu Schädigungen kommt, ist maßgeblich, wie der Hoheitsträger das Rechtsverhältnis konkret ausgestaltet hat. 626

  So haftet die Stadt S für eine Pflichtverletzung des Bademeisters nach 34/839, wenn sie die Benutzung des Hallenbades öffentlich-rechtlich durch Satzung geregelt hat. Erfolgt die Benutzung aufgrund privatrechtlicher Regelungen, so haftet sie nach den allgemeinen privatrechtlichen Grundsätzen (§§ 823, 89, 31 bzw. § 831 BGB).[870]

---

862 BVerwG, Urt. v. 26.08.2010 – BVerwG 3 C 35.09, RÜ 2010, 738, 740; BGH DVBl. 2005, 247, 249; dazu Waldhoff JuS 2011, 191 f.; Weschpfennig DVBl. 2011, 1137, 1139; Kiefer NVwZ 2011, 1300, 1301.

863 BGH NJW 2006, 1121, 1123; DVBl. 2005, 247, 248; Ossenbühl NJW 2000, 2945, 2948; Sandkühler JA 2001, 149, 151.

864 BGH, Urt. v. 18.02.2014 – VI ZR 383/12, RÜ 2014, 332, 333; OLG Hamm, Urt. v. 30.03.2011 – 11 U 221/10

865 Vgl. einerseits OLG Hamm NVwZ-RR 1999, 223, 224; andererseits OLG Nürnberg NVwZ-RR 2010, 955, 956.

866 BGH NJW 2006, 1121, 1123; Schlick NJW 2008, 127, 128.

867 MünchKomm-Papier BGB § 839 Rn. 138; Stelkens JZ 2004, 656, 658; Petersen Jura 2006, 411, 413; im Ergebnis auch OLG Celle NVwZ-RR 2009, 863, 864; vgl. näher AS-Skript Verwaltungsrecht AT 1 (2014), Fall 1.

868 Vgl. Stelkens JZ 2004, 656, 658 f.

869 Vgl. AS-Skript Verwaltungsrecht AT 1 (2014), Rn. 52.

870 Vgl. BGH DVBl. 2000, 1712, 1713.

627 ■ Kommt es zu Schäden durch Handlungen, die ihrer äußeren Erscheinungsform nach von jedermann vorgenommen werden können (sog. **neutrale Handlungen**), so ist auf den Zweck der Tätigkeit abzustellen. Die Handlung muss im **Funktionszusammenhang** mit der Wahrnehmung öffentlich-rechtlicher Aufgaben stehen.[871]

628 – Besondere Bedeutung hat hierbei die **Teilnahme am Straßenverkehr**. Diese ist jedenfalls dann hoheitlich zu qualifizieren, wenn der Amtsträger **Sonderrechte** gemäß § 35 StVO in Anspruch nimmt.[872]

Beispiele: Eine Polizeistreife verfolgt mit Blaulicht und Martinshorn einen flüchtigen Straftäter; ein Fahrzeug der Straßenbauverwaltung mäht den Rasen am Straßenrand (vgl. § 35 Abs. 6 StVO).[873] Kommt es zu einem Verkehrsunfall, richtet sich die Haftung des Staates nach 34/839 und nach § 7 StVG (s.o. Rn. 616).

Im Übrigen liegt hoheitliches Handeln vor, wenn es sich um eine **Dienstfahrt** handelt, d.h. wenn zwischen dem öffentlichen Zweck der Fahrt und der schädigenden Handlung ein **innerer Zusammenhang** besteht.

So sind z.B. Streifenfahrten der Polizei auch ohne Inanspruchnahme von Sonderrechten öffentlich-rechtlich zu qualifizieren. **Gegenbeispiel:** Die Fahrt mit einem Dienstwagen aus fiskalischen Gründen (z.B. zum Einkauf von Büromaterial) ist privatrechtlich.[874]

629 – Die Wahrnehmung von **Verkehrssicherungspflichten** durch einen Hoheitsträger ist nach der Rspr. grds. **privatrechtlich** zu beurteilen. Denn sie folgt aus dem allgemeinen, aus §§ 823 und 836 BGB abzuleitenden Rechtsgrundsatz, dass jeder, der in seinem Verantwortungsbereich eine Gefahrenquelle schafft, diejenigen zumutbaren Maßnahmen und Vorkehrungen treffen muss, die zur Abwehr der Dritten drohenden Gefahren notwendig sind. Schadensersatzansprüche wegen Verletzung der Verkehrssicherungspflicht richten sich deshalb grds. **nicht nach 34/839**, sondern nach den allgemeinen Deliktsvorschriften (§§ 823 ff. BGB).[875]

Beispiel: Die Stadt haftet nach §§ 823 ff. BGB für den ordnungsgemäßen Zustand eines Kinderspielplatzes.[876]

630 Allerdings kann **durch Gesetz** bestimmt werden, dass die Verkehrssicherungspflicht öffentlich-rechtlicher Natur ist. Derartige Vorschriften sind in fast allen Ländern für die **Straßenverkehrssicherungspflicht** erlassen worden, sodass bei deren Verletzung der Träger der Straßenbaulast nach **34/839** haftet.[877]

Beispiele: Haftung nach 34/839 für Straßenschäden,[878] für Überschwemmungsschäden,[879] oder für den Zustand von Straßenbäumen.[880] Einen Unterfall der ör Straßenverkehrssicherungspflicht bildet die öffentlich-rechtliche Reinigungs- und Streupflicht.[881]

---

871 BGH NJW 1992, 1227, 1228; MünchKomm-Papier BGB § 839 Rn. 148; Rinne/Schlick NJW 2004, 1918.

872 BGH NJW 1991, 1171; OLG Nürnberg NVwZ 2001, 1324.

873 BGH, Urt. v. 04.07.2013 – III ZR 250/12, NJW-RR 2013, 1490

874 Vgl. BGH NJW 1992, 1227; Schoch Jura 1988, 585, 588.

875 BGH NVwZ 2005, 1456, 1457; NVwZ 2006, 1084, 1085; MünchKomm-Papier BGB § 839 Rn. 177 ff.

876 OLG Brandenburg NVwZ 2002, 1145; OLG München NJW-RR 2007, 746; OLG Jena NJW-RR 2011, 961 f.

877 BGH NVwZ 2000, 1209; OLG Nürnberg NVwZ-RR 2010, 955; MünchKomm-Papier BGB § 839 Rn. 182.

878 BGH NVwZ-RR 2011, 993; OLG Saarbrücken NJW-RR 2010, 602; OLG Oldenburg NVwZ-RR 2011, 993.

879 BGH, Urt. v. 21.11.2013 – III ZR 113/13, NVwZ-RR 2014, 252.

880 BGH, Urt. v. 06.03.2014 – III ZR 352/13, NJW 2014, 1588.

881 Vgl. z.B. BGH, Urt. v. 09.10.2014 – III ZR 68/14, NZV 2015, 72; BGH, Urt. v. 20.06.2013 – III ZR 326/12, NVwZ-RR 2013, 909; OLG Hamm, Urt. v. 16.05.2013 – 6 U 178/12; allgemein Schlick NJW 2014, 2915, 2916.

c) Handeln „in Ausübung des Amtes"

Liegt hoheitliches Handeln vor, muss der Handelnde nach Art. 34 S. 1 GG **„in Ausübung seines Amtes"** gehandelt haben, d.h. es muss ein **enger äußerer und innerer Zusammenhang** zwischen dem übertragenen Amt und der schädigenden Handlung bestehen. Die Schädigung darf **nicht bloß bei Gelegenheit** oder in Vorbereitung der Amtsausübung erfolgt sein (Parallele zu § 831 BGB).[882] **631**

Beispiele: Polizist P verwahrt seine Dienstwaffe in der Privatwohnung nicht sorgfältig, wodurch sein Sohn Gelegenheit erhält, die geladene Waffe an sich zu nehmen und einen Dritten durch einen Schuss zu verletzen. Die dienstlichen Obhutspflichten beziehen sich auch auf die dienstfreie Zeit. Das Land haftet daher nach 34/839.[883]

Gegenbeispiel: Ein Beamter, der unbefugt ein Dienstfahrzeug benutzt, wird in der Regel nicht in Ausübung eines öffentlichen Amtes tätig, sondern bei Gelegenheit. Für Verkehrsunfälle bei „Schwarzfahrten" haftet nicht der Staat, sondern der Beamte grds. persönlich.

2. Amtspflichtverletzung

Wesentliche Voraussetzung der Amtshaftung ist, dass der Amtswalter **die ihm einem Dritten gegenüber obliegende Amtspflicht verletzt**.

Amtspflichtverletzung
▪ **Bestehen einer Amtspflicht**
▪ **Drittbezogenheit der Amtspflicht**
▪ **Drittwirkung** i.S.d. Schutznormtheorie
▪ **persönlicher Schutzbereich**
▪ **sachlicher Schutzbereich**
▪ **Verletzung der Amtspflicht**

a) Begründung von Amtspflichten

Nach herrschendem Verständnis entstehen Amtspflichten im **Innenverhältnis** zwischen dem Amtswalter und dem Dienstherrn. Deshalb können sich Amtspflichten nicht nur aus Gesetzen ergeben, sondern **auch aus Verwaltungsvorschriften** und verwaltungsinternen **Weisungen**.[884] Amtspflicht ist daher **jede persönliche Verhaltenspflicht** des Amtsträgers in Bezug auf seine Amtsführung. **632**

Nach der Gegenansicht reicht ein Verstoß gegen interne Weisungen und Verwaltungsvorschriften nicht aus.[885] Dagegen spricht jedoch der Wortlaut des Art. 34 GG und des § 839 BGB, die ausdrücklich von einer „Amtspflicht" und nicht von einer „Rechtspflicht" sprechen. Konstruktiv geht die Amtshaftung von einem Verstoß des Amtsträgers gegen seine aus dem Innenverhältnis resultierenden Amtspflichten aus. Eine Gleichsetzung von Amtspflichten und Rechtspflichten würde die Amtshaftung in eine unmittelbare Staatshaftung für rechtswidrige Maßnahmen uminterpretieren. **633**

882 BGH NJW 2000, 467; Maurer § 26 Rn. 15; MünchKomm-Papier BGB § 839 Rn. 188 ff.

883 BGH NJW 2000, 467; vgl. auch BGH NJW 2009, 3509.

884 BGH NJW 2001, 3054; NVwZ-RR 2000, 746; Maurer § 26 Rn. 16 f.; Sandkühler JA 2001, 414.

885 MünchKomm-Papier BGB § 839 Rn. 192; Kellner DVBl. 2010, 799, 799 f.

634 ***Deshalb verbietet sich beim Amtshaftungsanspruch auch eine selbstständige Prüfung der Rechtswidrigkeit (wie sie z.B. im Rahmen der §§ 823 ff. BGB erfolgt). Entscheidend ist nicht die Rechtswidrigkeit im Außenverhältnis, sondern der Verstoß gegen die interne Amtspflicht!***

635 ■ Die wichtigste Amtspflicht ist die **Pflicht zu rechtmäßigem Verwaltungshandeln** (vgl. Art. 20 Abs. 3 GG, § 63 Abs. 1 BBG, § 36 Abs. 1 BeamtStG). Rechtswidriges Verwaltungshandeln ist damit **im Regelfall** gleichzeitig amtspflichtwidrig.[886]

Beispiele: Die Unterbringung eines Strafgefangenen in einer Gemeinschaftszelle stellt eine Amtspflichtverletzung dar, wenn dies menschenunwürdig ist (z.B. bei zu geringer Fläche oder ungenügender sanitärer Ausstattung des Haftraums).[887] – Die Androhung von Folter stellt einen Verstoß gegen Art. 3 EMRK und gegen die Menschenwürde (Art. 1 Abs. 1 GG) dar und kann daher einen Amtshaftungsanspruch begründen.[888]

Kollidiert die Außenrechtspflicht mit einer internen Weisung im Einzelfall, so geht nach herrschendem Verständnis die interne Weisung vor. Der Beamte muss die Anordnungen seiner Vorgesetzten grds. auch dann befolgen, wenn sie rechtswidrig sind (§ 36 Abs. 2 BeamtStG, § 63 Abs. 2 BBG). Die Maßnahme ist dann zwar rechtswidrig, aber nicht amtspflichtwidrig i.S.d. § 839 BGB. **Konsequenz:** Wegen der Gesetzwidrigkeit der Weisung haftet dann die Körperschaft, deren Amtswalter die rechtswidrige Weisung erteilt hat.[889]

Beispiel: Weist das zuständige Ministerium die Gemeinde an, im konkreten Einzelfall eine Baugenehmigung nicht zu erteilen, obwohl das Vorhaben genehmigungsfähig ist, haftet nicht die Gemeinde für die rechtswidrige Ablehnung der Baugenehmigung, sondern das Land für die rechtswidrige Weisung.[890]

636 ■ Besondere Ausprägung der Pflicht zu rechtmäßigem Handeln ist die Pflicht, **keine unerlaubte Handlung** zu begehen: Was jedermann durch die §§ 823 ff. BGB verboten ist, ist auch Amtsträgern bei hoheitlicher Tätigkeit untersagt.

Beispiele: Rechtswidrige Eingriffe in das Eigentum, die Gesundheit, die Freiheit oder das allgemeine Persönlichkeitsrecht stellen stets eine Amtspflichtverletzung dar,[891] ebenso jede sittenwidrige Schädigung i.S.d. § 826 BGB.[892]

637 ■ Jeder Amtsträger muss seine Amtsgeschäfte **zügig** abwickeln (vgl. § 10 S. 2 VwVfG). Ist der Vorgang entscheidungsreif, darf die Entscheidung nicht verzögert werden.[893]

638 ■ Aus dem Bereich der ungeschriebenen Amtspflichten ist vor allem die Pflicht zu nennen, **Auskünfte** sachgerecht, d.h. richtig, vollständig und unmissverständlich zu erteilen.[894] Außerdem können sich für den Amtsträger im Einzelfall **Aufklärungs- und Beratungspflichten** ergeben (vgl. z.B. § 25 VwVfG).[895]

---

886 Vgl. OLG München NJW 2007, 1005 (Amtshaftung wegen fehlerhafter Bewertung einer Examensklausur)

887 BGH NJW-RR 2010, 1465; NJW-RR 2010, 167; OLG Hamm Urt. v. 23.02.2011 – I-11 U 254/09; OLG Hamm RÜ 2009, 398, 399; LG Berlin, Urt. v. 30.11.2011 – 86 O 360/10; Kretschmer NJW 2009, 2406 ff.; vgl. auch BVerfG NJW-RR 2011, 1043.

888 OLG Frankfurt NJW 2013, 75, 79 (Fall Gäfgen); dazu auch EGMR NJW 2010, 3145.

889 BGH, Urt. v. 16.04.2015– III ZR 204/13 u. III ZR 333/13, RÜ 2015, 462, 465.

890 Vgl. aber BGH, Urt. v. 16.04.2015– III ZR 204/13, RÜ 2015, 462, 465: Allgemeine Weisungen führen – anders als die Weisung in einem konkreten Einzelfall – nicht zu einer Haftungsverlagerung auf die übergeordnete Behörde.

891 BGH NJW 2009, 3509.

892 BGH NJW 1992, 1227, 1229.

893 BGH NJW 2007, 830, 831; OLG Hamm, Urt. v. 28.12.2012 – I-11 U 15/11Ossenbühl/Cornils, S. 51 f.

894 BGHZ 117, 83, 85; 121, 65, 69; BGH NVwZ 2006, 245, 246; Schlick DVBl. 2007, 457, 465.

b) Drittbezogenheit der Amtspflicht

Die Amtspflicht muss **einem Dritten gegenüber** bestehen. Es reicht nicht aus, dass jemand infolge eines Amtspflichtverstoßes nachteilig betroffen wird. Vielmehr muss eine **besondere Beziehung** zwischen der verletzten Amtspflicht und dem geschädigten Dritten existieren.[896] Eine solche besteht nur, wenn bei der Amtshandlung **„in qualifizierter und individualisierbarer Weise auf die schutzwürdigen Interessen eines abgegrenzten Kreises Dritter Rücksicht zu nehmen"** ist (sog. neue Formel des BGH).[897] **639**

aa) Drittwirkung

Die die Amtspflicht begründende Vorschrift darf nicht nur den Interessen der Allgemeinheit, sondern muss **zumindest auch dem Schutz der Interessen des Geschädigten** zu dienen bestimmt sein. Die Vorschrift muss also **individualschützend** i.S.d. der sog. Schutznormtheorie sein.[898] **640**

Grundsätzlich **nicht drittschützend** sind die beim **Erlass von Rechtsnormen** (Gesetzen, RechtsVOen) bestehenden Amtspflichten, da bei der Normsetzung Aufgaben nur gegenüber der Allgemeinheit, nicht aber gegenüber bestimmten Personen oder Personengruppen wahrgenommen werden.[899] Es gibt daher nach 34/839 grds. **keine Haftung für legislatives Unrecht**. **641**

Nach h.Lit. können sich dagegen auch bei Gesetzen drittschützende Amtspflichten insbesondere aus den Grundrechten ergeben.[900] Der BGH verweist demgegenüber zutreffend darauf, dass nicht jeder Verstoß eines Gesetzes gegen Grundrechte einen Amtshaftungsanspruch begründen kann: „Wollte man in diesen Fällen stets wegen des Grundrechtsverstoßes auch die Drittbezogenheit der verletzten Amtspflicht bejahen, so würde das einschränkende Tatbestandserfordernis des „Dritten" weitgehend leer laufen. Das wäre umso weniger tragbar, als der Verstoß gegen die allgemeine Handlungsfreiheit des Art. 2 Abs. 1 GG sich gerade aus der Verletzung von Vorschriften ergeben kann, die ausschließlich im Allgemeininteresse erlassen worden sind."[901]

Anders verhält es sich bei der Aufstellung eines **Bebauungsplans**, der sich auf einen räumlich und individuell abgrenzbaren Kreis von Personen bezieht, deren private Belange bei der Bauleitplanung zu berücksichtigen sind (§ 1 Abs. 6 u. 7 BauGB). Dessen Festsetzungen können daher im Einzelfall drittschützend sein. **642**

Beispiel: Bei der Aufstellung eines Bebauungsplans dürfen keine Altlasten überplant werden, um Gesundheitsgefahren für die Wohnbevölkerung zu verhindern (vgl. § 1 Abs. 6 Nr. 1 BauGB).[902]

bb) Persönlicher Schutzbereich

Hat die Amtspflicht drittschützende Wirkung, muss der Geschädigte zum **geschützten Personenkreis** gehören, dessen Belange nach dem Zweck der Amtspflicht geschützt werden sollen. **643**

---

895 BGH NVwZ-RR 2004, 474; Rinne/Schlick NJW 2005, 3541, 3543; Ossenbühl/Cornils, S. 49 f.

896 BGH NVwZ 2001, 1074; NVwZ 1999, 689, 690; Detterbeck JuS 2002, 127, 130; Kpmper DVBl. 2013, 1022 ff.

897 Vgl. BGHZ 108, 224, 227; BGH, Urt. v. 08.11.2012 – III ZR 293/11; Schlick NJW 2009, 3487, 3490.

898 Zur Schutznormtheorie vgl. AS-Skript VwGO (2013), Rn. 459.

899 BGH NJW 2013, 168, 172; BGHZ 134, 30, 32; Karpenstein/Johann NJW 2010, 3405, 3405 f.

900 MünchKomm-Papier BGB § 839 Rn. 261; Detterbeck/Windthorst/Sproll § 9 Rn. 156 ff.; Maurer § 26 Rn. 51.

901 BGH NJW 1989, 101, 102; zustimmend Ossenbühl NJW 2000, 2945, 2950.

902 Ossenbühl/Cornils, S. 68 mw.N.

644 Die Amtspflicht zu rechtmäßigem Verwaltungshandeln besteht bei Verwaltungsakten in jedem Fall gegenüber dem Adressaten (arg. e. Art. 2 Abs. 1 GG), ggf. auch gegenüber Dritten (z.B. gegenüber dem Nachbarn bei der Baugenehmigung in Bezug auf nachbarschützende Vorschriften).

cc) Sachlicher Schutzbereich

645 Außerdem muss die Amtspflicht den Zweck verfolgen, **gerade die geltend gemachten Nachteile** zu verhindern **(sachlicher Schutzbereich)**. Der Dritte ist nicht absolut, sondern nur relativ geschützt, d.h. **nur soweit die Schutzwirkung der Amtspflicht reicht**.[903] Denn eine Person, der gegenüber eine Amtspflicht zu erfüllen ist, ist **nicht in allen ihren Belangen** als Dritter anzusehen. Vielmehr ist jeweils zu prüfen, ob gerade das im Einzelfall berührte Interesse nach dem Zweck und der rechtlichen Bestimmung der Norm geschützt werden soll.[904]

Beispiele: Bei der Überplanung von Altlasten muss der entstandene Schaden einen „unmittelbaren Bezug" zu der zu verhindernden **Gesundheitsgefahr** ausweisen. Bloße Vermögensnachteile reichen daher zur Begründung eines Amtshaftungsanspruchs nicht aus.[905]

646 ***Beachte:*** *Die Rspr. versteht die Frage des sachlichen Schutzbereichs beim Amtshaftungsanspruch als* ***Aspekt der Drittbezogenheit*** *der Amtspflicht und damit des haftungsbegründenden Tatbestandes. Es ist allerdings auch vertretbar, diesen Punkt erst im Zusammenhang mit dem zurechenbaren Schaden (haftungsausfüllende Kausalität) zu prüfen, wie es im Rahmen des allgemeinen Deliktsrechts üblich ist.*[906] *In jedem Fall ist nur der Schaden auszugleichen, der vom sachlichen Schutzbereich der Amtspflicht erfasst wird.*

c) Verletzung der Amtspflicht

647 Die **Amtspflicht** muss **verletzt** sein. In diesem Punkt erfolgt eine **Prüfung** der Handlung auf ihre **Rechtmäßigkeit** nach allgemeinen verwaltungsrechtlichen Regeln, sodass die Zivilgerichte z.B. einen etwaigen Ermessens- oder Beurteilungsspielraum der Behörde zu beachten haben.

648 Das Zivilgericht ist hierbei nach h.M. **nicht an die Bestandskraft** eines die Amtspflichtverletzung begründenden VA gebunden. Aus § 839 Abs. 3 BGB folgt, dass die Unanfechtbarkeit den Amtshaftungsanspruch nicht per se, sondern nur dann ausschließt, wenn Rechtsmittel schuldhaft nicht erhoben wurden. Die Zivilgerichte müssen daher die Rechtmäßigkeit des VA ohne Rücksicht auf seine Bestandskraft überprüfen.[907]

Die Gegenansicht meint, dass nach Eintritt der Bestandskraft die Frage der Rechtmäßigkeit des VA nicht mehr aufgeworfen werden dürfe. Der bestandskräftige VA binde daher auch die Zivilgerichte im Amtshaftungsprozess.[908] Dagegen spricht jedoch die Regelung des § 839 Abs. 3 BGB.

---

903 Grundlgegend BGHZ 60, 112, 116; Ossenbühl/Cornils, S. 71.

904 St. Rspr. BGH, Urt. v. 08.11.2012 – III ZR 151/12, Rn. 15 m.w.N.

905 BGHZ 117, 363, 367; 123, 363, 366; OLG Oldenburg, Urt. v. 23.08.2013 – 6 U 59/13; Greim/Michl Jura 2012, 373, 377.

906 Coester-Waltjen Jura 1995, 368, 370.

907 BGH NVwZ 2003, 1409; Maurer § 26 Rn. 47 a; Klement Jura 2010, 867, 872 f.

908 Broß VerwArch 82 (1991), 596 ff.; Stuttmann NJW 2003, 1432 ff.; zusammenfassend Beaucamp DVBl. 2004, 352 ff.

Etwas anderes gilt nur, wenn der VA durch ein **rechtskräftiges verwaltungsgerichtliches Urteil** bestätigt oder aufgehoben wurde. Denn aufgrund der Rechtskraftwirkung (§ 121 VwGO) ist die Frage der Rechtmäßigkeit/Rechtswidrigkeit durch das Urteil des VG zwischen den Beteiligten endgültig geklärt.[909] **649**

3. Verschulden

Die Amtspflichtverletzung muss **schuldhaft** i.S.d. § 276 BGB erfolgt sein, d.h. vorsätzlich oder fahrlässig. **Vorsätzlich** handelt der Amtswalter, wenn er zumindest billigend in Kauf nimmt, gegen eine Amtspflicht zu verstoßen.[910] **Fahrlässig** handelt er, wenn er bei Anwendung eines **objektiven Sorgfaltsmaßstabs** sein Verhalten als amtspflichtwidrig hätte erkennen können. Dabei muss jeder Beamte grds. die für sein Amt erforderlichen Rechts- und Verwaltungskenntnisse haben oder sich verschaffen.[911] **650**

Beispiel: Der Amtswalter muss seine Entscheidung sorgfältig vorbereiten und, soweit ihm die Sachkunde fehlt, die Empfehlungen von Fachbehörden einholen bzw. notfalls außerhalb der Verwaltung stehende Sachverständige hinzuziehen.[912] Eine falsche Rechtsanwendung ist nicht schuldhaft, wenn der Amtswalter nach sorgfältiger Prüfung zu einem vertretbaren Ergebnis gelangt ist.[913]

Beachte: *Im Rahmen von 34/839 findet eine Verschuldenszurechnung gemäß § 278 BGB nicht statt und auch eine Haftung für Verrichtungsgehilfen nach § 831 BGB ist im Rahmen des Amtshaftungsanspruchs nicht gegeben. Werden private Dritte eingeschaltet, so hängt die Haftung der öffentlichen Hand aus 34/839 davon ab, ob diese als öffentlich-rechtliche* ***Verwaltungshelfer*** *eingeordnet werden können (s.o. Rn. 621).*

Die Unterscheidung zwischen Vorsatz und Fahrlässigkeit ist nur im Hinblick auf die **Subsidiaritätsklausel** des § 839 Abs. 1 S. 2 BGB von Bedeutung, denn nur bei fahrlässiger Amtspflichtverletzung muss sich der Geschädigte eine anderweitige Ersatzmöglichkeit entgegenhalten lassen. Dabei ist die Unterscheidung nur im Hinblick auf die **Amtspflichtverletzung** relevant. Das Verschulden braucht sich dagegen nicht auf den schädigenden Erfolg beziehen.[914] **651**

Beispiel: Entgegen den ihm bekannten Dienstvorschriften reinigte der Polizeibeamte P seine Pistole im Aufenthaltsraum. Ohne Verschulden des P löste sich ein Schuss und verletzte A. Die Amtspflichtverletzung liegt darin, dass P den Dienstvorschriften zuwidergehandelt hat. Da er die Dienstvorschriften kannte, hat er eine vorsätzliche Amtspflichtverletzung begangen. Unerheblich ist, dass P weder den Schuss noch die Verletzung des A, für sich betrachtet, verschuldet hat.[915]

Ein Beamter handelt in der Regel dann nicht schuldhaft, wenn ein **Kollegialgericht** sein Verhalten später als rechtmäßig beurteilt. Denn von einem einzelnen Beamten können grds. keine besseren Rechtskenntnisse verlangt werden als von einem mit mehreren Richtern besetzten Gericht.[916] Hierbei handelt es sich jedoch nur um eine **Regel**, von der die Rspr. in neuerer Zeit vermehrt **Ausnahmen** macht. **652**

909 BGH NVwZ 2009, 132; NJW 2005, 58, 59; Schlick NJW 2011, 3341, 3347.

910 BGH DVBl. 1996, 1129; NJW 1993, 1529, 1530; NVwZ 1992, 911, 912.

911 BGH NJW 1998, 1307, 1308; MünchKomm-Papier BGB § 839 Rn. 288; Rinne/Schlick NJW 2005, 3541, 3547 m.w.N.

912 BGH NVwZ 2006, 117, 118.

913 Vgl. BVerwG RÜ 2010, 605, 608; NVwZ 2009, 787, 788.

914 MünchKomm-Papier BGB § 839 Rn. 284; Schoch Jura 1988, 585, 593 m.w.N.

915 Vgl. OVG Koblenz, Beschl. v. 08.06.2004 – 2 A 11972/03.

916 Vgl. BGH DVBl. 2001, 1619, 1621; BVerwG NVwZ 2004, 104, 105; Hoppe JA 2011, 167, 172 f.; Schlick NJW 2014, 2915, 2918.

So ist das Verschulden trotz Billigung durch ein Kollegialgericht nicht ausgeschlossen, wenn das Gericht von einem unrichtigen oder unvollständigen Sachverhalt ausgegangen ist oder wesentliche Gesichtspunkte nicht berücksichtigt hat,[917] wenn das Gericht sein Ergebnis auf gänzlich andere, vom Amtswalter gar nicht in Betracht gezogene Gründe stellt[918] oder wenn die Prüfungskompetenz des Gerichts eingeschränkt war (z.B. bei Eilentscheidungen).[919]

4. Haftungsausschlüsse

Haftungsausschlüsse
■ **Subsidiaritätsklausel, § 839 Abs. 1 S. 2 BGB** (Verweisungsprivileg)
■ **Richterprivileg, § 839 Abs. 2 BGB**
■ **Vorrang des Primärrechtsschutzes § 839 Abs. 3 BGB** (kein Dulde und Liquidiere)

a) Subsidiaritätsklausel, § 839 Abs. 1 S. 2 BGB

653 **aa)** Ist die Amtspflichtverletzung **fahrlässig** begangen, so besteht ein Ersatzanspruch nur dann, wenn der Verletzte nicht auf andere Weise Ersatz zu erlangen vermag (§ 839 Abs. 1 S. 2 BGB; **Subsidiaritätsklausel**, Verweisungsprivileg).

Beachte: *In der Fallbearbeitung muss an dieser Stelle inzident geprüft werden, ob* ***Ansprüche des Geschädigten gegen Dritte*** *bestehen (z.B. Ansprüche gegen einen Mitschädiger oder dessen Versicherung).*

654 **bb) Sinn** und **Zweck** des § 839 Abs. 1 S. 2 BGB war es ursprünglich, als allein die Norm des § 839 BGB mit der Eigenhaftung des Beamten existierte, die Entscheidungsfreudigkeit des Beamten zu fördern und ihn vor einer übermäßigen Haftung zu schützen. Zwar gilt die Haftungsbeschränkung auch heute noch im Rahmen der Haftung des Staates nach Art. 34 S. 1 GG,[920] das Verweisungsprivileg ist aber im Wege der **teleologischen Reduktion** nur anwendbar, wenn nach Sinn und Zweck der anderweitigen Ersatzmöglichkeit **auch den Staat** von der Haftung freigestellt werden soll.

655 ■ § 839 Abs. 1 S. 2 BGB ist deshalb nicht anwendbar bei der **allgemeinen Teilnahme am Straßenverkehr**, da alle Verkehrsteilnehmer haftungsrechtlich gleichbehandelt werden sollen.

Beispiel: Auf einer Streifenfahrt verursacht der Polizist P fahrlässig einen Verkehrsunfall, an dem auch die Fahrzeughalter A und B beteiligt sind. A hat gegen B (bzw. B gegen A) zwar einen Anspruch aus § 7 StVG. Dieser Anspruch schließt jedoch Amtshaftungsansprüche gegen das Land nicht aus.[921]

Gegenbeispiel: Der Unfall mit A und B ereignete sich, als P einen flüchtigen Straftäter mit Blaulicht und Martinshorn verfolgte. Hier gelangt § 839 Abs. 1 S. 2 BGB zur Anwendung, da der Amtsträger Sonderrechte nach § 35 StVO in Anspruch nimmt, die dem normalen Verkehrsteilnehmer gerade nicht zustehen. Daher rechtfertigt sich die Subsidiarität gerade aus der hoheitlichen Tätigkeit.[922]

917 BGH DVBl. 2005, 312, 313; DVBl. 2001, 1619, 1621; Rinne/Schlick NJW 2005, 3541, 3547; Schlick NJW 2008, 127, 132.
918 BGH NJW 1989, 96, 98 f.
919 BGH NJW 2000, 2672, 2674; NVwZ 2000, 1206; NJW 2002, 1793.
920 BGH NJW 1993, 1647, 1647; Schlick NJW 2008, 127, 132.
921 Vgl. BGH NJW 1991, 1171, 1172; MünchKomm-Papier BGB § 839 Rn. 313; Maurer § 26 Rn. 31.
922 Vgl. BGH NJW 1997, 2109, 2110; Ossenbühl/Cornils, S. 83.

- § 839 Abs. 1 S. 2 BGB gilt auch nicht bei der Verletzung der **Straßenverkehrssicherungspflicht** (s.o. Rn. 630). Da die Verkehrssicherungspflicht im öffentlichen Recht und im Privatrecht inhaltlich übereinstimmt, bei § 823 BGB aber kein Verweisungsprivileg besteht, gilt auch hier der Gedanke der haftungsrechtlichen Gleichbehandlung.[923] 656

  Beispiel: Verursachen die Kfz-Halter A und B einen Unfall, weil die Gemeinde G ihrer Streupflicht nicht nachgekommen ist, haftet G sowohl A als auch B aus 34/839, obwohl A und B jeweils Ansprüche aus § 7 StVG gegen den anderen Unfallbeteiligten zustehen. § 839 Abs. 1 S. 2 BGB ist hier nur anwendbar, wenn im Rahmen der Verkehrssicherungspflicht ör Sonderrechte wahrgenommen werden (z.B. § 35 Abs. 6 StVO bei Reinigungs- und Unterhaltungsarbeiten an der Straße).[924]

- Ferner fallen **Versicherungsleistungen** nicht unter § 839 Abs. 1 S. 2 BGB, die der Geschädigte durch **eigene Leistung** verdient hat und bei denen es unbillig wäre, wenn diese Eigenleistungen zu einer Haftungsbefreiung des Staates führen würden. 657

  Keine anderweitige Ersatzmöglichkeit sind daher Leistungen mit sozialer Schutzfunktion, wie z.B. Ansprüche nach dem EntgeltfortzahlungsG. Das Gleiche gilt für Ansprüche aus Lebens-, Kranken- und Unfallversicherungen sowie für die Kaskoversicherung für Kfz-Schäden.[925]

- Keine anderweitige Ersatzmöglichkeit sind außerdem **Ansprüche gegen einen anderen Hoheitsträge**r (wirtschaftliche Einheit der öffentlichen Hand).[926]

b) Richterprivileg § 839 Abs. 2 BGB

Da Art. 34 S. 1 GG jede Ausübung eines öffentlichen Amtes erfasst, kann auch richterliches Handeln einen Amtshaftungsanspruch auslösen (s.o. Rn. 619). Für **Judikativunrecht** besteht nach § 839 Abs. 2 BGB eine Haftung aber nur, wenn die Pflichtverletzung in einer Straftat besteht (z.B. Richterbestechlichkeit gemäß § 332 Abs. 2 StGB oder Rechtsbeugung gemäß § 339 StGB). Dadurch soll die Rechtskraft von Urteilen gewährleistet werden, deren Richtigkeit soll im Amtshaftungsprozess grds. nicht infrage gestellt werden. 658

c) Vorrang des Primärrechtsschutzes, § 839 Abs. 3 BGB

Die Amtshaftung ist ausgeschlossen, wenn es der Verletzte **schuldhaft unterlassen** hat, den Schaden durch Gebrauch eines **Rechtsmittels** abzuwenden (§ 839 Abs. 3 BGB). Die Vorschrift ist eine spezielle Ausprägung des § 254 BGB und bringt die **Subsidiarität** der Schadensersatzpflicht im Verhältnis zu den primären Abwehransprüchen zum Ausdruck. Anders als § 254 BGB führt § 839 Abs. 3 BGB zum „Alles-oder-Nichts". Der Bürger soll abwehrbare Nachteile nicht klaglos dulden, um später Ersatz verlangen zu können (kein „Dulde und liquidiere"). Es besteht vorrangig eine **Pflicht zur Abwehr**.[927] 659

Der Begriff **„Rechtsmittel"** ist dabei weit zu fassen. Erfasst werden alle Rechtsbehelfe, die das Ziel haben, die schädigende Amtshandlung zu beseitigen oder zu korrigieren und damit den Schaden abzuwenden.[928] Dazu zählen z.B. Widerspruch, Klage, Eilanträge, aber auch Aufsichtsbeschwerden.

---

923 BGHZ 75, 134, 137; BGH NVwZ 2000, 1209, 1210; a.A. MünchKomm-Papier BGB § 839 Rn. 315.

924 BGH NJW 1991, 1171, 1172.

925 BGHZ 85, 225, 230; anders dagegen für Ansprüche gegen die Haftpflichtversicherung, vgl. BGHZ 91, 48, 54.

926 BGH, Urt. v. 12.07.2012 – III ZR 104/11, NJW-RR 2013, 217, 221; Schlick NJW 2013, 3349, 3353.

927 MünchKomm-Papier BGB § 839 Rn. 329 ff.; Hoppe JA 2011, 167, 169 f.

928 Vgl. BGH NJW 2003, 502, 503; Durner JuS 2005, 793, 797; a.A. Hoppe JA 2011, 167, 170, der nur Rechtsmittel im engeren Sinne unter § 839 Abs. 3 BGB fast und für den Rest auf den flexibleren § 254 BGB verweist.

660 Die Nichteinlegung des Rechtsmittels muss **schuldhaft** gewesen sein.

Vom Verschulden ist i.d.R auszugehen. Bei fehlender Rechtskenntnis muss ggf. rechtskundiger Rat eingeholt werden. Ein Verschulden ist nur dann ausgeschlossen, wenn die Einlegung des Rechtsmittels unzumutbar ist. Dafür reicht allein die vermeintliche Aussichtslosigkeit eines Rechtsmittels nicht aus. Etwas anderes gilt nur dann, wenn keinerlei Anhaltspunkte für die Rechtswidrigkeit der Amtshandlung bestanden. Eine Verpflichtung, Rechtsmittel auf Verdacht einzulegen, besteht nicht.[929]

661 Zum Ausschluss des Amtshaftungsanspruchs führt der schuldhafte Nichtgebrauch des Rechtsmittels nur, wenn das Rechtsmittel den Schaden zumindest teilweise abgewendet hätte **(Kausalzusammenhang)**.

Beispiel: Hat ein Strafgefangener es unterlassen, gegen menschenunwürdige Haftbedingungen Antrag auf gerichtliche Entscheidung nach § 109 StVollzG zu stellen, ist der Amtshaftungsanspruch nach § 839 Abs. 3 BGB ausgeschlossen, wenn davon auszugehen ist, dass eine gerichtliche Entscheidung die tatsächliche Situation des Gefangenen geändert hätte.[930]

5. Schaden

a) Haftungsausfüllende Kausalität

662 Durch die Amtspflichtverletzung muss ein **Schaden** verursacht worden sein. Ersetzt werden alle Nachteile, die **kausal** auf der Amtspflichtverletzung beruhen, also auch mittelbare Schäden, sofern sie im **Zurechnungszusammenhang** mit der Amtspflichtverletzung stehen **(haftungsausfüllende Kausalität)**. Maßgeblich ist, wie sich die Vermögenslage bei pflichtgemäßem Handeln des Amtsträgers entwickelt hätte.[931]

So ist die rechtswidrige Ablehnung einer Baugenehmigung nicht ursächlich für den Schaden, wenn die Baugenehmigungsbehörde die Genehmigung aus anderen Gründen hätte ablehnen müssen.[932]

663 Bei **Ermessensentscheidungen**, bei denen die Behörde dieselbe Entscheidung mit anderer Begründung ermessensfehlerfrei hätte treffen können, ist die Kausalität zwischen Fehlentscheidung und Schaden nur zu bejahen, wenn davon auszugehen ist, dass die Behörde bei gesetzmäßiger Ermessensausübung **mit an Sicherheit grenzender Wahrscheinlichkeit** anders entschieden hätte.[933]

Beispiel: Beim beamtenrechtlichen Konkurrentenstreit hat der unterlegene Bewerber einen Amtshaftungsanspruch auf die Gehaltsdifferenz nur, wenn er nachweist, dass er bei ordnungsgemäßer Auswahl hätte ernannt werden müssen oder tatsächlich ernannt worden wäre.[934]

664 Die **Zurechenbarkeit** kann ausgeschlossen sein, wenn der Schaden auch bei pflichtgemäßem Verhalten eingetreten wäre **(Einwand des rechtmäßigen Alternativverhaltens)**.[935]

Beispiel: Ist der Behörde ein formeller Mangel unterlaufen, fehlt es an der Zurechenbarkeit des Schadens, wenn der Fehler bei pflichtgemäßem Handeln rückwirkend geheilt worden wäre.[936]

---

929 BGH NJW 1991, 1168, 1170; Axer DVBl. 2001, 1322, 1331; Schlick NJW 2009, 3487, 3492.

930 Vgl. BGH NJW-RR 2010, 1465; OLG Hamm Urt. v. 23.02.2011 – I-11 U 254/09; Schlick NJW 2009, 3487, 3493.

931 BGH DVBl. 2001, 371, 372; Schlick NJW 2009, 3487, 3491 f.

932 Vgl. BGH NVwZ 2004, 1143, 1144.

933 BGH NJW 1995, 2344, 2345; MünchKomm-Papier BGB § 839 Rn. 278 m.w.N.

934 Vgl. BVerwG, Urt. v. 19.03.2015 – BVerwG 2 C 12.14: Anspruch aus Art. 33 Abs. 2 GG nur bei ernsthafter Beförderungschance (dazu Rn. 707).

935 Zur dogmatischen Einordnung BGHZ 96, 157, 172; Ossenbühl/Cornils, S. 71.

b) Ersatzfähiger Schaden

Für die Feststellung des Schadens gelten die allgemeinen Grundsätze der **§§ 249 ff. BGB**. Der Anspruch umfasst auch den entgangenen Gewinn (§ 252 BGB) und unter den Voraussetzungen des § 253 Abs. 2 BGB auch Schmerzensgeld.[937] Der Betroffene ist so zu stellen, wie er stünde, wenn die **Amtspflichtverletzung unterblieben** wäre. **665**

Beispiel: Die Baubehörde erteilt dem B eine rechtswidrige Baugenehmigung für ein Mehrfamilienhaus. Nachdem B das zu bebauende Grundstück gekauft hat, wird die Baugenehmigung auf Widerspruch des Nachbarn N aufgehoben. – B hat einen Anspruch darauf, so gestellt zu werden, als sei die Genehmigung nicht erteilt worden. Er kann also Ersatz des Schadens verlangen, der ihm durch den Erwerb des Grundstücks entstanden ist. Der Anspruch umfasst dagegen nicht die entgangenen Mieteinkünfte, die B nur bei Rechtmäßigkeit der Baugenehmigung erzielt hätte.[938]

Der Ersatzanspruch aus 34/839 geht **stets auf Geld** (§ 251 BGB). **Naturalrestitution** gemäß § 249 Abs. 1 BGB ist ausgeschlossen. Begründet wird dies mit der dogmatischen Konstruktion der Amtshaftung: Der an sich verantwortliche Beamte kann persönlich nur auf Geld, nicht auf Vornahme einer Amtshandlung in Anspruch genommen werden. Die Überleitung auf den Staat durch Art. 34 S. 1 GG ändert diesen Haftungsinhalt nicht.[939] **666**

Beispiel: Kein Anspruch aus 34/839 auf Widerruf ehrenrühriger Äußerungen. Hier kommt nur ein Folgenbeseitigungsanspruch in Betracht (s.o. Rn. 527 f.).[940]

Hat bei der Entstehung des Schadens ein Verschulden des Geschädigten mitgewirkt **(Mitverschulden)**, kann der Amtshaftungsanspruch gemäß § 254 BGB beschränkt sein (soweit nicht ohnehin die Spezialregelung des § 839 Abs. 3 BGB eingreift).[941] **667**

Beispiel: Mitverschulden des Bauherrn für nutzlose Bauarbeiten, wenn er trotz Nachbarwiderspruchs weiterbaut und nicht die Entscheidung nach §§ 80 a Abs. 3, 80 Abs. 5 VwGO abwartet, obwohl ernsthafte Anfechtungsgründe gegen die Baugenehmigung vorgebracht werden.[942]

6. Anspruchsgegner

Nach Art. 34 S. 1 GG trifft die Amtshaftung grds. diejenige **Körperschaft**, in deren Diensten der pflichtwidrig handelnde Amtsträger steht. Anspruchsgegner ist damit grds. die **Anstellungskörperschaft**.[943] **668**

Deshalb haftet die Gemeinde nicht nur bei Selbstverwaltungsangelegenheiten, sondern auch für Verstöße im übertragenen Wirkungskreis. Etwas anderes gilt, wenn gesetzlich ausdrücklich vorgesehen ist, dass für die Haftung auf die wahrgenommene Aufgabe abzustellen ist (vgl. z.B. Art. 35 Abs. 3, 37 Abs. 5 Bay LKrO, §§ 53 Abs. 2, 56 Abs. 2 BW LKrO, § 55 Abs. 6 S. 2 LKO RP, § 111 Abs. 4 S. 4 ThürKO).[944]

Etwas anderes gilt dann, wenn der Amtsträger keinen Dienstherrn hat (z.B. bei Beliehenen) oder aber mehrere Dienstherrn vorhanden sind (bei Beamten mit Doppelstatus). **669**

---

936 BGH NVwZ 2008, 815 f.

937 Vgl. zur Amtshaftung wegen menschenunwürdiger Unterbringung von Strafgefangenen BVerfG NJW 2006, 1580, 1581; BGH NJW 2005, 58, 59; NJW-RR 2010, 167; OLG Hamm RÜ 2009, 398, 402; NJW-RR 2008, 1406, 1410.

938 Sandkühler JA 2001, 414, 422.

939 BGH NJW 1993, 1799; Maurer § 26 Rn. 44; Schlick NJW 2005, 3541, 3546; Sauer JuS 2012, 695, 696; a.A. Hartmann/Tieben JA 2014, 401, 406 mit widersprüchlicher Begründung zum dogmatischen Ansatz.

940 Detterbeck JuS 2000, 574, 577 m.w.N.

941 BGHZ 108, 224, 230; NJW 2007, 1063; Maurer § 26 Rn. 44; Schlick NJW 2009, 3487, 3493 m.w.N.

942 Vgl. BGH RÜ 2008, 738, 740 f.; Schlick DVBl. 2007, 457, 464.

943 BGHZ 99, 326, 330; BGH NVwZ 2000, 963, 964; Schlick NJW 2013, 3349.

944 Vgl. BGH NVwZ-RR 2009, 363; Schlick NJW 2008, 127, 128.

Dann ist darauf abzustellen, wer dem Amtsträger die wahrgenommene Aufgabe anvertraut hat (sog. **Anvertrauenstheorie**).[945]

Beispiel: Bei Beliehenen haftet der beleihende Rechtsträger,[946] also z.B. beim TÜV-Sachverständigen das Bundesland, dass die Anerkennung als Sachverständiger erteilt hat.[947]

7. Verjährung

670 Für den Amtshaftungsanspruch gilt die regelmäßige Verjährungsfrist von **drei Jahren** (§ 195 BGB). Der Beginn der Verjährung richtet sich nach § 199 BGB.

Die Verjährung wird u.a. gemäß § 204 Abs. 1 Nr. 1 BGB durch Klage auf Schadensersatz gehemmt. Da der Geschädigte vielfach im Hinblick auf § 839 Abs. 3 BGB gehalten ist, zunächst Primärrechtsschutz in Anspruch zu nehmen, ist anerkannt, dass die Verjährung analog §§ 204 Abs. 1 Nr. 1, 209 BGB auch schon durch Widerspruch und verwaltungsgerichtliche Klage gehemmt wird.[948]

8. Rechtsweg

671 Bei dem Amtshaftungsanspruch handelt es sich zwar um eine **öffentlich-rechtliche Streitigkeit**. Gleichwohl ist hierfür historisch bedingt gemäß Art. 34 S. 3 GG der **Zivilrechtsweg** eröffnet. Sachlich zuständig ist das **Landgericht**, und zwar unabhängig von der Höhe des Streitwertes (§§ 71 Abs. 2 Nr. 2, 23 GVG).

Fall 16: Baugenehmigung mit Hindernissen

E, Eigentümer eines unbebauten Grundstücks in der kreisfreien Stadt S, will sein Grundstück als Bauland an K verkaufen. Vor Abschluss des Kaufvertrages beantragte K eine Baugenehmigung für ein Geschäftshaus. Die hierfür erforderlichen Bauvorlagen hatte Architekt A gefertigt. Nachdem das städtische Bauamt die Baugenehmigung erteilt hat, wird der Kaufvertrag notariell beurkundet. Der von K beauftragte Bauunternehmer beginnt sofort mit den Bauarbeiten. Nachbar N legt Widerspruch gegen die Baugenehmigung ein, daraufhin stellt K die Bauarbeiten ein. Der Widerspruch hat Erfolg, da das Bauvorhaben den Festsetzungen des Bebauungsplanes widerspricht und auch ein Dispens nicht möglich ist. K macht geltend, das Grundstück im Vertrauen auf die Rechtmäßigkeit der Baugenehmigung erworben und mit den Bauarbeiten begonnen zu haben. In Höhe der ihm dadurch entstandenen Nachteile (Vertragskosten und Baukosten) verlangt K nunmehr Ersatz von der Stadt S.

672 I. K könnte gegen die Stadt S einen Anspruch aus **Amtshaftung** gemäß 34/839 haben.

1. **Spezialgesetzliche Regelungen**, die die Amtshaftung ausschließen, sind vorliegend nicht einschlägig. 34/839 ist daher anwendbar.

2. Nach Art. 34 S. 1 GG muss jemand in Ausübung eines öffentlichen Amtes, also **hoheitlich** gehandelt haben. Die Erteilung der Baugenehmigung richtet sich nach den öffentlich-rechtlichen Normen der LBauO und erfolgt damit hoheitlich.

945 BGH, Beschl. v. 23.04.2013 – III ZR 147/12; BGH NJW-RR 2006, 966, 967; Schlick NJW 2013, 3349, 3354; Ossenbühl/Cornils, S. 113.

946 BGH VersR 1991, 1135, 1136.

947 BGH NVwZ-RR 2003, 453; zur Haftung bei der Organleihe vgl. BGH NVwZ 2006, 1084.

948 Vgl. BGH NJW 2011, 2586, 2589 f.; Schlick NJW 2011, 3341, 3346.; Ossenbühl/Cornils, S. 110.

3. Der Bedienstete der Stadt S müsste eine **ihm gegenüber K obliegende Amtspflicht** verletzt haben.

   a) Wichtigste Amtspflicht ist die Pflicht zu **rechtmäßigem Verwaltungshandeln.** **673**
   Insoweit bestand hier die sich aus der LBauO ergebende Pflicht zu prüfen, ob das geplante Bauvorhaben in bauordnungs- und bauplanungsrechtlicher Hinsicht den öffentlich-rechtlichen Vorschriften entsprach. Da das Bauvorhaben planungsrechtlich unzulässig war, hätte die Baugenehmigung abgelehnt werden müssen. Die Erteilung der Baugenehmigung verstieß daher gegen die Amtspflicht zu rechtmäßigem Verwaltungshandeln.

   Beispiele für Amtspflichtverletzungen im Baurecht: Erteilung einer rechtswidrigen Baugenehmigung,[949] Versagung einer Baugenehmigung, auf die der Bauwillige einen Anspruch hat,[950] unrichtige Auskünfte über die Bebaubarkeit eines Grundstücks,[951] pflichtwidrige Verzögerung eines Bauantrags,[952] Erlass einer rechtswidrigen Veränderungssperre,[953] rechtswidrige Aufhebung einer rechtmäßigen Baugenehmigung.[954]

   Gegenbeispiel: Das Einvernehmen der Gemeinde (§ 36 BauGB) ist ein bloßes Internum ohne Drittwirkung, wenn es nach § 36 Abs. 2 S. 3 BauGB i.V.m. Landesrecht ersetzt werden kann. Ersatzansprüche bei rechtswidriger Versagung des Einvernehmens bestehen daher nicht gegen die Gemeinde, sondern wegen Ablehnung der Baugenehmigung gegen die Baugenehmigungsbehörde.[955]

   b) Diese Amtspflicht muss **gegenüber K** bestanden haben. Das ist der Fall, wenn die die Amtspflicht begründenden Vorschriften nicht nur im öffentlichen Interesse bestehen, sondern **zumindest auch individualschützend** sind, also nach dem persönlichen und sachlichen Schutzbereich den geltend gemachten Schaden erfassen.

      aa) Mit der Baugenehmigung wird für den Bauherrn ein **Vertrauenstatbestand** **674**
      dahin geschaffen, dass er davon ausgehen darf, dass der Durchführung seines Vorhabens öffentlich-rechtliche Hindernisse nicht entgegenstehen, und er dementsprechend wirtschaftlich disponieren kann.[956] Damit fällt K als Bauherr in den **persönlichen Schutzbereich** der Amtspflicht.

      - Auch gegenüber dem **Grundstückseigentümer** besteht die Amtspflicht zur rechtmäßigen Erteilung der Baugenehmigung, auch wenn er nicht selbst den Bauantrag stellt. Denn die Genehmigung dient als öffentlich-rechtlicher Nachweis für die Baulandqualität und ist damit ein preisbildender Faktor.[957]
      - Der **Grundstücksnachbar** fällt nur insoweit in den Schutzbereich der Amtspflicht, als die verletzte Norm des Baurechts nachbarschützenden Charakter hat.[958]
      - Die rechtswidrige **Versagung der Baugenehmigung** hat dagegen keine rechtlichen Wirkungen gegenüber Dritten, sodass Amtshaftungsansprüche nur dem Antragsteller, nicht aber dem Grundstückseigentümer oder dem Käufer zustehen können.[959]

---

949 BGH NJW 2008, 2502; NVwZ 2004, 638; NJW 2001, 3054.

950 BGH NVwZ 2011, 251, 252; Greim/Michl Jura 2012, 373, 373.

951 BGH NJW 1994, 2087; Schlick DVBl. 2007, 457, 465.

952 BGH NVwZ-RR 2009, 363; NVwZ 2008, 815; OLG Hamburg NordÖR 2005, 256.

953 BGH NVwZ 2007, 485, 486; Schlick DVBl. 2007, 457, 461.

954 BGH NJW 2009, 1207, 1208.

955 BGH NVwZ 2013, 167, 168; BGH, Urt. v. 6.09.2010 – III ZR 29/10, RÜ 2010, 810, 811; Schlick NJW 2011, 3341, 3344; Schoch NVwZ 2012, 777, 784; Singbartl/Wehowsky NVwZ 2013, 1525; anders noch BGH NVwZ 2006, 117, 118.

956 BGH NJW 2009, 1207, 1208; BGH, Urt. v. 24.04.2008 – III ZR 252/06, RÜ 2008, 738, 739; Schlick DVBl. 2007, 457, 463.

957 BGH DVBl. 1994, 281, 282; NJW 1993, 2303, 2304; MünchKomm-Papier BGB § 839 Rn. 247.

958 OLG Karlsruhe VersR 1990, 1010; Müller NVwZ 1990, 1028, 1031.

- Der **Bauunternehmer** fällt generell nicht in den persönlichen Schutzbereich der Amtspflicht. Seine Rechtsstellung wird durch die Erteilung der Genehmigung nicht berührt, ihm gegenüber wird insbes. kein Vertrauenstatbestand geschaffen.[960] Ebenso fällt der **Architekt** nicht in den Schutzbereich der vorgenannten Amtspflicht.[961]

675 bb) Der **sachliche Schutzbereich** ist danach zu bestimmen, dass der Bauherr durch eine Baugenehmigung nicht Gefahr laufen soll, einen vorschriftswidrigen Bau auszuführen, der keinen Bestand haben kann. Damit sollen alle Nachteile verhindert werden, die der Betroffene durch das Vertrauen in die Rechtsbeständigkeit der Genehmigung erleidet **(Verlässlichkeitsgrundlage)**.[962]

Die Rspr. hat eine solche Verlässlichkeitsgrundlage insbes. verneint, wenn die Gründe für die Rechtswidrigkeit der Baugenehmigung aus dem **Risikobereich** des Eigentümers oder Bauherrn resultieren. Das ist z.B. der Fall, wenn die Baugenehmigung mit Mängeln behaftet ist, die nach § 48 Abs. 3 i.V.m. § 48 Abs. 2 S. 3 Nr. 1 bis 3 VwVfG eine entschädigungslose Rücknahme rechtfertigen, z.B. bei grober Fahrlässigkeit.[963]

676 K hat vorliegend den Kaufvertrag erst nach Erteilung der Baugenehmigung und damit **im Vertrauen auf deren Rechtmäßigkeit** geschlossen. Die Rechtswidrigkeit der Genehmigung musste sich ihm nicht aufdrängen, sodass die Genehmigung die erforderliche Verlässlichkeitsgrundlage bildet. Damit fallen nicht nur die nutzlosen Bauaufwendungen, sondern auch die durch Abschluss des Kaufvertrages eingetretenen Vermögenseinbußen (insbes. die Vertragskosten) in den sachlichen Schutzbereich der verletzten Amtspflicht.

Nicht vom Schutzzweck umfasst sind z.B. solche Nachteile, die sich daraus ergeben, dass das Bauvorhaben private Rechte der Nachbarn beeinträchtigt und deshalb nicht verwirklicht werden kann. Denn die Baugenehmigung ergeht unbeschadet der privaten Rechte Dritter.[964]

677 c) Der Sachbearbeiter der Baubehörde hat bei der Prüfung der bauplanungsrechtlichen Zulässigkeit des Vorhabens die einschlägigen Vorschriften **fahrlässig** nicht beachtet und damit **schuldhaft** gehandelt. Jeder Beamte muss grds. die für seine Aufgaben erforderlichen Rechtskenntnisse haben oder sich verschaffen.

d) Bei fahrlässigem Handeln besteht nach § 839 Abs. 1 S. 2 BGB kein Anspruch gegen die Stadt, wenn K eine **anderweitige Ersatzmöglichkeit** hat.

678 aa) K könnte gegen den **Verkäufer E** nach §§ 437 Nr. 3, 280 Abs. 1 u. 3, 281 BGB einen Anspruch auf Schadensersatz bzw. gemäß § 284 BGB auf Ersatz der nutzlosen Bauaufwendungen haben. Dann müsste die Kaufsache mangelhaft sein. Hier ist das Grundstück zwar als „Bauland" verkauft worden, dies bezieht sich aber i.d.R. nur darauf, dass das Grundstück überhaupt bebaut werden darf. Die konkret beabsichtigte Bebauung ist grds. nicht Beschaffenheitsmerkmal, es sei denn, hierauf bezieht sich die vertragliche Vereinbarung. Im Übrigen trägt der Käufer das Verwendungsrisiko. Gewährleistungsansprüche des K gegen E bestehen daher nicht.

---

959 BGH NVwZ 2004, 1143, 1144; OLG Hamm NVwZ-RR 2006, 227, 228; OLG Brandenburg NJW-Spezial 2011, 461.

960 BGH NJW 1980, 2578; MünchKomm-Papier BGB § 839 Rn. 246 m.w.N.

961 BGH DVBl. 1994, 695, 697.

962 BGH NJW 2008, 2502, 2503; NVwZ 2004, 638, 638 f. Schlick DVBl. 2007, 457, 463. Unklar ist die Verortung und die Reichweite der „Verlässlichkeitsgrundlage". Der BGH zählt sie zum haftungsbegründenden Tatbestand, ohne sich bzgl. des Prüfungsstandorts festzulegen. Naheliegend ist die Einordnung innerhalb der sachlichen Drittbezogenheit.

963 BGH NVwZ 2004, 638, 639; Rinne/Schlick NJW 2005, 3541, 3545; Schlick DVBl. 2007, 457, 464.

964 BGH NJW 2000, 2996; zum ersatzfähigen Schaden vgl. auch BGH NJW 2009, 1207, 1208 f.

bb) Insoweit bestehen jedoch Ansprüche des K gegen den **Architekten A** gemäß §§ 634 Nr. 4, 280, 281, 284 BGB wegen **fehlerhafter Planung**. Denn auch der Architekt muss grds. die nötigen Kenntnisse des Baurechts besitzen, insbes. die Frage der planungsrechtlichen Zulässigkeit prüfen. Allerdings muss der Architekt keine schwierigen Rechtsfragen lösen.[965] **679**

Hier hätte A erkennen können, dass das Bauvorhaben den Festsetzungen des Bebauungsplanes widersprach. K hat im Vertrauen auf die Planung des A den Kaufvertrag geschlossen und mit den Bauarbeiten begonnen, sodass ihm bzgl. der daraus entstandenen Vermögensnachteile Ansprüche gegen A auf Schadensersatz (§ 280 Abs. 1 BGB) bzw. Ersatz vergeblicher Aufwendungen (§ 284 BGB) zusteht. Der Amtshaftungsanspruch gegen die Stadt ist deshalb wegen anderweitiger Ersatzmöglichkeit nach § 839 Abs. 1 S. 2 BGB ausgeschlossen.[966]

K hat **keinen Anspruch aus Amtshaftung** nach 34/839.

II. **Ordnungsrechtliche Unrechtshaftung**

1. In den meisten Ländern besteht neben 34/839 ein Anspruch auf Entschädigung, wenn jemand durch eine **rechtswidrige Maßnahme** der Polizei- oder Ordnungsbehörden einen Schaden erleidet. Anders als die Amtshaftung ist die ordnungsrechtliche Haftung **verschuldensunabhängig**. Hierbei handelt es sich um eine Konkretisierung der allgemeinen Grundsätze über den sog. **enteignungsgleichen Eingriff** (s.u. Rn. 734). Fehlt eine Regelung im Landesrecht folgt daher ein gleichgelagerter Anspruch aus dem **Aufopferungsgewohnheitsrecht**.[967] **680**

   Vgl. z.B. § 59 Abs. 2 ASOG Bln; § 38 Abs. 1 b OBG Bbg; § 56 Abs. 1 S. 2 Brem PolG; § 64 Abs. 1 S. 2 HSOG; § 80 Abs. 1 S. 2 Nds SOG; § 39 Abs. 1 b OBG NRW; § 68 Abs. 1 S. 2 POG RP; § 68 Abs. 1 S. 2 SPolG; § 69 Abs. 1 S. 2 SOG LSA; § 68 Abs. 1 S. 2 ThürPAG, § 52 Thür OBG. Entsprechendes gilt für die Staatshaftung nach § 1 StHG-DDR, soweit dieser als Landesrecht fortgilt (s.o. Rn. 600).[968]

2. Wesentliche Voraussetzung der ordnungsrechtlichen Haftung ist das Vorliegen einer **rechtswidrigen Maßnahme**.

   a) Der Begriff der **Maßnahme** ist weit zu fassen. Darunter ist jedes Verhalten mit Außenwirkung zu verstehen, auch ungewollte, nicht finale Handlungen. **681**

   Beispiele: Erlass eines belastenden VA, Erlass und Ablehnung eines begünstigender VA; Erteilung von Auskünften, wenn der Bürger auf ihre Richtigkeit vertrauen durfte.[969] **Keine Maßnahme** ist dagegen die bloße Anhörung[970] oder eine unverbindliche „Bitte".[971] Ebenso wie im Rahmen des 34/839 (s.o. Rn. 641) gibt es auch nach dem POR **keine Haftung für legislatives Unrecht**.[972]

   Die Erteilung der Baugenehmigung ist als VA unproblematisch eine Maßnahme im ordnungsrechtlichen Sinne.[973]

965 BGH NVwZ 2004, 638, 639; NVwZ 1992, 911, 912 m.w.N.
966 Vgl. BGH NJW 2001, 3054; LG Bonn NWVBl. 2007, 197 f.; Lansnicker/Schwirtzek NVwZ 1996, 745, 747 m.w.N.
967 Vgl. BGH NJW 1994, 1647, 1648; Ossenbühl/Cornils, S. 488 m.w.N.
968 Vgl. BGH NVwZ-RR 2009, 363 f.; JZ 2006, 794 f. mit Anm. Grzeszick.
969 BGH NJW 1992, 1230; NJW 1994, 2087.
970 OLG Köln NVwZ 1993, 1020.
971 BGH DVBl. 1998, 328.
972 BGH, Urt. v. 16.04.2015– III ZR 204/13 u, RÜ 2015, 462, 466 (keine Haftung für unionsrechtswidrige Glücksspieluntersagung).
973 BGH DVBl. 2002, 265, 266; OLG Köln ZfBR 2013, 183, 184.

682 b) Die Baugenehmigung war **rechtswidrig**. Wie beim Amtshaftungsanspruch reicht auch hier die objektive Rechtswidrigkeit allein nicht aus. Es gelten vielmehr dieselben Einschränkungen wie zur **Drittbezogenheit** der Amtspflicht.[974] Hier bestand die Pflicht zur ordnungsgemäßen Prüfung der bauplanungsrechtlichen Zulässigkeit des Bauvorhabens insbes. im Vermögensinteresse des Bauherrn K.

683 c) Voraussetzung der ordnungsrechtlichen Haftung ist im Übrigen, dass die behördliche Maßnahme den Schaden **unmittelbar** (d.h. ohne wesentliche Zwischenursache) hervorgerufen hat.[975] Zwar sind die Schäden hier nicht unmittelbar durch Erteilung der Baugenehmigung, sondern erst durch Abschluss des Kaufvertrages bzw. durch Aufnahme der Bauarbeiten eingetreten. Jedoch ist die Unmittelbarkeit schon dann zu bejahen, wenn sich im Schadenseintritt eine für die konkrete hoheitliche Betätigung **typische Gefährdungslage** konkretisiert hat.[976]

Beispiel: Die Einweisung eines bisherigen Mieters wegen drohender Obdachlosigkeit begründet die zurechenbare Gefahr eines unsachgemäßen Gebrauchs der Wohnung.[977]

Die Erteilung einer – rechtswidrigen – Baugenehmigung ruft typischerweise die Gefahr hervor, dass der Bauherr vermögensrechtliche Dispositionen trifft, insbes. mit der Errichtung des Baus beginnt. Die geltend gemachten Schäden beruhen daher unmittelbar auf der rechtswidrigen Erteilung der Genehmigung.

684 3. Ein **Verschulden** ist für die ordnungsrechtliche Haftung **nicht erforderlich**.

685 4. Anders als beim Amtshaftungsanspruch schließt eine **anderweitige Ersatzmöglichkeit** den ordnungsrechtlichen Anspruch **nicht aus**. Daher besteht die ordnungsrechtliche Haftung gegenüber K, unabhängig davon, ob K Ansprüche gegen E oder A hat.

Der Anspruch ist allerdings ausgeschlossen, wenn der Geschädigte bereits anderweitig tatsächlich Ersatz erlangt hat (vgl. z.B. ausdrücklich § 38 Abs. 2 a) OBG Bbg, § 39 Abs. 2 a) OBG NRW).

686 5. Im Gegensatz zu 34/839 handelt es sich bei der ordnungsrechtlichen Haftung nicht um einen Schadensersatzanspruch, sondern um einen **Entschädigungsanspruch**. Ersetzt wird i.d.R. nur der **unmittelbare Vermögensschaden**, nicht dagegen mittelbare Vermögensnachteile, es sei denn, der Ausgleich ist zur Abwendung unbilliger Härten geboten. Hier stehen die geltend gemachten Schäden im unmittelbaren Zusammenhang mit der rechtswidrigen Erteilung der Baugenehmigung.

687 6. Ein den Anspruch einschränkendes **Mitverschulden** kann insbes. dann vorliegen, wenn der Bauherr trotz Nachbarwiderspruchs weiterbaut. Zwar entfällt damit die Vertrauensgrundlage nicht automatisch, da die Genehmigung grds. sofort vollziehbar ist (vgl. § 212 a Abs. 1 BauGB). Ab dem Vorliegen von Drittanfechtungen trifft den Bauherrn jedoch eine größere Eigenverantwortung.[978]

Die von K geltend gemachten Nachteile sind bereits vor Einlegung des Nachbarwiderspruchs entstanden. Diesbezüglich ist ihm ein Mitverschulden nicht anzulasten. Der **ordnungsrechtliche Haftungsanspruch** ist daher uneingeschränkt **begründet**.

---

974 BGH NJW 1994, 2087, 2088; DVBl. 1993, 1091, 1092; Lansnicker/Schwirtzek NVwZ 1996, 745, 746.

975 BGH NJW 1996, 315, 316.

976 Siehe näher unten Rn. 742 und Rn. 761.

977 BGH NJW 1996, 315, 316; einschränkend BGH NVwZ 2006, 963, 964; vgl. oben Rn. 454.

978 BGH VersR 2002, 1024, 1025; BauR 2002, 292, 293.

Amtshaftung gemäß Art. 34 GG, § 839 BGB

I. Voraussetzungen der Amtshaftung (haftungsbegründender Tatbestand)

1. Hoheitliches Handeln

a) jeder Amtswalter, der hoheitlich handelt
(haftungsrechtlicher Beamtenbegriff)

Beamte, Richter (§ 839 Abs. 2 BGB!), Angestellte, Arbeiter, Soldaten, Minister, Ratsmitglieder, Beliehene, Verwaltungshelfer (Werkzeugtheorie?)

b) öffentlich-rechtliche Tätigkeit, nicht bei privatrechtlicher Tätigkeit

- eindeutig ör bei Eingriffsverwaltung (insbes. POR)
- Leistungsverwaltung: abhängig von der Ausgestaltung des Rechtsverhältnisses
- bei neutralen Handlungen: Funktionszusammenhang und Zielsetzung
  Teilnahme am Straßenverkehr: ör, wenn Sonderrechte oder Dienstfahrt
  Verkehrssicherungspflicht: grds. pr; Ausn. Straßenverkehrssicherungspflicht ör

c) in Ausübung = nicht nur bei Gelegenheit

2. Verletzung der einem Dritten gegenüber obliegenden Amtspflicht

a) Amtspflicht aus Gesetz, RechtsVO, Satzung, VV, Weisungen u.a.

- Pflicht zu rechtmäßigem Verwaltungshandeln
- Pflicht zur Vermeidung unerlaubter Handlungen
- Pflicht zur Erteilung richtiger und vollständiger Auskünfte
- Pflicht zu zügigem und konsequentem Verwaltungshandeln u.a.

b) gegenüber dem Geschädigten

- persönlicher Schutzbereich: zumindest auch Individualschutz bezweckt
- sachlicher Schutzbereich: Schutz gerade des betroffenen Interesses

c) Verletzung = Rechtswidrigkeit der Maßnahme

- keine Bindung an bestandskräftigen VA (arg. e § 839 Abs. 3 BGB)
- Bindung an verwaltungsgerichtliches Urteil wegen § 121 VwGO

3. Verschulden, § 276 BGB

Vorsatz, Fahrlässigkeit (objektivierter Fahrlässigkeitsmaßstab)

4. kein Haftungsausschluss

a) § 839 Abs. 1 S. 2 BGB (**Subsidiaritätsklausel**, Verweisungsprivileg)

- bei fahrlässiger Amtspflichtverletzung, wenn anderweitige Ersatzmöglichkeit
- nicht anwendbar bei allg. Teilnahme am Straßenverkehr, ör VSP, selbst verdienten Versicherungsleistungen (Sozialversicherung, Kaskoversicherung etc.)
- Realisierung muss möglich und zumutbar sein

b) § 839 Abs. 2 BGB (Richterprivileg)

c) § 839 Abs. 3 BGB (schuldhaft unterlassene Rechtsbehelfseinlegung)

II. Rechtsfolge (haftungsausfüllender Tatbestand)

- Ersatz des durch die Amtspflichtverletzung zurechenbar verursachten Schadens (§§ 249 ff. BGB) in **Geld**
- ggf. Anspruchsminderung bei **Mitverschulden**, § 254 BGB

III. Haftung bei Verstößen gegen das Europarecht

1. Eigenständiges Haftungsinstitut

688 Für die Haftung der Mitgliedstaaten bei Verstößen gegen das primäre und sekundäre Unionsrecht hat der EuGH das eigenständige Rechtsinstitut der **unionsrechtlichen Staatshaftung** entwickelt. Der Grundsatz, dass der Staat für Schäden haftet, die dem Einzelnen durch dem Staat zuzurechnende Verstöße gegen das Unionsrecht entstehen, folgt „unmittelbar aus dem Wesen der europäischen Rechtsordnung".[979]

Während teilweise angenommen wird, dass hierdurch lediglich die nationalen Haftungsansprüche modifiziert würden,[980] geht die h.M. davon aus, dass es sich um ein **eigenständiges Haftungsinstitut des EU-Rechts** handelt, das ggf. neben den Anspruch aus Amtshaftung tritt.[981] Dafür spricht, dass es sich bei der unionsrechtlichen Haftung anders als bei der Amtshaftung **nicht um eine übergeleitete Haftung** für das Verhalten des Amtswalters handelt, sondern um eine **originäre Haftung des Mitgliedstaats**. Bedeutung hat der unionsrechtliche Staatshaftungsanspruch insbesondere dort, wo die nationalen Haftungsansprüche versagen (z.B. bei legislativem Unrecht).[982]

Von der Haftung der Mitgliedstaaten für unionswidriges Verhalten zu unterscheiden ist die **Amtshaftung der EU für die EU-Organe**. Diese Haftung ist in Art. 340 Abs. 2 AEUV geregelt und wird im Wege der sog. Amtshaftungsklage (Art. 268 AEUV) durchgesetzt.[983]

2. Haftungsvoraussetzungen

689 Die unionsrechtliche Staatshaftung hat **drei Voraussetzungen**:[984]

Unionsrechtliche Staatshaftung
■ Verletzung von **individualschützendem Unionsrecht**,
■ Vorliegen eines **hinreichend qualifizierten Verstoßes**,
■ **unmittelbarer Kausalzusammenhang** zwischen Pflichtverletzung und Schaden.

690 **a)** Es muss ein Verstoß gegen eine **individualschützende Vorschrift** des Unionsrechts vorliegen. Anders als das nationale Recht ist Unionsrecht nicht nur individualschützend, wenn der Schutz des Bürgers bezweckt ist (so die sog. Schutznormtheorie), sondern bereits dann, wenn eine hinreichend bestimmte und unmittelbar vollziehbare Norm **tatsächlich** den Schutz des Bürgers bewirkt.[985]

Unproblematisch individualschützend sind die EU-Grundrechte, die Grundfreiheiten, insbes. die Warenverkehrsfreiheit (Art. 34 AEUV), die Niederlassungsfreiheit (Art. 49 AEUV) und die Dienstleistungsfreiheit (Art. 56 AEUV).[986] Subjektive Rechte können sich zudem aus den Wettbewerbsregeln (Art. 101, 102 AEUV)

979 Vgl. grundlegend EuGH NJW 1992, 165, 166 f. (Francovich); NJW 1996, 1267, 1268 (Brasserie du Pecheur).

980 Maurer § 31 Rn. 9; MünchKomm-Papier BGB § 839 Rn. 103; Kluth DVBl. 2004, 393, 402.

981 BGH NJW 2008, 3558, 3559; Dörr DVBl. 2006, 598, 602; im Ergebnis auch BVerfG NJW 2012, 598, 599.

982 BGH, Urt. v. 16.04.2015– III ZR 204/13, RÜ 2015, 462, 463 f. (Haftung für unionsrechtwidrige Glücksspieluntersagung)

983 Zur Amtshaftung der EU vgl. Ossenbühl/Cornils, S. 662 ff. und AS-Skript Europarecht (2013), Rn. 388 ff.

984 Grundlegend EuGH NJW 1992, 165, 166 (Francovich); EuGH, Urt. v. 24.03.2009 – C-445/06, RÜ 2009, 649, 650; BGH NJW 2009,2534, 2535; Schlick NJW 2011, 3137, 3139; im Einzelnen AS-Skript Europarecht (2013), Rn. 401 ff.

985 EuGH, Urt. v. 24.03.2009 – C-445/06, RÜ 2009, 649, 650; vgl. auch AS-Skript VwGO (2013), Rn. 464.

und aus den unionsrechtlichen Beihilfevorschriften (Art. 107, 108 AEUV) ergeben. Auch unmittelbar anwendbare Richtlinien können individualschützend sein.[987]

b) Der Verstoß gegen das Unionsrecht muss **hinreichend qualifiziert** sein. Das ist der Fall, wenn der Mitgliedstaat seine Befugnisse offenkundig und erheblich überschritten hat.[988] Diesem restriktiven Haftungsmaßstab liegt die Erwägung zu Grunde, dass insbesondere wirtschaftspolitische Entscheidungen nicht jedesmal durch die Möglichkeit von Schadensersatzansprüchen behindert werden dürfen, wenn Allgemeininteressen den Erlass von Maßnahmen gebieten, die die Interessen des Einzelnen beeinträchtigen können.[989] **691**

Unproblematisch ist der hinreichend qualifizierte Verstoß i.d.R. bei nicht fristgerechter Umsetzung von Richtlinien.[990] Im Übrigen handelt es sich um eine **Wertungsfrage**, bei der alle Gesichtspunkte des Einzelfalls zu berücksichtigen sind,[991] insbesondere das Maß an Klarheit und Genauigkeit der verletzten Vorschrift, der Umfang des dem Mitgliedstaat verbleibenden Ermessensspielraums, ebenso die Frage, ob der Verstoß oder der Schaden vorsätzlich begangen bzw. zugefügt wurde, ob ein etwaiger Rechtsirrtum entschuldbar ist und ob möglicherweise das Verhalten eines Unionsorgans zum Rechtsverstoß beigetragen hat.[992]

Beispiel: Aufgrund des erheblichen Gestaltungsspielraums, den das Unionsrecht den Mitgliedstaaten bei der Ausgestaltung des nationalen Glückspielrechts belässt, durften die Behörden und Gerichte der Länder davon ausgehen, dass das staatliche Wettmonopol bis zu der vom BVerfG geforderten Neuregelung[993] mit dem Unionsrecht in Einklang stand. Auch soweit das staatliche Wettmonopol unionsrechtswidrig war,[994] lässt sich ein hinreichend qualifizierter Verstoß nicht feststellen.[995]

c) Schließlich muss ein **unmittelbarer Kausalzusammenhang** zwischen der Pflichtverletzung des Staates und dem eingetretenen Schaden bestehen.[996] Das ist der Fall, wenn die Handlung nach der allgemeinen Lebenserfahrung typischerweise geeignet ist, den eingetretenen Schaden zu verursachen (Adäquanztheorie).[997] **692**

d) Ein **Verschulden**, wie es 34/839 voraussetzt, ist für die unionsrechtliche Haftung **nicht Voraussetzung**, aber ggf. im Rahmen der Qualifizierung des Rechtsverstoßes zu berücksichtigen.[998] **693**

So ist z.B. das Maß der Vorwerfbarkeit, insbesondere die Frage, ob der Verstoß vorsätzlich erfolgte, für die Annahme eines hinreichend qualifizierten Verstoßes von Bedeutung (s.o.).

---

986 BGH, Urt. v. 22.01.2009 – III ZR 233/07, NJW 2009, 2534, 2535.

987 Vgl. ausführlich AS-Skript Europarecht (2013), Rn. 401 ff.

988 EuGH, Urt. v. 24.03.2009 – C-445/06, RÜ 2009, 649, 650; BGH, Urt. v. 18.10.2012 – III ZR 196/11, RÜ 2013, 52, 55 f.

989 BGH, Urt. v. 18.10.2012 – III ZR 196/11, NJW 2013, 168, 169; Schlick NJW 2013, 3142, 3144.

990 Dörr DVBl. 2006, 598, 599.

991 BGH, Urt. v. 18.10.2012 – III ZR 196/11, RÜ 2013, 52, 54; NJW 2013, 168, 169; VersR 2013, 324, 326; Schlick NJW 2011, 3137, 3139.

992 EuGH, Urt. v. 30.09.2003 –C-224/01, NJW 2003, 3539, 3541; BGH, Urt. v. 18.10.2012 – III ZR 196/11, RÜ 2013, 52, 53; Schlick NJW 2011, 3137, 3139.

993 Vgl. Glücksspielstaatsvertrag 2011; dazu BGH, Beschl. v. 24.01.2013 – I ZR 171/10; EuZW 2013, 280 (Vorlage zum EuGH wegen des deutschen Internetverbots für Glücksspiele); dazu Pagenkopf NJW 2012, 2918 ff.; Möschel EuzW 2013, 252 ff.

994 Dazu EuGH, Urt. v. 08.09.2010 – C-316/07, RÜ 2010, 719, 722, EuZW 2011, 841, 844; Streinz JuS 2011, 85 f.; zur Verfassungswidrigkeit des früheren Glücksspielstaatsvertrages BVerfGE 115, 276; dazu Sachs JuS 2006, 745 ff.

995 BGH, Urt. v. 16.04.2015– III ZR 333/13 u. III ZR 204/13, RÜ 2015, 462, 463 f.; BGH, Urt. v. 18.10.2012 – III ZR 196/11, RÜ 2013, 52, 55 f.; dazu Unterreitmeier NJW 2013, 127, 129.

996 Vgl. z.B. BGH, Urt. v. 04.06.2009 – III ZR 144/05, EuZW 2009, 865, 872; ebenso EuGH, Urt. v. 18.03.2010 – C-419/08 zur Haftung nach § 340 Abs. 2 AEUV.

997 OLG Hamm, Urt. v. 03.05.2013 – 11 U 88/11; Kling Jura 2005, 298, 303.

998 Vgl. Graulich ZAP 2005, 185, 196; Kling Jura 2005, 298, 303; Ossenbühl/Cornils, S. 610.

3. Fallgruppen

694 Die vom EuGH entwickelten Grundsätze zur Haftung eines Mitgliedstaates für Verstöße gegen das Unionsrecht gelten **für alle drei Staatsgewalten** unabhängig davon, ob der schadensverursachende Verstoß dem Gesetzgeber, der Verwaltung oder den Gerichten des Mitgliedstaates anzulasten ist.[999]

695 Besondere Bedeutung hat der unionsrechtliche Staatshaftungsanspruch bei **normativem Unrecht**, wenn nationales Recht dem Unionsrecht widerspricht. Während es im nationalen Recht grundsätzlich keine Haftung **für Fehlverhalten des Gesetzgebers** gibt (s.o. Rn. 641), kommt die unionsrechtliche Haftung auch hier zum Tragen.

Beispiele: Haftung des Staates bei Zahlungsunfähigkeit des Arbeitgebers wegen Nicht-Umsetzung der entsprechenden EU-Richtlinie;[1000] bei nicht rechtzeitiger Umsetzung der Pauschalreiserichtlinie zum Insolvenzschutz von Urlaubsreisenden[1001] und bei unzulässigen Einfuhrbeschränkungen.[1002]

696 Ebenso kommt eine Haftung bei der Verletzung von Unionsrecht durch **nationale Gerichte** in Betracht.[1003] Daher können auch letztinstanzliche rechtskräftige Urteile eine unionsrechtliche Staatshaftung des Landes bzw. des Bundes begründen, wenn sie **offenkundig unionsrechtswidrig** sind.

697 Während § 839 Abs. 2 BGB Amtshaftungsansprüche wegen **Richterunrecht** zum Schutz der Rechtskraft der richterlichen Entscheidung weitgehend ausschließt, hat der EuGH einen entsprechenden Haftungsausschluss bei der unionsrechtlichen Staatshaftung ausdrücklich verneint. Allerdings sei ein „hinreichend qualifizierter Verstoß" nur gegeben, wenn die Gerichtsentscheidung offenkundig gegen das geltende Recht verstößt, z.B. die einschlägige Rspr. des EuGH offensichtlich verkennt.[1004]

4. Ausgestaltung des Anspruchs

698 Während der **Haftungstatbestand** weitgehend durch das **Unionsrecht** geprägt ist, richten sich die **Haftungsfolgen** und die **Durchsetzung** des unionsrechtlichen Staatshaftungsanspruchs im Wesentlichen nach **nationalem Recht**. Dabei dürfen die Voraussetzungen aber nicht ungünstiger sein als bei Klagen, die nur das nationale Recht betreffen **(Äquivalenzgrundsatz)**, und sie dürfen nicht so ausgestaltet sein, dass sie es praktisch unmöglich machen oder übermäßig erschweren, Schadensersatz bei Verstößen gegen das Unionsrecht zu erlangen **(Effektivitätsgrundsatz)**,[1005] das heißt:

699
- Die **Subsidiarität** (§ 839 Abs. 1 S. 2 BGB) ist **unanwendbar**, weil es sich bei der unionsrechtlichen Haftung um eine unmittelbare Staatshaftung handelt und das Verweisungsprivileg dem Effektivitätsgrundsatz widersprechen würde.[1006] Dasselbe gilt für das **Richterprivileg** (§ 839 Abs. 2 BGB), das bei der unionsrechtlichen Haftung ebenfalls nicht anwendbar ist (s.o. Rn. 697).[1007]

---

999 BGH, Urt. v. 18.10.2012 – III ZR 196/11, RÜ 2013, 52, 53.

1000 EuGH NJW 1992, 165.

1001 EuGH NJW 1996, 3141.

1002 EuGH NJW 1996, 1267, 1268; BGH NVwZ 2007, 362, 363; NJW 2009, 2534, 2536; Dörr DVBl. 2006, 598, 599 f.

1003 EuGH NVwZ 2004, 79; NJW 2006, 3337; BGH NJW 2008, 3558; Ossenbühl/Cornils, S. 614 f.; Dörr DVBl. 2006, 598, 600; Hellwig/Moos JA 2011, 196, 197 f.

1004 EuGH NJW 2006, 3337, 3338 f., NVwZ 2004, 79, 81; BGH NJW 2005, 747 f.; Brenner/Huber DVBl. 2004, 863, 866; Haratsch JZ 2006, 1176, 1177; Dörr DVBl. 2006, 598, 602; Christensen/Lerch JA 2007, 427, 431.

1005 EuGH, Urt. v. 24.03.2009 – C-445/06, RÜ 2009, 649, 651.

1006 Ossenbühl/Cornils, S. 622; Detterbeck/Windhorst/Sproll, S. 67 f.; Dörr DVBl. 2006, 598, 603.

- Dagegen ist der **Rechtsgedanke des § 839 Abs. 3 BGB** grds. auch auf den unionsrechtlichen Staatshaftungsanspruch anwendbar, allerdings muss der Gebrauch des fraglichen Rechtsmittels dem Geschädigten zumutbar sein.[1008] Ein sonstiges **Mitverschulden** kann **analog § 254 BGB** berücksichtigt werden.[1009] 700

- Für die **Verjährung** gelten die allgemeinen Regeln in §§ 195 ff. BGB.[1010]

- Der **Anspruchsgegner** des unionsrechtlichen Haftungsanspruchs bestimmt sich nach den gleichen Grundsätzen wie bei der Amtshaftung (s.o. Rn. 668). 701

  Es haftet daher der Bund, wenn ihn die Verantwortlichkeit trifft. Die Länder haften dagegen, wenn sie innerstaatlich für die Umsetzung von Unionsrecht zuständig sind.[1011] Bei administrativem Fehlverhalten kann auch eine Haftung der Gemeinde bestehen.[1012]

- Zuständig zur Entscheidung über den **unionsrechtlichen Staatshaftungsanspruch** sind **streitwertunabhängig die Landgerichte** (Rechtsgedanke aus Art. 34 S. 3 GG, § 40 Abs. 2 S. 1 VwGO, § 71 Abs. 2 Nr. 2 GVG).[1013] 702

IV. Ansprüche aus verwaltungsrechtlichen Schuldverhältnissen

1. Vertragliche Schadensersatzansprüche

Wie im Privatrecht können im Öffentlichen Recht neben deliktischen Ansprüchen auch **vertragliche Schadensersatzansprüche** bestehen. Dies gilt vor allem beim **öffentlich-rechtlichen Vertrag**, bei dem über § 62 S. 2 VwVfG die allgemeinen Regeln des BGB anzuwenden sind, insbes. können Schadensersatzansprüche bestehen bei Pflichtverletzungen (§§ 280 ff. BGB), auch im vorvertraglichen Bereich (§ 311 a Abs. 2 BGB). 703

Beispiel: Der grundlose Abbruch von Vertragsverhandlungen kann auch beim öffentlich-rechtlichen Vertrag zu einer Haftung auf den dadurch verursachten Vertrauensschaden führen.[1014]

Aus § 40 Abs. 2 S. 1 VwGO ergibt sich, dass es außerdem auch noch andere **öffentlich-rechtliche Sonderbeziehungen** gibt („ ... *sowie für Schadensersatzansprüche aus der Verletzung öffentlich-rechtlicher Pflichten, die **nicht auf einem öffentlich-rechtlichen Vertrag** beruhen*"). In der Rspr. ist daher anerkannt, dass die Regeln des vertraglichen Schuldrechts im hoheitlichen Bereich sinngemäß heranzuziehen sind, wenn 704

- zwischen Staat und Bürger ein enges, **besondere Rechte und Pflichten begründendes Rechtsverhältnis** vorliegt und

- ein **sachlicher Grund** besteht, neben deliktischen Ansprüchen (insbes. aus Amtshaftung) auch Schadensersatzansprüche **analog § 280 BGB** zu gewähren.[1015]

1007 EuGH NVwZ 2004, 79; NJW 2006, 3337; Rinne/Schlick NJW 2005, 3541, 3548.

1008 EuGH RÜ 2009, 649, 651; BGH EuZW 2009, 865, 868; NVwZ 2007, 362, 366; Schlick NJW 2009, 3487, 3495.

1009 BGH DVBl. 2004, 192, 193; Kling Jura 2005, 298, 305; Dörr DVBl. 2006, 598, 603.

1010 Schlick NJW 2009, 3487, 3495; Armbrüster/Kämmerer NJW 2009, 3601, 3603.

1011 BGH DVBl. 2005, 371, 372; Itzel MDR 2005, 545, 547; Dörr DVBl. 2006, 598, 604.

1012 Dörr DVBl. 2006, 598, 603.

1013 Graulich ZAP 2005, 849, 856; Schöndorf-Haubold JuS 2006, 112, 114.

1014 BGH NVwZ 2006, 1207; NJW 1990, 1042; OVG NRW OVGE 26, 41.

1015 BVerwG NVwZ 2011, 1388, 1390; BGH NJW 2006, 1121, 1123; VGH Mannheim NJW 2003, 1066; Dötsch NWVBl. 2001, 385, 388; Geis NVwZ 2002, 385, 390.

2. Fallgruppen

a) Öffentlich-rechtliche Verwahrung

705 Anerkannt ist eine vertragsähnliche Haftung insbes. bei der **öffentlich-rechtlichen Verwahrung**, die durch Vertrag, aber auch einseitig durch Hoheitsakt begründet werden kann (letzteres insbes. bei der Sicherstellung im Polizeirecht). Aufgrund der in diesen Fällen bestehenden **Obhutspflicht** des Staates gelten die Vorschriften des BGB über die Verwahrung (§§ 688 ff., außer § 690 BGB) sowie über Leistungsstörungen (§§ 275 ff. BGB) entsprechend. **Schadensersatzansprüche** können sich **analog § 280 BGB** vor allem bei Unmöglichkeit der Herausgabe oder bei Beschädigung der Sache ergeben.[1016]

Beispiel: Die Stadt haftet analog § 280 BGB für Beschädigungen des abgeschleppten Fahrzeuges durch den Abschleppunternehmer.[1017]

b) Öffentlich-rechtliche Leistungs- und Benutzungsverhältnisse

706 Entsprechendes gilt für öffentlich-rechtliche **Leistungs- und Benutzungsverhältnisse**, die durch Leistung und Gegenleistung geprägt sind. Die Beteiligten sind hier ebenso schutzbedürftig wie bei einem privatrechtlichen Austauschverhältnis. Deshalb können sich bei Pflichtverletzungen **Schadensersatzansprüche analog § 280 BGB** ergeben.

Beispiel: Schädigung des Bürgers bei der Benutzung gemeindlicher Einrichtungen, z.B. im Rahmen der Wasserversorgung, der Abwasserkanalisation oder eines kommunalen Schlachthofs.[1018] Aufgrund des Gegenseitigkeitsverhältnisses können sich hierbei nicht nur Ansprüche des Bürgers gegen den Staat, sondern auch Ansprüche des Staates gegen den Bürger ergeben.[1019]

c) Beamtenverhältnis

707 Das **Beamtenverhältnis** wird durch eine besondere Fürsorgepflicht des Dienstherrn geprägt (§ 78 BBG, § 45 BeamtStG). Deshalb ist allgemein anerkannt, dass der Beamte bei schuldhafter Pflichtverletzung des Dienstherrn einen vertragsähnlichen, öffentlich-rechtlichen Schadensersatzanspruch hat.[1020] Allerdings ist ein Rückgriff auf die Verletzung der Fürsorgepflicht nicht erforderlich. Primär- und Sekundäransprüche ergeben sich vielmehr **unmittelbar aus dem Beamtenverhältnis**.[1021]

Der praktisch wichtigste Fall sind Nachteile aufgrund unterbliebener Beförderung bei Verletzung des sog. Bewerbungsverfahrensanspruchs.[1022] Hier ergibt sich der Schadensersatzanspruch unmittelbar aus Art. 33 Abs. 2 GG.[1023] Ein Anspruch ist jedoch ausgeschlossen, wenn der Dienstherr das Auswahlverfahren aus sachlichen Gründen abbricht.[1024]

1016 BVerwG NVwZ 2011, 1388, 1390; DVBl. 2004, 1369, 1370; OLG Hamm NJW 2001, 375, 376; OLG Schleswig NVwZ 2000, 234; Ossenbühl NJW 2000, 2945, 2952; Graulich ZAP 2005, 185, 191 f.

1017 BGH, Urt. v. 18.02.2014 – VI ZR 383/12, RÜ 2014, 332, 335; dazu Schlick NJW 2014, 2686; WaldhoffJuS 2015, 92, 94.

1018 BGHZ 59, 303, 305 (Wasserversorgung); BGH NVwZ 2007, 1221 (Kanalisation); OLG Hamm VersR 1987, 789 (Schlachthof).

1019 VG Düsseldorf, Urt. v. 07.05.2014 – 23 K 8388/12.

1020 Vgl. z.B. BVerfG, Beschl. v. 24.07.2014 – 2 BvR 816/14, NVwZ 2015, 523; BVerwG, Urt. v. 30.10.2013 – BVerwG 2 C 23/12, NVwZ 2014, 676.

1021 BVerwGE 80, 123, 125; OVG NRW NWVBl. 2009, 217, 218; Graulich ZAP 2005,185, 192.

1022 BVerwG, Urt. v. 19.03.2015 – BVerwG 2 C 12.14; BVerwG, Urt. v. 26.01.2012 – BVerwG 2 A 7.09, NVwZ 2012, 1477; OVG Lüneburg, Urt. v. 10.02.2015 – 5 LB 105/14.

1023 BVerwG, Urt.v. 25.02.2010 – BVerwG 2 C 22.09, RÜ 2010, 605, 606, NJW 2010, 3592, 3593.

1024 Vgl. BVerwG, Urt. v. 03.12.2014 – BVerwG 2 A 3.13; BVerwG, Urt. v. 26.01.2012 – BVerwG 2 A 7.09, NVwZ 2012, 1477.

d) Sonstige vertragsähnliche Sonderbeziehungen

Die vorstehenden Fallgruppen sind **nicht abschließend**. Eine vertragsähnliche Haftung kommt vor allem bei einer engen Rechtsbeziehung mit Obhuts- und Fürsorgepflichten in Betracht.[1025] Die Rspr. ist bei der Anerkennung solcher Sonderverhältnisse indes zurückhaltend. 708

Nicht als schuldrechtsähnliches Verhältnis hat der BGH z.B. das Schulverhältnis angesehen. Zwar bestehe dem Schüler gegenüber eine Obhutspflicht der Schule, die jedoch hinter die Amtspflichten zur Erteilung des Unterrichts zurücktrete.[1026] Entsprechendes gilt für das Strafgefangenenverhältnis. Auch hier besteht zwar eine Fürsorgepflicht, die aber das Verhältnis nicht entscheidend prägt.[1027]

3. Unterschiede zur deliktischen Haftung

Die Zubilligung von Ansprüchen analog § 280 BGB neben der deliktischen Haftung nach 34/839 hat folgende **Vorteile:** 709

- Während beim Amtshaftungsanspruch der Kläger die volle Beweislast für die Voraussetzungen des § 839 Abs. 1 BGB, insbes. hinsichtlich des **Verschuldens** trägt, muss im vertraglichen Bereich der Staat analog §§ 280 Abs. 1 S. 2, 286 Abs. 4 BGB beweisen, dass er eine Pflichtverletzung nicht zu vertreten hat.
- Im vertraglichen Bereich wird das Verschulden von **Hilfspersonen** (Erfüllungsgehilfen) bei vertraglichen Ansprüchen nach § 278 BGB zugerechnet, während dies im deliktischen Bereich nur für ör Verwaltungshelfer gilt (s.o. Rn. 621).
- Bei vertraglichen Ansprüchen greift das **Verweisungsprivileg des § 839 Abs. 1 S. 2 BGB nicht**. Der **Rechtsgedanke des § 839 Abs. 3 BGB** bei schuldhaftem Nichtgebrauch eines Rechtsmittels gilt jedoch auch für die vertragsähnliche Haftung.[1028]
- Während der Anspruch aus 34/839 nur auf Geldersatz geht (s.o. Rn. 666), ist beim vertraglichen Anspruch auch eine **Naturalrestitution** möglich.[1029]

4. Rechtsweg

Für vertragsähnliche **Ansprüche des Bürgers** ist – ebenso wie für Amtshaftungsansprüche (Art. 34 S. 3 GG) – grds. der Rechtsweg zu den **ordentlichen Gerichten** gegeben (§ 40 Abs. 2 S. 1 Hs. 1 VwGO).[1030] Etwas anderes gilt für Ansprüche aus öffentlich- rechtlichem Vertrag und für beamtenrechtliche Ansprüche (§ 40 Abs. 2 S. 2 VwGO, § 126 Abs. 1 BBG, § 54 Abs. 1 BeamtStG), für die der Verwaltungsrechtsweg eröffnet ist.[1031] 710

Für **Ansprüche des Staates gegen den Bürger** ist dagegen stets der **Verwaltungsrechtsweg** nach § 40 Abs. 1 S. 1 VwGO eröffnet, da § 40 Abs. 2 S. 1 VwGO nur Ansprüche des Bürgers gegen den Staat erfasst.[1032] 711

1025 BGH, Urt. v. 18.02.2014 – VI ZR 383/12, RÜ 2014, 332, 335; BVerwG NVwZ 2011, 1388, 1390; Graulich ZAP 2005, 185, 192.

1026 BGH NJW 1963, 1828.

1027 BGHZ 21, 214, 218.

1028 BVerwG NJW 2010, 3592, 3593; BVerwG, Beschl. v. 06.06.2014 – BVerwG 2 B 75.13.

1029 Maurer § 29 Rn. 8; Ossenbühl/Cornils, S. 405.

1030 Vgl. BVerwG NJW 2002, 2894; Schoch/Ehlers VwGO § 40 Rn. 543; Maurer § 29 Rn. 9; Graulich ZAP 2005, 849, 854.

1031 BVerwG NJW 2010, 3592, 3593.

1032 Vgl. Kopp/Schenke VwGO § 40 Rdrn. 73; allgemein AS-Skript VwGO (2013), Rn. 99.

C. Entschädigung bei Eingriffen in das Eigentum (Art. 14 GG)

712 Ersatzansprüche bei Eingriffen in das Eigentum können sich aus vier Gesichtspunkten ergeben:

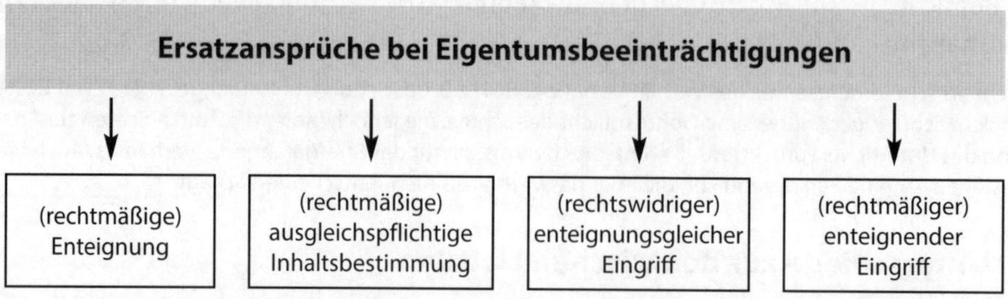

- **Enteignungsentschädigung** nach Art. 14 Abs. 3 GG als Ausgleich für den Entzug einer Eigentumsposition,
- **ausgleichspflichtige Inhaltsbestimmungen** als Kompensation für besonders schwerwiegende Belastungen im Rahmen der gesetzlichen Bestimmung von Inhalt und Schranken des Eigentums nach Art. 14 Abs. 1 S. 2 GG,
- **enteignungsgleicher Eingriff** bei rechtswidrigen Eingriffen in das Eigentum und
- **enteignender Eingriff** bei unzumutbaren Nebenfolgen einer an sich rechtmäßigen Verwaltungsmaßnahme.

I. Ersatzansprüche wegen Enteignung (Art. 14 Abs. 3 GG)

713 Art. 14 Abs. 1 S. 1 GG gewährleistet **Eigentum** und Erbrecht. Eingriffe in das Grundrecht sind vor allem der **Eigentumsentzug** und die **Eigentumsbeschränkung**. Sie können verfassungsrechtlich gerechtfertigt sein

- als **Inhalts- und Schrankenbestimmung** im Rahmen der Sozialbindung (Art. 14 Abs. 1 S. 2, Abs. 2 GG) oder
- als **Enteignung** (Art. 14 Abs. 3 GG).

714 Für die **Abgrenzung** gilt nach der heute herrschenden Trennungstheorie ein **formeller Enteignungsbegriff:**[1033]

- **Enteignung** i.S.d. Art. 14 Abs. 3 GG ist (nur) der **zielgerichtete** staatliche Zugriff auf das Eigentum des Einzelnen, der auf eine vollständige oder teilweise Entziehung einer konkreten Rechtsposition i.S.d. Art. 14 Abs. 1 GG zur Erfüllung öffentlicher Aufgaben gerichtet ist **(Eigentumsentzug)**.
- **Inhalts- und Schrankenbestimmung** i.S.d. Art. 14 Abs. 1 S. 2 GG ist demgegenüber die generelle und abstrakte Festlegung von Rechten und Pflichten des Eigentümers **(Eigentumsbeschränkung)**.

1033 Grundlegend BVerfGE 58, 300, 331 (Nassauskiesungsbeschluss); vgl. auch BVerfG DVBl. 2000, 1275, 1276; NJW 2001, 2960, 2961; NJW 2003, 196, 197; BVerwG NVwZ 2007, 707; DVBl. 2003, 531, 532; BGHZ 90, 17, 29 ff.; 99, 24, 28 f.; Papier DVBl. 2000, 1398, 1399; Lege JZ 2011, 1084, 1085; ders. Jura 2011, 507, 511.

Demgegenüber hatten der BGH (Sonderopfertheorie) und das BVerwG (Schweretheorie) früher einen 715
materiellen Enteignungsbegriff zugrunde gelegt. Danach war die Enteignung durch die Kriterien der Schwere, der Zumutbarkeit oder des Überschreitens der Sozialbindung gekennzeichnet. Jede Maßnahme, die nicht mehr als (rechtmäßige) Inhalts- und Schrankenbestimmung gerechtfertigt war, schlug automatisch in eine entschädigungspflichtige Enteignung um.[1034]

Nach der **Trennungstheorie** sind Inhalts- und Schrankenbestimmungen einerseits und 716
Enteignung andererseits **zwei selbstständige Rechtsinstitute**, die nicht ineinander übergehen können, insbes. kann eine Inhalts- und Schrankenbestimmung allein aufgrund ihrer Intensität nicht in eine Enteignung „umschlagen".

Eigentum

Enteignung	**Inhalts-/Schrankenbestimmung**
■ Eigentumsentzug ■ stets Entschädigung gem. Art. 14 III GG i.V.m. SpezG	■ Eigentumsbeschränkung ■ grds. entschädigungslos (Art. 14 I 2 GG) ■ Ausn.: „ausgleichspflichtige Inhaltsbestimmung" gem. SpezG

← **Abgrenzung** →

- frühere Rspr. des BGH/BVerwG: materiell nach Intensität und Qualität
- BVerfG und heute ganz h.M.: formell nach Form und Intention

- Die **Enteignung** ist im Wesentlichen ein „Güterbeschaffungsvorgang".[1035] In der Sa- 717
che bedeutet sie **Entzug** einer Sache oder einer Nutzung und Übertragung auf einen Begünstigten („Zwangsverkauf").[1036] Die Enteignung beseitigt das Eigentum des bisherigen Eigentümers und lässt originär **neues Eigentum** beim Begünstigten entstehen.

  Beispiele: Entzug eines Grundstücks für den Straßenbau (§ 19 FStrG), Belastung eines Grundstücks mit einer Grunddienstbarkeit, z.B. um die Benutzung durch die Allgemeinheit sicherzustellen (§ 86 Abs. 1 Nr. 1 Alt. 2 BauGB).

- **Inhalts- und Schrankenbestimmungen** sind dagegen alle **Eigentumsbeschränkun-** 718
gen, mögen sie sich auch noch so schwerwiegend auswirken.

  Beispiele: Nutzungsbeschränkungen im Natur-, Landschafts- oder Denkmalschutzrecht,[1037] baurechtliche Beschränkungen,[1038] Flug- und Verkehrslärm aufgrund einer Planfeststellung,[1039] ebenso die Vorschriften über die Zustandshaftung im Polizeirecht.[1040]

1034 Grundlegend BGHZ 6, 270, 280; BVerwGE 5, 143, 145 f.; für eine materielle Abgrenzung auch Schwabe Jura 1994, 529, 532; Axer DVBl. 1999, 1533, 1540 f.; Schönfeld NVwZ 1999, 380, 381; Wilhelm JZ 2000, 905, 909 f.

1035 BVerfGE 104, 1, 10; 126, 331, 359; BVerfG LKV 2010, 471, 472; Lege Jura 2011, 507, 513; Schwarz DVBl. 2013, 133, 136.

1036 Lege Jura 2011, 507, 513; Kloepfer DVBl. 2011, 1437, 1439.

1037 BVerfG NVwZ 2010, 957.

1038 BVerfG NVwZ 2012, 429, 430; Muckel JA 2012, 314, 314 f.

1039 BVerfG NVwZ 2010, 512, 514; vgl. dazu auch BVerwG NVwZ 2012, 1314 (Ausbau des Flughafens Frankfurt/Main).

1040 Lege Jura 2011, 507, 514..

719 Umstritten ist die Einordnung der mit dem **Ausstieg aus der Atomenergie** verbundenen Verkürzung der Restlaufzeiten der Atomkraftwerke. Ursprünglich galt die atomrechtliche Anlagengenehmigung unbefristet. In 2002 wurden im Konsens mit der Atomindustrie die Restlaufzeiten der Atomkraftwerke dergestalt beschränkt, das diese i.d.R. maximal 32 Jahre betrieben werden konnten. Diese Entscheidung wurde 2010 teilweise revidiert und die Laufzeiten um durchschnittlich 12 Jahre verlängert.[1041] Nach dem Reaktorunglück in Fukushima (Japan) Anfang 2011 wurde die erst kurz zuvor gewährte Laufzeitverlängerung wieder rückgängig gemacht.[1042] Für sieben Alt-Kraftwerke endete der Betrieb sofort, die übrigen Kraftwerke werden schrittweise bis Ende 2022 stillgelegt.[1043] Da nach Fristablauf ein Totalentzug der Nutzungsbefugnis vorliegt, wird teilweise eine Enteignung angenommen.[1044] Nach h.M. handelt es sich dagegen um eine Inhalts- und Schrankenbestimmung, da den Kraftwerksbetreibern das Eigentum an den AKW nicht entzogen, sondern nur der Betrieb für die Zukunft neu geregelt wird.[1045] Im Kern geht es um die Frage, welche Auslauffristen noch entschädigungslos hinzunehmen sind.[1046]

1. Anspruchsgrundlage für die Enteignungsentschädigung

720 Aufgrund der **Junktimklausel** in Art. 14 Abs. 3 S. 2 GG ist eine Enteignung nur zulässig, wenn das Gesetz zugleich Art und Ausmaß der **Entschädigung** regelt. Ohne Entschädigungsregelung ist die Enteignung rechtswidrig. Der Bürger kann und muss sich gegen die Maßnahme wehren. Es gibt kein „Dulde und Liquidiere".[1047]

721 Für die Entschädigung gelten vorrangig **spezialgesetzliche Entschädigungsvorschriften**, subsidiär kommen die allgemeinen Enteignungsgesetze der Länder zur Anwendung (vgl. z.B. § 19 Abs. 5 FStrG). **Anspruchsgrundlage** für die Enteignungsentschädigung ist stets die **spezielle Entschädigungsvorschrift** (vgl. z.B. §§ 93 ff. BauGB). Art. 14 Abs. 3 GG selbst ist keine Anspruchsnorm, sondern nur verfassungsrechtlicher Maßstab für das Enteignungsgesetz.

2. Anspruchsvoraussetzungen für die Enteignungsentschädigung

Aufbauschema: Anspruch auf Enteignungsentschädigung

I. Anspruchsgrundlage: Spezialgesetz, nicht Art. 14 Abs. 3 GG

II. Voraussetzungen

1. **Vorliegen einer Enteignung**, nicht Inhalts- und Schrankenbestimmung
2. **Rechmäßigkeit der Enteignung**
   a) **Ermächtigungsgrundlage für Enteignung**
   b) **zum Wohle der Allgemeinheit**
   c) **Verhältnismäßigkeit**

III. Rechtsfolge: angemessene Entschädigung

1041 11. Gesetz zur Änderung des Atomgesetzes vom 08.12.2010 (BGBl. I S. 1814).

1042 13. Gesetz zur Änderung des Atomgesetzes vom 31.07.2011 (BGBl. I S. 1704); dazu Sellner/Fellenberg NVwZ 2011, 1025 ff.

1043 Zur (formellen) Rechtswidrigkeit des sog. Atom-Moratoriums vgl. HessVGH, Urt. v. 27.03.2013 – 6 C 825/11, RÜ 2013, 459.

1044 Schwarz DVBl. 2013, 133, 140; ebenso schon Schmidt-Preuß NJW 2000, 1524, 1525; Sachs/Wendt GG Art. 14 Rn. 157 b.

1045 Ewer NVwZ 2011, 1035, 1037 f.; Kloepfer DVBl 2011, 1437, 1439; Wüstenbecker RÜ 2011, 537, 539 f.

1046 Vgl. im Einzelnen Degenhart DVBl. 2013, 207 und unten Rn. 728.

1047 Grundlegend BVerfGE 58, 300, 339 (Nassauskiesungsbeschluss).

a) Vorliegen einer Enteignung

Es muss eine **Enteignung** vorliegen. Nach dem herrschenden formellen Enteignungsbegriff setzt die Enteignung stets einen **finalen** (gewollten, beabsichtigten) **Entzug** einer Eigentumsposition voraus. Die Enteignung erfolgt durch **VA** (sog. Administrativenteignung) oder (ausnahmsweise) unmittelbar durch **Gesetz** (sog. Legalenteignung). **Realakte** und ungewollte Nebenfolgen können mangels Finalität keine Enteignung i.S.d. Art. 14 Abs. 3 GG darstellen, sondern entschädigungsrechtlich nur als „enteignende" oder „enteignungsgleiche" Eingriffe von Bedeutung sein (s.u. Rn. 734 ff.). 722

b) Rechtmäßigkeit der Enteignung

Der Anspruch auf Entschädigung setzt grds. voraus, dass die **Enteignung rechtmäßig** ist. 723

- Als belastende Maßnahme bedarf die Enteignung stets einer (wirksamen) gesetzlichen **Ermächtigungsgrundlage**, die zugleich Art und Ausmaß der Entschädigung regelt (Art. 14 Abs. 3 S. 2 GG).
- Die Enteignung ist nur rechtmäßig, wenn sie zum **Wohle der Allgemeinheit** erfolgt (Art. 14 Abs. 3 S. 1 GG).[1048]
- Schließlich muss jede Enteignung **verhältnismäßig** sein.

Ist das zur Enteignung ermächtigende Gesetz wirksam, die Enteignung im konkreten Fall aber rechtswidrig (weil z.B. unverhältnismäßig), ist umstritten, ob ein Entschädigungsanspruch besteht. Nach h.Rspr. soll in diesem Fall die **gesetzliche Entschädigungsvorschrift analog** gelten.[1049] Wenn schon für einen rechtmäßigen Eingriff Entschädigung geleistet werde, müsse dies erst recht für rechtswidrige Eingriffe gelten. Nach der Gegenansicht gilt dagegen der Vorrang des verwaltungsgerichtlichen Rechtsschutzes, da rechtswidrige Maßnahmen stets abgewehrt werden müssen. Eine analoge Anwendung der gesetzlichen Entschädigungsregel sei deshalb unzulässig.[1050] 724

3. Rechtsfolge

Die **Enteignungsentschädigung** ist unter gerechter Abwägung der Interessen der Allgemeinheit und der Beteiligten zu bestimmen (Art. 14 Abs. 3 S. 3 GG). Während Schadensersatz nach §§ 249 ff. BGB den Ausgleich sämtlicher Vermögenseinbußen in Gegenwart und Zukunft erfasst, führt die Entschädigung lediglich zu einem **„angemessenen" Ausgleich** (vgl. z.B. §§ 93 ff. BauGB).[1051] 725

Geht es um die **Rechtmäßigkeit der Enteignung**, so handelt es sich um öffentlich-rechtliche Streitigkeit i.S.d. § 40 Abs. 1 S. 1 VwGO, sodass der Enteignungsbeschluss im **Verwaltungsrechtsweg** durch Anfechtungsklage (§ 42 Abs. 1 Fall 1 VwGO) anzugreifen ist. 726

Für Enteignungen nach dem BauGB besteht eine abdrängende Sonderzuweisung an die Kammer für Baulandsachen beim Landgericht (§ 217 BauGB).

Der **Entschädigungsanspruch** ist dagegen nach Art. 14 Abs. 3 S. 4 GG zwingend im **ordentlichen Rechtsweg** geltend zu machen.[1052] 727

1048 Zur Enteignung zugunsten Privater BVerfG, Urt. v. 17.12.2013 – 1 BvR 3139/08 u.a., NVwZ 2014, 211; dazu Durner/Karrenstein DVBl. 2014, 175 ff.; Sachs JuS 2014, 468 ff.

1049 BGH DVBl. 1987, 568, 569; Lege Jura 2011, 826, 834.

1050 Böhmer NJW 1988, 2561, 2564; Schoch Jura 1989, 529, 535; Scherzberg DVBl. 1991, 84, 91.

1051 Vgl. BGH NVwZ 2011, 1081 u. 1085; dazu Kühne DVBl. 2012, 661 ff.; allgemein Ossenbühl NJW 2000, 2945, 2951.

1052 Vgl. Graulich ZAP 2005, 849, 851; Lege Jura 2011, 826, 834.

II. Die ausgleichspflichtige Inhaltsbestimmung

728 Eigentumsbeschränkungen nach Art. 14 Abs. 1 S. 2 GG sind **grds. entschädigungslos** hinzunehmen. Belastet die Inhalts-/Schrankenbestimmung den Betroffenen aber so sehr, dass sie auch unter Berücksichtigung der Sozialgebundenheit des Eigentums (Art. 14 Abs. 2 GG) nicht mehr zumutbar ist, so ist die Regelung **unverhältnismäßig**. Der Gesetzgeber kann dem Betroffenen aber zum **Ausgleich** der Belastung eine **Entschädigung** gewähren und so die Belastung abmildern. Dadurch wird die an sich unverhältnismäßige Maßnahme (wieder) verhältnismäßig **(ausgleichspflichtige Inhaltsbestimmung)**.[1053]

Beispiel ist die Pflichtexemplar-Entscheidung des BVerfG:[1054] Die jedem Verleger auferlegte Pflicht, eine bestimmte Anzahl neu erschienener Bücher an eine öffentliche Bibliothek abzuliefern, stellt eine Eigentumsbeschränkung i.S.d. Art. 14 Abs. 1 S. 2 GG dar. Dies ist unproblematisch bei Büchern mit hoher Auflage und normalem Preis. Soweit die Ablieferungspflicht auch bei bibliophilen Kostbarkeiten besteht, ist sie für sich gesehen jedoch unverhältnismäßig. Deshalb wurde die Ablieferungspflicht vom BVerfG nur als verhältnismäßig erachtet, wenn als Ausgleich eine Entschädigung gewährt wird.

Gegenbeispiel: Die mit dem Atomausstieg verbundene Verkürzung der Restlaufzeiten ist auch ohne Entschädigung zumutbar, weil diese so bemessen sind, dass sich die Investitionen amortisieren. Die Regellaufzeit orientiert sich an den eigenen Angaben der Kraftwerksbetreiber. Durch die schrittweise Abschaltung der einzelnen Kraftwerke ist für einen angemessenen Übergangszeitraum gesorgt.[1055] Bedenken an der Verfassungsmäßigkeit der 13. Atomnovelle bestehen allerdings in Bezug auf den Vertrauensschutz wegen der nur wenige Monate zuvor beschlossenen Laufzeitverlängerung (s.o. Rn. 718).[1056]

729 Entschädigung wegen ausgleichspflichtiger Inhaltsbestimmung kann aber – wie die Enteignungsentschädigung – nur gewährt werden, wenn eine **gesetzliche Anspruchsgrundlage** besteht. Inhalt und Schranken des Eigentums zu bestimmen, ist Sache des Gesetzgebers (Art. 14 Abs. 1 S. 2 GG). Fehlt die Entschädigungsregelung bei einer Inhalts- oder Schrankenbestimmung, die den Einzelnen unverhältnismäßig belastet, ist das Gesetz verfassungswidrig. Der Betroffene kann und muss den Eingriff abwehren. Er erhält aber **keine Entschädigung.**[1057]

730 Bedeutung hatten hierbei in der Vergangenheit vor allem die sog. **salvatorischen Entschädigungsklauseln**, insbes. bei Eigentumsbeschränkungen im Denkmal-, Natur- und Landschaftsschutzrecht. („Hat eine Maßnahme nach diesem Gesetz enteignende Wirkung, so kann der hiervon Betroffene eine angemessene Entschädigung verlangen."). Sie beruhten auf dem früher in der Rspr. vertretenen weiten (materiellen) Enteignungsbegriff (s.o. Rn. 715), sind jedoch nach heutigem Verständnis zu unbestimmt. Deshalb haben die Länder ihre Entschädigungsregelungen zwischenzeitlich konkretisiert und die Tatbestände für die Gewährung einer Entschädigung detailliert geregelt (vgl. auch die Neuregelung in § 68 BNatSchG).[1058]

731 Für Ansprüche im Rahmen des Art. 14 Abs. 1 S. 2 GG ist gemäß § 40 Abs. 2 S. 1 a.E. VwGO der **Verwaltungsrechtsweg** eröffnet.[1059]

1053 Vgl. z.B. BVerfG NJW 2012, 429, 430; BVerwGE 80, 184, 191; 84, 184, 191; BGHZ 121, 328, 332; 123, 242, 245; ausführlich Papier DVBl. 2000, 1398, 1401 ff.; Lege Jura 2011, 507, 515; vgl. auch BVerwG, Urt. v. 26.06.2013 – BVerwG 6 C 1.12, NVwZ 2014, 243: keine eunverhältnismäßige Inanspruchnahme des Eigentums ohne Entschädigungsregelung.

1054 BVerfGE 58, 137, 144.

1055 Ewer NVwZ 2011, 1035, 1037 f.; Kloepfer DVBl. 2011, 1437, 1440 ff.; Wüstenbecker RÜ 2011, 527, 540.

1056 Kloepfer DVBl. 2011, 1437, 1446: aufgrund des geringen Zeitabstands gleichwohl verhältnismäßig; a.A.Degenhart DVBl. 2013, 207, 214: verfassungswidrig wegen Abwägungsdefizit; zweifelnd auch Cosack/Enders DVBl. 2011, 1446, 1452; anders Schwarz DVBl. 2013, 133, 140: mangels Entschädigungsregelung verfassungswidrige Enteignung.

1057 BVerfG NVwZ 2012, 429, 430 f.; NJW 1999, 2877, 2879; Brüning JuS 2003, 1, 5; Kemmler JA 2005, 156, 157; Graulich ZAP 2005, 185, 188; Muckel JA 2012, 314, 315.

1058 Vgl. dazu Glaser JuS 2010, 209, 213.

1059 Früher streitig: Für Zivilrechtsweg BGH NJW 1995, 964, für Verwaltungsrechtsweg BVerwG NJW 1994, 2949.

III. Der enteignungsgleiche Eingriff

Fall 17: Späte Reaktion

E ist Eigentümer eines großen überwiegend bewaldeten Grundstücks. Im Jahre 2013 beantragte er eine befristete Waldumwandlungsgenehmigung, um Ackerbau zu betreiben. Die zuständige Behörde lehnte dies aus sachwidrigen Gründen ab. E unternahm trotz ordnungsgemäßer Rechtsbehelfsbelehrung zunächst nichts. Erst Anfang 2015 wurde er von einem Bekannten auf die Rechtswidrigkeit der Ablehnung hingewiesen. E wendet sich daraufhin an die Behörde und verlangt Schadensersatz bzw. Entschädigung, was diese ablehnt. Das einschlägige Landesforstgesetz enthalte keine Entschädigungsregelung, im Übrigen habe es E versäumt, gegen die Ablehnung vorzugehen. Wie ist zu entscheiden, wenn E einen Anspruch auf Erteilung der Umwandlungsgenehmigung gehabt hat?

A. Anspruch aus 34/839 732

I. Die **Tatbestandsvoraussetzungen** des Amtshaftungsanspruchs sind erfüllt, da die Behörde ihre dem E gegenüber obliegende Amtspflicht zu rechtmäßigem Verwaltungshandeln zumindest fahrlässig verletzt hat.

II. Der Anspruch scheitert jedoch an § 839 Abs. 3 BGB. E hat gegen die Versagung der Genehmigung trotz ordnungsgemäßer Belehrung **keinen Rechtsbehelf** eingelegt. Aufgrund der Rechtswidrigkeit der Ablehnung hätten Rechtsbehelfe die Erteilung der Genehmigung bewirkt und dadurch den Schaden abgewendet.

B. **Entschädigung wegen Enteignung** setzt einen **finalen Entzug** einer Eigentums- 733
position voraus. Dem E ist kein Recht entzogen worden. Außerdem fehlt es an der nach Art. 14 Abs. 3 S. 2 GG erforderlichen **Entschädigungsregelung** im LForstG.

C. Ein Entschädigungsanspruch könnte sich aus dem Gesichtspunkt eines **enteignungsgleichen Eingriffs** ergeben.

I. Rechtsgrundlage

1. Das Rechtsinstitut des enteignungsgleichen Eingriffs beruht auf einer **Rechtsfort-** 734
bildung durch die Rspr. Ausgangspunkt war folgende Überlegung: Wenn nach Art. 14 Abs. 3 S. 2 GG rechtmäßige Eingriffe in das Eigentum eine Entschädigung auslösen, müsse dies **analog Art. 14 Abs. 3 GG** erst recht für rechtswidrige Maßnahmen gelten. Vor allem sollte dadurch die **Haftungslücke für rechtswidrig schuldlose Eingriffe** (kein Anspruch aus 34/839) geschlossen werden.[1060]

2. Diesen Ausgangspunkt hat das BVerfG im sog. **Nassauskiesungsbeschluss**[1061] 735
aus grundrechtsdogmatischen Gründen verworfen. Danach ist begrifflich streng zu trennen zwischen der Eigentumsbeschränkung nach Art. 14 Abs. 1 S. 2 GG und der Enteignung gemäß Art. 14 Abs. 3 GG (Trennungstheorie). Enteignung ist nur der **finale Entzug** des Eigentums (formeller Enteignungsbegriff). Ist der Eingriff rechtswidrig, kann und muss der Betroffene den Eingriff abwehren. Auch kann

1060 Grundlegend BGHZ 6, 270, 290; 13, 88, 92; 32, 208, 211; 60, 126, 137.

1061 BVerfGE 58, 300 ff.; dazu Lege JZ 2011, 1084 ff.

eine verfassungswidrige Inhaltsbestimmung nicht in eine (entschädigungspflichtige) Enteignung umschlagen. Sie bleibt ein rechtswidriger Eingriff, der durch Zubilligung einer Entschädigung nicht geheilt werden kann (s.o. Rn. 714 f.).

736 3. Die Aussagen des BVerfG beziehen sich allerdings nur auf **finale Eingriffe** in das Eigentum. Damit bleibt eine Lücke vor allem bei **faktischen Beeinträchtigungen**, die oftmals nicht abgewehrt werden können. Die Rspr. hält deshalb in diesem Bereich am enteignungsgleichen Eingriff fest. Geändert hat sich allerdings der dogmatische Ausgangspunkt. Der Anspruch kann aufgrund der Rspr. des BVerfG aber nicht aus Art. 14 Abs. 3 GG abgeleitet werden. **Rechtsgrundlage** ist vielmehr der schon in den §§ 74, 75 der Einleitung zum Preußischen Allgemeinen Landrecht enthaltene **gewohnheitsrechtliche Aufopferungsgedanke.**[1062]

Auch das BVerfG hat zwischenzeitlich den „enteignungsgleichen Eingriff" ohne nähere Begründung als einfach-gesetzliches Haftungsinstitut anerkannt.[1063] Einen **Spezialfall** des enteignungsgleichen Eingriffs bildet die Haftung wegen rechtswidriger Maßnahmen der Polizei- und Ordnungsbehörden (s.o. Rn. 680 ff.).

737 II. **Anwendbar** ist das Rechtsinstitut des enteignungsgleichen Eingriffs bei

- **rechtswidrigem Vollzug verfassungsgemäßer Gesetze** und
- **rechtswidrigen faktischen Eigentumsbeeinträchtigungen**.

Beispiele: rechtswidrige Ablehnung einer Genehmigung;[1064] faktische Bausperre durch Verzögerung einer Baugenehmigung;[1065] rechtswidriges Verbot des Vertriebs bestimmter Waren.[1066]

Da es sich im vorliegenden Fall **nicht um eine zielgerichtete Enteignung** handelt, sondern um eine rechtswidrige Beschränkung des Eigentums durch Einzelakt, ist der Rückgriff auf die gewohnheitsrechtlichen Grundsätze des enteignungsgleichen Eingriffs auch im vorliegenden Fall zulässig.

738 **Nicht anwendbar** ist der enteignungsgleiche Eingriff bei **finalem Eigentumsentzug** und **legislativem Unrecht**. Ist ein formelles Gesetz verfassungswidrig, so muss sich der Betroffene gegen die darauf gestützte rechtswidrige Maßnahme wehren. Der Verfassungsverstoß kann nicht durch Zubilligung einer gesetzlich nicht vorgesehenen Entschädigung „geheilt" werden.[1067]

739 III. **Anspruchsvoraussetzungen**

Ein Entschädigungsanspruch aus enteignungsgleichem Eingriff setzt voraus, dass rechtswidrig in eine durch Art. 14 Abs. 1 GG geschützte Rechtsposition unmittelbar durch eine hoheitliche Maßnahme eingegriffen wird und dem Betroffenen dadurch ein besonderes Opfer (Sonderopfer) auferlegt wird.[1068]

740 1. Es muss **Eigentum** i.S.d. Art. 14 Abs. 1 GG betroffen sein.[1069] Das ist hier das aus dem Grundeigentum folgende Nutzungsrecht des E.

1062 BGHZ 90, 17, 41; 117, 240, 252; BGH NJW 2007, 830, 833; DVBl. 2005, 373, 375; Papier DVBl. 2000, 1398, 1400; Ossenbühl NJW 2000, 2945, 2950; Kemmler JA 2005, 156, 159; Graulich ZAP 2005, 185, 190; Schlick NJW 2008, 31, 32.

1063 BVerfG NJW 2006, 2542, 2544 (keine Anwendung auf Kriegsschäden); DVBl. 2000, 350, 351; NJW 1992, 36, 37; dagegen Lege JZ 2011, 1084, 1089 f.; ders. Jura 2011, 826, 833.

1064 BGH NVwZ 2007, 830, 833; NVwZ 1992, 1119, 1121.

1065 BGH VersR 2002, 714, 715.

1066 BGH NVwZ-RR 2000, 744.

1067 BVerfGE 58, 300, 320; Kemmler JA 2005, 156, 159; Karpenstein/Johann NVwZ 2010, 3405, 3406.

1068 BGH NJW 2007, 830, 833; VersR 2002, 714, 715; BGHZ 117, 240, 252; 125, 258, 264; Durner JuS 2005, 900, 901.

1069 BGH DVBl. 2005, 373, 375; Fehling/Faust/Rönnau JuS 2006, 18, 20 m.w.N.

Erfasst werden alle vermögenswerten privaten Rechte (Sacheigentum, Forderungen, Urheberrechte etc.) sowie öffentlich-rechtliche Rechtspositionen, die durch nicht unerhebliche Eigenleistungen erworben wurden und nicht überwiegend auf staatlicher Gewährung beruhen. Nicht geschützt werden bloße Erwerbschancen und das Vermögen als solches.[1070]

In der Lit. wird die Haftung wegen enteignungsgleichen Eingriffs auch auf andere Grundrechte (insbes. Art 12 GG) erweitert.[1071] Von der Rspr. wird dies ausdrücklich abgelehnt: Die Entschädigungssituation erstrecke sich nur auf das „Erworbene, nicht auf den Erwerb."[1072]

2. Die Eigentumsbeeinträchtigung muss auf einem **unmittelbaren hoheitlichen Eingriff** beruhen.

   a) Als (enteignungsgleicher) **Eingriff** kommen alle hoheitlichen Maßnahmen (mit Ausnahme formeller Gesetze, s.o.) in Betracht, insbes. Rechtsakte (Verwaltungsakt, RechtsVO, Satzung), aber auch Realakte. **741**

   b) Bei der Frage, ob ein Eingriff **unmittelbar** zu einer Eigentumsbeeinträchtigung geführt hat, handelt es sich um eine **wertende Zurechnung** der Folgen nach Verantwortungsbereichen und Risikosphären. Für die Unmittelbarkeit reicht es aus, wenn sich eine **typische Gefahr** verwirklicht, die bereits in der hoheitlichen Maßnahme selbst angelegt ist.[1073] **742**

      aa) Hier hat es die Behörde lediglich **unterlassen**, die Genehmigung zu erteilen. Ein Unterlassen stellt nach h.M. grds. **keinen Eingriff** dar. Denn dem Bürger wird nichts genommen, sondern nur etwas vorenthalten. Da Art. 14 Abs. 1 GG nur vorhandene Vermögenspositionen schützt, kommt als Eingriffsobjekt nur eine bestehende, nicht aber eine bloß begehrte Rechtsposition in Betracht. **743**

      bb) Ein Eingriff liegt aber vor, wenn das Unterlassen sich ausnahmsweise als in den Rechtskreis des Betroffenen eingreifendes Handeln darstellt **(qualifiziertes Unterlassen)**.[1074] Dies ist insbes. anzunehmen, wenn die Behörde – wie hier – eine beantragte Genehmigung förmlich verweigert, da die Eigentumsbeschränkung dann unmittelbar auf der Versagung beruht. **744**

3. Die Maßnahme hat **enteignungsgleiche Wirkung**, wenn der herbeigeführte **Erfolg rechtswidrig** ist.[1075] Das Sonderopfer wird durch die Rechtswidrigkeit der staatlichen Maßnahme indiziert.[1076] Die rechtswidrige Ablehnung der Waldumwandlungsgenehmigung stellt mithin einen enteignungsgleichen Eingriff dar. **745**

4. Der Anspruch wegen enteignungsgleichen Eingriffs ist vom **Verschulden unabhängig**, gilt also bei rechtswidrig schuldlosen Eingriffen ebenso wie bei rechtswidrig schuldhaften. Im letzteren Fall kann der Anspruch wegen enteignungsgleichen Eingriffs neben dem Amtshaftungsanspruch geltend gemacht werden.[1077] **746**

1070 Lege Jura 2011, 507, 509.

1071 Maurer § 27 Rn. 106; Schenke NJW 1991, 1777, 1780; Maurer JZ 1996, 1124, 1125; Kühne DVBl. 2005, 978. 979.

1072 BVerfG NVwZ 1992, 36, 37; BGH DVBl. 2005, 373, 375; NJW 1990, 3260, 3261; Schlick NJW 2013, 3142.

1073 Grundlegend BGHZ 92, 34, 41; Maurer § 27 Rn. 93; Detterbeck JuS 2000, 574, 589; Sachs GG Art. 14 Rn. 176.

1074 BGH NJW 2007, 830, 834; OLG Köln OLGR 2008, 173, 175; Lege Jura 2011, 826, 837.

1075 Maurer § 27 Rn. 94 u. 111.

1076 BGH DVBl. 1984, 391, 392; Maurer § 27 Rn. 94; Kemmler JA 2005, 156, 159; dagegen Lege Jura 2011, 826, 837.

1077 BGHZ 7, 296, 298; 13, 88, 94; 45, 58, 82; BGH NJW 2007, 830, 833.

Die Vorschriften über die polizei- und ordnungsrechtliche Unrechtshaftung (s.o. Rn. 680 ff.) verdrängen dagegen als lex specialis den allgemeinen Aufopferungsanspruch wegen enteignungsgleichem Eingriff.[1078] Auch ausgleichspflichtige Inhaltsbestimmungen stellen eine vorrangige, abschließende Spezialregelung dar.[1079]

747 5. Aufgrund des **Vorrangs des Primärrechtsschutzes** ist der Anspruch analog § 254 BGB ausgeschlossen, wenn der Betroffene es schuldhaft unterlassen hat, den Schaden durch Rechtsmittel abzuwehren (kein „Dulde und Liquidiere").[1080]

Dem E ist vorzuwerfen, dass er die Ablehnung der Umwandlungsgenehmigung nicht näher geprüft hat, ggf. hätte er anwaltlichen Rat einholen müssen. Da die Erhebung von Widerspruch und Verpflichtungsklage den eingetretenen Schaden verhindert hätten, ist der Anspruch insoweit ausgeschlossen. E kann nur die Nachteile ersetzt verlangen, die sich auch durch die Rechtsbehelfe nicht hätten vermeiden lassen (z.B. die während des Verpflichtungsprozesses ohnehin eintretenden **Verzögerungsnachteile**).

Gegenbeispiel: Kein Ausschluss analog § 254 BGB, wenn der Eingriff vor dem VG überhaupt nicht abwehrbar ist, insbes. weil es sich um einen faktisch abgeschlossenen Eingriff handelt, oder wenn die Wahrnehmung des Abwehrrechts unzumutbar ist.[1081]

748 IV. **Rechtsfolge:** Im Unterschied zum Amtshaftungsanspruch (Art. 34 GG, § 839 BGB), der dem Geschädigten vollen Schadensersatz gewährt, ist der Anspruch aus enteignungsgleichem Eingriff lediglich auf eine **„angemessene Entschädigung"** gerichtet.[1082] Hierfür gelten dieselben Grundsätze wie bei der Enteignung (s.o. Rn. 725 f.)

749 V. **Anspruchsgegner** ist der **begünstigte Hoheitsträger**, also der, dessen Aufgaben wahrgenommen wurden oder dem die Vorteile des Eingriffs zugeflossen sind.[1083]

750 VI. Der Anspruch unterliegt der regelmäßigen (dreijährigen) **Verjährung** nach § 195 BGB.[1084]

751 VII. Ansprüche wegen enteignungsgleichen Eingriffs sind nach h.M. gemäß § 40 Abs. 2 S. 1 Hs. 1 Fall 1 VwGO im **Zivilrechtsweg** geltend zu machen, da es sich um einen Anspruch aus Aufopferung handelt.[1085]

Nach der Gegenansicht gilt § 40 Abs. 2 S. 1 Hs.1 Fall 1 VwGO nur für die Aufopferung im engeren Sinne (unten Rn. 771). Für den enteignungsgleichen Eingriff als eigentumsrechtlich gebotenen Ausgleichsanspruch seien nach § 40 Abs. 2 S. 1 a.E. VwGO die Verwaltungsgerichte zuständig.[1086] Dagegen spricht jedoch, dass sich die Vorschrift nur auf ausgleichspflichtige Inhaltsbestimmungen nach Art. 14 Abs. 1 S. 2 GG bezieht. Im Übrigen greift für rechtswidrige Eingriffe und damit auch für den enteignungsgleichen Eingriff jedenfalls die Zuständigkeit der Zivilgerichte nach § 40 Abs. 2 S. 1 Hs. 1 Fall 3 VwGO („Verletzung öffentlich-rechtlicher Pflichten") ein.[1087]

1078 Maurer § 27 Rn. 103; vgl. auch BGH RÜ 2011, 400, 403.

1079 OLG Frankfurt NVwZ-RR 2007, 242, 243.

1080 Vgl. BGHZ 90, 17, 31; 91, 20, 24; 140, 285, 297; OLG Hamm NVwZ 2004, 1148; Kemmler JA 2005, 156, 159.

1081 BGH NVwZ-RR 2000, 744.

1082 Vgl. BGH NJW 2007, 830, 834 m.w.N.

1083 BGHZ 102, 350, 359; 134, 316, 321; abweichend Maurer § 27 Rn. 101 der Hoheitsträger, dessen Organ den Eingriff vorgenommen hat.

1084 BGH NVwZ 2007, 362, 364; NJW 2007, 830, 834; Graulich ZAP 2005, 571, 580; Schlick NJW 2008, 31, 32; allgemein zur Verjährung öffentlich-rechtlicher Ansprüche BVerwG NJW 2006, 3225,3226; NVwZ 2007, 1315, 1319; NVwZ 2011, 949, 954.

1085 BGHZ 90, 17, 31; OLG Bamberg NVwZ-RR 2006, 226; Kopp/Schenke VwGO § 40 Rn. 61; Papier in Maunz/Dürig Art. 14 Rn. 723; Maurer § 27 Rn. 116; Kemmler JA 2005, 1560, 160; Graulich ZAP 2005, 849, 852.

1086 Bader/v.Albedyll VwGO § 40 Rn. 135; Hufen § 11 Rdrn. 69; Hüttenbrink DVBl. 2002, 85.

1087 Kopp/Schenke VwGO § 40 Rn. 61; ebenso Sodan/Ziekow VwGO § 40 Rn. 545; Ehlers Jura 2008, 359, 361.

Aufbauschema: Anspruch wegen enteignungsgleichen Eingriffs

I. Rechtsgrundlage

- frühere Rspr.: Art. 14 Abs. 3 GG analog (Erst-Recht-Schluss)
- heute h.M.: Gewohnheitsrecht, allgemeiner Aufopferungsgedanke, §§ 74, 75 EALR

II. Anwendbarkeit

(–) bei zielgerichteter Enteignung und legislativem Unrecht

(+) bei rechtswidrigen faktischen Eigentumsbeeinträchtigungen oder rechtswidriger Konkretisierung von Inhalt und Schranken durch Einzelakt

III. Voraussetzungen

1. Eigentum i.S.v. Art. 14 Abs. 1 GG betroffen
2. unmittelbarer hoheitlicher Eingriff
3. Eingriff rechtswidrig („enteignungsgleiche" Wirkung) = Sonderopfer
4. Ausschluss analog § 254 BGB, soweit Primärrechtsschutz schuldhaft versäumt

IV. Rechtsfolge: angemessene Entschädigung (kein Schadensersatz!)

4. Der enteignende Eingriff

Während es beim enteignungsgleichen Eingriff um rechtswidrige Eingriffe in das Eigentum geht, spricht man von einem **enteignenden Eingriff**, wenn die Eigentumsbeeinträchtigung eine faktische, zumeist atypische und unvorhergesehene Nebenfolge eines **rechtmäßigen Verwaltungshandelns** ist. Eine Entschädigung wird gewährt, wenn die Folgen besonders schwerwiegend und deshalb unzumutbar sind. 752

Beispiele: Umsatzeinbußen durch Bauarbeiten an der Straße,[1088] Beeinträchtigungen durch Verkehrslärm oder Fluglärm,[1089] Überflutungsschäden durch gemeindliche Abwasseranlagen bei Starkregen.[1090]

Fall 18: Abfallkrähen

K ist Eigentümer eines ca. 60 ha großen Hofes in der Nähe einer von der Stadt S hoheitlich betriebenen Anlage zur Zwischenlagerung und Behandlung von Abfällen. Trotz des Bemühens der S um möglichst rasche Abdeckung bildet die Anlage einen ständigen Anziehungspunkt für Scharen von Krähen und Möwen. Die Vögel lassen sich auch auf den nahegelegenen Feldern des K nieder und richten dort an der jungen Saat Schäden an, die aber normalerweise nicht zum vollständigen Ausfall der Ernte führen. Im Herbst 2014 hatte K Winterweizen ausgesät. Als die Pflanzen einige Zentimeter hoch waren, fielen Schwärme von Vögeln ein und pickten die Keimlinge auf. Da der Boden nicht gefroren und auch nicht von einer schützenden Schneedecke bedeckt war, konnten die Vögel die Pflanzen in großer Zahl aus der Erde reißen, sodass sie vertrockneten. K begehrt nunmehr von S Entschädigung für den dadurch entstandenen Ernteausfall. Mit Erfolg?

1088 BGHZ 57, 359; OLG Hamm NVwZ 2004, 1148.

1089 BGH NVwZ 1992, 915 (Verkehrslärm); BGH NJW 1993, 1700 (Fluglärm); dazu Kukk DVBl. 2015, 532 ff.

1090 BGH NVwZ 2006, 1086; DVBl. 2004, 945 u. 948; Ewer NJW 2002, 3497, 3501 m.w.N.

753 I. Ein Anspruch aus **Amtshaftung** (Art. 34 GG, § 839 BGB) kommt nicht in Betracht, da keinerlei Anhaltspunkte für eine Amtspflichtverletzung vorliegen. Insbesondere trifft den Staat keine allgemeine Pflicht, seine Bürger vor Nachteilen durch (wilde) Tiere zu schützen.[1091]

II. Ein Entschädigungsanspruch aus einer (rechtmäßigen) **Enteignung** besteht nicht, weil die Stadt S das Eigentum des K nicht zielgerichtet entzogen hat.

III. Ein Anspruch wegen **enteignungsgleichen Eingriffs** scheidet aus, weil der Betrieb der Abfallbehandlungsanlage nicht rechtswidrig, sondern rechtmäßig erfolgt.

IV. Deshalb kommt nur ein Anspruch wegen **enteignenden Eingriffs** in Betracht.

1. **Rechtsgrundlage**

754 a) Ursprünglich hat die Rspr. auch diesen Anspruch mit einer analogen Anwendung des Art. 14 Abs. 3 GG begründet. Da sich der Nassauskiesungsbeschluss des BVerfG nur auf gezielte Rechtsakte bezog, stellte er den enteignenden Eingriff, der faktische Beeinträchtigungen erfasst, nicht infrage. Da das BVerfG allerdings eine Entschädigung analog Art. 14 Abs. 3 GG abgelehnt hat, ist Rechtsgrundlage nunmehr auch für den enteignenden Eingriff der **gewohnheitsrechtliche Aufopferungsanspruch** nach §§ 74, 75 EALR.[1092]

755 b) In der Lit. wird das Haftungsinstitut des enteignenden Eingriffs teilweise als **Unterfall der ausgleichspflichtigen Inhaltsbestimmungen** verstanden und von Art. 14 Abs. 1 S. 2 GG erfasst. Ausgleichspflichtige Inhaltsbestimmung und enteignender Eingriff seien nach Tatbestand und Rechtsfolge deckungsgleich. Der Sache nach handele es sich beim „enteignenden Eingriff" um eine ausgleichspflichtige Inhaltsbestimmung ohne gesetzliche Regelung. Dies sei nach der Rspr. des BVerfG indes unzulässig. Ohne gesetzliche Grundlage dürfe keine Entschädigung gewährt werden.[1093]

756 Dagegen spricht jedoch, dass es sich bei ausgleichspflichtigen Inhaltsbestimmungen um gezielte Beeinträchtigungen des Eigentums handelt, während es beim enteignenden Eingriff um **faktische Beeinträchtigungen** geht. Bei atypischen Folgen fehlt es gerade an gesetzlichen Anspruchsgrundlagen, da der Gesetzgeber diese Folgen nicht vorhersehen konnte.[1094] Der Betroffene hat hier auch nicht die Möglichkeit, die (an sich rechtmäßige) Maßnahme vor dem Verwaltungsgericht abzuwehren.

Das BVerfG hat die Berechtigung des Haftungsinstituts des enteignenden Eingriffs angezweifelt, aber im Ergebnis offengelassen.[1095] Auch insoweit hat das BVerfG die Existenz eines einfach-gesetzlichen Anspruchs jedenfalls akzeptiert.

1091 OLG Karlsruhe VersR 2010, 1501.

1092 BGH, Urt. v. 14.03.2013 – III ZR 253/12, RÜ 2013, 399, 400; grundlegend BGHZ 91, 20, 27; 97, 361, 363; Ossenbühl NJW 2000, 2945, 2952; Kemmler JA 2005, 156, 158; Graulich ZAP 2005, 185, 190.

1093 Maurer § 27 Rn. 108 f.; Schmidt NJW 1999, 2847, 2848; v.Arnauld VerwArch 2002, 394 m.w.N.

1094 Sauer JuS 2012, 800, 803; Lege Jura 2011, 826, 838; Maurer § 27 Rn. 111 erwägt, bei Zufallsschäden aufgrund des Erfolgsunrechts auf den enteignungsgleichen Eingriff zurückzugreifen, sodass der enteignende Eingriff als Haftungsinstitut auch in diesen Fällen entbehrlich sei.

1095 BVerfG NJW 1998, 3264.

2. **Spezialvorschriften**, die den enteignenden Eingriff ausschließen, bestehen insbesondere bei Anlagen, die aufgrund von **Planfeststellungsbeschlüssen** betrieben werden.

   a) Nach § 74 Abs. 2 S. 2 VwVfG sind im Planfeststellungsbeschluss Vorkehrungen zu treffen, die zur Vermeidung nachteiliger Wirkungen auf Rechte anderer erforderlich sind. Sind solche Vorkehrungen untunlich oder mit dem Vorhaben unvereinbar, so hat der Betroffene Anspruch auf **angemessene Entschädigung** nach § 74 Abs. 2 S. 3 VwVfG. Wird eine Entschädigung abgelehnt, obliegt es dem Betroffenen den Planfeststellungsbeschluss anzufechten. Wird ein **Planfeststellungsbeschluss** ohne einen Ausgleichsanspruch **bestandskräftig**, scheiden grds. (auch) Ansprüche wegen enteignenden Eingriffs aus.[1096] **757**

   Etwas anderes gilt allerdings für Schäden, die durch Schutzvorkehrungen nicht verhindert werden können. Hier bleibt der enteignende Eingriff anwendbar.[1097]

   b) Nach § 35 Abs. 2 KrWG bedarf aber lediglich die Errichtung und der Betrieb von **Deponien** (= Anlagen zur Ablagerung von Abfällen, § 3 Abs. 27 KrWG) einer Planfeststellung. Die Errichtung und der Betrieb von sonstigen Anlagen zur Entsorgung von Abfällen (hier Zwischenlagerung und Behandlung) bedürfen dagegen lediglich der Genehmigung nach dem BImSchG (§ 35 Abs. 1 KrWG). Da die Beeinträchtigungen nicht auf einem planfestgestellten Vorhaben beruhen, sind die §§ 74, 75 VwVfG nicht vorrangig. Der Aufopferungsanspruch wegen enteignenden Eingriffs ist damit im vorliegenden Fall **anwendbar**. **758**

   Bei Immissionen hat das BVerwG, auch wenn sie ohne Planfeststellungsverfahren erfolgen, aus § 74 Abs. 2 S. 3 VwVfG in Rechtsanalogie mit § 42 Abs. 2 BImSchG, § 906 Abs. 2 S. 2 BGB einen **allgemeinen öffentlich-rechtlichen Nachbarausgleichsanspruch** entwickelt. Der Ausgleich erfolge primär durch Schutzvorkehrungen (vgl. § 74 Abs. 2 S. 2 VwVfG). Sind solche Vorkehrungen nicht oder nur mit unverhältnismäßigem Aufwand möglich, so habe der Betroffene zum Ausgleich der ihm auferlegten Duldungspflicht Anspruch auf angemessene Entschädigung. Der Anspruch, für den nach § 40 Abs. 1 S. 1 VwGO der Verwaltungsrechtsweg gegeben sei, habe Vorrang gegenüber einem Anspruch aus enteignendem Eingriff.[1098] **759**

   Der BGH hält dagegen bei hoheitlichen Immissionen, die nicht auf planfestgestellten Vorhaben beruhen, an seiner herkömmlichen Auffassung fest, dass bei „schweren und unerträglichen" Einwirkungen im öffentlich-rechtlichen Nachbarrechtsverhältnis ein Aufopferungsanspruch wegen enteignenden Eingriffs besteht, für den nach § 40 Abs. 2 S. 1 Hs. 1 Fall 1 VwGO die Zivilgerichte zuständig seien.[1099]

3. Die **Voraussetzungen** des Anspruchs wegen enteignenden Eingriffs entsprechen denen des enteignungsgleichen Eingriffs (unmittelbarer Eingriff in das Eigentum, das zu einem Sonderopfer führt), allerdings mit der Besonderheit, dass es nicht um einen rechtswidrigen Eingriff, sondern um eine **zumeist atypische und unbeabsichtigte Nebenfolge einer an sich rechtmäßigen Maßnahme** geht.[1100] **760**

1096 BVerfG NVwZ 2010, 512, 516; BVerwG NVwZ 2008, 1113, 1114; BGH, Urt. v. 23.04.2015 – III ZR 397/13; Dobmann NVwZ 2011, 9, 10; anders die frühere Rspr. des BGH, der bei „schweren und unerträglichen Verkehrsimmissionen auf Ansprüche wegen enteignenden Eingriffs zurückgriff (vgl. z.B. BGH NJW 1993, 1700; NVwZ 1992, 915).

1097 BGH, Urt. v. 23.04.2015 – III ZR 397/13.

1098 BVerwGE 79, 254, 262; 80, 184, 190; 108, 248, 260; BayVGH NVwZ-RR 2007, 161, 165; Graulich ZAP 2005, 571, 579.

1099 BGH NJW 1993, 1700; NVwZ 1992, 915; zustimmend Sproll JuS 1996, 313, 318.

1100 Wobei die Atypik und Unvorhersehbarkeit aber keine Anspruchsvoraussetzung ist, BGH, Urt. v. 14.03.2013 – III ZR 253/12, RÜ 2013, 399, 401.

a) Das **Eigentum** des K ist betroffen.

b) Die Eigentumsbeeinträchtigung muss **unmittelbar** auf einen **hoheitlichen Eingriff** zurückzuführen sein. Unmittelbar wurde die Eigentumsbeeinträchtigung hier nicht durch den Betrieb der Anlage, sondern erst durch die Vögel bewirkt. Der Betrieb stellt lediglich eine **mittelbare Ursache** für den Schaden dar.

761 aa) Während der BGH den Eingriff zunächst auf **gezielte** (finale) Eigentumsbeeinträchtigungen beschränkt hat, lässt er es heute genügen, dass von einer hoheitlichen Maßnahme **unmittelbare Auswirkungen** auf das Eigentum ausgehen. Die Unmittelbarkeit ist dabei aber nicht eng zu verstehen. Die Maßnahme muss insbesondere nicht die zeitlich letzte Ursache darstellen. Es reicht vielmehr aus, wenn das hoheitliche Handeln eine Gefahr begründet und sich im Schadenseintritt diese für die konkrete hoheitliche Betätigung **typische Gefährdungslage** konkretisiert.[1101]

762 bb) Hier beruhte die Schädigung gerade darauf, dass die Vögel durch die Abfälle **angelockt** wurden. Es hat sich also eine für die hoheitliche Maßnahme typische Gefährdungslage konkretisiert, sodass ein unmittelbarer Eingriff vorliegt.

Die Unmittelbarkeit wurde auch bejaht bei Vernichtung der Ernte durch Graugänse, bei denen ein Abschussverbot zu einer Überpopulation geführt hatte.[1102] Dagegen wurde die Unmittelbarkeit abgelehnt bei Beschädigung einer sichergestellten Sache durch Dritte, da die Sicherstellung nicht typischerweise eine Gefahr für die Sache begründet.[1103]

c) Der Eingriff muss **enteignende Wirkung** haben. Das ist dann der Fall, wenn dem Betroffenen ein **Sonderopfer** abverlangt wird.

763 aa) Im Gegensatz zum enteignungsgleichen Eingriff fehlt beim enteignenden Eingriff das Kriterium der Rechtswidrigkeit, welches das Sonderopfer indiziert. Ob die Beeinträchtigung ein **Sonderopfer** bewirkt, muss daher besonders festgestellt werden. Ein Sonderopfer liegt vor, wenn die Beeinträchtigung eine **gewisse Schwere** aufweist und die „Opfergrenze" überschritten wird. Entscheidend ist dabei die Frage nach der **Zumutbarkeit** der Beeinträchtigung.[1104]

764 bb) Beruht die Beeinträchtigung auf tatsächlichen Einwirkungen auf das Eigentum, so ist vor allem auf den **Rechtsgedanken des § 906 BGB** abzustellen.

Ein enteignend wirkender Tatbestand liegt insbesondere vor, wenn der Betroffene nach § 906 Abs. 2 S. 2 BGB bei privatrechtlichen Beeinträchtigungen einen Ausgleichsanspruch nach § 906 Abs. 2 S. 2 BGB gehabt hätte, weil die ortsübliche Nutzung des gestörten Grundstücks eingeschränkt wird.[1105] Dasselbe gilt, wenn rechtswidrige Störungen ausnahmsweise aus übergeordneten Gründen hingenommen werden müssen (§ 906 Abs. 2 S. 2 BGB analog, sog. privatrechtliche Aufopferung).[1106]

1101 Vgl. BGH, Urt. v. 14.03.2013 – III ZR 253/12, RÜ 2013, 399, 401; BGH NVwZ 1988, 1066, 1068; OLG Schleswig NordÖR 2000, 128, 129; Maurer § 27 Rn. 93; Kemmler JA 2005, 156, 158.

1102 BGH NVwZ 1988, 1066, 1068; anders OLG Schleswig NordÖR 2000, 128, 129 f.; OLG Karlsruhe VersR 2010, 1501, 1502, das im Fall von Rabenkrähen von „Folgen der natürlichen Umgebungsbedingungen" spricht.

1103 BGH NJW 1987, 2573, 2574.

1104 BGH, Urt. v. 14.03.2013 – III ZR 253/12, RÜ 2013, 399, 401; BGH, Urt. v. 03.03.2011 – III ZR 174/11, RÜ 2011, 400, 404; Ossenbühl NJW 2000, 2945, 2952; Durner JuS 2005, 900, 902.

1105 BGH DVBl. 2004, 945, 946; BGH NJW 2005, 660, 662 f.

cc) An einer enteignenden Wirkung fehlt es dagegen i.d.R. dann, wenn die Beeinträchtigung ihren Grund **in der Sache selbst**, insbesondere Lage, Zustand o.Ä. hat oder wenn die für jedermann geltende Grenze der Sozialbindung des Eigentums (Art. 14 Abs. 2 GG) konkretisiert wird. **765**

Beispiele: Beeinträchtigungen durch rechtmäßige Straßenbauarbeiten sind grds. entschädigungslos hinzunehmen („Schicksalsgemeinschaft" des Anliegers mit der Straße). Etwas anderes gilt nur dann, wenn die Folgen des Eingriffs für den Anlieger nach Art, Dauer und Intensität so erheblich sind, dass eine entschädigungslose Hinnahme nicht mehr zuzumuten ist.[1107]

Die Schwelle zur Unzumutbarkeit und damit zum Sonderopfer wird nicht überschritten, wenn die Polizei rechtmäßig einen gestohlenen Wagen rammt. Hier verwirklicht sich gegenüber dem Eigentümer nur das Risiko, das bereits im Diebstahl angelegt ist.[1108]

Enteignende Wirkung haben z.B. Überflutungsschäden durch die gemeindliche Kanalisation aufgrund starker Regenfälle. „Diese Umstände liegen nicht außerhalb der von hoher Hand geschaffenen und in dem Bauwerk selbst angelegten Gefahrenlage, vielmehr realisiert sich bei einem Überstau allein die ständige Gefährdung der Anliegergrundstücke."[1109] Etwas anderes gilt bei einem sog. Jahrhundertregen, auf den die Gemeinde ihr Kanalisationssystem nicht auslegen muss.[1110]

dd) Bei der Frage nach der Zumutbarkeit ist im vorliegenden Fall vor allem zu berücksichtigen, dass Vögel sich üblicherweise am Saatgut vergreifen. Allerdings geht die Beeinträchtigung hier über das normale Maß weit hinaus. Aufgrund der **vollständigen Zerstörung** ist ausnahmsweise davon auszugehen, dass die Grenze des Zumutbaren überschritten ist. Der Betrieb der Anlage hat daher **enteignende Wirkung**. **766**

4. Da die nachteiligen Folgen des an sich rechtmäßigen Betriebs der Anlage nicht vorhersehbar waren, konnten sie auch nicht durch Rechtsbehelfe abgewendet werden, sodass den K **kein Mitverschulden** analog § 254 BGB trifft.[1111] **767**

5. Für die **Entschädigung** gelten beim enteignenden Eingriff dieselben Grundsätze wie bei der Enteignung (s.o. Rn. 725 ff).[1112] **768**

6. **Anspruchsgegner** ist grds. der „begünstigte" Hoheitsträger. Das ist derjenige, dem die Vorteile des Eingriffs zugeflossen sind, oder derjenige, dessen Aufgaben wahrgenommen wurden (also nicht unbedingt derjenige, der den Eingriff vorgenommen hat).[1113] Für die **Verjährung** gilt § 195 BGB (s.o. Rn. 750). **769**

7. Da es sich beim enteignenden Eingriff um einen Aufopferungsanspruch handelt, wird überwiegend gemäß § 40 Abs. 2 S. 1 Hs. 1 Fall 1 VwGO der **Zivilrechtsweg** bejaht.[1114] Die Gegenansicht ordnet den enteignenden Eingriff dem Art. 14 Abs. 1 **770**

1106 Vgl. BGH, Urt. v. 18.09.2009 – V ZR 75/08, RÜ 2009, 759; Wolf JA 2010, 65, 66.

1107 BGHZ 57, 359, 365: enteignender Eingriff bei U-Bahn-Bau; Maurer DVBl. 1991, 781, 782; vgl. aber OLG Hamm NVwZ 2004, 1148, 1150: Vorrang der §§ 74, 75 VwVfG.

1108 BGH, Urt. v. 03.03.2011 – III ZR 174/10, RÜ 2011, 400, 404; Schlick NJW 2011, 3137, 3138.

1109 BGH DVBl. 2004, 945, 946; vgl. auch Ewer NJW 2002, 3497, 3501.

1110 BGH NVwZ 2006, 1086.

1111 Zum Mitverschulden beim enteignenden Eingriff BGH NJW 1999, 938, 939; Axer DVBl. 2001, 1322, 1327; vgl. auch BGH NJW 2005, 660, 662 zum Anspruch aus § 906 Abs. 2 S. 2 BGB.

1112 Vgl. BVerfG NVwZ 2010, 512, 515 zum Anspruch aus § 74 Abs. 2 S. 3 VwVfG.

1113 BGH DÖV 1997, 466; OLG Hamm NVwZ 2004, 1148, 1149; Kemmler JA 2005, 156, 158; Lege Jura 2011, 826, 838; a.A. Maurer § 27 Rn. 101: grds. der eingreifende Hoheitsträger.

S. 2 GG zu (s.o. Rn. 755) und beschränkt den Zivilrechtsweg auf Ansprüche wegen klassischer Aufopferung. Danach ist gemäß § 40 Abs. 2 S. 1 a.E. VwGO der **Verwaltungsrechtsweg** eröffnet.[1115]

Aufbauschema: Anspruch wegen enteignenden Eingriffs

I. Rechtsgrundlage

- frühere Rspr.: Art. 14 Abs. 3 GG analog (Erst-Recht-Schluss)
- heute h.M.: Gewohnheitsrecht, allgemeiner Aufopferungsgedanke, §§ 74, 75 EALR

II. Anwendbarkeit

(–) bei Spezialregelungen (z.B. §§ 74 Abs. 2 S. 3, 75 Abs. 2 S. 4 VwVfG)

(+) bei faktischen, zumeist atypischen und unvorhergesehenen Nebenfolgen einer rechtmäßigen Maßnahme

III. Voraussetzungen

1. Eigentum i.S.v. Art. 14 Abs. 1 GG betroffen
2. unmittelbarer hoheitlicher Eingriff
   - ohne wesentliche Zwischenursache
   - Konkretisierung einer typischen Gefährdungssituation reicht
3. Sonderopfer
   - Eingriff nach Art, Intensität, Ausmaß unzumutbar („Opfergrenze" überschritten)
   - Rechtsgedanke des § 906 BGB
   - erweiterte Duldungspflicht bei überwiegendem öffentlichen Interesse
   - kein Sonderopfer bei in der Sache selbst liegenden Gründen
4. Ausschluss analog § 254 BGB, wenn vorrangiger Primärrechtsschutz versäumt, i.d.R. (–), da unvorhergesehene Maßnahme nicht abwehrbar

IV. Rechtsfolge: angemessene Entschädigung (kein Schadensersatz!)

D. Der allgemeine Aufopferungsanspruch

I. Rechtsgrundlage

771 Während es bei den Ansprüchen wegen Enteignung, enteignungsgleichen und enteignenden Eingriffs um Eingriffe in das Eigentum geht, soll der **allgemeine Aufopferungsanspruch** Eingriffe in **nichtvermögenswerte Rechtsgüter** wie Leben, Gesundheit und Freiheit ausgleichen.

Nachdem der BGH auch den enteignenden und den enteignungsgleichen Eingriff auf den Aufopferungsgedanken stützt, spricht man beim Eingriff in nichtvermögenswerte Rechte vom **allgemeinen Aufopferungsanspruch** (auch Aufopferung im engeren Sinne).

1114 BGH DVBl. 2006, 766; BauR 2006, 1880; VGH Mannheim NJW 2005, 2636; OLG Bamberg NVwZ-RR 2006, 226; NJW 1993, 1700, 1701; Sodan/Ziekow VwGO § 40 Rn. 539; Kemmler JA 2005, 156, 160; Graulich ZAP 2005, 849, 852.

1115 Kopp/Schenke VwGO § 40 Rn. 61; Hufen § 11 Rn. 69; Kuhla/Hüttenbrink DVBl. 2002, 85 und oben Rn. 751.

In diesem Bereich bestehen eine Vielzahl von Spezialregelungen, die den allgemeinen Aufopferungsanspruch verdrängen. Dessen **Anwendungsbereich** ist daher **gering**.[1116] 772

Spezialregelungen finden sich z.B. für Impfschäden in §§ 60 ff. InfSG (Infektionsschutzgesetz), bei Unfällen in der Schule (§ 2 Abs. 1 Nr. 8 SGB VII), Entschädigung für Opfer von Gewalttaten nach §§ 1 ff. OEG (Opferentschädigungsgesetz), für rechtwidrige Strafverfolgungsmaßnahmen nach §§ 1 ff. StrEG (Strafverfolgungsentschädigungsgesetz) und für rechtswidrige Freiheitsentziehungen in Art. 5 Abs. 5 EMRK (vgl. oben Rn. 604).

Fehlen solche Spezialvorschriften, so ist **Rechtsgrundlage** der auf §§ 74, 75 EALR beruhende gewohnheitsrechtliche (allgemeine) Aufopferungsanspruch.

Beispiel: Wird ein Demonstrationsteilnehmer wegen des Fehlverhaltens eines anderen Demonstrationsteilnehmers und einer unglücklichen Verkettung von Umständen von einem Polizeihund gebissen, so kommt eine Entschädigung nach allgemeinen Aufopferungsgrundsätzen in Betracht.[1117]

II. Voraussetzungen

1. Eingriff in ein nichtvermögenswertes Recht

Mögliches Eingriffsobjekt ist ein **nichtvermögenswertes Recht** oder Rechtsgut. Nach h.M. werden vom Aufopferungsanspruch nicht alle immateriellen Rechtsgüter, sondern nur die Schutzgüter des Art. 2 Abs. 2 GG erfasst, also Leben, körperliche Unversehrtheit, Gesundheit und Freiheit, nicht dagegen der Persönlichkeitsschutz.[1118] 773

Die Gegenansicht plädiert dafür, den Bereich der durch die Aufopferung zu schützenden Rechtsgüter um die Geheimsphäre, die Ehre und den Namensschutz zu erweitern.[1119]

2. Unmittelbarer hoheitlicher Eingriff

In dieses Recht muss **unmittelbar** aufgrund einer **hoheitlichen Maßnahme** eingegriffen worden sein. Ausreichend ist auch hier – wie bei Ansprüchen wegen enteignenden und enteignungsgleichen Eingriffs –, dass durch die hoheitliche Maßnahme eine **besondere Gefahrenlage** geschaffen wurde und diese sich konkretisiert hat. 774

Beispiel: Der Strafgefangene S ist in der JVA von einem Mithäftling verletzt worden. Der BGH hat einen Aufopferungsanspruch verneint, da sich S durch sein eigenes strafbares Verhalten in zurechenbarer Weise der Freiheitsentziehung ausgesetzt hat. Die staatliche Freiheitsentziehung schafft keine typische Gefahrenlage für die körperliche Integrität.[1120]

3. Sonderopfer

Das für die Aufopferung entscheidende Merkmal ist das **Sonderopfer**. Der Betroffene muss im Vergleich zu anderen besonders belastet worden sein. Zu **verneinen** ist das Sonderopfer vor allem in den Fällen, in denen lediglich eine allen auferlegte Pflichtigkeit konkretisiert wird oder die Beeinträchtigung sich nur als **Realisierung des allgemeinen Lebensrisikos** darstellt.[1121] 775

1116 Ossenbühl/Cornils, S. 133 f.: „Rarität" mit „exotischem Charakter".

1117 OLG Frankfurt/Main, Urt. v. 20.08.2013 – 1 U 69/13, NVwZ-RR 2014, 142.

1118 BGH WM 1996, 1109; NJW 1994, 2229.

1119 Schenke NJW 1991, 1777, 1780; Kemmler JA 2005, 659, 659; dagegen ausführlich Rinne DVBl. 1993, 869 ff.

1120 Vgl. BGHZ 17, 172; 60, 302; Maurer § 28 Rn. 10.

1121 OLG Frankfurt/Main, Urt. v. 20.08.2013 – 1 U 69/13, NVwZ-RR 2014, 142; Staudinger/Wurm BGB § 839 Rn. 503.

776 Unerheblich ist, ob das Sonderopfer **rechtmäßig oder rechtswidrig** auferlegt wurde und ob der Eingriff **schuldlos oder schuldhaft** erfolgte.

Bei schuldhaft rechtswidriger Maßnahme kann der allgemeine Aufopferungsanspruch daher neben dem Amtshaftungsanspruch bestehen.[1122]

III. Rechtsfolge

777 Zwar ist Voraussetzung für die Aufopferung, dass in ein nichtvermögenswertes Rechtsgut eingegriffen wird. **Rechtsfolge** ist aber nur ein Anspruch auf Ausgleich der eingetretenen **Vermögensnachteile**, nicht dagegen des immateriellen Schadens (kein Schmerzensgeld). Immateriell ist nur das verletzte Recht, nicht der zu ersetzende Schaden.[1123]

Anders die Schadensersatzansprüche nach Art. 34 GG, § 839 BGB und Art. 5 Abs. 5 EMRK, die gemäß § 253 Abs. 2 BGB auch Schmerzensgeld umfassen.[1124] Im Übrigen gelten die Ausführungen zur Enteignung entsprechend (s.o. 725 ff.). Der Anspruch geht auf **angemessenen Ausgleich**, nicht auf Schadensersatz. Entschädigungspflichtig ist der Begünstigte bzw. der Verwaltungsträger, dessen Aufgaben wahrgenommen wurden.

778 Nach § 40 Abs. 2 S. 1 Hs. 1 Fall 1 VwGO ist für Ansprüche aus Aufopferung der **ordentliche Rechtsweg** eröffnet.[1125]

Bei Ansprüchen aus Aufopferung im engeren Sinne ist dies unstreitig. Umstritten ist lediglich, ob bei Aufopferungsansprüchen im weiteren Sinne (Ansprüche wegen enteignendem oder enteignungsgleichem Eingriff) der ordentliche Rechtsweg nach § 40 Abs. 2 S. 1 Hs. 1 VwGO eröffnet ist oder ob die Ausnahme für die Verwaltungsgerichte nach § 40 Abs. 2 S. 1 Hs. 2 VwGO eingreift (s.o. Rn. 751 u. 770).

Aufbauschema: allgemeiner Aufopferungsanspruch

I. Rechtsgrundlage

Gewohnheitsrecht, §§ 74, 75 EALR

II. Anwendbarkeit

subsidiär gegenüber spezialgesetzlichen Regelungen (§§ 60 ff. InfSchG, SGB VII, StrEG, OEG), aber neben 34/839 anwendbar

III. Voraussetzungen

1. nichtvermögenswertes Recht/Rechtsgut betroffen (Leben, Körper, Gesundheit, Freiheit, nicht Ehre, str.)
2. unmittelbarer hoheitlicher Eingriff
3. Sonderopfer, nicht nur Realisierung des allgemeinen Lebensrisikos

IV. Rechtsfolge: angemessene Entschädigung (kein Schadensersatz!)

1122 Maurer § 28 Rn. 7.

1123 BGHZ 20, 61; 28, 297; Staudinger/Wurm, BGB § 839 Rn. 512; Maurer § 28 Rn. 15; Ossenbühl/Cornils, S. 147; a.A. nunmehr OLG Frankfurt/Main, Urt. v. 20.08.2013 – 1 U 69/13, NVwZ-RR 2014, 142, 143.

1124 BGH NVwZ 2006, 960, 961 und oben Rn. 665.

1125 Vgl. Maurer § 28 Rn. 16.

Stichwortverzeichnis

Die Zahlen verweisen auf die Randnummern.